Kurzbiographien

Jakob Kroeker, geb. 1872 in der mennonitischen Siedlung Gnadenthal in Südrussland. 1891 Lehrer in Menlertschik/ Krim, 1897 Prediger der Mennoniten-Brüdergemeinde auf der Krim. 1910 Übersiedlung nach Wernigerode am Harz. 1919 Mitbegründer des Missionsbundes LICHT IM OSTEN. Autor des mehrbändigen Werkes zum Alten Testament „Das lebendige Wort" und vieler weiterer Schriften. 1946 Umzug nach Stuttgart und Neugründung des Missionsbundes. 1948 dort gestorben. Er gehörte dem Missionsbund bis zu seinem Tode als Missionsdirektor an.

Armin Jetter, geb. 1936 in Stuttgart, Verleger i. R., Laienprediger der Evangelisch-methodistischen Kirche. Verlegerischer Projektleiter des Gesangbuchs der EmK 2002. Im Rahmen der Gesangbucharbeit Mitherausgeber des Buches über die Graphiken im Gesangbuch „Voller Hoffnung" und einer Sammlung von Liedandachten zu jedem Sonntag und den Festen des Kirchenjahres „Voller Freude". Im Ruhestand Mitarbeit beim Missionsbund LICHT IM OSTEN, Korntal, mit dem Schwerpunkt JAKOB-KROEKER-STIFTUNG und Entwicklung eines Leitbilds für die Missionsarbeit. 2007-2008 interimistisch Missionsleiter von LICHT IM OSTEN.

Ich würde gerne unser Missionsarchiv ergänzen und äußere deshalb die herzliche Bitte: Wenn Sie sich an eine Begegnung mit Jakob Kroeker erinnern oder ihn bei einem seiner Vorträge auf Glaubenskonferenzen hörten und Sie vielleicht ein Programm einer Konferenz dieser Jahre, ein Foto oder einen Brief o. ä. besitzen, schreiben Sie mir bitte. Meine Privatanschrift: Armin Jetter, Ammerseestr. 4, 82061 Neuried (München) oder per Email an apjetter@aol.com. Vielen Dank.

Lebendige Worte

Jakob-Kroeker-Brevier

Ausgewählt und herausgegeben
von Armin Jetter

Mit einem Geleitwort
von Winrich Scheffbuch

BRUNNEN
VERLAG GIESSEN · BASEL

www.brunnen-verlag.de
Umschlaggestaltung: Ralf Simon
Satz: DTP Brunnen
Herstellung: CPI – Ebner & Spiegel, Ulm
ISBN 978-3-7655-1927-7 (gebundene Ausgabe)

Das ist die Kraft des ew'gen Worts,
dass es nicht schweigt, sobald's gesprochen;
und schlügen wir's auch an ein Kreuz,
es hat noch jeden Bann gebrochen.
Wir schrien es tot, es lebte fort –
es sprach. Es sprach als Gottes Wort!
JAKOB KROEKER

Zum Geleit

Viele Worte von Jakob Kroeker sind heute aktueller denn je.

Nicht wegen seiner Person, die bei vielen, die ihm persönlich begegneten, tiefen Eindruck hinterlassen hat. Auch nicht wegen seines weit geschätzten Dienstes als Bibelausleger auf Konferenzen. Auch nicht wegen seiner entbehrungsreichen Reisen als Missionar und Reiseprediger in Ost und West. Auch nicht wegen seines mutigen Bekennens.

Das Besondere bei Jakob Kroeker ist, wie er Gottes Wort hört und auslegt. Nie abstrakt oder theoretisch, sondern direkt in unsere Welt spricht er in allen seinen Auslegungen biblischer Geschichte und Prophetie. Das packt den Leser, wie Kroeker biblische Geschichte entfaltet. Es trifft im Gewissen, ermutigt und tröstet. Das Bibelwort aus längst vergangenen Zeiten wird zur Offenbarung Gottes für heute, zum lebendigen Wort.

Dabei möchte der Bibelausleger Jakob Kroeker überhaupt nichts künstlich aktualisieren oder den Bedürfnissen von Menschen und ihrer Zeit anpassen. Nein, er hört, wie ein Jünger hört. Dabei erlebt er überall in der Bibel, wie Gott selbst durch sein Wort zuschlägt, überführt und neues Leben schafft.

Gottes Wort ist bei ihm nicht Objekt, mit dem sich der Glaube beschäftigt. Nein, gerade umgekehrt: Im Wort Gottes spricht der handelnde und wirkende Gott selbst und schafft Glauben. In seinem Wort offenbart Gott seine Herrlichkeit. Immer wieder weist Jakob Kroeker auf diese ganz besondere Wirkungsmacht des Wortes Gottes hin, das den Hörer – wie er sagt – inspiriert. Es ist Gottes Geist, der durch sein Wort Leben schafft. Darum nennt Kroeker Gottes Wort prophetisch, weil es die höchsten Gottesoffenbarungen in sich trägt. Ohne Gottes Wort bliebe die Menschheit in ewige Nacht und Finsternis gehüllt.

In großer Sorge spricht Jakob Kroeker die sichtbare Entartung der christlichen Gemeinde an. In Selbstsucht und Weltverliebtheit sucht sie sich, statt sich in Demut vor dem Reden des lebendigen Gottes zu beugen. Auch wenn sie noch manche äußerlichen Formen der Offenbarung Gottes traditionell weiterführt, weigert sie sich, seinem Wort gehorsam zu werden. Fromm will sie Großes für Gott wirken und begreift nicht, dass doch Gott Großes mit ihr tun will.

Das hat Jakob Kroeker sein ganzes Leben in seinen vielen Diensten und Büchern umgetrieben: Gemeinde Gottes muss anders sein als die Welt, weil sie ein Organismus der neuen Welt ist. Wer die Welt erlösen will, muss innerlich von ihr getrennt sein. Wenn die Kirche auf dem Weg der Völker wandelt, wird die Stimme des Fleisches zur Stimme Gottes, das Reich der Welt als Reich der Himmel verkündet.

Gemeinde Gottes kann nur sein, was mit Christus gekreuzigt ist und sich dann wieder vom Vater in diese Welt senden lässt. In der Welt und doch nicht von der Welt. Die Gemeinde gehört allein Christus. Darum braucht sie keine Selbstbehauptung, keine Macht, keine Autorität, keine Propaganda, kein Hinabsteigen auf die machtpolitische Ebene dieser Welt. Sie wird auch auf dem Leidensweg nicht untergehen, wenn sie abhängig von ihrem Herrn bleibt und missionarisch und prophetisch ihren Dienst tut.

Erfreulich ist, dass in den letzten Jahren noch Neuauflagen von Kroekers Werken erschienen sind. Vieles ist leider nur schwer zugänglich. Darum ist Armin Jetter zu danken für dieses jetzt vorliegende Werk. Er hat eine umfassende und gelungene Auswahl der wichtigsten Gedanken Jakob Kroekers zusammengestellt. Sie führen in die erstaunliche Weite dieses großen Schriftauslegers ein. Man kann nur wünschen, dass über dem Lesen in unseren vielfach erstarrten Gemeinden ganz neu das Wunder der Offenbarung Gottes in seinem lebendigen Wort erlebt wird.

Winrich Scheffbuch

Gedenkt an eure Lehrer,
die euch das Wort
Gottes gesagt haben.
HEBRÄER 13,7

Vorwort des Herausgebers

Es war naheliegend, dass der Missionsbund LICHT IM OSTEN seiner Stiftung bei deren Gründung 2001 den Namen JAKOB-KROEKER-STIFTUNG gab. Jakob Kroeker war ihr erster und langjähriger Missionsdirektor und hat prägende Spuren in Leitbild und Organisation hinterlassen. Als ich 2002 für die Stiftung zu arbeiten anfing, galt die erste Frage in den Gesprächen immer dem Namensgeber: Wer war Jakob Kroeker?

Ich ging dieser Frage nach und machte eine Entdeckung! Meine Beschäftigung mit seinem umfangreichen literarischen Werk und mit seiner Berufung zum Missionsdirektor begann damit, dass ich zunächst auf die Fragen nach seiner Person Antworten suchte. Als ich aber, noch unsystematisch, die ersten Bücher und Redetexte, eben alles, was mir in die Hand kam, las und mich an seinen recht eigenen Schreibstil gewöhnt hatte, entdeckte ich darin den klugen Lehrer und gebildeten Bibelausleger, den weitblickenden, nachdenklichen Historiker und immer den einfühlsamen, verantwortungsbewussten Seelsorger, ja den prophetischen Weisen, in dessen Texten köstliche, einprägsame Formulierungen und Perlen zeitloser Weisheit und Erkenntnis verborgen sind. Bald entstand der Gedanke, diese aus dem Kontext zu lösen und zu sammeln. Ich wollte sie ans Tageslicht befördern, nicht nur um sie kurzfristig aufzubereiten, sondern um sie als sein geistiges Erbe zu bewahren.

Ich machte Urlaub und setzte mich in den Lesesaal der Deutschen Bibliothek in Leipzig und etwas später in die Universitätsbibliothek Halle/Saale und las Buch um Buch und viele Zeitschriftenartikel aus Kroekers Feder, machte Notizen, schlug nach, suchte nach Erklärung, wenn mir etwas fremd war, betrachtete die Zeitumstände, unter denen er dies oder jenes schrieb. Und so entstand Text für Text dieses Brevier aus den Büchern, aus Zeitschriftenbeiträgen und aus Manuskripten Jakob Kroekers.

Zur Erklärung des Buchtitels *Lebendige Worte* genügt der Hinweis auf die Bände der Auslegungen zum Alten Testament, die er unter dem Titel „Das lebendige Wort" herausgegeben hat. Daran wollte ich mit dem Titel dieses Breviers anknüpfen und an diese große literarische Arbeit, die er im Dritten Reich nicht vollenden konnte, erinnern. Zum anderen erlebte ich selbst das Phänomen, dass die Worte zu mir sprachen und die alten Worte in meinem Denken lebendig wurden. Ich kann mir nichts mehr wünschen, als dass auch Sie die Gedanken und Worte Jakob Kroekers so erfahren und Sie diese weitertragen.

Sie finden in diesem Buch etwa 1700 Zitate aus 67 Büchern, Zeitschriften und unveröffentlichten Redemanuskripten aus mehreren Archiven. Um einen Text zu einem Thema zu finden und um überhaupt mit diesen Texten arbeiten zu können, brauchte ich ein Ordnungsprinzip. Ich entschied mich für das Register des „Theologischen Begriffslexikons zum Neuen Testament, hrsg. von L. Coenen, E. Beyreuther und H. Bietenhard" (Rolf Brockhaus Verlag, 1972). Die Suchbegriffe, die ich dort fand, musste ich allerdings um wesentliche, unveränderbare Begriffe in der Sprache Jakob Kroekers ergänzen. Begriffe wie Priesterseele, Gottesoffenbarung oder Jesusweg gehören zu seinem Wortschatz und können nicht ersetzt werden. Sie erklären sich aber schnell von selbst. Sie werden merken, dass sie genuiner Kroekerscher Sprachschatz von hohem Rang und wesentlicher theologischer Aussage sind.

Das eine oder andere Zitat mag Sie anregen, eines der Bücher, aus denen ich ausgewählt habe, ganz zu lesen. Oder eine Bibelstelle, auf die sich Jakob Kroeker bezieht, nachzuschlagen. Beidem dient das Quellenverzeichnis. Es ist mir sehr wichtig, auf diese Weise den Zusammenhang, in dem das Wort steht, zu dokumentieren und die Quelle des Zitats zu benennen, damit man es aufspüren kann. Allerdings sei angemerkt, dass der Autor manche Auslegung mehrmals verwendete, so dass ein Zitat, für das ich eine bestimmte Quelle angebe, möglicherweise auch an anderer Stelle, etwa in einem Zeitschriftenartikel, gefunden werden kann. Mit Blick auf Lesbarkeit und Akzeptanz habe ich die Texte der neuen deutschen Rechtschreibung angepasst.

In diesem Jahr begehen wir den 60. Todestag von Jakob Kroeker. Ich freue mich, dass das Jakob Kroeker-Brevier zu seinem Gedenken rechtzeitig vorliegt. Es ist für mich Ehre und Freude, dass es während der Zeit, in der ich als ein später Nachfolger Jakob Kroekers Missionsleiter des Missionsbundes LICHT IM OSTEN sein darf, im Brunnen Verlag erscheint, der einst die Hauptwerke Jakob Kroekers herausgab. Den Vorständen von LICHT IM OSTEN in Deutschland und in der Schweiz danke ich für die Bereitschaft, sich an der Drucklegung und der Verbreitung des Buches zu beteiligen und den Erben und Rechteverwaltern der Familie Kroeker für das Verständnis für mein Vorgehen, die Bereitstellung von Archivmaterial aus dem Fundus der Familie und die wohlwollende Begleitung der Arbeit über eine längere Zeit.

Armin Jetter
Neuried, Neujahr 2008

Inhalt

Texte nach Schlagworten geordnet

Abraham

Abraham schaute nicht auf verlorene Tage zurück. Sein Erdenleben brachte bleibenden Gewinn. Das machte sein Alter reich und schön, voller Frieden und Dank. Denn das wahre Gut eines Lebens besteht nicht darin, dass einem Menschen alles gelungen ist, dass er viel geschafft und gewonnen hat, sich von körperlicher Gesundheit und von Lebensmut getragen sah, sondern dass ihm in allem Erlebten ein Segen von Gott geworden ist. 1077

In Abraham erklärte Gott einst nicht etwas für Gerechtigkeit, was er in ihm vorfand, sondern allein jenes Vertrauen, das er durch seine Offenbarung in ihm wecken konnte. 1335

Nicht an Abrahams Glauben glauben wir. Wir schämen uns zwar dessen nicht, dass Abraham in der Heiligen Schrift der Vater des Glaubens genannt wird. Er ist aber nicht in dem Sinne Vater des Glaubens, als ob sein Glaube die Vaterschaft besäße, fort und fort einen ihm verwandten Glauben zeugen zu können. Wir glauben aber an den Gott Abrahams. 1876

Es ist eine Verkennung der alttestamentlichen Offenbarung, in dem Zeugnis von der Erwählung Abrams zum Glaubensdienst eine Zurücksetzung oder gar Verwerfung der anderen Völker sehen zu wollen. Nicht als Bevorzugter wurde Abram erwählt, er war nur der Erstling, der sich einer göttlichen Erwählung und Berufung bewusst werden durfte. In seiner Erwählung und Berufung sollten auch die anderen Völker erkennen, für welch eine Welt des Glaubens Gott auch sie berufen und erlösen will. 1879

Altes Testament

Die Bibel will mit ihrer Gottesoffenbarung als das „lebendige Wort" und nicht als „heiliges Buch" bewertet werden. Sie will nicht nur gelesen sein, sie will gehört werden. Ihre Offenbarung will zu uns so sprechen, wie sie einst zu Aposteln und Propheten gesprochen hat. Gibt es doch heute selbst in der Kirche Christi weiteste Kreise, die das Alte Testament mit seinem Offenbarungswort verloren haben. Nicht als „heiliges Buch", sondern als „lebendiges Wort" haben sie es verloren. So stark man sich auch offiziell zum Buch noch bekennt, den Geist und die Kraft seiner Offenbarung verkennt man und setzt sich über sie hinweg. Dem modernen Menschen soll das reflektierende Denken die göttliche Offenbarung ersetzen. 1737

Uns bewegt die Frage, wie jene Fülle von Gottesoffenbarung, die durch die Schriften des alttestamentlichen Kanons festgehalten worden ist, auch uns wieder zu solch einer Offenbarung wird, dass wir durch sie unser Innenleben befruchtet, unsere Weltanschauung bestimmt, unsere Lebenshaltung geordnet und unsere Heils- und Zukunftserwartungen belebt sehen. 1738

Was einst das Leben Einzelner und eines ganzen Volkes so reich gemacht hat an göttlichem Licht, an innerlicher Kraft, an hingegebenem Dienst, an weltüberwindender Glaubenszuversicht, das vermag auch uns zu dienen und zu jener Quelle zu führen, aus der Gesetz und Propheten ihr Licht schöpften. Denn jedes Bächlein in Gottes Schöpfung zeugt mit seinem Leben von jener Quelle, durch die es genährt wird. Wenn wir nun in den Schriften des Alten Testaments solch einen Strom höheren Lebens rauschen hören, wie er inhaltlich sonst nirgends auch nur annähernd in der alten

Weltliteratur zu finden ist, so ist uns das ein Beweis für seine höhere Quelle. 1740

Die fünf Bücher Mose reden nicht wie eine Sage oder wie eine Heldendichtung, sondern lassen uns in alle Konflikte der Seele, in alle Enttäuschungen und Kämpfe des Lebens hineinblicken, die mit dem Werden eines Neuen auf Grund der göttlichen Offenbarung in der Geschichte verbunden sind. Der Inhalt der Mosesbücher war niemals der Mensch und sein Werk, sondern Gott und seine Tat. 1908

Es hat im Werden und Kampf der Kirche Zeiten gegeben, wo manche sich fragten, ob sie das Alte Testament für den Aufbau des Gemeindelebens und für die praktische Seelsorge noch wirklich nötig hätten. Wollen solche Glieder, so kann man fragen, etwa den Reichtum jenes Lebens missen, das Gott einst in jenen Männern offenbaren konnte, die ihm in der Geschichte Israels in Treue und Verantwortung lebten und dienten? Wollen sie ihrem Glauben das Blut nehmen lassen, das einst auch durch die lebensvollen Organe jener alten Zeit floss und die Herrlichkeit Gottes offenbarte?

Damit soll nicht gesagt werden, dass letzthin die einzelnen Glieder der neutestamentlichen Kirche nicht auch ohne das Alte Testament leben und selig werden könnten. Auch innerhalb vieler lebendiger Gemeinden gibt es weit mehr, als man annehmen möchte, die wenig vom Geiste der alttestamentlichen Glaubensväter, Propheten und Psalmisten in sich tragen. Entweder auf Grund von Vorurteilen oder auch aus Unkenntnis blieben sie innerlich jener alten Welt fern. Ihnen konnte Gott nicht das Zeugnis derselben zu einem lebendigen Wort für heute machen. Man erwäge daher, wie unendlich viel all denen von jenem Lichtglanz Gottes genommen wird, der sich einst als Heilsoffenbarung auch im Alten Testament kundtat. So war und blieb bisher das Glaubensleben ein Wandeln, Dienen und Warten in Knechtsgestalt. 2767

Amen

Jedes gläubige Gebet muss mit einem „Amen", ja mit einem doppelten Amen schließen. Das erste sprechen wir im Hinblick auf Gottes Verheißung; das letzte spricht Gott, indem er auf unsern kindlichen Glauben sieht. Deshalb ist denn auch das „Amen" kein Fragezeichen hinter unserem Gebet, sondern der Ausdruck des kindlichen Glaubens, dass der Vater unser Gebet nicht nur hört, sondern auch erhört. 2334

Oft kann Gott nicht auf unser Gebet sein Amen setzen, weil es nicht zu unserem Frieden dienen würde. Oft setzt er aber auch sein Amen, gerade wenn wir meinen, wir seien nicht erhört worden. Auch durch Nichterhören erhört Gott. 2335

Paulus schließt seine Doxologie mit dem feierlichen Amen, das in seiner hebräischen Bedeutung das Festsein, eine unwiderrufliche Bestätigung der ausgesprochenen Wahrheit, ausdrückt. 2706

Amos

Amos ist eine der größten und bedeutendsten prophetischen Persönlichkeiten auf dem Boden der göttlichen Offenbarungsgeschichte. Durch ihn wurde die Menschheit vom kultischen Gottesdienst auf die innerliche Geistesgemeinschaft geführt, in die Gott unser Leben hineinziehen will. Denn Gott ist es zu tun um den Umgang von Person zu Person, um die Gemeinschaft des Geistes mit denen, die er liebt und die ihn lieben. Ihnen ist er der Gebende, sie sind ihm die Empfangenden. So baut sich alsdann im Leben der Glaubenden ein Umgang mit Gott auf, in welchem nicht entscheidend die kultische Handlung vor Gott ist, sondern die Gemeinschaft des Geistes zwischen dem menschlichen Ich und dem göttlichen Du. 1534

Amos machte das Verhältnis des Menschen zu Gott nicht abhängig von äußerlich gepflegten Kulthandlungen, sondern verlegte das Schwergewicht in das innerste Heiligtum des Menschen: in dessen Seele und Gesinnung. 2005

Gott ist ein Gott der Gerechtigkeit! Nicht äußerlich gepflegte, religiöse Kulte regeln das Verhältnis zu Gott und zum Nächsten, sondern die sittliche Herzenseinstellung, in der der Mensch vor Gott wandelt. Nicht das bloße Sichverlassen auf Gottes schützende Macht erhält den Staat, sondern die Pflege der von Gott geoffenbarten Gerechtigkeit. 2582

Durch seinen prophetischen Dienst durchbrach Amos die nationalen Schranken der israelischen Volksreligion. Er öffnete seinen Brüdern nach dem Fleisch den Blick für eine Gottesverehrung, wie sie von Gott herbeigesehnt wurde, und zwar nicht nur für Israel allein, sondern für alle Völker. Nicht die kultische Gesetzesreligion eines Mose, sondern die prophetische Herzensfrömmigkeit eines Amos konnte daher allein auch das Erbe jener Völker werden, die sich nach wahrer Gotteserkenntnis und beseligender Gottesverehrung in den kommenden Jahrhunderten und Jahrtausenden sehnen würden. 2583

Amos konnte nicht darstellen wie ein Schauspieler und nicht dozieren wie ein Gelehrter. Er konnte nur noch klagen wie ein Prophet. 2592

Anfang

Gott band je und je seine größten Dinge für die Zukunft an sehr zarte und schwache Anfänge. 1279

Sei ohne Furcht, du kleine Herde! Denn dein Gott ist ein Gott kleiner Anfänge. In dem Fürwort „euch“ und in dem Begriff „kleine Herde“ ist die ganze Unscheinbarkeit der kleinen Jüngerschar ausgedrückt, von der Jesus sich als den ersten Anfängen des angebrochenen Gottesreiches umgeben sah ... Gewiss, wäre das Königreich der Himmel die Schöpfung der Kirche und ihrer Jünger und nicht die Kirche und ihre Jünger die Schöpfung des Himmelreiches, dann wäre das Reich Gottes längst auf Erden untergegangen. Aber es ist im Laufe der Jahrtausende nicht untergegangen. Es fiel nicht mit dem einzelnen Jünger. Es wurde nicht erschüttert durch die Katastrophen der Geschichte. Nicht die Geschichte mit ihrer immanenten Gesetzlichkeit, nicht die Frommen mit ihrem fanatischen Eifer, nicht die Jünger mit ihrer begeisterten Nachfolge sind die Garantie und die schöpferische Kraft des verheißenen Gottesreiches. Hinter demselben steht Gott. Die einzelnen und vielen mögen im Laufe der Geschichte fallen – das Königreich der Himmel fällt nicht ... Gott fürchtete sich im Verlauf der Geschichte auch nie, mit seiner Offenbarung und seinem Reich in die kleinsten und unscheinbarsten Anfänge hinabzusteigen. 1731

Alle großen Anfänge der nahen und fernen Vergangenheit haben damit begonnen, dass zunächst einzelne da waren, die etwas zu künden und zu erwarten wagten, wo andere nichts mehr erwarteten. Sie erhoben sich im Glauben über die Trümmer einer alten Welt und sahen ein Neuland der Zukunft nahen. Bewegt und gebeugt standen sie auf dem Totenfelde ihrer Zeit und erhielten plötzlich den Auftrag von Gott: Weissage diesen, dass sie leben sollen! 2020

Gott kann auch da, wo der Mensch versagt, einen neuen Anfang geben. Die große Zukunftserwartung der Kirche

Christi hatte daher immer Gott und dessen Königsherrschaft zum Heile der Völkerwelt als Inhalt. 2349

Apostel

Die Apostel waren ebenso wenig wie einst die Propheten Übermenschen. Sie waren weder Genies in ihrem Geiste, noch waren sie Helden in ihren Taten. Nur Menschen waren sie, die etwas zu sagen hatten, sobald der Herr zu ihnen sprach, und die in ihrer Schwachheit unüberwindlich wurden, wenn der Herr durch sie handelte. 2302

Aus reicher Lebens- und Diensterfahrung weiß der Apostel, dass man sich in der Verkündigung des Evangeliums und im seelsorgerlichen Dienst bei allem Geben dennoch nicht ausgibt, bei allem Opfern nur umso reicher wird. 2303

Arbeit

Je mehr das Erwerbsleben den Menschen knechtet und ihn zum Sklaven erniedrigt, desto mehr sehnt er sich nach Stunden der Ungebundenheit und der seelischen Entspannungen und Anregungen, in denen seine Seele das Gleichgewicht wiederfinden soll. Es ist eine Erscheinung, die man in allen Ländern und in jedem Volke beobachten kann: je mehr ein Volk aufgeht in einem das Leben knechtenden Arbeitsbetrieb, desto mehr sehnt es sich in seinen freien Stunden nach innerlicher Entspannung und sucht dieselbe vielfach in der Pflege der Kunst. Besonders auch die Musik, die nicht Gestalten und Begriffe, sondern nur Stimmungen und Gefühle ausdrückt, soll anregen und mit dazu beitragen, das wiederzufinden, was der Mensch im Frondienst seiner Erwerbsarbeit verliert und wonach er sich trotzdem sehnt: Freude und Harmonie der Seele. 1829

Atheismus

Auch der moderne Atheismus hat seinen Mutterboden in der Frömmigkeit eines falsch verstandenen Christentums und dessen unwürdigen Trägern. Er nährt sich von der bewusst oder unbewusst geduldeten Unwahrhaftigkeit der Kirche und holt seine schärfsten Waffen aus den Diskreditionen, die sich vielfach die Kirche selbst in ihren unberufenen Dienern gibt. 2367

Verliert man erst die wirkliche Autorität, dann schafft man sich eigene Autoritäten. Kann Gott erst nicht mehr König und seine Offenbarung erst nicht mehr das Licht sein, dann sitzt auf dem Thron der von der Leidenschaft des Volkes gewählte Günstling, und Katheder und Kanzeln lehren nur noch die zum Kanon erhobene Weltanschauung der Staatsautorität. Nicht mehr vom objektiven Gottesworte aus sucht man die Erscheinungen des Lebens zu verstehen, sondern von der Eigengesetzlichkeit des Lebens aus schafft man sich seine Ethik und seine Dogmatik. In diesen werden eines Tages selbst die schwersten Verbrechen zum Wohle des Staates kanonisiert, das Volk zum Sklaven seiner eigenen Kultur und Wirtschaft gemacht und die natürlichen Schöpfungsordnungen Gottes als ein Fluch des Lebens erklärt. Es ist alles verboten, was das höhere Leben bejaht, und alles erlaubt, was sicher ins Verderben führt. Dies war je und je die antichristliche Stunde, die ein Volk in seiner Geschichte erlebte. 2603

Wo erst die Thora mit ihrer Offenbarung schweigen muss, und im Jahve-Namen das Volk sein eigenes Götterbild verehrt, da kommen Tempel und Festungen in keinen Konflikt miteinander. Sie segnen sich gegenseitig zum vermeintlichen Heil und zur Sicherung der Zukunft des Volkes. So entsteht alsdann eine Kultur, die selbst in den entscheidendsten Fragen des Lebens fertig wird auch ohne Bekanntschaft mit Gott. Bricht aber erst das Feuer des Gerichts aus, so frisst es nicht nur die Festungen, sondern auch die Tempel. 2604

Fahre fort, Europa, in deinem Fortschritt – ohne Gott! Baue auf deine Zukunft – ohne Gott! Schaffe dir eine Gemeinschaft der Völker – ohne Gott! Bewundere dein Wissen und deine Geschichte – ohne Gott! Erziehe deine Jugend und deine Geschlechter – ohne Gott! Singe deine Psalmen und Nationalhymnen – ohne Gott! Es kommt der nächste Tag, der mit rotem Feuerschein über dein Leben schreibt: Wer aber stolz einhergeht, den kann er demütigen. 2787

Auferstehung

Es war eine große Abendversammlung, in der vor Tausenden von Menschen ein völlig atheistisch eingestellter Agitator beweisen wollte, dass das Christentum tatsächlich bankrott gemacht hätte und dass es daher nichts anderes als Volksverblendung sei. Als er nun glaubte, auf Grund der Geschichte nachgewiesen zu haben, dass im Laufe der Jahrtausende das Christentum auf allen Gebieten versagt habe, da schloss er seinen Vortrag und gab die Diskussion frei. Nun meldeten sich mehrere zum Wort. Unter anderen auch ein alter russischer Priester mit schneeweißem Haar. Als der alte Greis aufstand und sich zu Wort meldete, sagte der Agitator: „Väterchen, ich gebe dir zunächst das Wort, aber ich kann dir nur 15 Minuten geben. Denn siehe, es sind noch so viele andere, die ebenfalls ums Wort gebeten haben." „Ich brauche keine 15 Minuten, ich brauche nur 3 Minuten!" antwortete der im Dienst ergraute Priester, trat aufs Podium und grüßte die ganze Versammlung mit dem russischen Ostergruß: „Christus ist auferstanden!" Da antwortete die ganze Versammlung: „Er ist wahrhaftig auferstanden!" Das war die Antwort der ganzen Versammlung auf den Vortrag des gottesfeindlichen Agitators. 2076

Die Auferstehung Christi ist für Paulus die Bürgschaft seiner persönlichen Auferstehung und derer, die Christo angehören. 2284

Das Kreuz war die Verwerfung des Sohnes durch den Menschen gewesen. Die Auferstehung war die Rechtfertigung des Sohnes durch den Vater. 2298

Wir leben nicht vom gekreuzigten Christus, sondern von dem auferstandenen Christus! Wie arm wären wir als Kirche Jesu Christi, wenn wir nur einen gekreuzigten Herrn hätten. Dann wäre die Kirche 2000 Jahre lang gezwungen gewesen, nur noch zu leben von einer Idee, von der Idee eines Menschen, der sich eines Tages für seine Sache opferte. Wir haben aber in Jesus keinen Märtyrer, sondern das Lamm Gottes, das sich freiwillig hingab als Opferlamm, um der Welt Sünde zu tragen. Wir verneinten ihn und sprachen: Nicht dieser! Der Vater aber rechtfertigte ihn durch die Auferstehung, er erweckte ihn von den Toten und machte ihn zum Anbruch einer neuen Schöpfung. Und Glieder dieser neuen Schöpfung sind wir als Reben an ihm, dem Weinstock ... Wir leben nicht vom Besitz, sondern von den Wirkungen, die von Christus ausgehen, die sich unserem Leben mitteilen. Je älter ich werde, desto schlichter und natürlicher wird mir das Christentum, mein Glaubensleben. 2797

Babel

Es würde zu weit führen, noch einmal an der Geschichte Kains zu zeigen, wie er zuerst opferte, dann seinen Bruder erschlug, und dann hinging, um sich und seinen Erben eine Stadt zu erbauen. Ich frage jedoch alle Geschichtskundigen: Ist Babel in seinem tiefsten Wesen, ist die allgemeine Weltgeschichte in ihrer Entwicklung denn je über diesen Charakterzug hinausgekommen? Man opferte zwar Gott von seiner Gabe, aber daneben erschlug man in seinem Machtbewusstsein skrupellos seinen Nächsten. Man ging hin und schuf auf den Trümmern eroberter Städte und niedergetretener Felder zwar eine neue Kultur, aber zum Heile der eigenen Geschlechter. Alsdann feierte man seine Helden, verewigte in Granit und Marmor ihre Taten, bewunderte man ehrfurchtsvoll die Schöpfungen ihres Geistes und ihrer Faust und verlieh dem Ganzen noch eine religiöse Weihe durch ein offizielles Dankgebet. So schafft Babel seine Zukunft. Und diese Welt umlagert Jerusalem. 1170

Barmherzigkeit

Die Wiedergeburt zu einer lebendigen Hoffnung ist nichts Geringeres als das persönliche Eingreifen der Barmherzigkeit in unser gefallenes Leben. 1102

In unserer Verkündigung des Wortes Gottes und in unseren Evangelisationen oder auch in unserer persönlichen Seelsorge sprechen wir so oft vom „Verlorengehen“. Das bezeichnet nicht richtig den Zustand und die Hilflosigkeit unseres Falls. Wir gehen nicht verloren, sondern wir sind verloren und bleiben verloren, wie Jesus es so erschütternd im Gleichnis vom verlorenen Sohn gezeigt hat. Wir bleiben so lange verloren, bis das Erbarmen Gottes in unsere Hilflosigkeit hinabsteigt, zu uns spricht und uns durch sein Eingreifen aus der Gewaltherrschaft der Finsternis heraushebt und in die Lebenssphäre dessen versetzt, der durch seine Auferstehung der Beginn einer neuen Schöpfung geworden ist. 1103

Wie oft hat Gott seit den Tagen Noahs in der Geschichte Völker samt ihrer blühenden Kultur rettungslos untergehen lassen, weil ihre weltbeherrschenden Ideen zu einer Gefahr für den Fortbestand und die Zukunft der ganzen Menschheit geworden waren. So wirkte sich in den Gerichten über das Einzelne je und je Gottes Barmherzigkeit fürs Ganze aus. Das Ganze war damals die mit Noah beginnende neue Zukunft der Menschheit, deren Entwicklung heute noch nicht abgeschlossen vor uns liegt. Wir müssen annehmen, dass die Entartung in jenen alten Tagen bereits so groß war, dass die Vertilgung für die Gegenwart zwar ein Akt des Gerichts, für die Zukunft jedoch ein Akt der Barmherzigkeit war. 1845

Gott lässt sein Werk der Barmherzigkeit zum Heile der Seufzenden nicht zu Grunde gehen am dauernden Trotz und Widerspruch eines Machthabers und an der politischen Blindheit und Torheit der Völker. 2090

Die Barmherzigkeit im Sohn fragt nicht nach dem, was der Mensch in seiner Gottesferne ist oder was sie von ihm fordern kann. Sie fragt nur danach, was sie ihm bringen und wozu sie ihn berufen und begnadigen kann. 2300

Die Barmherzigkeit ist groß in ihrem Hoffen und unermüdlich in ihrem Dienste wie Gott selbst. Denn Gott will nicht nur nicht den Tod des Sünders, er will auch nicht das Sterben eines Volkes durchs Gericht … Für Gott als den Herrn der Geschichte war es zu jeder Zeit ein Geringes, selbst das schwerste Gericht in Segen und die größten Feinde in Freunde zu verwandeln. 2494

In Gott sind auch Gericht und Gnade, Verwerfung und Wiederannahme nicht Gegensätze, sondern nur verschiedene

Energien ein und derselben Aktivität der Barmherzigkeit. In unserer menschlichen Sprache und für unser Verständnis muss aber dieses scheinbar sich ganz widersprechende Handeln Gottes im Bilde des innerlichen Sich-Wandelns ausgedrückt werden. An sich wandelt Gott sich in seiner Gesinnung und Aktivität nicht. In ihm sind auch die größten Gegensätze zu einer letzten Harmonie vereinigt und dienen je nach Zeit und Möglichkeit dem Heile der Menschheit. 2610

Es bleibt das ewige, unverkürzte Recht der Barmherzigkeit, auch aus dem Gericht jene zu erlösen, die sich beugten unter die züchtigende Hand der Gerechtigkeit, welche nicht strafte um der Strafe willen, sondern um alle durchs Gericht zum Leben zu führen, die ohne Gericht für immer untergegangen wären. 2651

Bedrohung

Die Jüngergemeinde hatte Gegenwind. Heute wieder besonders stark innerhalb der Völkerwelt. Zeitströmungen, Weltanschauungen, Umbruchskräfte, dämonische Mächte bedrohen ihr Boot, das mit seiner Fährte ein höheres Ziel verfolgt. Außerdem hat jeder einzelne in der Gemeinde noch seine besonderen Nöte, Sorgen, Ängste, Konflikte und Widerwärtigkeiten … Jedes Glaubens- und Missionswerk weiß von solchem Gegenwind, und dessen Mitarbeiter wissen von einem vergeblichen Sich-Abmühen. Wenn die Aufgaben wachsen, die freiwilligen Opfer aber dauernd zurückgehen, wenn alle Anstrengungen gemacht werden, um ein Glaubenswerk weiter aufrecht zu erhalten, dies sich aber zuletzt als undurchführbar erweist, so sind das Gegenwinde, die sich stärker erweisen als alles Rudern der Jünger im Boot. 1193

Begeisterung

Nie waren hochgehende Wogen frommer Begeisterung und fanatischer Propaganda ein Zeichen tiefer Jesusverehrung. 1314

Große, momentane Begeisterungen tragen immer ein bedenkliches Zeichen. Daher täuschen uns auch alle gegenwärtigen Jesusbegeisterungen der großen Massen nicht. Sie tragen vielfach nicht in sich den Charakter einer wahren und bewährten Jesusverehrung. Diese ist weit mehr als eine augenblickliche Begeisterung. 1601

Was der Sturm der Begeisterung und erschütternde Ereignisse und feurige Zungen nicht erreichen können, das kann Gott durch die stille verborgene Wirksamkeit seines Geistes bewirken. 1987

Religiöse und nationale Leidenschaften können unsagbar blind machen. 2008

Nicht nur Propheten und alle Gottesboten erlebten, dass sie nach großen Schritten des Glaubens nicht selten in schwerste Anfechtungen und innerliche Glaubenskonflikte kamen ... Erst in den Stunden der Anfechtung und Versuchung zeigt es sich, was im Handeln des Glaubens Frucht war, von Gott gewirkt, und was nur Begeisterung, aus der Stimmung des Augenblicks geboren. 2491

Bekehrung

Die Geschichte hat es je und je bestätigt, dass es leichter ist, sich von Babels Gottlosigkeit zu bekehren als von Laodicäas Frömmigkeit. 1955

Auf ein Kommando hin kann man weder Buße tun noch ein Leben der Hingabe vor Gott führen. 2077

Könnten doch auch wir Bekehrten endlich mal wieder Sünder werden! Wir würden mal aufhören zu glauben an unsere Bekehrung, wir würden mal endlich aufhören zu glauben an unsere Frömmigkeit! Dann würden wir wieder glauben lernen an die Aktivität Gottes in uns und nicht an unsere Aktivität für Gott. Die ungeheure Not und das Verhängnis weitester Kreise innerhalb des Volkes Gottes von heute besteht vielfach darin, dass man weit mehr an seine Bekehrung und Frömmigkeit glaubt, denn an Gott und an die Heilsoffenbarung in Christo und an das schöpferische Wirken des Heiligen Geistes. 2080

Bei vielen handelt es sich bei der Bekehrung nur darum, dass sie einen Passierschein bekommen, um einmal in den Himmel hineinkommen zu können, gleichsam eine Einlasskarte für das ewige Leben. Ist das die Bekehrung, ist das das Wesen der Wiedergeburt? Hat die Bekehrung nicht einen viel tieferen Sinn? Soll sie uns nicht den verborgenen Umgang mit Gott erschließen? Wer würde hier in diesem Saal wagen zu sagen: das Wichtigste ist hier doch die Tür? Gewiss, die Tür dient uns, aber doch nur, um hier in den Saal zu treten und um dann hier die Gemeinschaft des Geistes untereinander zu pflegen. So ist auch die Wiedergeburt, die Bekehrung, nur die Tür, die sich uns auftut, die enge Pforte, durch die wir eingehen dürfen in die Gemeinschaft mit Gott, dem Vater, und mit Christo, dem Sohne im Heiligen Geist. 2082

Bevor der Mensch zu Gott spricht, hat zuvor Gott zum Menschen gesprochen. Umkehr zu Gott ist Begegnung mit Gott, und zwar auf dem Wege Gottes zum Menschen. Jede Bußpredigt muss daher unfruchtbarer Gesetzesdienst sein, wenn sie nicht ein Zeugnis ist von der Kraft Gottes, die den Menschen zur Umkehr führen und fürs Leben retten will. 2712

Bekenntnis

Ein einheitliches Bekenntnis kann vielleicht eine großartige Organisation, aber noch lange nicht einen geistlichen Organismus schaffen. 1141

Wohl bekennt die neue Welt sich zum apostolischen Christentum, lebt aber in ihrer Masse nicht im Geiste der Apostel und Propheten. Man schuf das Heilige und verlor den Heiligenden. Man trug den Prophetenmantel ohne eine Prophetenseele. Man pflegte den „heiligen" Tempel und fühlte nicht den Verlust der heiligenden Gegenwart des lebendigen Gottes. Man beugte sich vor dem Kreuz anstatt vor dem Gekreuzigten. 1755

Wer in jener Zeit, wo heidnische Götter und Götzen um Eingang und Einfluss im Volksleben Israels rangen, Gott in seinem souveränen Walten gesehen, wer ihn in der Offenbarung seines Heils verstanden, und wer in der eigenen Lebensführung ihn als Trost und Zuflucht erlebt hatte, konnte nicht auf die Suche nach neuen Göttern und Götzen, nach neuen Offenbarungsquellen und Bekenntnissen gehen. Bewusster als je zuvor sprach ihr Glaube, dass nur der Herr allein der Gott ihres Lebens und ihrer Zukunft sein könne. Das ist auch unser Bekenntnis! 2180

Berufung

Der Herr ist nicht gebunden an unsere Gaben und Fähigkeiten. Er ignoriert sie nicht, wenn sie ihm geheiligt werden, aber er macht Seelenrettung und Priesterdienst nicht von ihnen abhängig. Wie oft haben Männer mit nur ganz geringen Gaben, aber mit einem Herzen, das voll Feuer und Liebe war, weit Größeres fürs Reich Gottes und für die Welt getan als solche, die durch ihre Fähigkeiten ganz besonders zu etwas Großem berufen schienen. Der Herr will auf dem Boden unserer Schwachheit seine Kraft vollkommen machen. 1031

Wer sich bewusst Gott und dessen Aufträgen entzieht, kann nie mehr dauernd zur Ruhe kommen. Dauernder Widerspruch bringt dauernde Unruhe. Mose ließ sich überreden und dankte später Gott, dass er sich hatte überreden lassen. 1035

Berufung ist ein zeitlich begrenztes Mittel, Erwählung ewige Bestimmung und höchstes Ziel der göttlichen Offenbarung 1063

Gottes Berufung und die Entscheidung des Glaubens waren vom Standpunkt der Welt aus niemals modern. Denn Offenbarung durchbrach immer noch die organische Entwicklung, die statutenhafte Gesetzlichkeit und die steinerne Heiligkeit der menschlichen Religion und deren Frömmigkeit. 1068

Wer von vornherein an dem Entschluss festhält, in seinem fleischlichen Leben zu bleiben, sich von seinen Sünden nicht loszusagen, die Welt mit ihrer Lust und ihrem Wesen nicht zu verleugnen, die gegenwärtigen Beschwerden eines Fremdlings und Pilgers nicht auf sich zu nehmen, darf nicht erwarten, teilhaftig zu werden einer himmlischen Berufung. 1590

Wirklich von Gott Berufene suchten sich nie ihre Mission und haben dieselbe auch nie wie einen Raub für sich behauptet. 2363

Gott kleidet seine Berufung oft in ein sehr natürliches Gewand ... Das Wesentliche ist nie, wie Gott uns ruft, sondern dass er uns ruft. 2380

Nicht mit geborgten Waffen überwinden die Berufenen die Welt, und nicht mit fremden Vollmachten segnen sie ihre Brüder ... Von Gott Berufene und Beauftragte stellen sich immer mit dem, was sie haben, und nicht mit dem, was sie nicht haben, in den Dienst ihres Gottes. Und Gott verwirft die Opfer ihres Glaubens nicht. Er ignoriert nie des Menschen Eigenart und dessen Glauben, die ihm vom Leben gegeben wurden, sondern zieht sie in den Dienst und Kampf des Lebens hinein. Geheiligte Kenntnisse und Fähigkeiten, geheiligte Naturanlagen und Güter können in der Hand des Glaubens gerade die Waffenrüstungen werden, durch welche die Welt überwunden wird. 2389

Nachdem Gott mit seiner Berufung in ihr Leben getreten war, gab es für die Propheten nur noch ein Entweder-Oder. Sie fühlten die ungeheure Konsequenz, die für sie mit dem Eintritt Gottes in ihr Leben verbunden war. Entweder erlebten sie im Gehorsam hinfort – trotz der Schwere ihres jeweiligen Auftrags – ihre Auferstehung, oder sie gingen an ihrem Widerspruch gegen die an sie ergangene Berufung zu Grunde. Gott und seiner Berufung gegenüber musste daher alles zurücktreten: Familie, Volk und auch das Vaterland. 2550

Die Propheten in ihrem unerschütterlichen Sendungsbewusstsein sind nur zu verstehen auf Grund ihrer göttlichen Berufung. Das eigentliche Berufungserlebnis wird uns von manchen der Propheten jedoch überhaupt nicht verraten. Nur ihr sittlicher Ernst, ihre prophetische Sprache und die Konsequenz ihres Handelns bewiesen, dass eine Macht in ihr Leben getreten war, die sich stärker erwies als die Welt. Das war Gott. Ihm selbst unter schwersten Leiden zu dienen, war ihnen weit wertvoller, als im Widerspruch gegen Gott den Frieden und das Wohlleben der Welt zu lieben. Sie opferten Gegenwärtiges, um auf Grund göttlicher Erleuchtung ihrer Zeit mit Höherem und Zukünftigem dienen zu können. 2554

Berufung war nie ein Kapital, von dessen geistigen Kräften man lebte. Auch der Prophet nicht. Sie war stets nur der erste dem Geiste zum Bewusstsein gekommene Eintritt der Gotteswirklichkeit in das Leben des Berufenen. Durch sie sah sich der Mensch nur in eine bestimmte Richtung geworfen und für göttliche Aufgaben geweiht. Auf Grund seiner Berufung hatte daher jeder Prophet ein unerschütterliches Sendungsbewusstsein. Er fand in ihr jedoch nie das Geheimnis und die Quelle seiner prophetischen Schau und die Kraft seines prophetischen Dienstes. Letztere lagen für ihn nicht in seinem einmaligen Berufungserlebnis, sondern allein in der jeweiligen Offenbarung Gottes. Ihr Geheimnis war mithin nicht eine einmalige empfangene Gottesgabe, sondern die von Fall zu Fall erlebte Geisteswirkung. Propheten waren daher niemals Schöpfer, sondern immer nur Zeugen der Offenbarung. 2558

Es bleibt die große Tragik aller Berufenen bis heute, in deren Leben Gott mit seiner Offenbarung treten konnte, dass sie in der Welt nirgends mehr zu Hause sein werden, wenn sie in Untreue und Ungehorsam ihre eigentliche Berufungsbasis verloren haben. 2609

Berufung setzt nicht das Kommen des Menschen zu Gott, aber Gottes Kommen zum Menschen voraus. Berufung kann nur auf Grund eines göttlichen Rufes erfolgen. Gott wendet sich durch sein Wort an den Menschen in seiner Verirrung und Sündenschuld. 2763

Besitz

Jede äußerliche und innerliche Habe segnet oder verführt uns, hebt oder knechtet uns, wird uns entweder ein Mittel, Gott und unserem Nächsten zu dienen, oder gereicht uns zu einem Fallstrick, über den wir fallen. 1281

Sobald der Mensch seine Verbindung nach oben löst, verpflichtet er sich nach unten; findet er seinen Gott nicht mehr im Schöpfer, so vergöttert er eines Tages das Geschöpf: liegt seine Seligkeit nicht mehr im Verkehr mit Gott, so berauscht er sich an den Segnungen der Erde. 1835

Findet der Mensch seine Befriedigung nicht mehr in Gott und in der Erfüllung seines Willens, dann sucht er sie in dem „Haben der Güter" und verfällt dem „Materialismus des Besitzes". Eines Tages sehen wir ihn in seliger Selbstberauschung tanzen um das „goldene Kalb". In der Anbetung dieser Götter der Erde sind je und je Geschlechter und Völker zu Grunde gegangen, indem sie die Selbstsucht bis zur Unersättlichkeit steigerten und den Besitz so hoch erhoben, dass er sie eines Tages erdrückte. 1836

Großer Besitz macht hart, wenn er nicht in entsprechenden Dienst des Nächsten gestellt wird. Das Wissen bläht auf, wenn es nur zur Pflege des eigenen Ruhms oder zum persönlichen Sichhervortun vor Wissenden und Unwissenden gebraucht wird. Dies Gesetz wirkte sich im Leben der Frömmigkeit nicht minder aus als im Leben der Gottlosigkeit. 2716

Bewährung

Bewähren vermag der Glaube sich nur auf jenen Wegen, die Gott ihn führt. Daniel konnte in den engsten Hof- und Regierungskreis der Babylonier hineingezogen werden und bewährte sich überall in seiner Stellung als Knecht Jehovas, während Lot sich unfähig erwies, in den Toren Sodoms zu wohnen. Im Terebintentale blieb durch das Auftreten Davids sowohl in der Seele Israels als auch der Feinde Davids das Bild der Kraft Gottes zurück, sah jedermann in der Stunde der Not, dass es einen Gott in Israel gibt ... So muss die Welt immer ein ganz falsches Bild von unserem eigentlichen Wesen gewinnen, wenn wir uns auf ihrem Boden nicht als die bewähren, die wir wirklich sind: Gesalbte Gottes und Träger eines neuen Lebens und einer neuen Zukunft! 2534

Bewährung, Erprobtheit ist die Frucht des Geistes, die in den Standhaftigen heranreift. Das Wort „Bewährung" kommt nur bei Paulus vor. Wer trotz aller Drangsale, Kämpfe und Ungerechtigkeiten dank der Kraft Gottes und trotz persönlicher Schwachheit ausharrt, wird zum Bewährten in Christo. Solche Bewährten waren im Laufe der Geschichte der Kirche stets jene Persönlichkeiten, die sich nicht durch jeden Wind der Lehre hin und her bewegen ließen. Bereits gegenwärtig erweisen sie sich innerhalb der Geschichte der Kirche als tragende Säulen im Tempel Gottes. Durch ihre Glaubenshaltung und Zielrichtung geben sie Unsicheren und Schwankenden innere Haltung, göttliche Ziele in ihrem Glaubensdienst und in ihrer Glaubenserwartung. Bewährte werden in der Schrift auch als „Väter und Mütter in Christo" bezeichnet. Unter deren Fürsorge und Vorbild können Kinder zu Männern und Männer wiederum zu Vätern heranreifen. 2731

Wie viele Glaubende haben sich in den Tagen, wo sie sich vom Leben mit der Fülle seiner Güte umgeben sahen, weit weniger bewährt als in schweren Zeiten der Leiden, der Nöte, der Ängste und Drangsale! 2771

Blickwechsel

Immer wird der Feind in seiner Größe und Stärke wachsen und wachsen und zum unüberwindlichen Riesen werden, wenn unser Auge den Blick für Jehova verliert und auf dem Feinde ruhen bleibt. 1595

Eine Welt ohne Christus sieht nur sich selbst. Aber eine Seele, die Jesum gefunden und ihn erkannt hat in seiner Majestät und Größe, sieht in sich selbst nichts, sondern alles in Jesum. Ihr Schauen hat ein anderes Zentrum gefunden. 1598

Das Böse

Wem das Böse zur geistigen Heimat geworden ist, kennt sich nicht nur im Bösen aus. Vom Bösen aus empfängt er immer neue Anregungen, um es in seiner Verführung und in seinem Wirken zu benutzen, zum Bösen zu verleiten. Wer böse ist, sucht Genossen des Bösen. 2708

Gott in seiner Zornesoffenbarung und in seinen Gerichten ist unparteiisch und völlig gerecht. Wer tut, was unter dem Zorn Gottes steht, verfällt der Wahrheit gemäß dem Gericht, auch wenn er Jude ist. Denn Gottes Nein zum Bösen ist im Leben aller Menschen dasselbe totale Nein. Er segnet und rechtfertigt andererseits wiederum auch jedes Tun eines Juden, wenn es sich mit der Wahrheit deckt. 2710

Bruder

Wer je wagte, seine Brüder aus jener alten Ordnung der Dinge, an denen sie einfach zugrunde gehen würden, herauszuführen, um sie auf einen neuen Boden des Heils und der Freiheit zu stellen, der weiß, wie solche Missionen ihre Träger immer wieder in unnennbare Konflikte mit der wankelmütigen Gesinnung der Brüder brachten. Von Mose musste berichtet werden, dass er der geplagteste Mann war, den es in ganz Israel gab. 1036

Wer erst Ehrfurcht vor Gott gewinnt, der gewinnt auch Achtung vor dem Nächsten und öffnet ihm Zelt und Seele. 1255

Ein Geschlecht, dem die Selbstsucht über das Gemeinwohl geht, dem die Befriedigung seiner Sinnenlust höher steht als die Reinheit und Heiligkeit des Nächsten, dem es nichts Heiliges gibt, das nicht seinem Machtprinzip zum Opfer gebracht werden müsste, dem Religion nichts anderes ist als Selbstberauschung und Selbstanbetung – ein solches Geschlecht gewöhnt sich eines Tages an die eintönige, kalte Sprache ihres Totenackers: „und er starb“. 1271

Sobald der Mensch nicht im Schweiße seines eigenen Angesichts sein Brot isst, dann isst er es gewiss auf Grund des Schweißes seines Nächsten. 1280

Wer aus dem Blute seines Bruders seine Zukunft baute, wurde eines Tages noch immer unter den Trümmern seiner eigenen Schöpfung begraben. 1338

Aus einem lauteren Wandel vor Gott kann nur ein Leben geboren werden, das auch in einem sittenreinen und gerechten Verhältnis zum Nächsten steht. 1347

Wer Brüder retten und höheren Zielen entgegenführen will, muss Brüder auch in ihrem Fall und in ihren Irrungen lieben können. 1383

Nie kann man zu einem gesegneten Diener für seine Brüder werden, wenn man nicht zuvor lernte, im Glaubensgehorsam Gott zu dienen. 1398

Unser unbrüderliches Verhältnis zu Kindern Gottes, die nicht ganz unserer Erkenntnis sind, trägt mit dazu bei, dass von der Welt der Leib Christi nicht erkannt wird. 1432

Es gibt keine Segensträger, es sei denn, sie sind bereit, diesen Opferweg, an Gott gebunden zu sein, zu gehen. Jeder Segen für andere ist mit einem vorangehenden Opfer verbunden. Auch heute noch. Wer nicht im Glauben diese Opfer zu bringen vermag, wird unfähig bleiben, seine Brüder zu segnen. 1484

Was sich uns je und je als ein Hindernis erweist, um für andere ein Segen zu werden, das gilt dem Herrn als ein Opfer freiwillig zu Füßen zu legen. Wer dazu bereit ist, mag äußerlich verlieren, aber wird innerlich Vollmacht erhalten, seinen Brüdern zu dienen. 1485

Wer viel Zeit hat für den Umgang mit Gott, kann auch in wenig Zeit seinen Brüdern viel geben. 1570

Wie mancher würde auch in unseren Tagen wieder seinen Bruder mehr verstehen lernen, wenn man weniger laut über seinen Bruder reden würde, sondern Gelegenheit suchte, Gott über den Bruder reden zu hören. 1725

Jeder Mensch ist zwei Welten gegenüber verpflichtet, der Welt seines Innenlebens und der Welt seiner Umgebung. Jede falsche Einstellung des Menschen zu sich selbst führt auch konsequent zu einer falschen Einstellung seinem Nächsten gegenüber. Wer durch Sünden sich selbst verdirbt, zieht durch Verführung den Nächsten in dasselbe Verderben. Wer sich selbst betrügen kann, schaudert auch nicht vor dem Betrug gegen seinen Nächsten zurück. 1847

Wenn Brüder zankten, dann hatte die Welt immer den Vorteil davon. 1886

Das war ja das große Gottesevangelium, das bereits schon die Thora enthielt, dass sie durch ihre Gesetze immer zunächst das Verhältnis des Menschen zu Gott zu regeln suchte und alsdann auch das Verhältnis des Menschen zum Menschen ordnete. Wer Gott fürchtet, ehrt auch den Nächsten. Wessen Geist offen ist für Gottes Offenbarung, dessen Seele verschließt sich nicht gegen die Not des Bruders. Eine soziale Zukunft kann daher nur ein Volk haben, das aus seinem Verhältnis zu Gott heraus göttliche Gerechtigkeit und sittliche Rechtsordnungen pflegt, welche die Grundlage für jeden öffentlichen Verkehr von Mensch zu Mensch sind. Ein Geschlecht, das sittlich zugrunde geht, die nackteste Selbstsucht durch staatliche Rechte heiligt und jede zuchtlose Sinnlichkeit zur öffentlichen Moral erhebt, vermag keine soziale und menschenwürdige Zukunft zu schaffen. Es ist die Gerechtigkeit der Weltgeschichte, dass in ihrem Verlauf immer wieder alles im Gericht zusammenbrach und unterging, was sich in seinem Aufbau, in seinen Wünschen und in seinen Zielen löste von den Grundlagen der sittlichen Gerechtigkeit und deren sozialen Rechtsbestimmungen. 1899

Die Frucht glaubensvoller Hingabe an Gott war noch immer opferbereiter Dienst am Nächsten. 2127

Wer die einzelnen zunächst sich vielfach noch bekämpfenden Kräfte zusammenfassen und auf ein gemeinsames höheres Ziel lenken will, kann mithin unmöglich Träger von Sonderinteressen sein. Wer nicht fähig ist, alles Nebensächliche und Untergeordnete so zurückzustellen, dass die eine gottgewollte Hauptaufgabe alles andere beherrscht, wird nie die zerstreuten Kräfte zum gemeinsamen Handeln zu sammeln verstehen. Vollmacht, dem Ganzen zu dienen, werden nur Männer haben, die gelöst von allen Kleinlichkeiten sich nicht verlieren in religiösen Parteiinteressen, sondern die da fähig sind, über die eigene Dogmen- und Stammesgrenze hinaus ihre Brüder zu finden. 2358

Noch nie hat jemand in Wahrheit versucht, seinen Brüdern zu dienen, der nicht gelegentlich auch gerade unter seinen Brüdern die größten Enttäuschungen erlebt hätte. 2627

Christentum

Nicht christliche Religion, sondern der Umgang des Kindes mit dem Vater ist das tiefe Geheimnis und das wahre Wesen des Christentums. 1149

Wem immer wieder das weit wertvoller erscheint, was er für Gott tut, als das, was Gott in ihm und im Nächsten tut, der hat vielleicht christliche Religion, aber nicht das Wesen des Christentums erfasst. 1376

Das Christentum ist in seinem Wesen nicht nur Eschatologie, nicht nur lebendige Jenseitshoffnung, nicht nur ein bewusstes Warten auf eine endgeschichtliche Reichgottesherrschaft auf

Erden. Es steht mit seinem Glauben, Lieben und Hoffen mitten in der Welt, lebt innerhalb der Völker als Tempel des Geistes, in welchem Gott gehört und in welchem Gott anbetend angerufen wird. Die Kirche Jesu weiß von einer ihr anvertrauten Mission und Diakonie, die, in Vollmacht des Geistes getan, zum Heil aller Völker und Staaten werden müssen. Wo die Spannungen sich zwischen Welt und Kirche, zwischen ihren beiden Weltanschauungen und Totalitätsansprüchen bis zum Kampf entwickeln, da muss die Kirche immer zur Märtyrerin werden. Denn sie ist weder berufen noch begnadet, den Kampf mit Waffen zu führen. Sie verfügt nur über das Wort, das Zeugnis, das Bekenntnis. Wie leicht kommt sie aber durch ihren Dienst am Wort, durch die Pflege des ihr anvertrauten Wächteramtes in die schwersten Konflikte mit der Welt und damit auch in den Bereich eines seelischen oder auch wirklichen Martyriums. 1622

Wo man dem Christentum die schöpferische Aktivität des Geistes nahm und sie durch die äußere Pflege der Frömmigkeit ersetzte, da entstand alsbald ein Christentum ohne Christus, ein Kirchendienst ohne Glaubensgehorsam, eine christliche Frömmigkeit ohne die Kraftwirkung des Heiligen Geistes, eine feierliche Gottesweihe ohne ein Leben wahrer Liebe und Hingabe an Gott. Man verpflanzt das Reich Gottes allein ins Jenseits, ersetzt das Gotterleben durch die Pflege des Sakraments und schafft sich im Bekenntnis zu Gott Ersatz für die Gemeinschaft mit Gott. 1814

Ist man nicht satt unseres Christentums, wie wir es bis dahin vielfach gepflegt haben? Ist man nicht müde geworden unserer Frömmigkeit, wie wir sie vertraten? Wieviel war zu sehen vom Tempel, aber nichts vom Herrn des Tempels? Wie haben wir uns geschmückt mit der Kraft des Christentums, aber die

Kraft Gottes verleugneten wir. Es kann kein zweiter Grund gelegt werden, und dieser Grund ist Christus. 2088

Nicht nur den Orthodoxen, sondern auch Brüdern erscheint alles Christentum im Westen vielfach mehr rationalistisch als evangelisch zu sein. Erst wenn sie durch längeren Umgang den geistlichen Pulsschlag auch in unserem Leben gefunden haben, lernen sie auch das Glaubensleben innerhalb des Protestantismus schätzen. 2112

Bis heute glaubt man immer wieder, dass eine untreu gewordene Christuskirche sich aus ihren Niederlagen retten könne, wenn sie durch eine rein äußere Restauration zu jenen Formen zurückkehre, die einst das wahre Leben aus Gott geschaffen hatte. Das Urchristentum in seiner schöpferischen Kraft lässt sich aber nicht zurückgewinnen durch eine äußere Rückkehr zu urchristlichen Symbolen und Formen. 2368

Daniel

Daniels Seele war in Gott zur Ruhe gekommen. Daher konnte er auch beim Anbruch des Morgens eine Botschaft der Ruhe in die Aufregung des Königs und der Weisen Babels tragen … Propheten, die vor Gott knieten, können vor Menschen und deren Könige stehen. Ihr Glaube und ihr Wort sind der Sieg, der die Härte, die Blindheit, den Unglauben und den Tod der Welt überwindet. Denn Propheten, die das Antlitz Gottes gesehen und Antwort auf die Fragen der Welt empfangen haben, wagen auch das Antlitz des Menschen zu suchen … Ihnen ist es niemals um das Gericht der Welt zu tun, so sehr es auch durch deren Schuld und Unglaube heraufbeschworen worden ist, sondern um die Rettung der Welt. 1538

Wie einst durch die Schuld der Führenden des jüdischen Volkes das ganze Land samt dem heiligen Überrest unter die Herrschaft Babels und der Welt gekommen ist, so erlangte durch die Bewährung und durch den Dienst Daniels das ganze Volk seine Freiheit und seine Heimat wieder. Wir ahnen mithin nicht, von welch weittragender, ja weltgeschichtlicher Bedeutung es unter Gottes Führung eines Tages werden kann, wenn sowohl die einzelnen als auch die Gesamtkirche Christi immer neu sich bewähren als Begnadete, die mit ihrem Leben und Dienst vor Gott stehen. 1541

Wenn der jüdische Kanon auch Daniel nicht zu den Propheten zählt, so beweist doch gerade der gewaltige Einfluss, den Daniels Leben und Wort hinterlassen haben, wie groß sein Prophetendienst war. Denn kein Prophetenbuch ist für das Spätjudentum, für die Zeit der Makkabäerkämpfe, für das Zeitalter Jesu und für die apostolischen Urgemeinden von so grundlegender Bedeutung geworden wie das Buch des Propheten Daniel. In dem Wort des Propheten verkörpert sich die ganze Hoffnung Israels und auch die der christlichen Urgemeinde. 2016

Über Daniels Staats- und Weltdeutung ist bisher keine Staatsphilosophie und Geschichtsdeutung hinausgekommen. In ihr redet mehr als menschliche Klugheit, in ihr spricht göttliche Offenbarung. Denn so Gott zu bezeugen, wie Daniel es vor der damaligen Weltmacht tat, vermag nur, wer Gott in seiner weltumfassenden Aktivität und weltbeherrschenden Majestät gesehen hat. Solch einen Einblick in die letzten Zusammenhänge der größten weltpolitischen Ereignisse gewinnt nur eine Seele, die von Gott aus alles Weltgeschehen zu sehen vermag. Sie erkennt: Hier walten nicht nur unberechenbare Mächte, hier ernten nicht nur Bosheit und Schuld ihr schweres Gericht, hier bauen nicht nur die Nationen dauernd am Turmbau ihrer Kultur, hier eifert nicht nur der Mensch in seiner Feindschaft wider Gott – sondern hinter allem steht ein Wille, der nicht gebrochen werden kann, und waltet ein Arm, der stark genug geblieben ist, Zeitalter kommen und Zeitalter gehen zu lassen, Könige abzusetzen und einzusetzen, Weltreiche zu rufen und zu stürzen. Gott in seinem geheimnisvollen Walten benutzt Kriege und Revolutionen, Machtbestrebungen der Könige und Empörungen der Völker, Blütezeiten der Kultur und nationale Katastrophen, um durch alles seine Stunde kommen zu lassen. Seine Stunde wird aber ein Reich aufrichten, dessen Grundfeste Gerechtigkeit, dessen Antlitz Friede und dessen König „der Menschensohn" sein wird. 2553

Diabolos

Der Glaubenskampf mit all seinen innerlichen und äußerlichen Konflikten ist nicht, wie Paulus sagt, ein Kampf mit Fleisch und Blut: er ist ein Kampf mit den Methoden des Diabolos. Das griechische Wort für Methoden kann auch umschrieben werden: mit den Umwegen. Der Versucher kommt nie direkt. Täte er das, die glaubende und streitende Gemeinde würde bald fertig sein mit ihm. Der Diabolos hat aber seine Umwege, seine Schliche, die er in den Dienst seiner Verführungen stellt. Die Starken und Selbstbewussten sucht er zur Lauheit und Trägheit zu verführen. Sobald er erkennt, dass sie dafür nicht empfänglich sind, dann naht er von einer ganz anderen Seite. Er kommt mit einer gewissen Übergeistlichkeit. Schlichte Glaubensmenschen beginnen geistlich-religiöse Übermenschen zu werden. Sie werden Nietzsche-Naturen auf religiösem Gebiet. Wer das Reich Gottes in seinem Werden und in seinen mancherlei Gefahren kennengelernt hat, dem ist es nicht unbekannt, wie schnell jedoch solche Übermenschen eines Tages strandeten. Übergeistlichkeit und Sinnlichkeit gingen fast immer nebeneinander her. Das sind Methoden, Umwege, Schliche des Diabolos.

Oder der Fürst dieser Welt versucht, die Jüngergemeinde ganz in die Politik hineinzuziehen. Ist diese jedoch zu stark in ihrem Lebensraum verankert, dann versucht er, sie zu Verneinern ihres eigenen Volkes und ihrer eigenen Lebensinteressen zu machen. Trotz aller erfreulichen und guten Erfolge einer gesunden Staatsführung finden sie dennoch kein positives Ja zu ihrer Staatsführung. Menschen in dieser Einstellung sehen dann alles, was geschieht, nur noch grau in grau. Sie verfallen leicht in jenen allgemeinen Pessimismus, in welchem sie von Gott her keinen freiwilligen Dienst für Volk und Staat zu finden vermögen ... So hat der Versucher innerhalb der gegenwärtigen Zeit seine Umwege auch für jeden Einzelnen in seinem persönlichen Dienst. Es hat in der Geschichte der Kirche Zeiten gegeben, in welchen man sich viel mit dem Teufel beschäftigte. Auf Grund der gemachten Erfahrungen in der Vergangenheit glaubte man, alle Methoden des Diabolos zu kennen. Bald musste man aber entdecken, dass man die nächsten Schliche und die nächsten Umwege nicht kannte. Nur wenn die Gemeinde in der Ganzrüstung Gottes bleibt, darf sie sich nicht fürchten vor den Methoden des Versuchers. 2769

Dienst

Es gibt keinen köstlicheren Dienst, keine schönere Lebensaufgabe als jene, wo man im Auftrag Gottes etwas dazu beitragen kann, dass andere ihre Erlösung erleben. Unsere Seele genießt eine wunderbare Freude und atmet einen ungeahnten Frieden, wenn sie nach vollbrachtem Dienst merkt, dass lösende Kräfte von ihr ausgegangen sind. Sie empfindet wie ein fruchtbeladener Baum, der im Herbst seine reifen, süßen

Früchte abgegeben hat und nun mit innerer Berechtigung ruht und seine müden Glieder hebt und in der Stille neue Kräfte sammelt für neue Aufgaben. 1028

Wir können zwar nicht alle Volkspropheten wie Mose und nicht alle Gemeindeapostel wie Paulus werden. Auch weiß ich nicht, welcher Art der Dienst sein wird, den Gott in dein Leben wird hineinlegen wollen. Vielleicht wird es ein größerer, vielleicht ein kleinerer Dienst sein. Aber eines weiß ich: dass jeder gottgewollte Dienst lösende Kräfte in sich trägt; denn sie tragen immer Göttliches ins menschliche Elend, immer Ewigkeitskräfte in die Armut der Menschheit hinein. 1033

Es hat wohl noch nie einen Diener und Propheten Gottes gegeben, der nicht gelegentlich unter dem tiefen Eindruck gestanden hätte, dass seine Mission vergeblich und sein Dienst fruchtlos geblieben sei ... Der Herr verstand seine Knechte je und je auch in solchen Stunden, wo sie infolge solcher Enttäuschungen innerlich zusammenbrachen und den Mut zu weiterem Dienst verloren. Auch uns versteht er ... Wir legten unsere ganze Seele und unsere ganze Kraft in die Arbeit, die vor uns lag. Und Gott legitimierte uns wie den Elia auf dem Karmel. Und doch blieb jene sichtbare Frucht aus, nach der wir uns sehnten. Da waren auch wir bereit, uns aus dem uns gewordenen Prophetenberuf zurückzuziehen. Mit Petrus kehrten wir zu den alten Fischernetzen zurück und wollten das Menschenfangen wieder eintauschen mit dem Netzeflicken. Es ist leichter, als Menschen zu gewinnen und bringt uns nie in solch schwierige innere Konflikte und Enttäuschungen. 1038

Wer Menschen dienen will, muss ihnen zuvor zum Menschen werden. 1044

Bleibt unser Verhältnis zu Gott rein, dann wird uns nie ein Dienst auf dem Boden der Welt verunreinigen. 1192

Den Weg zum Samariterdienst fand immer nur eine Samariterseele, denn innerliches Mitleiden war zu jeder Zeit die Vorbedingung für ein rechtzeitiges Mittragen. 1249

Mag die Welt Gottes Auserwählte auch in ihren tiefsten Kerker stecken, zu seiner Stunde weiß Gott sie zu finden und durch neue Dienste zu rechtfertigen, die er ihnen anvertraut. 1349

Auf keinem Gebiete des Lebens lernt der geistliche Mensch so gründlich sich selbst kennen, wie auf dem Gebiete des Dienens. 1366

Im Geiste Gott und mit dem Fleische dem Teufel dienen, das gibt keine Väter des Glaubens und keine Erben der Verheißung. 1373

Sich im Dienst und vor Gott zu bewähren auch ohne Erfolg ist vielfach weit schwerer als mit Erfolg. Nur Vorarbeit des Glaubens zu tun und nur da Sämannspflichten zu haben, wo Kommende ernten werden, ist weit schwerer, als Schnitterdienste zu verrichten und mitten in der Ernte zu stehen. 1390

Der Welt in ihrer Not und Schuld dauernd zu dienen, vermag nur, wer dauernd vor Gott stehen bleibt und Gottes Bild in sich trägt. 1397

Es bleibt das Geheimnis des Stilleseins vor Gott, dass Menschen, die Zeit hatten, Gott reden zu hören, auch die Kraft und Zeit fanden, ihrem Nächsten zu dienen. 1403

Dem Kommen und der Verwirklichung dieser Königsherrschaft Gottes auf Erden gilt unser Kampf. Er ist nicht kleiner und nicht geringer als jener, zu dem einst die Prophetin Debora rief. Es ist ein geistlicher Kampf, der nur mit geistlichen Waffen geführt werden kann. Denn man kann unmöglich mit fleischlichen Mitteln geistliche Werte gewinnen. Seine Ziele sind nicht gewaltsame Unterwerfung, sondern innerliche Gewinnung: Durch unseren Kampf sollen Feinde Freunde Gottes werden: Söhne des Höchsten, deren Wonne es ist, wenn auch in ihrem Leben und in ihrer Welt der Wille Gottes geschieht, wie er getan wird in den Himmeln. Darum ist uns dieser Kampf in seinem tiefsten Wesen eigentlich auch weit mehr Dienst als Kampf. Die Welt ist uns nicht ein Gegenstand unserer Bekämpfung, sondern unserer Liebe und unseres Dienstes. 1465

Das ist das Große an allen wahren Gesandten Gottes, dass sie zu dienen verstehen entsprechend den Verhältnissen, die ihre Zeit an sie stellt. 1498

Fehlt uns das Leben aus Gott, dann wird unser Dienst Selbstquälerei, unsere Hingabe selbstgefällige Herablassung. Solche Seelen zerarbeiten sich nur in der Menge ihrer Wege und Anstrengungen, drängen sich auf, anstatt anzuziehen, verbreiten den Geruch ihres eigenen Wesens, anstatt die Kraft Gottes anderen mitzuteilen. Nur wenn unser Dienst aus jener Liebe fließt, die durch den Heiligen Geist ausgegossen worden ist in unser Herz, wird sie für fremde Herzen wie ein warmer Frühlingshauch sein, der in ihnen neues Leben zu wecken vermag. Göttliches Leben abzugeben vermag nur, wer göttliches Leben in sich trägt. 1502

Nicht das gibt uns im Leben einen wirklichen Adel und eine unabhängige Stellung, wenn wir von andern gestützt und gehoben, durch Protektionen und Legitimationen befördert werden, sondern eine königliche Stellung im Reiche Gottes erlangen wir allein auf dem Wege der Abhängigkeit von Gott und dem des selbstlosen Dienens. Und das hatte Elisa gelernt. Er wusste sich auch in seinem Dienen abhängig von Gott und blieb in den Grenzen, die Gott seinem Diener zog ... Diese Stellung ließ ihn unabhängig sein von den Wünschen und Meinungen der Menschen. Nur ein wirkliches Gebundensein an Gott macht uns gelöst auch von den Meinungen der Menschen. 1546

Wenn wir auch nicht wissen, was die Zukunft uns bringen mag, und ob die weltgeschichtlichen Ereignisse wirklich bereits der Anbruch der Endgeschichte sind, so steht doch eines fest: Gott wird Dienst, unendlich viel Dienst auch für die Zukunft haben, und zwar für alle, die priesterlich lieben und leiden können ... Manches ist bereits zusammengebrochen, manches wird noch zusammenbrechen, und dann gibt es aus diesen Ruinen nie etwas Neues, wenn nicht zuvor Organe da sind, durch die Gott Neues schaffen kann. Gott macht nie Weltgeschichte ohne uns. Er wirkt nie, ohne sich zuvor Träger der Geschichte erzogen zu haben. 1561

Gottes Kinder sind auch Gottes Knechte und Diener. 1585

Ein Mitarbeiter Gottes sein heißt nicht, dies und das für Gott tun, sondern mitarbeiten an der Durchführung des Ratschlusses Gottes. Wie manches würde in der Reichgottesarbeit als fleischlich und widergöttlich hinfallen, wenn jeder, der dem Herrn zu dienen sich berufen fühlt, es erkennen würde, dass sein Dienst nichts anderes sein kann und darf als die Verwirklichung der Gedanken und Pläne Gottes auf Erden. 1586

Es warten auch heute mehr, als wir zu ahnen wagen, auf jenen Augenblick, wo ihnen irgendjemand im Auftrage und in der Vollmacht Gottes dienen möchte. 1620

Mit göttlichem Lichte seinen Brüdern zu dienen vermag nur, wer göttliches Licht zuvor geschaut hat. 1722

Ob unser Dienst sich auf die Gebiete des geistlichen oder geistigen, des sozialen oder kulturellen, des wirtschaftlichen oder politischen Lebens bezieht, im Geiste Jesu getan, ist er ein unverlierbarer Beitrag für das Kommen der Gottesherrschaft auf Erden. Daniel war in seinem Gebetskämmerlein nicht ein in höherem Maße geweihter Gottesknecht, als er es auf dem ersten Ministersessel der babylonischen Weltmacht war. Wo immer eine durchs Gericht hindurchgegangene Welt Raum für den Dienst Gott hingegebener Zeugen hat, da sind diese bereit, ihr mit ihren heiligsten Gütern zu ihrem Heile zu dienen, ohne sich je mit ihrem Geist zu vermählen. Denn obgleich sie in der Welt sind, sind sie doch nicht von der Welt. 1858

Wer seine Kraft überschätzt und das richtige Maß für die Wirklichkeit der Dinge in seinem Urteil verloren hat, der schreitet zu Unternehmungen, die er nie zu meistern vermag. Wie oft sind Knechte Gottes gerade an dieser Klippe in ihrem fruchtbringenden Dienst gestrandet. Sie machten sich an Missionen, für welche ihnen die innere Vollmacht fehlte. Es gibt Grenzen auch in der Arbeit, die kein Knecht Gottes überschreiten darf, wenn bleibende Frucht aus seinem Dienen hervorgehen soll. 1872

Es gibt unzählige Gottesknechte, deren Dienst nur noch ein Leerlauf ist. Ihre Kraft ist weit mehr Routine als unmittelbare Gotteswirkung. Sie sehen sich in ihrem Handeln weit mehr durch ihre Methoden als durch neue Aufträge Gottes bestimmt. Das Gericht so eines Dienstes wird sich dann aber eines Tages unbedingt darin offenbaren, dass man nicht mehr zu führen vermag. Wie mancher Gottesknecht sah sich in seinem Dienst von seiner Gemeinde mehr und mehr losgelassen, als er erst anfing, nur noch von den Reserven seiner Kraft und Erfahrungen zu leben. Gottes Propheten konnten andere immer nur so weit führen, als sie geführt wurden. Das war und ist das Geheimnis ihrer Schwachheit, aber auch ihrer Kraft. Ihr Dienst ist nur insoweit Führung, als er die Frucht einer göttlichen Sendung und einer göttlichen Wirkung in ihrem eigenen Leben ist. 1939

Macht im Reiche Gottes werden immer wieder nur jene Seelen empfangen, die zuvor im Dienen gehorchen lernten. Wir sind nicht gleich Säulen in der Gemeinde Gottes, sondern zunächst nur durch den Heiligen Geist gesammelte, lebendige Steine des Tempels, die unvollendet auf dem Bauplatz Zions liegen. 1959

Das ist das göttliche Lebensgesetz, das Gott auch in unser Glaubensleben hineingelegt hat. Die Frucht des Findens ist Ruhe, die Frucht der Ruhe ist Dienst. Und nur in dem können wir dienen, was wir selbst erkannt und erlebt haben. Nur in jenen göttlichen Wahrheiten können wir anderen zum Führer werden, die in uns zuvor zu einer Wirklichkeit geworden sind. Man wird es uns bald abspüren, ob es nur tote Theorien oder entlehnte Wahrheiten sind, Federn, die aus einem fremden Köcher genommen wurden, mit denen wir zu dienen suchen, oder ob wir aus persönlichem Erleben heraus mit dem Apostel Johannes von der Wahrheit bezeugen dürfen: „Was wir gesehen und gehört haben, das verkündigen wir euch, auf dass auch ihr Gemeinschaft mit uns habet!“ 1975

Nie kann man zu einem gesegneten Diener für seine Brüder werden, wenn man nicht zuvor gelernt hat, im Glaubensgehorsam Gott zu dienen. 1976

Nicht das gibt uns im Leben einen wirklich geistlichen Adel und eine unabhängige Stellung, wenn wir von andern gestützt und gehoben, durch Protektionen und Legitimationen befördert werden, sondern eine königliche Stellung im Reiche Gottes erlangen wir allein auf dem Wege der Abhängigkeit von Gott und des selbstlosen Dienens … Nur ein wirkliches Gebundensein an Gott macht uns gelöst auch von Menschen. 2029

Betrieb genug! Sieht es nur aus einer gewissen Entfernung so aus, dass gearbeitet wird, fehlt jedoch bei näherer Betrachtung unserem Wirken die positive Frucht, dann ist unser Dienst wie eine klingende Schelle. Die Frage ist mithin: Atmet unser Dienst Geist und Leben, bedeutet unser Dienst Erlösung für unsere Brüder, Trost und Friede, Leben und Freude für die Entmutigten und Verzagten? Ist wirklich Frucht in unserem Werk, oder sind auch auf diesem Gebiet viele Niederlagen? 2036

Es gibt Gottes- und Samariterdienste, die nicht mit einer Gebetsversammlung, sondern mit dem Wassereimer und dem Besen beginnen. Unsere Brüder haben in Russland so manchen Gottesdienst dieser Art gehalten. Und die Folge war vielfach, dass ihre Feinde zu ihren Freunden wurden. Sie hatten erfasst: Um einen Feind zu beugen, genügt ein Schwert, jedoch um einen Feind zu gewinnen, bedarf es einer Seele. 2050

Darum gibt es auch keinen Gradunterschied unter den Bauenden. Was der Herr verteilt hat, das sind die einzelnen

Aufgaben. Eine Diakonisse hat eine andere Aufgabe als ein Professor, eine Mutter hat einen anderen Dienst als ein Evangelist. Ja, wenn es sich darum handelte, dass Gott sichtbar werde innerhalb eines Menschenwerkes, dann kämen Gradunterschiede zu Tage. Jedoch was hat die Kirche Christi im Laufe der Jahrhunderte und Jahrtausende nicht aus der charismatischen Gabe der einzelnen Dienenden gemacht? Welche Gradunterschiede hat sie geschaffen? Wie oft hat man zum Unheil der Kirche die Art des Dienstes zum Titel erhoben, wo der Name weit mehr eine Ehrenstellung als die andersartige Dienstleistung bezeichnete? Man hat einzelne Dienende zu einer höheren Sonderstellung erhoben. Wie manche trugen zwar den Titel, aber verleugneten den Dienst, wie manche trugen die Ehren und knechteten ihre Brüder. Man ließ sich kleiden mit Prophetenmantel und Hirtenstab, und die anderen taten die Arbeit als Gottespropheten und Seelenpfleger ohne Mantel und Hirtenstab. Es gibt dem Wesen nach keinen Gradunterschied unter den Bauenden. Die Schwester im Diakonissenheim ist in ihrem hingebenden Dienst geradeso eine Mitbauende wie der Herr Generalsuperintendent und irgendein anderer im Reiche Gottes. Es handelt sich im Reiche Gottes nur um verschiedene Dienstangelegenheiten und ganz verschiedene Aufgaben und Sendungen innerhalb des Tempelbaus. Denn alle stehen in derselben Abhängigkeit von Gott, sowohl der Kleinste wie der Größte. Das ist das Wesen des allgemeinen Priestertums, das sich in der Kirche Christi verkörpert. 2086

Der an Gott gebundene Mensch ist bereit, jedem Staate zu dienen, mit der ganzen Treue, die in ihm wohnt, mit den besten Kräften, über die er verfügt, mit der größten Selbstaufopferung, die das wahre Wohl des Volkes erfordert ... Nicht der Dienst auf dem Boden der Welt verunreinigt den Menschen des Glaubens, sondern jene Pseudoanbetung der Welt, in der sie vor ihren Göttern kniet. Er entzieht sich daher einer Religion, die vom Staate proklamiert und im Geiste des Staates gefeiert wird. Er kann wohl dem Staate dienen, aber nicht wider Gott sündigen! 2162

Abhängigkeit von Gott hat noch nie Menschen in ihrem Dienst und in ihrer Hingabe erniedrigt, sie hat Glaubenswerke noch nie arm und arbeitslos gemacht. Wir schämen uns daher dieser Abhängigkeit nicht, die im Gebet ihren reinsten und tiefsten Ausdruck findet. 2181

„Füllet die Wasserkrüge mit Wasser!“ Dieser Dienst der Jünger gab dem Herrn die Möglichkeit, aus Wasser Wein zu machen. Christus offenbart seine Herrlichkeit immer wieder auch in unserem Leben allein auf der Grundlage unseres täglichen Lebens. 2193

Das ist das Eigenartige an Glaubensmännern, dass sie sich weder durch die Stärke des Feindes noch durch den Unglauben und die Vorwürfe ihrer Brüder erschüttern und die Aufgaben nehmen lassen, die Gott ihnen zum Heile andrer anvertraut hat. Sie kommen nicht, ohne Auftrag von Gott zu haben, aber sie gehen auch nicht, ohne Auftrag von Gott zu haben. Nichts gibt dem Menschen im Kampfe und im Dienste solche Entschiedenheit und Ausdauer als das Bewusstsein, dass man im Auftrage und in der Kraft Gottes handeln darf. 2386

Selig jene Gottesknechte, die Gnade haben, sich zurückziehen zu können, solange Gott ihnen nicht hat völligen Raum für den Dienst unter den Brüdern verschaffen können. Die lieber die ganze Schmach eines Fremdlings tragen als die Krone eines Königs, bevor ihnen diese von Gott gegeben worden ist.

Denn es ist weit besser, mit Gott auf der Flucht, als ohne Gott auf dem Throne zu sein. 2392

Nicht durch äußerliche Revolutionen, sondern durch innere Reformationen finden Träger neuen Lebens ihren Dienst unter ihren Brüdern. Mögen die bisherigen Vertreter des Gottesvolkes oder der Gemeinde sich in ihrer fleischlichen Gesinnung auch unfähig erwiesen haben, wirkliche geistliche Führer unter ihren Brüdern zu sein, mag ihre ganze Stellung und ihr Wesen auch Zeugnis davon ablegen, dass der Geist des Herrn von ihnen gewichen ist, Träger neuen Lebens haben nie die Aufgabe, scheinbar gegebene Gelegenheiten zu benutzen, um jene aus ihrer Stellung zu beseitigen, um sich dadurch Raum für ihren Dienst zu verschaffen. 2535

Gott verspätet sich nie! Auch nicht im Freimachen der Bahn für den Dienst seiner Gesalbten. Selig jene Gottesknechte, deren Hände rein von aller Selbsthilfe geblieben sind, wenn es sich für sie um neue Dienststellungen in der Mitte ihrer Brüder handelte! 2538

Zeiten großer Aufgaben waren immer auch Zeiten großer Gefahren. Wenn die Not von allen Seiten ruft, liegt für die Jünger die ernste Gefahr nahe, über den Dienst an andern den Dienst des Meisters an sich zu vergessen. Wer jedoch dauernd Seelen pflegen und andern dienen will, muss eine von Gott gepflegte Seele in sich tragen. 2660

Man kann im Dienst und im Zeugnis biblisch korrekt und doch ungeistlich sein. Man kann sehr geistreich und doch nicht geistlich sein. 2679

Defensivstellung führte die Kirche Christi noch immer zu einem Belagerungszustand von Seiten ihrer Feinde. In diesem Zustande sah sie sich in ihrer Bewegungsfreiheit vom Feinde bestimmt. Er zog ihr die Grenzen ihrer Freiheit. Jesus kennt keine Defensivstellung. Er kennt zwar auch keine Propaganda. Wenn er kommt, bringt er entweder Erlösung oder Gericht ... In dem kommenden Dienst aus der Wirklichkeit Gottes heraus wird es sich weniger um die Rettung unserer Kirchen und Vereinshäuser, unserer Katechismen und Ämter handeln. Es geht um Höheres: es geht um die Rettung von Menschen! ... Das ist aber mehr als Abwehr –, das ist Dienst am Nächsten von der Wirklichkeit Gottes aus! 2687

Eifer

Um Gottes Werke zu wirken, muss uns mehr erfüllen als ein brennender Eifer für Gott. Solange der Prophet Gottes nur aus dieser Quelle seine Kraft schöpft, bricht er unbedingt eines Tages im Dienst zusammen. Wer vom Eifer lebt, lebt nicht vom Evangelium, sondern vom Gesetz, nicht von der inspirierenden Kraft Gottes, sondern vom seelischen Enthusiasmus. Wer vom Eifer lebt, wird immer fanatisch gegen jene Brüder, denen zu dienen er berufen ist. Denn Gottes Kraft gibt sich nicht aus. 1089

Die Frucht des Eifers kann nur flüchtige Begeisterung für eine Manifestation der Macht Gottes, aber nicht dauernde Hingabe an den bestehenden Bund Gottes sein. 1090

Auch menschliche Art vermag für Jesus zu eifern, wird dadurch aber nie angenehm vor Gott. Auch in seinem Eifer für Gott bleibt Fleisch nur Fleisch und ist in seinem Wesen Feindschaft wider Gott. 1611

Nicht im Eifer für Gott, sondern in der Liebe aus Gott liegt die Kraft jeglicher Botschaft von Gott. 2057

Fanatiker eines Systems, ob dies politischer oder religiöser Natur ist, ertragen keine Anfechtung ihres Systems. Sie werden unsicher, finden sich in ihren Entschlüssen und Handlungen nicht zurecht, sobald es ihnen durch höhere Erkenntnis und Beleuchtung verschoben wird. Dass Gott als der Herr der Geschichte und der Gerechtigkeit innerhalb von zwei Jahren die Geschichte der Gefangenen wenden werde, diese Erwartung, dieser einzig mögliche Verlauf der Geschichte war diesen religiösen Fanatikern zum System geworden. Darin hätte nichts Bedenkliches gelegen, wenn ihre Erwartung aus dem Reden Gottes erwachsen wäre. Sie war aber erwachsen in der Seele von Fanatikern, die nie im Rate Gottes gestanden hatten. Was immer auch vom Fleisch geboren wird, bleibt Fleisch, so sehr es auch dem Scheine nach göttlich sein mag und von angeblichen Propheten gezeugt wurde. Rettung kommt, aber nicht heute. Sie kommt, aber nicht durch Auflehnung gegen das Gericht. Sie kommt, aber nicht durch eine geschürte Aufstandsbewegung nationaler und religiöser Fanatiker. Sie kommt, sobald Gottes Stunde geschlagen hat! 2487

Entscheidung

Gott in seiner Offenbarung macht den Menschen nicht etwa verantwortlich für das, was er in seinem naturhaften Menschsein nicht kann. Er erwartet keine Ernte, wo er nicht zuvor gesät hat. Er sucht keinen Glauben, wenn er sich nicht zuvor mit einem klaren Ruf an den Menschen wenden konnte. Er setzt kein vertrauensvolles Eingehen auf die Rettung, auf das Heil, voraus, wenn nicht zuvor Christus als Inhalt aller Erlösung Gelegenheit hatte, werbend an ihn heranzutreten. Gott macht den Menschen aber verantwortlich für alles, was er in seiner Offenbarung ihm anbieten konnte. Eine dauernd neutrale Haltung gegenüber Gott und seiner Offenbarung in Christo Jesu gibt es nicht. Der Mensch muss entscheiden, ob er ein Christusjünger oder ein Christusgegner, ein Gotteszeuge oder ein Gottesleugner werden will. Es bleibt dem Menschen das Recht der persönlichen Entscheidung gegenüber jeder ihm werdenden Gottesoffenbarung. 2689

Gegenüber Gott in seiner Offenbarung kann der Mensch eine dreifache Haltung einnehmen. Er kann Gott anerkennen, fürchten, Gottes Offenbarung in Christo als Überlieferung und Lehre für heilig halten, ohne dass sein Leben in persönliche Glaubensbeziehung zu ihm und seiner Offenbarung zu treten wagt. Gott, Offenbarung, Christus bleiben heiliges Subjekt. Der Mensch ist nur das in Ehrfurcht neben ihnen stehende schuldbewusste Objekt. Zu einer korrespondierenden Gemeinschaft auf der Grundlage der Kindschaft kommt es aber zwischen dem Menschen und Gott nicht. Das ist die Haltung des christlich-religiösen Menschen.

Der Mensch kann aber auch Gott in seinem Kommen zu ihm, in seinem Urteil über ihn und in seinem Eintreten für ihn ablehnen. Er kann sich wie ein Kain der Gegenwart Gottes durch Flucht zu entziehen suchen oder sich gegen Gottes Frage: Wo ist dein Bruder Abel? auflehnen ... Sie müssen Gott widersprechen, um sich selbst zu behaupten. Sie müssen Christus kreuzigen, sich dem Urteil der Offenbarung entziehen, um in ihrem Kraftbewusstsein ihr Leben und ihre Zeit selbst gestalten zu können. Das ist die Haltung des gegen Gott sich auflehnenden Menschen.

Der Mensch kann aber auch Gott in seinem Kommen aufnehmen, sich durch Christus versöhnen lassen mit Gott. Ihm erschließt sich alsdann jenes völlig neue Menschsein

(Joh. 1,12f). Im Leben solch eines Menschen ist alsdann Gott hinfort der Begnadigende und der Mensch in seinem Vertrauen der Begnadigte. Gott in seiner Gerechtigkeit ist der Rechtfertigende und der Mensch in seiner Glaubensstellung der Gerechtfertigte. Gott in seiner Kraft ist der Wirkende und der Mensch in seiner Hingabe der Mitwirkende. Gott in seiner Königsherrschaft ist der Kommende und der Mensch in seiner Adventssehnsucht der Wartende. Denn der Mensch als Glaubender steht hinfort nicht mehr neben Gott, neben Christus, neben dem Wort göttlicher Offenbarung. In seinem neuen Menschsein, d.h. in seiner Sohnesstellung ist ihm die Gemeinschaft mit Gott als seinem Vater und mit Christus als seinem Retter die Grundlage, der Inhalt und die Zukunft seines Lebens. Das ist die Glaubensstellung des neuen Menschen in Christo. 2690

Erbe

Lange nicht alles, was andere uns auf geistigem und geistlichem Gebiete als Erbe zurückgelassen haben, bedeutet auch eine Bereicherung unseres wahren Lebens. Vielfach auch das nicht alles, was uns jene hinterlassen haben, die uns einst im Leben sehr nahe standen und uns viel gedient haben. Durch ihre Anschauungen und ihren Dienst haben sie Zustände und Verhältnisse geschaffen, die sich für unser Leben und Werden, für unsere heiligsten Güter als eine schwere Last erweisen. Denn vieles von dem, was uns als Erkenntnis und Weltanschauung, als Kultur und Gottesdienst überliefert wurde, hat uns zum Schuldner gemacht. Wir sind in einer Weise von demselben abhängig gemacht worden, dass es den Anschein hat, als ob wir mit unsern Kindern hinfort unbedingt deren Knechte werden müssten. Selig daher diejenigen, die wohl auf dem Erbe der Vergangenheit ruhend dennoch von demselben nicht geknechtet werden. 1495

Lebendige Gotteserkenntnis und wahre Herzensbeugung vor Gott lassen sich nicht vererben ... Göttliches kann zwar erlebt, aber nicht als Erbe übernommen werden. 2261

Das ist eine allgemeine Tatsache: je reicher das geistliche Erbe war, das die Vergangenheit hinterließ, desto mehr lebte die kommende Zeit in der Regel von dem Erbe der Väter. Man aß das Brot, das sie gesammelt, wandelte in dem Lichte, das sie geschaut, diente nach den Formen, die ihr Dienen geschaffen hatte. Solch einer Religion fehlt aber immer die lebensvolle Ursprünglichkeit und die durch nichts zu ersetzende Unmittelbarkeit. Sie ist leicht mehr Buch- und Überlieferungsreligion als der natürliche Ausdruck der persönlichen Gemeinschaft mit Gott. 2621

Innerhalb ihrer Geschichte waren jene Zeiten immer die dunkelsten, wenn die Kirche sich dem Geist und dem Wesen nach dem Gesetz und der Frömmigkeit des Judentums näherte. Sie erkennt zwar voll und ganz an, was Gott einst im Leben Abrahams und innerhalb der Geschichte des israelitisch-jüdischen Volkes wirkte. Aber weder Israel noch das Judentum in ihrer Geschichte sind ihr Erbe. Sie sind weder ihr Glaubens- noch sind sie ihr Lebensinhalt. Die Kirche lebt nicht von deren religiösem oder völkischem Erbe, so reich dasselbe einst auch immer war. Sie lebt vom unmittelbaren Wirken Gottes. Sie steht in der Lebensgemeinschaft mit Christus, ihrem Herrn und Haupte. Das Geheimnis der Kirche in ihrem geschichtlichen und einzigartigen Dasein und Sosein ist allein Gott in seiner Heilsoffenbarung durch Christus. 2725

Erfahrung

Wir machen mitunter einen Plan, gedenken, in irgendeine von Gott gewollte Arbeit zu treten, wir prüfen Weg und

Werk, Mittel und Zweck im Lichte des Wortes und des Lebens Jesu und folgern daraus, dass es Gottes Wille ist, dass wir gerade dieses Werk beginnen, in diese oder jene Arbeit eintreten sollen. Aber wenn wir an die Vollführung unserer Gedanken gehen, dann wird uns gewehrt. Wir halten es anfänglich für eine Probe unseres Glaubens, aber trotz unseres Anhaltens und Aushaltens ändern sich die Verhältnisse doch nicht und stehen als ein unüberwindbares Hindernis auf dem betretenen Weg. Machen wir diese Erfahrung in irgendeiner Beziehung, dann lasst uns warten und stille sein, bis der Herr gebietet, den Stab über das Schilfmeer zu strecken und uns trockene Straßen durch Meere und geebnete Pfade durch Wüsten bereitet ... Denn handeln wir ohne Auftrag, und gehen wir ohne Befehl, so entstehen Torheiten, die uns hernach viel Schmerz und Kummer bringen. 1643

Erkenntnis

Paulus spricht sehr klar und bestimmt von unserem gegenwärtigen Heilsleben als von einem Stückwerk. Der Beginn ist niemals bereits das Ganze. Unsere Erkenntnis, unsere Hingabe an die göttliche Offenbarung, unser Dienst im Reich Gottes, unser Kampf des Glaubens gegen die Mächte der Finsternis, unser Sehnen nach der Erlösung unseres Leibes: alles ist Stückwerk. Aber in diesem Stückwerk liegt etwas Prophetisches, das das Kommende, Zukünftige, Jenseitige, Vollendete verspricht. 1105

Wir sind nicht das, wofür wir und andere uns halten, sondern immer nur das, wofür Gott uns hält. 1378

Nirgends kommen unreine Seelen so schnell und so tief zur Erkenntnis ihrer Unreinheit als in der Gegenwart und im Umgang mit reinen Seelen. 1393

Im Lichte Gottes nehmen die Dinge oft eine ganz andere Gestalt an. Sie treten in ihrem wahren Wesen und in ihrer eigentlichen Form auf. In diesem Lichte sehen wir, inwieweit eine Sache unser eigenes Machwerk oder eine Frucht des Geistes Gottes gewesen ist. Der Herr zeigt uns, wie schwer wir richtig tragen können, wenn uns andere missverstehen. In seinem Lichte kommt uns zum Bewusstsein, wie schwer wir zu lieben vermögen, wenn wir von anderen zurückgesetzt werden, wie schwer wir rein den Erfolg ertragen, wenn Gott uns segnet. 1431

Nicht das gibt uns Trost in unserem Schmerz und Antwort auf unsere schweren Lebensfragen, wenn wir nur glauben und gelten lassen, was andere vor uns geschaut und gefunden haben. Es muss auch von uns erlebt werden, wie es von ihnen erlebt worden ist. Nicht allein das Wissen vom Quell, sondern das Trinken vom Quell stillt den Durst unserer Seele. 1457

„Das Ringen um Gott bei Elia." Wie es zu den Eigenarten der Glaubens- und Missionskonferenz gehört, dass sie nicht von Zeitfragen ausgeht, sondern die Worte der Schrift zum Klingen zu bringen sucht und sie in das gegenwärtige Leben mit seinen Fragen hineinstellt, so gab Direktor Kroeker von der Schrift aus eine Auslegung zu dem Ringen um Gott in unserer Zeit: Elia erlebte einst, dass Gott größer ist als das Gericht seiner Zeit, dass er aber auch stärker ist als die Macht der Welt. Das gilt ebenso für die Gegenwart. Aber das letzte Wort über Gott ist damit nicht gesagt, dass wir wie Elia das Gerichtswort über die Welt zu sprechen haben. Tiefer ging die Erkenntnis der Jünger. Sie zeigen uns Jesus als den, der seinen Vater ganz ernst nahm, so ernst, dass er dadurch unabhängig wurde von allem, was ihn umgab. Auch in den Tagen Jesu lebte das Reich Gottes zunächst nur in Knechtsgestalt, viele

Wartende haben damals schwer daran getragen, dass sie die großen Taten Gottes zunächst nur als Einzelerscheinungen, nicht als eine sichtbare Umwandlung der Welt erfassen konnten. Es war aber doch der Sieg der Reichgotteswelt. Nur haben uns auch die Jünger nicht das letzte von Gott sagen können, wie schließlich auch heute noch nicht die Kirche das Letzte von Gott sagen kann. Ja, viele stehen in der Gegenwart unter dem beschämenden Eindruck, dass unsere Botschaft an einer entsetzlichen inneren Armut krankt. Wir können das rechte Wort nicht finden, um zu unserer Zeit mit ihren schweren Katastrophen, mit ihrem bewussten und unbewussten Widerspruch gegen Gott uns mit der Botschaft, die wir glaubend erfassen, verständlich zu machen. Noch haben wir Christus nicht so erfasst, wie wir als Kirche Christi von ihm ergriffen sind. Erst in der Vollendung der Kirche wird die Botschaft vollkommen sein. 1637

Wozu diese Ethik geführt hat, die für „gut“ nur das erklärt, was dem Menschen in seinem unersättlichen Egoismus Gewinn bringt, und „böse“ nur das nennt, was sich nicht seinen Begierden und Wünschen erschließt – das zeigt unsere mit Blut und Tränen geschriebene Weltgeschichte. In ihr dokumentiert die Menschheit mit unlöschbarer Schrift ihre Erkenntnis über „gut“ und „böse“. Nicht wie die Menschheit sich in ihren Gliedern und Völkern zu ergänzen, zu dienen und zu heben hat, die die Grundlage ihrer Kultur und ihrer Entwicklung geworden, sondern wie sich Volk vor Volk in seiner Raubtiernatur zu schützen, wie sich der Mensch vor dem Menschen zu retten vermag. Dient es dem eigenen Volk, dann wird das größte Verbrechen eine Staatsmoral; stärkt es das eigene Kapital, dann gehört auch ein offener Betrug zum Geschäftsprinzip; befriedigt es die sinnlichen Gelüste, dann wird auch die Zertretung der Unschuld zur berechtigten Pflege der menschlichen Sinnenlust. Entspricht es dem atheistischen Evangelium, dann wird man zum Dämon für den Nächsten und schreitet über Millionen hinweg, um die Zukunft zu gewinnen auch ohne Gott. 1802

Je mehr ein Mensch in Gott eindringt, umso mehr erkennt er sich selbst. Ihm genügt hinfort nicht, wie er sich selbst beurteilt … Entscheidend ist ihm allein das Urteil Gottes. 2229

Es ist heute die Erkenntnis aller gesunden und zivilisierten Kulturvölker geworden, dass durch Lüge, Frevel und Gewalt nie das Wohl und die Zukunft eines Volkes auferbaut werden kann. Glaubte ein Volk sich gelegentlich über dieselbe hinwegsetzen zu können, so musste es seine Blindheit und seine Gewissenlosigkeit nicht selten mit Zusammenbruch und Revolution bezahlen. 2451

Als der verlorene Sohn in den Armen seines Vaters lag und den Kuss der Vergebung empfing, da ging ihm eine Erkenntnis von der Größe der Liebe seines Vaters auf, wie er sie bisher nie gesehen hatte. Je tiefer der Mensch das Eingreifen Gottes in seinem Leben erlebt, desto klarer wird sein Erkennen Gottes. 2490

Vielleicht sind es mit die schwersten Seelenkonflikte im Dienste eines Gottesknechtes, wenn sich auf Grund göttlicher Führung plötzlich Wort Gottes und Wort Gottes gegenseitig aufzuheben scheinen. Wie leicht legt sich dann einem Menschen Gottes das erdrückende Gefühl auf die Seele: entweder jetzt oder vordem musst du dich in deiner Erkenntnis und in deinem Handeln schwer getäuscht haben. 2576

Gott zerbricht, damit ein Neues entstehe. Er nimmt, um zu geben. Er richtet, um zu erlösen. Was einst dem Pharisäer Saulus Gewinn war, stand unter dem Zorn Gottes. Es war Gnade, dass ihm durch Gottes Offenbarungsmacht der Gewinn gesetzlicher Gerechtigkeit zerschlagen wurde. Nun erschloss sich ihm der überschwängliche Reichtum der Erkenntnis Jesu Christi. 2696

Wer wider höhere Erkenntnis sündigt, das Gegenteilige vom Erkannten tut, hat keine Entschuldigung. 2699

Verliert der Mensch erst sein Verhältnis zu Gott, alsbald löst sich ihm alles auf in Begriffe, Gesetze, Triebe, Naturnotwendigkeiten, Schicksale, Interessen, Begierden ... Er redet von jenen Machwerken, die Götter sein sollen, denen aber die Souveränität einer Gottheit fehlt. Diesem Gericht verfällt der Mensch, wenn er trotz der ihm gewordenen Gotteserkenntnis Gott nicht als Gott ehrt, sein Leben nicht ihm als Dankopfer weiht. 2700

Trotz der beschränkten Erkenntnis seiner Gemeinde bekennt sich der Heilige Geist dennoch dauernd zu seinem Werk. Er wirkt nicht ohne seine Gemeinde und deren Glieder. Denn es gehört mit zum Geheimnis der Fleischwerdung Gottes, dass er in der Offenbarung seines Heils dauernd über den Menschen zum Menschen kommt. Ob es Bischöfe, Prediger, Evangelisten oder schlichte Zeugen der Gemeinde waren: er zog sie immer wieder mit hinein in sein Wirken und ließ sie seine Mitarbeiter werden. Wie arm und mangelhaft war oft die Erkenntnis gerade derer, durch die Gott Menschen zum ewigen Leben berief! Trotzdem sammelte er durch deren Zeugnis seine lebendigen Steine, die er benutzte zum Aufbau einer Behausung Gottes im Geiste. 2759

Gott konnte seiner Gemeinde und durch sie der Welt nie mehr geben, als die Erkenntnis derer ging, durch die er wirkte. Daher trug die Geschichte jedes einzelnen Werkes innerhalb eines jeden Volkes und auf den verschiedenen Kontinenten in ihren Bekenntnisfragen und in ihrem Gepräge das Bild derer, durch die es gebaut wurde. Wie vieles musste Gott später durch kommende Gottesknechte dank ihrer vermehrten Erkenntnis wieder abbrechen lassen, was frühere auf Grund einer geringeren Erkenntnis in seinen Tempel mit hineingebaut hatten! Daher kennt Gottes Werk in seiner Geschichte auch kein Ideal- oder Musterbild. Die Welt sah und erlebt immer wieder nur einen werdenden Gottestempel. Das Bild eines vollkommenen und vollendeten Gotteswerkes kennen selbst die Apostel nicht. 2760

Erleuchtung

Von Gott erleuchtete Augen sehen immer klar, wo die Quellen des Unheils für das Volk und die Zeit liegen, und wenn sie äußerlich auch von einem Königsmantel bedeckt sind. 1316

Menschen und Völker, die sich bewusst dem Geiste der Bibel und ihrer Offenbarung zu entziehen suchten, haben gezeigt, dass der Mensch ohne ihre Erleuchtung weder eine lebendige Glaubensgemeinschaft mit Gott, noch ein richtiges Verhältnis zum Nächsten und zur Schöpfung zu gewinnen vermag. 1736

Stätten wahrer Anbetung Gottes im Geist und in der Wahrheit wurden stets nur aus der Offenbarung geboren und vom Glauben geschaffen. Es starben die Götter, wo Gott sichtbar wurde, es erlosch der Kultus, wo erst im Herzen des Menschen das Feuer göttlicher Erleuchtung loderte, es trat zurück das Heilige, wo der Heilige erst wieder mit dem Menschen als Freund mit dem Freunde verkehren konnte. 1881

Die wahren Propheten waren als Beauftragte Gottes alles andere als berufsmäßige Wahrsager, so stark sie sich auch mit Gegenwart und Zukunft beschäftigten. Zur Wahrsagerei war zu allen Zeiten auch jede religiöse Scharlatanerie fähig. Denn auch in jenen Fällen, wo Inhalt der Prophetie zukünftige Dinge waren, war sie Geistesschau der Zukunft auf Grund göttlicher Erleuchtung. Nie ist z. B. je dem Wesen des Machtgedankens, der Staatsgewalt und der Weltentwicklung so auf ihren eigentlichen Grund gesehen worden, wie wir es in den Offenbarungsgeschichten des Propheten Daniel finden. Eins der schärfsten Urteile der letzten Zeit über das Wesen der Staaten haben wir in Nietzsches Zarathustra. Aber welch ein Unterschied zwischen Nietzsches philosophischem Wort und Daniels prophetischer Schau! Wahrlich in Daniels Traumgesichten spricht mehr als das reflektierende Urteil eines großen Staatsmannes oder die spekulative Philosophie eines großen Geschichtskenners! Es spricht der Prophet auf Grund göttlicher Erleuchtung! 2543

Erleuchtung durch Offenbarung war das Geheimnis der prophetischen Schau. Der wahre Prophet konnte mithin nur insoweit reden, als er zuvor von Gott durch Offenbarung zum Seher begnadigt worden war. 2634

Erlösung

Was in der Menschheit als Wahrheit, als Gemeinschaft mit Gott, als Dienst am Reich Gottes oder am ewigen Leben sichtbar wurde, war niemals des Menschen Weg zu Gott, sondern Gottes Weg zum Menschen, nicht die Frucht menschlicher Religion, sondern das Wunder der göttlichen Erlösung. 1074

Nur der Mensch als Gottes Ebenbild kann beginnen, in seiner Gesinnung und in seinem Charakter, in seinem Dienst und in seiner Hoffnung das wahre Bild seines Vaters widerzuspiegeln. Denn nichts Geringeres ist der eigentliche Zweck und das Ziel der göttlichen Offenbarungen! Beide lassen sich vielleicht in die drei großen Hauptbegriffe zusammenfassen: Erlösung, Gemeinschaft und Dienst. Jede Offenbarung Gottes will zur Erlösung für den Menschen werden. Wo das göttliche Selbst das Schweigen dem Menschen gegenüber bricht und zu einem redenden Selbst wird, da steht der Mensch immer an einer Pforte seiner Erlösung. In jeder Offenbarung öffnet sich dem Menschen das Tor zu Gott hin und wartet auf dessen Kommen. Denn sie will immer erlösen, freimachen, herausheben aus der rein kreatürlichen Menschlichkeit mit ihrem Fall und uns in die göttliche Wesensart hineinziehen. Gott ist schlechthin das Heil, daher kann nur Heil in seiner Offenbarung von ihm ausgehen. 1085

Es gibt keine Schrift des alttestamentlichen Kanons, deren eigentlicher Sinn nicht die durch Offenbarung zu vermittelnde Erlösung wäre ... Unser biblischer Kanon beginnt in seinen ersten Kapiteln der Genesis mit Erlösung und lässt dieselbe in dem letzten Buch der Bibel ausklingen in die vollendete Gottesherrschaft zum Heil der Gesamtschöpfung. Das Halleluja der Johannes-Apokalypse ist nur denkbar aufgrund vorangegangener Offenbarung durch Apostel und Propheten. Leben aus Gott wird nur da sichtbar, wo Gottes Offenbarung zuvor erlösen konnte. 1086

Ist nicht auch in unserer christlichen Gegenwart die Begeisterung vielfach weit größer als unsere innere Kraft? Führen wir nicht auch auf unseren christlichen Kanzeln und Kathedern eine Sprache, als ob alle Welt uns zu Füßen liege und versagen doch fast auf der ganzen Linie im Kampf und Dienst des Lebens? Haben wir nicht das Christentum in seiner Einzigartigkeit und Ausschließlichkeit im Blick auf die Erlösung der Welt zu betonen gewagt und doch in unserem Leben so seine erlösende Kraft verleugnet, dass ein Mann wie Nietzsche mit fast nicht zu überbietender Schärfe es wagen darf, uns mit den Worten ins Gewissen zu greifen: „Ihr Christen müsstet erlöster sein, wenn man an euern Erlöser glauben sollte!"? 1211

Einem Erlöser erschließt sich der Mensch freiwillig erst dann, wenn er zum Bewusstsein kam, dass sein eigenes Können ihn nicht erlösen kann. 1356

In Jesu Leben war alles Hingabe an den Vater, alles Dienst unter den Brüdern, alles Leiden für die Welt, alles Verheißung einer mit seiner Person verbundenen Welterlösung. 1358

Christus als Auferstandener ist keine ruhende Größe, die der Geschichte angehört, in der Gegenwart seines Geistes ist er die Dynamis (Kraft) Gottes, die Menschen aus dem Tode zum Leben ruft und Jünger begnadet, Zeugen seiner Erlösung zu sein. 1387

Die Kunde von der nahenden Erlösung wurde immer am ersten von denen verstanden, die am meisten erlösungsbedürftig waren. 1475

Es ist immer eine verheißungsvolle Morgendämmerung, wenn erst jene Stimmen sich hören lassen, die nach dem Dienst zur Belebung der Kirche rufen. Sie künden den Anbruch eines neuen Tages an. Das aus der Sehnsucht nach neuem Leben geborene Suchen und Fragen geht immer der Erlösung voran, die Gott geben will. Haben solche Seelen selbst zunächst auch nicht die Vollmacht, Heilung ihrer Zeit zu bringen, so werden sie doch fähig sein, jene Boten Gottes zu finden, die eine göttliche Antwort auf das Suchen und Fragen der Seelen geben können. 1569

Es gibt keinen köstlicheren Dienst, keine schönere Lebensaufgabe als jene, wo man im Auftrage Gottes etwas beitragen konnte, dass andere ihre Erlösung erlebten. Unsere Seele genießt eine wunderbare Freude und atmet einen ungeahnten Frieden, wenn sie nach vollbrachtem Dienste merkt, dass lösende Kräfte von ihr ausgegangen sind. 1614

Die damals gepflegte Philosophie war in all ihren Richtungen Erlösungsphilosophie. Sie war anthropozentrisch, d. h. machte den Menschen in seiner eigenen Kraft und in seiner Entwicklung zum Inhalt ihres Evangeliums. Der Mensch ist letzthin sein eigener Heiland: das war die frohe Botschafts-Kunde, die sie in all ihren Evangelien zu bringen hatte. So eine Erlösungsphilosophie musste aber enttäuschen, so sehr man ihr auch anfänglich zustimmte und von ihrem Evangelium die Erlösung erwartete. Denn aus sich selbst konnte der Mensch nie über sich selbst hinaus. Zu höherem Leben gelangt man nur durch Mitteilung von höherem Leben. Gotteskräfte zu äußern vermag der Mensch immer erst nach einer erlebten Gottesmitteilung. 1654

Unsere Zeit hat in ihren Erscheinungen so unendlich viel Verwandtes mit den Tagen Jesu und der Apostel. Vor allem teilt sie mit jener Zeit die Sehnsucht nach Erlösung aus einer alten Weltordnung und das Warten auf eine neue. Möchten wir ihr wie Paulus einst zu zeigen verstehen, dass alles Sehnen und Warten aufs engste mit der Person Jesu verbunden ist und allein durch ihn Erfüllung werden kann. 1657

Gottes Offenbarung wird zur Erlösung, Gottes Erlösung begnadigt zur Gemeinschaft, Gottes Gemeinschaft inspiriert alsdann zum Dienst. Das Sprechen der Erlösten muss nicht nur Antwort, sondern selbst wiederum Botschaft, das Leben der Erlösten nicht nur ein Warten vor Gott, sondern ein Zeugen vor dem Nächsten werden ... Wer sich dem Höchsten erschloss, muss sich eines Tages auch für das Höchste entschließen: zum Dolmetscher der Offenbarung für andere zu werden. 1757

Wer im Umgang mit Gott steht, muss sich wiederum der Welt erschließen, indem er zu ihr spricht, und sich die Welt erschließen, indem er sie in seine Erlösung hineinzieht. So durchbricht die Gemeinschaft den Separatismus der Erlösten und sendet sie als Botschafter Gottes in die Welt ... Die nur Gott hörten, hören plötzlich auch die Wehklage ihres Volkes und sind bereit, ein Opfer zu werden zur Erlösung für die Welt. Die bisher nur sich lieben ließen, beginnen den Nächsten zu lieben wie sich selbst, und suchen ihn in jene Erlösung hineinzuziehen, die uns zunächst zu Geliebten und dann zu Liebenden erlöst. 1758

Gott schuf. Das war die Kraft seines unendlichen Atems. Gott sprach. Das war die Offenbarung seiner unendlichen Liebe – das Evangelium der Erlösung für eine unerlöste Schöpfung. 1783

Die göttliche Art, die Welt zu bekämpfen, besteht allein in dem, dass man sie mit in die eigene Erlösung hineinzieht. Nicht Weltvernichtung – Welterlösung ist das Kampfprogramm alles Vollendeten. 1786

Die Welt äußerlich verbessern kann der Mensch auch ohne Gott, aber heilen und erlösen kann er sie nur mit Gott. Bevor man erlösen kann, muss man jedoch selbst ein Erlöster sein. 1834

Dass Gott leidet, wenn er Menschen seines Ebenbildes in ihrer inneren Gottentfremdung im Gerichte zu Grunde gehen sieht, ist mit das Höchste, was je ein menschliches Ohr der göttlichen Offenbarung abgelauscht hat. Er liebt den Menschen, auch wenn er ihn untergehen lassen muss. Er kann ihn jedoch nicht retten, denn der Mensch in seiner unerneuerten Herzensgesinnung würde aus seiner Erlösung nur eine zweite Hölle schaffen. Daher kann Erlösung auch nur aus der inneren Wandlung des menschlichen Herzens und der Gesinnung der Völker fließen. Eine auf sich selbst eingestellt bleibende Welt geht zu Grunde trotz der Barmherzigkeit Gottes, die über ihren Untergang weint. 1846

So klar einerseits in der Berufung und in der bisherigen Lebensführung Abrahams auch sichtbar wurde, dass allein Gott in allen Glaubensangelegenheiten und Heilserlebnissen das ursächliche Subjekt sein kann, und der Mensch nur das empfangende Objekt bleibt, so wurde von der göttlichen Offenbarung jedoch nie der Wille und die freie Entscheidung des Menschen ausgeschaltet. Auch in seinem gefallenen Zustande hat der Mensch als das Ebenbild Gottes selbst die Wahl zwischen Leben und Tod zu treffen. Die Offenbarung tritt zwar mit ihrer Berufung und ihrem Evangelium an den Menschen heran, sucht ihn durch ihren schöpferischen Geist zu begnadigen und ihm eine höhere Kraft mitzuteilen. Sie zwingt ihn aber nie, sich wider seinen Willen für die Erlösung zu entscheiden, die sie bringen will. Denn solch eine Erlösung würde Knechtschaft, nicht aber Erlösung im Geiste der Kindschaft sein.

Gott sucht aber nicht durch seine Barmherzigkeit ein Reich von Sklaven oder Knechten zu schaffen, sondern von Menschen, die im Geist der Sohnschaft rufen: Abba, Vater! 1893

Trotz Kultur und Fortschritt, trotz Intelligenz und Wissenschaft wird die Menschheit sich Zeiten und Zustände schaffen, die dauernd ohne einen Erlöser nicht zu ertragen sind. 2033

Nicht dem Tode, dem Leben gehört die Zukunft. Nicht dem Gericht, der Gerechtigkeit gehört die Erde. Nicht der Verelendung, sondern der Erlösung gehört der Mensch. 2043

Wehe heute jenen Gottesknechten, ob auf Kathedern, Kanzeln oder unter den Kanzeln, die dieses Ringen nicht kennen! Schriftgelehrte kommen aus auch ohne das Ringen um ein Wort. Sie sprachen noch zu jeder Zeit: „Wir haben ein Gesetz!" Wehe aber auch den Gemeinden, denen dieses Ringen fremd bleibt! Laodicäagemeinden haben noch nie ein erlösendes Wort für ihre Zeit gefunden. Sie lebten stets vom Besitz der Vergangenheit, nicht aber von der Gegenwart ihres Hauptes, durch welches sie sich täglich neu zum Dienst begnadet sahen. Sie sind sich selbst genug, ohne zu fragen, welch eines Wortes Gefangene zu ihrer Erlösung bedürfen, damit sie aus der Knechtschaft in die Freiheit, aus der Fremde in die Heimat gelangen. 2169

Innerhalb der Gemeinde Christi bedarf es kaum der Erwähnung, wie stark gerade das Evangelium des Apostels Paulus durch das Kreuz Christi bestimmt wurde. Karfreitag als die Stunde des Menschen und Ostern als die Stunde Gottes. Der Gekreuzigte und der Auferstandene waren Ausgang und Inhalt seiner Christusbotschaft. Denn wenn Paulus vom Kreuz spricht, so geht es ihm letzthin nicht ums Kreuz. Es geht ihm allein um den Gekreuzigten ... Ohne den Gekreuzigten hätte dem Apostel und später der Gemeinde das Kreuz nie zum Symbol unserer Erlösung werden können. 2274

Christus hätte nie das Opferlamm werden können, das nach dem Wort des Täufers die Sünden der Welt trug, wenn er nicht freiwillig den Lammesweg nach Golgatha gegangen wäre. Christus ist nicht als Märtyrer gestorben, er starb auch nicht als religiöser Fanatiker. Er vollendete sein Leben in freiwilliger Hingabe an die Heilandsmission, die der Vater mit seiner Sendung verbunden hatte. Er trank den bittern Kelch bis zur letzten Neige, der für ihn mit der Erlösung des Menschen von Fluch und Sünde verbunden war. 2279

Erst Erlöste schaffen auch Erlöstes. 2318

Gott bleibt Gott: Auch der Sünde der Welt gegenüber. Darin liegt allein ihre Hoffnung auf eine Zukunft, die ihre Erlösung bringen wird. 2366

Gott kann auch seine Kirche für Jahrzehnte und Jahrhunderte ins Exil senden, wenn dies nur noch der einzige Weg sein sollte, um sie für ihre prophetische Aufgabe innerhalb der Geschichte und deren Zukunft zu erlösen. 2605

Gott in seiner Barmherzigkeit ließ sich in seinem Handeln überhaupt nie durchs Gesetz bestimmen. Das nahm einst der jüdische Schriftgelehrte und Gesetzestheologe an. In Christus offenbarte sich Gott ganz neu. Er sprach und spricht wider das Gesetz und ohne das Gesetz zum Menschen, um ihn nicht allein zur Vergebung, sondern um ihn zur Sohnschaft und damit zur Gemeinschaft mit sich selbst zu erlösen. 2723

Zwei der inhaltsvollsten und tiefsten Verzweiflungsschreie der Menschheit! Enthält der erstere das schwere Bekenntnis: „Ich elender Mensch!“ so redet der letzte von der unaussprechlichen Erlösungssehnsucht: „Wer wird mich erretten?“ Die Welt vernimmt beide nun nicht aus dem Munde eines gesetzesfrommen Juden: nicht der Mensch, der im Bewusstsein seiner Frömmigkeit der Thora lebt und Gott im Geiste des Bundesgesetzes dient, hat sie der Menschheit gegeben. Sie konnten auch nicht der Ausdruck der griechischen oder römischen Religionsphilosophie sein. Auch diese vermochten ihrem tiefsten Bekenntnis und ihrer letzten Sehnsucht nur einen Inhalt zu geben, den sie aus den Geheimlehren ihrer Kulte und Mysterien gewonnen hatten. Beide Fragen sind jedoch der Notschrei eines Menschen, der das Sein in Christo lebte und daher Gott im bewussten Kindesverhältnis diente. Obgleich der Apostel bereits längst jener neu entstandenen Heilsgemeinschaft, der Christengemeinde in Antiochien oder der sogenannten Nazarenersekte, angehörte, wusste er sich mit eingeschlossen in jenen allgemeinen Sterbeverband, in den auch er mit hineingeboren worden war.

Diese vom Apostel bewusst betonte Verbundenheit mit der gesamten Menschheit, die auch ihm auf Grund seiner Geburt geworden war, drückt er mit dem Worte Mensch aus. Es ist deshalb nicht nur sein eigener Zustand, den er beschreibt. Trotz dieses gefallenen Zustandes sind aber von Gott dennoch alle Völker für die Kindesstellung eines neuen Menschen in Christo berufen ... Es ist wohl begreiflich, dass der Apostel sich von diesem Gefühl wie von einem lastenden Alpdruck durch den dankerfüllten Blick auf die selige Gegenwart der in Christus offenbar gewordenen Rettung zu befreien sucht: „Gott sei Dank, er hat’s getan, durch Jesus Christus!“ ... Es gehört mit zum Inhalt seines Christusevangeliums, dass es in seinem Zeugnis den Völkern das zu sagen vermag, was letzthin das allertiefste Geheimnis des menschlichen Ringens ist ... Ist die Erlösungsfrage völkerumspannend, unendlich größer will die Antwort sein, die Gott aller Welt durch Christus gegeben hat und durchs Evangelium immer neu gibt. 2752

Erwählung

Auch die Propheten Gottes haben eine Geschichte ihres Werdens, kennen Kämpfe und Entwicklungen, erlebten das Wachsen an Erkenntnis und Kraft ... Alles Werden ist zunächst von Geheimnissen umgeben. Auch die Anfänge von dem Werden der Gottesknechte ... Lässt sich auch eine und die andere Erscheinung mit der Zeit beurteilen, die Geheimnisse des ersten Werdens werden uns doch mehr verborgen bleiben. Sie gehören zunächst noch in das Allerheiligste unseres Gottes. Die Schrift nennt es Erwählung. Nur soviel steht wohl von allen, die Gott je als Propheten und Segensträger berufen hat, fest: es waren Persönlichkeiten, die – aus Gott geboren – lieben und leiden konnten, bevor sie zu dienen verstanden. 1483

In der Persönlichkeit eines Hosea erkennen wir, dass vermehrtes Licht über Gott auch entsprechend tiefere Erkenntnis von der Macht sozialer Ungerechtigkeit, der Gefahr politischer Selbstberauschung und dem Trug religiöser Selbstsicherheit wirkt. Führte doch noch immer höhere Erleuchtung zu tieferer Erfassung menschlicher Verantwortung und persönlicher Schuld vor Gott und der Geschichte. Wo diese Frucht der Erleuchtung verleugnet wurde, da gereichte sie ihren Trägern zum Verderben. Wen Erwählung nicht heiligt, der berauscht sich an ihr zu seinem Gericht. 1535

Berufung ist das zeitliche Mittel, Erwählung die ewige Bestimmung und das höchste Ziel der göttlichen Offenbarung für den Menschen. 1745

Gott ist in seiner Erwählung und Berufung völkerumspannend. Die Kirche Christi kann mithin ebenso wenig einen semitischen als einen deutschen Menschen, ebenso wenig einen semitischen als einen deutschen Glauben, ebenso wenig einen israelitisch-jüdischen als einen nordisch-germanischen Gott zum Quell ihres Heils und zum Inhalt ihrer Verkündigung machen. 1874

Erwartung

Nie sind der Gemeinde Gottes neue Tiefen der Wahrheit, neue Quellen der Kraft, neue Vollmachten des Dienstes, neue Perspektiven für die Welt und ihre eigene Zukunft erschlossen worden, wo man nicht zuvor, unter der gegenwärtigen Dürre leidend, Neues zu ersehnen und zu erwarten vermochte. Sehnsucht ist immer die verhüllte Prophetin für das Kommende und schafft in unserer Seele Raum für das, was Gott zu seiner Stunde zu geben beabsichtigt. Großen Geistesströmungen, die von entscheidender Bedeutung für die Zukunft wurden, gingen in der Geschichte immer große Sehnsuchts- und Erwartungszeiten voraus. 2620

Eine Stätte ist nur insoweit heilig, als Gott sie durch seine Gegenwart weihen kann. Mittel sind nur insoweit geweiht, als sie ihm dienen können, um uns seine Herrlichkeit und Majestät zu offenbaren. Er hat mithin unsere Erwartungen, Taborstunden zu erleben, nicht an heilige Örtlichkeiten und Einrichtungen gebunden, sondern allein an sich selbst als der Quelle jeglicher Offenbarung und jeder göttlichen Segnung. 2667

Erweckung

Die Kinder Gottes wissen, dass Gott Ströme des Lebens der Welt erst dann schenken kann, wenn ihm für diesen Dienst die entsprechenden Kanäle zur Verfügung stehen. Erweckungszeiten in der Welt begannen immer erst nach vorangegebenen Erweckungszeiten in der Gemeinde. 1419

Erziehung

Allgemeine Grundsätze, nach denen wir bei der Erziehung unserer Kinder handeln sollen:

- Erziehen hat mehr Wert als Lehren. Belehrung gibt einem Kinde zu verstehen, was es tun soll; die Erziehung beeinflusst es und besteht darauf, dass das Kind es wirklich tut. Die Belehrung hat mit seinem Verstand zu tun, die Erziehung mit seinem Willen.
- Beizeiten verhindern ist besser als nachträglich kurieren.
- Gewohnheiten müssen Grundsätzen vorhergehen.
- Das Gefühl ausbilden geht der Ausbildung des Urteils voraus.
- Beispiel ist besser als Vorschriften.
- Die Liebe, die anzieht und lockt, gilt mehr als das Gesetz, welches fordert. Liebe begeistert und ihre Begeisterung ist das Geheimnis der Erziehung. 1716

Evangelium

Das Evangelium von der großen Tat Gottes, die Offenbarung des Vaters im Sohne, die auch uns zur Sohnschaft erlösen will, ersetzen wir durch vielfach sehr lärmende Methoden unserer Evangelisationen. So wurden wir aus Zeugen der großen Taten Gottes separatistische Propagandisten, angebliche Eiferer für die Wahrheit, scheinbar erfolgreiche Verteidiger des verheißenen Gottesreiches. Und doch haben wir uns und andere bei all unserem Evangelisieren vielfach zu Tode evangelisiert. Unserem Evangelium fehlte vielfach das Evangelium: in unserem Wirken wirkte nicht schöpferische Kraft, unser Eifer floss nicht aus der Inspiration des Geistes, unsere Methode war nicht der sichtbare Ausdruck der unmittelbaren Aktivität Gottes. 1115

An unserem offiziellen Christentum ist die Welt irregeworden. Es hat ihr Christus weit mehr verdunkelt als enthüllt. Es hat viel mehr versprochen, als es gehalten hat. Es sprach zwar oft wie Jakob, handelte aber wie Esau. Und wird sich die Kirche Christi nicht auf ihre göttliche Sendung und ein unverdunkeltes Evangelium besinnen, dann wird sie eines Tages mit Schrecken entdecken, dass man Christus haben kann auch ohne Kirche, dass das Volk in seiner Gesinnung und Liebe Jesum haben wird, ohne die Kirche zu haben. Das Volk will zurück zum Herrn und nicht nur zum Tempel des Herrn. Es sehnt sich nach der Herrlichkeit und Vollmacht des Christus und nicht nach der Herrlichkeit und dem Kultus unserer Kirchen. Diese Sätze sind aus tiefster Seelennot herausgeboren. Welch ein Ringen der Kirchen und Gemeinschaften um die Seelen der Menschheit! Alles wirbt, alles evangelisiert, aber wie oft aus den egoistischen Motiven der Selbsterhaltung heraus! Daher fehlt das Evangelium ohne jegliche Nebengedanken, das allein Christum treibt. 1123

Das Evangelium zwingt nie den Menschen wider seinen Willen in die Erlösung hinein, die es bringen will, denn solch eine Erlösung würde Knechtschaft, nicht aber Erlösung im Geiste der Kindschaft sein. 1290

Was Paulus der Menschheit als Frohe Botschaft zu bringen hatte, war bisher nie in einem Zeitalter gebracht worden. Denn sein Evangelium war das einer gegenwärtigen Person.

Der auferstandene Christus war ihm gegenwärtig, und er sah dessen Auferstehungskräfte sich zum Leben derer auswirken, die ihm vertrauten. 1655

Die Zeiten sind zu ernst, die Gerichte zu hart, der Jammer des Volkes ist zu groß, als dass wir uns mit religiösen Allgemeinheiten abfinden könnten. Es genügt nicht, nur das Gewordene zu pflegen, es gilt, Untergehendes zu retten, Irrendes zu leiten, Gerichtetes aus dem Gericht zu führen! Das können wir jedoch nur dann, wenn wir ein Evangelium in uns tragen, das größer ist als die Schuld der Gegenwart, wenn wir uns von einer Liebe beseelt wissen, die stärker ist als der Tod, wenn wir uns von einer Kraft begnadet sehen, die durch ihr Vertrauen die Welt überwindet. 1989

Das Evangelium in seiner Gotteskraft schafft wohl neue Menschen in Christo, es ist aber nicht dazu angetan, Menschen im Sinne der Welt groß zu machen oder um die besondere Gunst der Welt zu gewinnen. 2293

Evangelium ist zunächst Gottes weltweiter Ruf an die Völker. In seiner unerschöpflichen Fülle und seiner rettenden Kraft bleibt es aber auch für die Gemeinde Evangelium, und zwar bis zu ihrer Vollendung hin. Da sein Inhalt Jesus Christus ist, ist die Gotteskraft im Evangelium nicht nur eine missionierende. Sie erweist sich ebenso als eine heiligende und vollendende im Leben der dienenden und kämpfenden, der leidenden und wartenden Gemeinde. 2305

Das Evangelium verarmt in seinem Inhalt, es wird gelähmt in seiner Kraft, wenn es erst leben muss vom Eifer seiner Dolmetscher oder dem Fanatismus seiner Bekenner. Es kann in seinem Inhalt weder bewiesen noch kann es in seiner Kraft verteidigt werden. Gott begnadigt aber Menschen, es zu bezeugen: es anderen weiterzusagen. Dem Glaubenden erschließt sich alsdann Christus als Auferstandener in seiner rettenden Gegenwart und Wirklichkeit: Das Evangelium lebt nicht etwa vom Bekenntnis der Kirche. Die Kirche lebt in ihrem Bekenntnis und Zeugnis vom Evangelium. Es kommt zwar zum Menschen über den Menschen, d. h. über Apostel, Bischöfe, Lehrer und Evangelisten. In seiner Kraft macht es sich aber nicht abhängig vom Menschen. Sobald der Mensch mehr sein will als Mitarbeiter Gottes und Zeuge Jesu Christi, schaltet es ihn aus als Botschafter seines Inhalts und als Zeugen seiner Kraft. 2307

Die Gemeinschaft mit Jesus Christus setzt das Evangelium beim Menschen nicht voraus. Es kündet sie als frohe Botschaft an und fordert jeden auf, sie zum Inhalt seines Vertrauens zu machen. Glaube ist Paulus daher nicht etwa der Inhalt einer Gegenleistung für die im Evangelium dem Menschen angebotene Rettung. Er ist die vertrauensvolle Hingabe an den, der in seiner Person ihm Rettung sein will und sein kann. Ob es nun der Jude ist mit dem reichen Inhalt seiner Thora oder der Grieche mit seinem sakralen Kultusleben: beide finden dieselbe Errettung allein im Auferstandenen, der sich in seinem Evangelium an sie wendet. 2688

Die verlorene Sohnesstellung konnte kein Prophet, so groß sein Wort auch immer war, vermitteln. Sie konnte nur durch den Sohn dem Menschen als Evangelium gesagt und dem Glaubenden als eine bereits gegenwärtige, aber auf die zukünftige Vollendung angelegte Heilswirklichkeit erschlossen werden. 2697

Die Christusverkündigung prägt durch ihren Inhalt auch den Inhalt und das Leben der Christusjünger. Welch eine Verantwortung trägt deshalb gegenüber Gott und den Völkern jeder Bote des Evangeliums und jede Kirche in ihrem Dienst, die das Evangelium weitersagen! Die Verantwortung wird umso größer, je mehr die Menschen aufhören, nur noch eine heidnische Völker- oder nur eine nachdenkliche Volksmenge zu sein. Evangelium ist nicht ein Typus von christlicher Lehre: es ist und bleibt Christus als Offenbarung und Inhalt der Gotteskraft, durch die dem Leben der Glaubenden und der Kirche ein ihrem Haupte entsprechendes Lebensbild gegeben wird. 2743

Mit dem Begriff „Religion" hat man das Evangelium zu den alten und neueren Religionserscheinungen der Welt gezählt. Das Leben, das durchs Wort und aus dem Geiste des Evangeliums entsteht, ist aber seinem Wesen und seiner Bestimmung nach keine neue Religion: es ist das von Gott geschenkte und vom Menschen erkannte, im Glauben angenommene Kindesverhältnis zu Gott. 2747

Ewigkeit

Nur Hoffnungsmenschen sind Zukunftsmenschen; nur wer Ewiges schaut und ersehnt, wird Ewiges erleben. Menschen, die eine Ewigkeit haben, tragen ein Stück Ewigkeit bereits in die Zeit der Vergänglichkeit. 1224

Dem Glück der Gottlosen fehlt der Ewigkeitscharakter, es besteht nur aus Gütern, die der Vergänglichkeit angehören. Ewigkeitswerte können nur aus jenem Umgang mit Gott gewonnen werden, über den sich diese Gesetzesuntreuen ohne Gewissensskrupel, vielfach mit leichtem Spott und Hohn, hinweggesetzt hatten. 1458

Sobald die Ewigkeit in die Zeit tritt, muss sie die Formen des Zeitlichen annehmen. Der Logos Gottes muss Fleisch werden, um als das geoffenbarte Wort zu uns reden zu können. Alles Göttliche muss eine Vermenschlichung erleben, damit es als Offenbarung von uns verstanden werde. Das hat dazu geführt, dass unsere ganze religiöse und metaphysische Begriffswelt sich so stark in Bildern und Gleichnissen bewegt, die der Diesseitigkeit angehören. 1752

Es liegt im Charakter der ewigen Dinge, dass sie sich vom Menschen nicht fälschen lassen. 2602

In gläubigen Kreisen in Wernigerode diente viele Jahre eine alte, bewährte Schwester. Manchen war sie während ihrer reichen und hingebenden Pflege zu einer Priesterin und Seelsorgerin geworden. In ihrem hohen Alter sah sie sich jedoch genötigt, in ein Schwesternheim nach Halle zu gehen. Dort wurde sie noch einige Jahre in einem Krankenhaus gepflegt. Da kam ihr Heimgang. Trotz ihres klaren Glaubensstandes hatte sie sich aber während ihres Lebens immer wieder vor dem letzten Schritt aus der Vergänglichkeit in die Ewigkeit gefürchtet. Als eines Tages der Augenblick ihres Abscheidens gekommen war, rief sie die Diakonisse, die sie bis zuletzt in hingebender Liebe gepflegt hat, noch einmal zu sich. Sie dankte ihr für alle empfangene Liebe und gab ihr zuletzt noch den Auftrag: „Grüße mir die Sterbenden in Wernigerode. Ich gehe heim zu den Lebenden."

Nehmen wir daher das Wort ganz ernst, dass letzthin alle Dinge, auch das Sterben, zu unserem Besten mitdienen müssen. Christus ist der Herr sowohl vom Leben als auch vom Sterben eines jeden Gliedes seines Leibes. Er verwandelt deren Zusammenbruch im Tode zu einem Eingang in das ersehnte ewige Leben. 2756

Je älter man wird, desto einsamer fühlt man sich. Ich jedenfalls habe noch nicht gelernt, das Altsein zu genießen und mich an demselben zu erfreuen. Außerdem tritt noch etwas Wesentliches hinzu. Je näher man der Ewigkeit kommt, desto mehr erkennt man im Lichte derselben, wie unendlich vieles, auch in dem eigenen Dienst, auf Heu, Stroh und Stoppeln gesät war. Paulus sagte doch sehr offen, dass all diese Werke verbrennen werden. Nur was von Gott aus durch seinen Geist und durch sein schöpferisches Wort in uns und durch uns gewirkt werden konnte, wird bleiben bis ins ewige Leben hinein. Ich bin im Blick auf meine Vergangenheit und den damit verbundenen Dienst nicht undankbar. Unendlich vieles hat mich reich gemacht. Auch stehe ich unter dem Eindruck, dass manches vom Herrn gebraucht wurde, um auch andere zu segnen und zu stärken. Der gewaltige Abstand zwischen dem, was wir glauben, für Gott tun zu sollen, und dem Wirken Gottes in uns, kommt uns aber erst so recht zum Bewusstsein, wenn man vor den Pforten der Ewigkeit steht. 2803

Falsche Propheten

Wie heute, so gab es auch damals Propheten, die nicht einmal selbst an ihr Prophetenwort glaubten. Sie redeten Lüge, weil Jahves Volk es so liebte. Gottes Wort fehlte ihnen, da berauschten sie sich am Gesicht ihres eigenen Herzens. Sie gefielen sich am Geist ihrer Rede und sättigten sich am Zuspruch des Volkes. Sie glaubten sich in eine höhere Sendung hinein, während Gott sie nie gesandt hatte. Bis heute gehört es doch mit zum Erschütterndsten, wenn man Menschen begegnet, die derart berauscht sind von ihrem Wort und derart sich täuschen über ihre Sendung, dass man von ihnen den Eindruck gewinnen muss, sie glauben an ihre eigene Lüge und sie sind sich nicht bewusst ihres psychopathischen Sendungs- und Selbstbewusstseins. Sie werden jene Schwärmer, die jeden Sinn für die Wirklichkeit verloren haben. Sie vermögen zwischen Lüge und Wahrheit nicht mehr zu unterscheiden. Sie suchen bewusst unheilige Dinge für heilige Zwecke zu heiligen und durch übersteigerte Begeisterung zu erreichen, was nur auf der Grundlage heiliger Nüchternheit und freier Glaubenshingabe erreicht werden kann. 2468

Wahrlich, es gibt einen tiefen Einblick in das Wesen des falschen Prophetentums, nicht etwa nur von einst, sondern auch von dem aller Zeiten. Einseitig angewandtes Gotteswort kann allzu leicht zum Ausgang eines falschen Prophetenwortes gemacht werden. Dann werden aber, wie damals in Juda, jene trügerischen Hoffnungen geweckt, die sich nicht erfüllen. Das Volk gewinnt auf Grund solcher Irreleitungen eine falsche Einstellung zu den Vorgängen seiner Zeit. Hernach bricht es aber in seiner Kraft umso völliger zusammen, sobald es sich in seinen trügerischen Erwartungen durch den Verlauf der Geschichte nicht gerechtfertigt sieht. Ja, es steht alsdann in der Gefahr, sich in seiner Hoffnungslosigkeit einem Fanatismus hinzugeben, der in seiner Leidenschaft blind und skrupellos Heimat und Zukunft in Katastrophe und Untergang stürzt. 2474

Die seelischen Konflikte Jeremias mit dem falschen Prophetentum seiner Tage ... waren oft mit die schwersten, die er als Dolmetscher der empfangenen Aussprüche Gottes zu tragen hatte. Und sie mussten umso schwerer sein, je mehr der Gegenprophet in seinem persönlichen Charakter, in seiner Liebe zum Volk, in seiner subjektiven Wahrhaftigkeit und mit seinem angeblichen Wort den Eindruck eines wahren Propheten erweckte. Waren es religiöse Schwärmer, offenbare Scharlatane, berauschte Schwätzer auf jedem Marktplatz, so war deren Prophezeien oder Spotten oder deren

Feindschaft weniger schwer zu ertragen. Die tiefsten Leiden eines Propheten beginnen immer erst dann, wenn sie von Persönlichkeiten ausgehen, die leicht auch seine nächsten Freunde sein könnten. Was lag doch für ein tiefer Gottesschmerz sechs Jahrhunderte später in dem Jesuswort an einen seiner Jünger: „Judas, mit einem Kuss verrätst du des Menschen Sohn?“ (Luk. 22,48) 2475

Es ist klar, dass wir hier vor einer der schwersten Fragen der Theologie stehen, vor der Frage: Wer ist Prophet und wer ist nicht Prophet? Wer redet Aussprüche Gottes und wer redet nur Aussprüche des eigenen Herzens? Wie erkennen wir, was Wort Gottes ist und was nicht Wort Gottes ist? Wenn es sich um jene angeblichen Propheten handelte, deren liederliches Leben nichts mit der Heiligkeit Gottes gemein hatte, dann erweckte ihr Weissagen auch im Volke wenig Vertrauen. Sie waren bekannt als das, was sie waren: als Lügenpropheten. Oder wenn jedermann aus dem Schwatzen angeblicher Propheten erkannte, dass diesen Männern die subjektive Wahrhaftigkeit fehlte, so wusste man, dass sie zu jenen schönredenden Männern gehörten, die in ihren schillernden Gottesaussprüchen nicht ernst zu nehmen seien. Amos will überhaupt nicht mehr zur Prophetenzunft gezählt werden, weil in seiner Zeit offenbar ein derart widerliches Prophetentum das öffentliche Leben beherrschte, dass er nichts mit demselben gemein haben wollte. 2476

Fleisch

Das ist das Fleisch in seinem wahren Charakter: Je mehr Gott segnet, desto mehr erhebt es sich, je mehr Gott erschließt, desto mehr rühmt es sich. Je größer die Fülle der Kräfte, desto bewusster die Loslösung von Gott … Nirgends findet man so viel Selbstbewusstsein als bei einem Menschen, der sich wohl von Gott gesegnet sah, aber nicht entsprechend seiner Segnungen auch von Gott abhängig wurde. 1204

Für David begann ein Glaubenskampf, der weit schwerer und größer war als der Kampf im Terebintentale mit dem Philister. Hier gab es Augenblicke, wo sein Glaube zu versagen drohte ... Den Kampf in seiner ganzen Tiefe verstehen wir nur, wenn Saul in seiner Person vor uns steht als das, was er wirklich war: das herrschende Fleisch unter dem Volke Gottes. Denn für seine wirkliche Glaubensstellung bleibt das Wort bezeichnend: Der Geist des Herrn war von Saul gewichen! So einen inneren Seelenzustand bezeichnet die Schrift mit dem Ausdruck „Fleisch" oder „fleischlich". Das Bestimmende in so einem Leben ist nicht mehr der Geist des Herrn, sondern die eigene Neigung, die augenblickliche Herzensstimmung. Hier lässt man sich nicht mehr leiten von göttlichen Grundsätzen, sondern von jener selbstsüchtigen Berechnung, die in allem nur das Ihrige sucht. Das war Saul in der Mitte seiner Brüder geworden. 2527

Hat es uns gelegentlich nicht fast erdrücken wollen, dass es bis jetzt in der Geschichte des unvollendeten Gottesvolkes auf Erden vielfach nicht anders gewesen ist? Man trauerte, wie einst Samuel, als man eines Tages wieder wahrnahm, dass Männer, die ihren Dienst einst im Geist begonnen hatten, wie Saul im Fleisch endeten. Man liebte sie, und sie schienen durch ihre Anlagen und Kenntnisse wie zur Führung berufen zu sein. Aber als erst der Geist des Herrn von ihnen gewichen war, hörten sie auf, wirkliche Führer auf dem Gebiete des göttlichen Lebens zu sein. Obgleich sie es äußerlich auch Jahre hindurch blieben, die Vollmacht, geistliche Leitung zu vermitteln, hatten sie verloren. Denn in Gottes Augen sind wir nur das, was wir als wirklich geistliche Persönlichkeiten sind, und nicht, was wir auf Grund unserer amtlichen Würde gelten ... Anstatt dauernd zu klagen über versagende Gottesknechte, sollen wir hingehen und Umschau halten, ob sich nicht im Volke neue Kräfte regen, die Gott berufen will. Gott bindet sich in der Durchführung seiner Reichsgeschichte nie an einzelne Personen: versagt ein Saul, so findet er einen David ... Lieber wertvolles Leben, brauchbare Kraft abgeben als auf seine eigene Stellung verzichten: das ist das Wesen des Fleisches. 2529

Frau

Der Heiland der Welt wurde vom Weibe empfangen und geboren. Die Geburtsstunde der Gemeinde Jesu Christi ist aufs engste mit Frauen verbunden. Und die Kraft des Reiches Gottes in der Gegenwart sieht sich wesentlich bestimmt durch das starke und selbstlose Mitwirken der Frau. War sie die erste Verführerin der Menschheit, so erwies sie sich erlöst vielfach auch als die erste Botin und Trägerin des Lebens. Liegen doch bisher nicht selten die ersten Zellen des Lebens in der Reichgottesarbeit im engsten Wirkungskreise der Frau. 1564

Freiheit

Leidenschaften führen noch immer zur Knechtschaft, sowohl bei einzelnen Menschen als auch bei Völkern; denn man kann nie dauernd die Freiheit und die Herrschaft gewinnen, wenn man nicht Herr seiner selbst zu sein vermag. 1252

Gottes Rettung ist nicht nur Privatsache. So persönlich sie auch von jedem einzelnen erlebt werden muss, so ist sie doch die große Gnadengabe Gottes, die alle erfassen und in die Freiheit eines neuen Lebens führen will. Wann wird die Kirche Christi auf Grund ihrer Kreuzes- und Auferstehungsbotschaft diese Prophetensprache eines Mose wiederfinden?

Denn die Gerichtssprache des Kreuzes über die Machtpolitik und Gesetzesfrömmigkeit einer alten Welt und die Auferstehungsbotschaft mit ihrer Freiheit und Hingabe eines neuen Lebens sind nicht weniger radikal, als Moses Forderung zum Heile Israels es war. 1914

Freundschaft

Geheuchelte Freundschaft muss aber immer zu offener Feindschaft führen. Auch auf dem Gebiet des religiösen Lebens unserer Tage. Auf solch einem Boden ist eine Gesundung der Gläubigen zueinander nicht denkbar. Mag es auch für eine Zeitlang den Anschein haben, als ob man in brüderlicher Liebe nebeneinander diene, zu seiner Stunde kommt doch der offene Bruch. Wahre Freundschaft ist nur möglich auf dem Boden des Geistes, wo man in der Liebe Jesu Christi in selbstloser Hingabe für den anderen lebt. 2532

Friede

Große Dinge sind bereits geschehen, und größere bereiten sich in aller Stille vor. Selbst Throne und Gewalten sind unter der Wucht der Ereignisse der letzten Jahrzehnte zusammengebrochen. Man hatte ohne Gott gelebt, nun erlebte man Gottes Gerichte. Man hatte mit Sünde und Waffen gespielt, nun erntete man den großgezogenen Fluch der Sünde und der Waffen. Den Frieden dessen, der gekommen ist, Frieden zu bringen, verschmähte man, und nun suchte man vergeblich nach dem Kitt, der die Völker der Erde zu Brüdern einigen sollte. 1049

Nicht Kampf, sondern Friede ist die tiefste Sehnsucht der Menschheit. 1446

Aber so Tiefes, Reines und Wahres auf dem Gebiete der Zukunftshoffnungen auch von einzelnen der Edelsten aus den anderen Nationen überliefert worden ist, das Schönste und Höchste haben wir doch in dem Schauen der biblischen Propheten … Ganz ergreifend ist besonders ihre Sprache, wenn sie von dem Frieden und der Gottesherrschaft der Zukunft reden. Sie täuschen sich nicht über Mächte der Finsternis, die das Kommen des Gottesreiches zu verhindern suchten, hinweg. Aber sie wussten, dass hinter den letzten Kämpfen der ewige Friede liegt. 1447

Es gibt keine so totale und dauernde Abhängigkeit als die Kirche Jesu Christi in ihrer Kindesstellung zu Gott. Ihr Besitz liegt in dauerndem Empfangen, ihr Reichtum in Gottes gnadenvollem Wirken. Ihr Eingehen auf den Ruf Gottes durchs Evangelium brachte sie für alle Zeiten in unmittelbare Abhängigkeit von Gott als ihrem Vater. Das neue Kindesverhältnis äußert sich in Frieden mit Gott. 2729

Frömmigkeit

Wahre Gottesfurcht kann nur aus reiner Liebe zu Gott fließen. 1019

Prophetenwege sind immer einsame Wege. Hing auch das Volk an Jesu Lippen, atmeten auch die Mühseligen und Beladenen auf unter seiner Botschaft, im Herzen des obersten Volksrates hatte man nur Verachtung gegen den Sohn der Maria von Nazareth. Jesus war zu wenig ein Mann der Frömmigkeit jener Tage. Er entsprach zu wenig den Wünschen der damals herrschenden Geistesrichtung … Jesus band das Sehnen und das erwachte Gewissen des Volkes nicht an alte Traditionen, sondern riss jene Zäune ein, die falsche Frömmigkeit im Lauf der Jahrhunderte zwischen Gott und

Volk aufgerichtet hatte … Denn Jesus wusste, dass erst da im Menschen das Reich Gottes beginnen kann, wo sich dem Menschen die Lebenskräfte des Reiches Gottes zuvor haben mitteilen können. Solch eine Jesusmission hat jedoch nie einer gesetzlichen und erstorbenen Orthodoxie gefallen. Diese legte noch immer den Schwerpunkt des Reiches Gottes in die Leistung des Menschen für Gott und nicht in das Wirken Gottes im Menschen. 1040

Bis heute ist alles göttliche Leben immer wieder von denen gekreuzigt worden, die Anspruch erhoben, in ihrer Frömmigkeit das Königreich der Himmel zu besitzen. 1045

Noch nie ist ein Heiliger gerichtet worden, wo nicht die öffentliche Meinung unter der Überzeugung gestanden hätte, es gelte, einen Verführer unschädlich zu machen, damit nicht durch ihn das ganze Volk verderbe. 1046

Man kann (wie Ahab) viel von Gott gesehen haben und doch wenig von Gott ergriffen sein. Das Schauen Gottes muss zum Erleben werden, wenn Gott im Leben des Menschen eine Macht werden soll. Alles Wissen über Gott ist noch nicht jene Gemeinschaft mit Gott, welche allein ein menschliches Leben umgestaltet und göttlich adelt. 1088

So widerspruchsvoll es auch klingen mag, aber bei all unserem Christentum haben wir vielfach doch Christus verloren. Anstatt Christus zu bezeugen, verteidigen wir höchstens noch eine paulinische Christologie, die uns aber zu einer abstrakten Wissenschaft geworden ist. Dem Geiste Jesu Christi stehen wir jedoch vielfach sowohl im innerlichen Leben, als auch im praktischen Dienst völlig fern. Höchstens haben wir ihn noch neben unserem Leben als Reserve für die Zukunft und die Ewigkeit. Von Gott haben wir uns in den christlichen Gottesdienst und in die Pflege des christlichen Kultus und in die Vielgeschäftigkeit christlicher Liebestätigkeit gerettet. Sie sind nicht mehr die natürliche Frucht unseres Umganges mit Gott, sondern das Gewand unserer Frömmigkeit, mit dem wir unsere innere Geistesarmut zu verdecken suchen. 1113

Dass das Reich Gottes nicht eine Frömmigkeit im Menschen voraussetzt, sondern solche durch den neuen Geist erst in ihm wirken will, von solch einer Art von Religion hat die Welt keine Ahnung. Sie will ja, dass durch ihre Frömmigkeit das Kommen des Reiches Gottes vorbereitet wird. Jede Religion beschäftigt sich mit ihrem Tun, aber nicht mit dem Tun Gottes, durch welches uns erst das Reich Gottes gebracht wird. Sie ist nicht abhängig von dem Umgang, den der Mensch als der dauernd Empfangende mit Gott als dem dauernd Gebenden hat, sondern von der Treue, mit der sie ihre Frömmigkeit pflegt. Jedoch ein selbstgepflegtes religiöses Ichleben zeitigt zwar fanatische Pharisäer und orthodoxe Schriftgelehrte, aber niemals Jünger des Geistes Jesu Christi und seines Himmelreiches. 1174

Wenn ewiges Leben nichts anderes wäre als gesetzliche Frömmigkeit, wenn Gemeinschaft mit Gott nur in der Pflege eines frommen Kultus bestünde, dann hätte Saulus sich nicht zu bekehren brauchen ... Auch der natürliche Mensch kann fromm, ja sehr fromm und doch ohne persönliche Gemeinschaft mit Gott sein. Man kann wie ein Saulus eifern für Gott und doch wider Gott streiten. Anstatt ein Freund Gottes zu sein, erweist man sich als ein Feind des göttlichen Wirkens und des göttlichen Geschehens. Man kann aufgehen in kultischen Leistungen für Gott und doch ein Zerstörer der wahren Werke Gottes sein. 1190

Meine Mission ist nicht, Polemik zu treiben oder für andere als Rute zu dienen. Kräfte, durch die Gott Veraltetes zerschlagen und für die Zukunft Unbrauchbares zertrümmern lassen kann, hat er genug in der Welt. Aber ihm fehlen Organe, durch die er aufbauen, Bleibendes und Unvergängliches schaffen kann ... Ob Freikirche, ob Volkskirche: Christentum, Reich Gottes darf uns nie nur Pflege traditioneller Frömmigkeit sein, sondern muss uns immer der Ausdruck persönlich erlebter Gemeinschaft mit Gott bleiben. Wenn nicht, dann sind wir für die prophetische Jesusmission sowohl der Gegenwart als auch der Zukunft unbrauchbar geworden. 1225

Es ist ein gewaltiger Unterschied, wie heilige Handlungen gepflegt werden: ob um ihrer selbst willen und als Leistung für Gott, oder aber als Verkehr der Seele mit Gott. Unsere Kulthandlungen können ein Zeichen rein traditioneller Frömmigkeit, aber auch der Ausdruck unseres persönlichen Umgangs mit Gott sein. Zwar steht fest, je vertrauter unser Verkehr mit Gott wird, desto kultloser wird er. Freunde Gottes sind in ihrem Erleben und in ihrer Gemeinschaft mit Gott nicht mehr an heilige Orte und festgesetzte Zeiten und kultische Handlungen gebunden. Sie finden den Weg zu Gott an jedem Ort und haben Audienz bei der höchsten Majestät mitten im Dienst und im Vollbetrieb des Alltagslebens. 1226

Das ist das Eigenartige bei aller wahren Herzensfrömmigkeit, dass sie immer wieder in allen Stürmen des Lebens und in allen Wogen der Leiden jenen festen Punkt findet, von dem aus sie im Glauben ihre Zeit und die Welt ihrer Umgebung überwindet. 1228

Wenn in unseren Opfern nur der Schein und nicht das Wesen, nur die Form und nicht die Seele, nur die Pflicht und nicht die

Hingabe spricht, dann findet ihre Sprache keinen Widerhall im Herzen Gottes. 1326

Man darf wohl sagen, je näher der Prophet innerlich seinem Gott stand und je zarter sein Ohr für die Sprache Gottes wurde, desto mehr trat das Mittelbare in der Theophanie zurück. Je reicher das Maß des Geistes war, mit dem der Prophet sich von Gott begnadet sah, desto unmittelbarer wurde auch sein Verkehr mit Gott und sein Verstehen Gottes. Je ferner jedoch der Prophet zunächst Gott stand, desto grobsinnlicher mussten mithin auch die Mittel sein, durch die Gott sich ihm zu offenbaren vermochte. Daher finden sich auch heute noch bis tief ins Christentum hinein überall da viel Symbolik und Äußerlichkeit, wo zunächst wenig Pneuma und Innerlichkeit das Wesen der christlichen Frömmigkeit ausmachen. 1748

Einst hatte dem Volke für sein Verhältnis zu Gott das gedient, was Gott verheißen und an Gnade und Segen im Volke gewirkt hatte. Nun bildeten Leistungen und gesetzliche Verpflichtungen die entscheidende Grundlage für die Gemeinschaft mit Gott. Darin drückte sich die ganze Armut einer prophetenlosen Zeit aus. Man pflegte zwar das Leben der Vergangenheit als Orthodoxie, aber nicht als eine Kraft gegenwärtiger Gemeinschaft mit Gott. Solche Zeiten können zwar groß an Wissen, aber sehr arm an Leben sein. Was andere einst in ihrem Umgang mit Gott erlebten, das erheben solche Zeiten zum Gesetz, was einst Kraftwirkungen Gottes waren, das machen sie zum Gegenstand religiöser Verpflichtungen. 1764

Wer die Geschichte der Menschheit kennt, weiß, wie oft man den von Gott gewählten Mitteln einen Altar baute, anstatt dem, der sie wählte. Wie häufig wurde später, nach erlebter

Gotteshilfe, der Sache weit mehr Bewunderung, Anbetung, Hingabe und Dienst geweiht, als dem Herrn, der die Sache zum Heil gegeben hatte. Man verehrte das Heilige und nicht den Heiligen, man pflegte Kult mit der Sache, anstatt Anbetung der Person. Man braucht nur an Russland zu denken. Ein Land voller Tempel und Heiligtümer, das eine schöner, prächtiger und majestätischer als das andere, und doch vielfach ein Volk ohne bewusste und erlebte Gegenwart des Herrn. Auf Schritt und Tritt sieht man Kreuze über Kreuze, auf allen Kirchentürmen und Kanzeln, auf der Brust jedes Priesters und auf dem Herzen jedes Rechtgläubigen, und doch größtenteils ein Volk ohne den Gekreuzigten und ohne jenes Leben bewusster Gottesgemeinschaft, das aus dem lebendigen Umgang mit Christus als dem Auferstandenen fließt. In den Kirchen und Heiligtümern zahllose Altäre, mit Gold und Purpur, mit Perlen und Edelsteinen geschmückt, und doch fehlte dem Volk vielfach der offene Zutritt zu dem Gnadenstuhl Gottes und das Evangelium Jesu Christi zur Genesung seiner müden und kranken Seele. 1860

Hätte man das tiefer erfasst, es gäbe nicht so viel jene tote Orthodoxie auf den verschiedenen Gebieten des geistlichen Lebens, die zwar Jahrhunderte hindurch Kult mit der heiligen Sache treibt, aber die wahre Anbetung und die Hingabe an den Herrn selbst nicht kennt und ohne Umgang mit Gott lebt. Man ist zwar groß in der Pflege des Tempels, aber unendlich arm in der Gemeinschaft mit dem Herrn des Tempels. Man hält zwar fest am Bekenntnis zu Gott, aber ist ohne jegliches Erleben mit Gott. Man verteidigt stark und zäh die heilige Tradition, aber lebt ohne göttliche Offenbarung, man schützt das heilige Buch und verleugnet das lebendige Wort. 1861

Zwar kann jede geheiligte Symbolik für das religiöse Leben von unschätzbarem Werte sein, solange sie nur Dolmetscherin der göttlichen Offenbarung ist. Aber sobald sie an Stelle derselben oder sogar an die Stelle von Gott selbst tritt, wird sie zum christlich verbrämten Götzendienst, in dem der Mensch in der Form einer rein naturhaften Frömmigkeit seine Leidenschaft auslebt. 1923

Ephesus lebte zwar noch von der Pflicht gegenüber einer Sache, aber nicht mehr in der hingebenden Liebe zur Person. Die Beschäftigung mit der Gabe war wichtiger geworden als der Herzensverkehr mit dem Geber, die Pflege des Heiligen stand höher als die Hingabe an den Heiligenden. Man pflegte die Liebe zum Kreuz und merkte nicht den Verlust des Gekreuzigten, man schmückte das Heiligtum und empfand nicht das Verschwinden der Gegenwart Gottes aus dem Leben der Gemeinde; man schuf das heilige Buch und entdeckte nicht den Verlust des lebendigen Wortes, man errichtete das kirchliche Amt und verlor den priesterlichen Dienst – man wurde Kirche und hörte auf, Prophet zu sein. 1947

Man kann mit Kain, dem Vater jeder seelenlosen Religiosität, zwar die Form des Huldigungsopfers wählen, jedoch ohne Huldigung leben; zwar den Weg zum Altar gehen, ohne den Segen des Altars zu suchen; dem Herrn Opfer bringen, ohne in der Hingabe der Seele vor Gott zu stehen. Wer denkt dabei nicht an jene kirchengeschichtlichen Zeiten vergangener Jahrhunderte, wo mit dem Wechsel der Landesfürsten und deren Religion auch die betreffenden Völker ihre Religion zu wechseln hatten. Das Schwert entschied auch über den Glauben der Völker, die Weltmacht über die Form der Gottesanbetung. 2154

Wer eine Anbetung Gottes im Geist und in der Wahrheit kennt, wer sich herausgerettet weiß auch aus dem Wesen weltlicher Frömmigkeit und versetzt sieht in den Geist des lebendigen Gottesreiches, der weiß, dass der Mensch auf Kommando hin niemals anzubeten vermag. Er kann sich auch nicht auf Staatsbefehl zu einer Religion und Weltanschauung bekehren. Niemals vermochte der Mensch sich ehrfurchtsvoll zu etwas zu bekennen, dessen göttliche Kraft er nie erlebt hatte. Wann und wo jedoch die Welt in der Geschichte Religion übte, eine Verehrung von etwas Heiligem forderte, da glaubte sie noch immer, durch staatliche Machtmittel und durch kaiserliche Bestimmungen bei den Völkern ihre Ziele erreichen zu können. 2158

Ist ein Volk nicht mehr im Glaubensgehorsam dem Herrn verhaftet, dann hat es auch kein geweihtes Heiligtum mehr, durch das es vor kommenden Gerichten geschützt ist. Gott hütet nicht seine Heiligtümer, wenn sein Volk erst in der Welt der Ungerechtigkeit heimisch geworden ist. 2444

Ja, Heiligtümer! Wie können sie ein Segen sein, aber auch zum Fluche werden für ganze Völker und deren Geschichte! Ersetzen sie erst in der Erkenntnis und im Leben den Herrn selbst, dann treten sie zwischen Volk und Gott. In seinem Gottesdienst betätigt sich das Volk alsdann weit mehr mit der Pflege des formalen Kultus als in dem lebendigen Umgang mit dem Herrn, von dem allein die Kräfte eines Lebens der Gerechtigkeit und Heiligkeit fließen. Beschäftigte die Dogmatik eines Volkes sich aber weit mehr mit dem Kultus als mit dem Herrn, dann ging dem Leben bei all seiner formellen Rechtgläubigkeit dennoch die Ethik eines neuen Lebens und der Gerechtigkeit verloren. 2593

Ist die lebendige Beziehung zu Gott nicht ihr Wurzelgebiet, und sind das Recht und die Gerechtigkeit nicht die sichtbaren Früchte der kultischen Frömmigkeit, dann hat sie das Geheimnis ihrer göttlichen Mission verloren. 2594

Es vollzog sich, vom Standpunkt prophetischer Geschichtsbetrachtung aus gesehen, bereits schon damals, was auch die Kirche Christi im Laufe ihres Bestehens immer wieder erlebte. Entweder zog sie in der Kraft ihrer Überzeugung und im Bewusstsein ihrer prophetischen Verantwortung die Welt mit in die Einflusssphäre des ihr erschlossenen Gottesreiches hinein, oder sie sah sich eines Tages selbst mit ihrer Gottesverehrung hineingezogen in das religiöse Kultleben der Welt, in welchem auch die angebliche Gottesverehrung nur noch eine Gelegenheit zur Pflege sinnlicher Leidenschaften wird. 2608

Das ist mit ein Segen wirklich echter Frömmigkeit, dass man sich auch in seinen Irrungen noch rechtzeitig zurechtzufinden vermag. 2619

Hat Gott durch seine Gegenwart und Offenbarung dem Volke nichts mehr zu sagen, dann vermag auch hinfort kein Tempel und kein Altar ihn in seiner Gegenwart festzuhalten. Innerlich wüst und öde müssen trotz allen äußerlichen Glanzes alsbald auch Anbetungsstätten und Kultushandlungen werden, wenn der Herr sich erst aus dem Geiste und dem Leben eines Volkes zurückziehen musste ... Das Volk ehrt mit seinen Opfern und Festen zwar noch den Tempel als Reichsinstitution, jedoch nicht mehr den Herrn des Tempels als den eigentlichen König des Volkes! 2631

Gott lässt sich durch des Menschen gesetzliche Frömmigkeit und zeremoniellen Kultus nicht täuschen. Sind beide Frucht des Glaubens und der Hingabe an Gott, dann sind sie das Fleisch gewordene Wort, durch welches die Seele mit Gott verkehrt. Werden sie jedoch nur gepflegt, um Gott in seinem Verhalten dem Volk gegenüber geneigt zu machen, dann mag er solch ein heidnisches Geplärr frommer Lippen nicht. Er sucht nicht das Gebet, sondern das Herz, das zu ihm spricht, nicht den Kultus, sondern die Hingabe des Glaubens, der ohne ihn nicht sein kann, nicht die Opfer, sondern das Vertrauen des Kindes zu ihm als seinem Vater. 2657

Man pflegt das Heilige, anstatt Gemeinschaft mit dem Heiligen zu haben. Man begnügt sich mit dem Begriff und der Lehre, anstatt den Segen als persönliches Leben zu besitzen. Begriffe an sich, und wenn es die tiefsten und herrlichsten sind, können keine Lebenskraft mitteilen. Wohl können sie an den Menschen als eine Forderung herantreten und ihm zum Gesetz werden, aber sie können nie jene göttlichen Kräfte im Menschen auslösen, von denen neues Leben ausgeht. Göttliches Leben pflanzt sich nur durch den geistigen Umgang von Person zu Person fort. Keine Lehre noch Einrichtung, keine Grundsätze noch Handlungen können daher unserer Seele in ihrem tiefsten und heiligsten Erleben den ersetzen, der allein das Leben und die Wahrheit ist. 2669

Wie tief der Mensch in seiner Schuld auch immer hinabsinkt, ohne eine religiöse Verehrung, d. h. ohne dass er seinem Leben einen gewissen religiös-mystischen Inhalt gibt, kann er nicht sein. Obgleich er berufen ist, der Herr der Erde zu sein, wird er die Erde in ihrer unendlichen Fülle, in ihrem unerschöpflichen Reichtum zum Inhalt seiner Huldigung machen. In den Energien der Erde wird er die Götter oder die Dämonen sehen, denen er in der Verehrung oder aber aus Furcht seine Opfer bringt und sein Leben weiht. 2704

Führung

Abhängigkeit von Gott setzt Unabhängigkeit von der Welt voraus. Diese findet man nur, wenn Gott eine ähnlich erlösende Tat in unserem Leben vollziehen kann, wie Israel sie einst in Ägypten zu seinem Heil erlebte. Nur ein von Ägypten gelöstes Leben kann von Gott geführt werden. 1003

Abhängigkeit von Gott war nie Versklavung durch Gott. Hingabe an Gottes Wirken und das Stehen unter Gottes Leitung führten niemals in knechtische Furcht vor Gott. Sie waren nie eine durch Macht erzwungene Beugung unseres Willens, sondern immer die Frucht einer von Gott geweckten kindlichen Liebe. 1004

Abhängig sein von Gott bedeutet gelöst sein von sich selbst. Gottes Ziele findet nur ein von Gott geleitetes Leben. 1006

Was hat je und je auch unser Leben so reich gemacht an Gnade, an Erfahrung, an Vertrauen, an Liebe, an Geduld, an Ausdauer, an Dienst, an Gemeinschaft, an Verständnis für Gottes Pläne und Absichten? Es waren die Umwege, die Gott uns gehen ließ. Es war die Wüste, in die er uns führte. Hier erlebten wir unsere Ohnmacht wie nie zuvor, aber auch Gott wie nie zuvor. Hier lernten wir uns selbst kennen in unserer Ungeduld, in unserer Verzagtheit, in unseren Zweifeln und in unserem Wankelmut. Aber hier lernten wir auch Gott kennen in seiner überströmenden Gnade und Huld, in seiner Liebe und Geduld, in seiner Macht und Herrlichkeit. Wie groß wurde er uns, wie klein wurden wir! 1008

Der natürliche Mensch versagt auf Gottes Umwegen. Ihm werden der Umweg zu einem Anstoß und die Wüste zu einem Fels des Ärgernisses. Es fehlen ihm die innerlichen Organe, um dauernd Gott in seiner Führung zu verstehen. Er hat nicht die Kraft, um Schritt zu halten mit Gott auch in der Wüste. 1014

Nicht darin liegt für uns der rechte Weg, dass wir versuchen, jene Wege zu gehen, auf denen andere von Gott geführt und gesegnet wurden, sondern dass wir uns wie sie den Weg von Gott führen lassen, auf dem unser Segen und unsere Dienste liegen. 1251

Göttliche Leitung ist nur möglich, wenn man sich löst von sich selbst und abhängig machen lässt von Gott. Unmöglich hätte Israel den Segen, von Gott geleitet zu werden, genossen, wenn es seine ursprüngliche Absicht durchgeführt hätte und auf dem kürzeren Weg, auf der großen Heerstrasse an der Küste des Meeres entlang, nach Kanaan gezogen wäre. War dies auch der nächstliegende, so war es doch nicht der von Gott gegebene Weg. Als das Israel erkannte, da trat es im Vertrauen auf Gottes Leitung zurück und ließ sich von Gott auf dem Umwege durch die Wüste führen. Und nur ein Glaube, der fähig ist, vom Eigenen zurückzutreten, damit Gott handeln könne, wird den Segen göttlicher Leitung erleben. 1515

Regieren ist leiten, nicht knechten. 1790

Gott führt seine Kinder und Knechte oft ganz verschiedene Wege. Aber er führt sie! Und jeder fand gerade auf dem Wege sein Ziel und seinen Segen, den er im Glaubensgehorsam an Gottes Leitung ging. 2240

Gehen dem Menschen erst das Bewusstsein seiner göttlichen Sendung und die Leitung von oben verloren, dann sieht er sich in seinem Handeln vielfach nur noch durch seelische

Stimmungen und durch leidenschaftliche Selbstbehauptung bestimmt. 2390

Auch der Glaube erkennt in den meisten Fällen zunächst nicht die verborgenen Zusammenhänge göttlicher Führung. Er kennt nur den Gehorsam. Wüsste er im Voraus bereits den Ausgang der Wege Gottes, so wären es keine Glaubenswege mehr, die er sich geführt sieht. In der Regel liegt vor ihm immer nur der allernächste Schritt. 2500

Geistliche Führung über andere kann uns in Wirklichkeit nur auf jenen Gebieten anvertraut werden, auf denen wir zuvor selbst in Sturm und Hitze erprobt worden sind. Wo das nicht geschehen ist, wird unsere Führung bald einer Kinderstube gleichen, wo das Kind das Kind erziehen will. Da ist in der Regel viel Geschrei und wenig Zucht. 2525

Unmittelbarkeit ist Vorbedingung wahrer prophetischer und pneumatischer Führung. Führung ist mehr als Leitung. Leitung bewegt sich in dem Bisherigen; der Führung geht es jedoch um Erschließung unerschlossener und zukünftiger Lebensgebiete ... Der wahre Prophet lebte nicht von den Reserven seiner einstigen Erfolge, sondern von der Kraft des Wortes, das ihm ewig neu von Gott wurde. Das ist prophetische Unmittelbarkeit. In ihr schreitet der Prophet von Kraft zu Kraft, und zwar allein auf Grund neuer Inspirationen. Gott in seiner Geistesmitteilung und nicht vergangene Erlebnisse sind ihm von Fall zu Fall die Quelle seiner Kraft. Geht dieser Schmelz der Unmittelbarkeit, dieser Hauch der immer neu erlebten Reichgotteswirklichkeit verloren, dann entgleitet eines Tages auch Persönlichkeiten, wie Mose eine war, die prophetische Führung. Menschen, die nicht mehr über Erreichtes hinauszuweisen vermögen, verlieren sich allmählich in der

Wiederholung und in der Routine. Die Ordination berufener Gottesknechte liegt mithin in jener dauernd erlebten Inspiration, durch die sie sich im Dienst unter dem Volke von Gott immer neu legitimiert sehen. Wie oft hat auch die Kirche Christi es in ihrer Geschichte erlebt, sobald ihren Führerpersönlichkeiten die Unmittelbarkeit verloren ging, dass sich deren Dienst alsdann hinfort nur noch nährte vom Kampf untereinander. Scheinbares Feuer, Kraft und Begeisterung entstanden nur noch auf Grund gegenseitiger Reibung. Aber es war in der Regel nicht mehr Feuer von oben, sondern nur noch Fanatismus von unten. 2563

Ein Volk führen können nur nüchterne Menschen, den Schuldigen verurteilen nur sachlich urteilende Persönlichkeiten. 2644

Furcht

„Sei ohne Furcht, du kleine Herde, es hat eurem Vater gefallen, euch das Königreich zu geben!" Wie klein erscheint uns das Gotteswerk in unserem eigenen Leben. Wie quält uns die Frage, ob Gott mit solch einem Gemächte, wie wir sind, auch zum Ziele kommen wird. Wie viele Enttäuschungen hat man auch im Blick auf sich selbst erlebt. Ja, wäre das Königreich der Himmel dein Werk, dann könntest du verzweifeln. Es ist aber Gottes Schöpfung und Gottes Gabe. Wirke du es nicht, lass es vielmehr in dir wirken. Es ist stark genug, dich in seinen Reichtum und in seine Lebensfülle hineinzuziehen. 1554

Sei ohne Furcht, du kleine Herde! Denn dein Gott ist ein Gott großer Dinge! In diesem Jesuswort lag etwas völlig Überraschendes für die Jünger, ja es war eine der größten Paradoxien in der Geschichte. Die ganze Fülle des Heils und der kommenden Erlösung fasst Jesus hier in dem Begriff „Königreich“ zusammen, und alsdann teilt er seinen Jüngern mit, dass es ihnen vom Vater gegeben werden soll. Was Propheten im Geiste kommen sahen, Völker bewusst und unbewusst ersehnten, worauf die Glaubenden in Israel in höchster Spannung warteten, das sollte den Jüngern vom Vater werden: das Königreich der Himmel. Nach menschlichen Maßstäben gemessen war so eine Sprache völlig unverständlich. Aber Jesus sah bereits in den kleinsten Anfängen einer in der Seele seiner Jünger begonnenen Gottesherrschaft die werdende Herrlichkeit eines kommenden vollendeten Gottesreichs. 1730

Gebet

Das Geheimnis des Gebets kann zwar erlebt, nie aber umfassend gedeutet werden. Denn „das Gebet“, sagt der dänische Bischof Monrad, „ist eine Welt für sich, nur denen bekannt, die in ihr leben“. 1132

Dass es sich im Gebet um die unmittelbarste Zwiesprache des menschlichen Ich mit dem göttlichen Du handelt, weiß die Kirche Christi aus dem Zeugnis der Heiligen Schrift und aufgrund der Erfahrungen aller, die Gott je anzubeten suchten im Geist und in der Wahrheit. Denn nicht um die Fragen geht es hier, wie einst die Völker ihren Göttern gehuldigt, zu ihren Götzen gefleht, auf ihren Altären geopfert haben. Wir stehen hier vielmehr vor der entscheidenden Frage, wie ein Mensch des Glaubens im Gebet mit Gott verkehrt. 1133

Wir wissen, dass es sich in unserem Gebet nicht darum handelt, dass durch dasselbige Gott etwas abgerungen werde, was er eigentlich nicht geben möchte. 1136

Das Gebet ist jener innerliche, geistige Verkehr der Seele mit Gott, den wir auf dem Boden der Gnade als Kinder mit dem Vater haben. 1137

Gott hat Zeit, mit uns zu reden, wenn wir nur Zeit haben, ihn zu hören. 1146

Das Gebet ist kein Unsinn, wenn der Mensch an die Persönlichkeit Gottes glaubt, d.h. wenn Gott ihm nicht nur eine Idee, sondern die höchste Person innerhalb der Schöpfung und die höchste Autorität innerhalb der Geschichte ist. Eine Gottesidee liegt auch jeder Religion zugrunde. Eine Idee, auch die erhabenste, ist aber unpersönlich ... Der Mensch kann nicht zu ihr beten. In seinen Nöten und Ängsten, in seinen Sorgen und Zweifeln kann er nicht seine Zuflucht zu ihr als zu einer persönlichen, stärkeren und handelnden Macht nehmen. Eine Idee, auch eine erhabene Gottesidee, ist nie stärker als die Kraft, in der der Mensch sich ihr hingibt. Bricht unter dem Druck der Nöte und Verhältnisse diese seine eigene Kraft zusammen, dann bricht mit ihr auch die Idee zusammen ... Das Beten selbst zur erhabensten Gottesidee ist mithin wirklich Unsinn. 1212

Ja, beten ist Unsinn, bekennt auch der Mensch des Glaubens, wenn sich das Gebet nur an das Schicksal oder an einen unpersönlichen Gott in uns wendet. Beten ist Unsinn, wenn das letzte Bekenntnis des Menschen nur das der Deutschreligion sein kann: „Ich glaube an den Gott der Deutschreligion, der in der Natur, im hohen Menschengeist und in der Kraft meines Volkes wirkt." 1213

Gott ist unendlich mehr als eine Gottesidee, er ist die Gottesmajestät. Er ist auch unendlich mehr als eine wirksame

Gotteskraft, er ist die bewusst handelnde Gottes-Souveränität ... Seine Offenbarung in Christo ist nicht nur eine Dynamik, sie ist Gottes Dynamis, die Person gewordene Kraft Gottes ... Also nur unter der Voraussetzung, dass Gott wirklich Gott ist, hat es einen Sinn, dass der Mensch in seiner Not und in seiner Ohnmacht seine Zuflucht zu ihm nimmt. Nur wenn Gott nach einem Pauluswort alle Dinge in Segen zu verwandeln vermag, hat es einen Sinn, sich im Gebet an ihn zu wenden. Wenn Gott auch lange nicht alles Flehen und Bitten erfüllt, so darf der Betende dennoch in der Glaubensgewissheit stehen, dass für ihn auch Gottes Nein letzthin nur ein Ja bedeuten muss. Hat man die Zuflucht des Menschen zu Gott auch immer wieder als einen Ausdruck der Schwäche bewertet, in ihr fanden Ringende aber jene weltüberwindenden Kräfte, die sie nie in sich selbst hätten finden können. Auf den Knien sind Siege errungen, Verzweiflungen überwunden, Hoffnungen gewonnen worden, wie sie Zusammengebrochene ohne Gottes Eingreifen nie hätten erleben können. 1214

Der Inhalt einer solch lebendigen Zwiesprache wird nun immer so mannigfaltig, reich und tief sein, so mannigfaltig, reich und tief die Glaubensgemeinschaft eines Menschen mit Gott ist. Denn Menschen, die im Umgang mit Gott stehen, wird letzthin ihr Leben mit seinem reichen, wechselvollen Inhalt zum Anlass ihres Gebets. Sie machen Gott zu ihrem ständigen Seelsorger, dem sie in großer Freimütigkeit auch das Geheimste ihres Lebens anzuvertrauen wagen. Von Martin Luther haben wir das schöne Wort: „Auch ein Seufzerlein eines Christen ist Gebet; so oft er seufzt, so betet er." 1215

Gott lebt nicht etwa seiner Souveränität. Sein souveränes Handeln soll vielmehr für den Menschen zu einer Offenbarung werden … Gott führt in seiner Offenbarung auch keine Selbstgespräche. Vielmehr versucht er, im Wort zum Menschen zu kommen, um ihn zu trösten und zu stärken, zu erleuchten und zu leiten; oder aber auch, um ihn zu warnen und in die Entscheidung zu stellen. Und spricht Gott, so spricht er in seiner Offenbarung immer zu bestimmten Personen, zu einer augenblicklichen Lage der Geschichte, zum Betenden in seiner Not. Beten wäre wirklich Unsinn, wenn Gott sein Herrsein über Schöpfung und Geschichte nicht in den Dienst seiner Offenbarung stellen würde. 1217

Wo das Gebet erst zu einer Form und zur Gewohnheit geworden, da ist zwar noch der Schein der Gemeinschaft mit Gott geblieben, aber der innige Verkehr der Seele mit Gott ist unterbrochen worden. 1421

Kannst du nicht sagen, was dir fehlt
und auch nicht nennen, was dich quält,
so wag's und tritt auch ohne Worte
hinzu zur offnen Himmelspforte,
denn droben werden auch die verstanden,
die keine Worte zum Beten fanden. 1630

Wer selbst keinen Umgang mit Gott kennt, verliert auch die Ehrfurcht vor dem Beten anderer. 2235

Das Gebet zu Gott ist Menschen noch nie zum Verhängnis geworden … Die größten Siege im Leben eines Menschen sind noch immer auf den Knien errungen worden. 2245

Weiter scheint mir auch der Hinweis auf die Macht der Fürbitte berechtigt zu sein. Es mag paradox erscheinen, aber es müsste heißen: auf die Ohnmacht der Fürbitte. Denn an sich liegt in der Fürbitte keine Macht. Sie ist der Ausdruck der tiefsten Ohnmacht der ringenden Seele. Weil sie nicht kann, was ihre Sehnsucht im Blick auf den Nächsten oder auch im Blick auf ihr Volk stillen, ihre Hoffnung erfüllen, das Elend wenden oder die Hilfe senden könnte, daher wendet sie sich an Gott. Nicht im Gebet, in Gott liegt die Macht, die das Geschehen beherrscht ... Wie die verborgenen Zusammenhänge seines göttlichen Eingreifens in den Gang der Dinge und das Gebet seiner Freunde sich in ihren Vorgängen geschichtlich auswirken, bleibt uns Menschen vielfach ganz verhüllt. Wir sehen nur die Wendung der Dinge; wie sich jedoch im einzelnen die Wendung auf das Gebet eines Menschen hin vollzog, gehört zu den Geheimnissen, die Gott unserem spekulativen Denken selten ohne weiteres preisgibt. 2596

Welch ein unberechenbarer Segen lag zu allen Zeiten darin, wenn der Mensch einmal im Gebet alles an Gott abgab, was er an Kummer und Sorge, an Leid und Weh oder auch an Freude und Dank in sich trug! Ein Glaube, der das zu tun vermag, wird finden, dass Abgegebenes nicht mehr erdrückt. Er wird leichter in den Stunden der Not den Blick für das Kommen des Retters finden. 2762

Mögen wir doch immer unsere Gedanken wägen wie das Gold, bevor wir es auf die Lippen nehmen! Mögen wir uns doch vor jeder Handlung zuerst die Frage vorlegen: Was würde Jesus dazu sagen! 2775

Menschen, die eine richtige Glaubenshaltung Gott gegenüber gewonnen haben, können nicht vor Symbolen knien, sie knien vor dem Lebendigen und ihm gilt die Anbetung. Sie wissen, dass weder die Natur mit ihren Kräften noch etwas anderes vom Menschen Geschaffenes eine Anbetung verträgt. 2799

Geduld

Gottes Geduld und Langmut bedeuten noch lange nicht eine Rechtfertigung bestehender Lebensprinzipien und Weltordnungen. Vielfach lag gerade in der Geduld Gottes ein desto vernichtenderes Gericht. Je völliger das Widergöttliche in der Geschichte sich auswirken konnte, desto sicherer und völliger erfolgte eines Tages sein Zusammenbruch. 1832

Gemeinde

Solange die Gemeinde Jesu Christi allein im Kommen der Gottesherrschaft ihre letzte und tiefste Sehnsucht gestillt sieht, bleibt sie ein Fremdling auf Erden, eine Prophetin im Sklavenmantel, eine Beterin auf weltlichem Boden, die ihre offenen Fenster gen Jerusalem nie schließt, auch wenn weltliche Befehle sie dazu zwingen wollen. 1287

Jeder Paulusbrief ist nicht nur ein Paulusbild, sondern auch ein Gemeindebild. Wie lebendig tritt aus den Briefen das Leben jener Heiligen vor unsere Seele, an die Paulus seine Briefe richtete. 1649

Ein Gemeindeleben, das nur noch von der Pflicht aufrecht erhalten und nur noch um seiner selbst willen gepflegt wird, hat seine Mission für die Zukunft verloren. 1948

Gemeindeberatungen an sich sind noch kein Gemeindebau, wenn für die Besprechungen und Beschlüsse zwar noch die Zustimmung der Glieder, aber nicht mehr die des Hauptes erforderlich ist. 1953

Solch ein Beisammensein ist nicht etwa nur das Vorrecht einer Idealgemeinde. Eine solche gab es nie und wird es auch nie geben. Matthäus berichtet nur von elf, die nach Galiläa zogen.

Nicht alle Jünger innerhalb dieses kleinen Kreises beteten an, als sie ihn sahen, denn einige zweifelten. Sie zweifelten, obwohl sie mitgegangen waren oder sich von anderen hatten mitziehen lassen. Auch über dieses Bild ist die Kirche Christi in ihrer Geschichte nie hinausgekommen. Sie war in ihrer Gesamterscheinung nie eine Heldin, sondern zu jeder Zeit eine Gemeinde, die sich aus Glaubenden, Gehorchenden, Sehenden, Anbetenden und Zweifelnden zusammensetzte. 2192

Es gibt nur da Gemeinde, deren Glieder auf Grund einer neuen Geburt, nicht aber auf Grund einer religiösen Handlung oder eines zweckmäßigen Zusammenschlusses Gleichgesinnter in die Gemeinschaft mit Christo hineingeboren sind. 2280

Jede durch die Christusbotschaft entstandene Gemeinde steht in ihren vielen Gliedern da als eine Zeugin von dem gekreuzigten und auferstandenen Herrn. 2285

Gemeindeleben ist Erfahrungsleben auf dem Grunde persönlicher Glaubensgemeinschaft mit Christus als ihrem Herrn. 2299

Gemeinschaft

Es wäre bei uns nie zu einer Gemeinschaft mit Christus gekommen, wenn Christus nicht zu uns herabgestiegen wäre, um mit uns Gemeinschaft zu pflegen. 1140

Die Einheit kann nur in der Mannigfaltigkeit und Vielheit gefunden werden. Welch eine gegenseitige Befruchtung, Stärkung und Förderung würde die Kirche der Jahrhunderte in der Gegenwart erleben, wenn sie sich, ohne dass der Einzelne sein Gewissen Gott gegenüber aufzugeben gezwungen wäre, in der Pflege der Einheit des Geistes und der Gemeinschaft der Heiligen zusammenfände. 1160

Eine im Geiste Christi praktisch ausgelebte Gemeinschaft der Heiligen, wie Paulus sie beschreibt, ist viel mehr als eine äußerlich organisierte Heiligengemeinschaft. Jene erbaut, diese trennt. Die Zeiten sind aber zu ernst, die Gefahren der Zukunft zu groß, die Aufgaben in der Welt zu verantwortungsvoll, um uns zu begnügen mit einem einseitig gepflegten Subjektivismus, um uns zu gefallen in unserm falsch verstandenen Separatismus, um uns gegenseitig zu verketzern auf Grund unserer verschiedenen Bekenntnisse und Lebensauffassungen. 1161

Immer noch ging im Leben da die unmittelbare Christusgemeinschaft verloren, wo man anfing, sich durch den Buchstaben knechten zu lassen und aus einem Jünger zum Schriftgelehrten wurde. 1273

Wie oft ist die Gemeinschaft der Heiligen zu Fall gekommen infolge der Selbstberauschung an der Gemeinschaft der Heiligen. 1284

Sowohl das Bleibende für die Gegenwart als auch für die Zukunft wird allein auf dem Grunde der Herrschaft Gottes und der Gemeinschaft mit Christus auferbaut. 1286

In der Welt des Glaubens gilt nicht erst Glaube und dann Offenbarung, nicht erst Kultus und dann Gemeinschaft, nicht erst Religion und dann Erlösung, sondern erst Offenbarung und dann Glaube, erst Gottes schöpferische Tat und dann der neue Mensch, erst die Gemeinschaft des Geistes und dann die gemeinsame Anbetung und die Gemeinschaft der Heiligen. 1361

Wie einst das Heiligtum in Israel, so kann heute unser Herz für die Gemeinschaft mit dem Vater und dem Sohne verschlossen sein. Ich fürchte, wir haben auch in unseren Tagen mehr verschlossene Heiligtümer, als wir glauben: – Seelen, die ihren Verkehr mit Gott unterbrochen haben. 1420

Wem die Pflege der Gemeinschaft und der Besuch der Gottesdienste nur noch christliche Pflicht geblieben ist, der trägt zwar noch das Gewand eines Jüngers, aber die Seele eines Jüngers, die am Herzen und an den Lippen des Meisters hängt, ist erstorben. 1422

Jede tiefere und innigere Gemeinschaft mit Gott setzt tiefere und gründlichere Reinigung voraus. 1425

Auch unsere Zeit hat viele heimwehkranke Seelen, trotz der vielen Heiligtümer und trotz der unzähligen Altäre, die unsere Lande erfüllen. Was dem Sänger fehlte, das sucht unsere Zeit: Nicht Kult mit einer Sache, sondern Gemeinschaft mit der Person! Denn man kann uralte Kultstätten besitzen, von heiligen Handlungen umgeben sein und doch vor Durst nach Gott verschmachten. 1537

Wisse, für die Gemeinschaft mit Christo gibt es keinen Ersatz! 1961

Was uns als Volk Gottes, als Glieder Christi immer wieder reich machen wird, das ist nicht ein empfangener Segen, sondern die dauernde Gemeinschaft mit dem Segnenden. 2023

Der Weg zu Christus führt immer zugleich auch zur Gemeinschaft der Heiligen. 2287

Auch das Bleibende für die Gegenwart und Zukunft baut sich allein auf dem Grunde der Herrschaft Gottes und der Gemeinschaft mit ihm auf. Unvergänglich und unantastbar ist nur jenes Leben und sind nur jene Werte, die aus der Gemeinschaft mit ihm entstehen. Auf dieser Grundlage liegt auch die im Glauben erwartete Vollendung mit all ihrer Herrlichkeit, die sie einst zu bieten haben wird. Selbst das in der Offenbarung uns verheißene neue Jerusalem würde mit seinen Toren aus Perlen und seinen Gassen von Gold dem neuen Leben ein ewiger Kerker sein, wenn es in ihm nicht den Stuhl Gottes und des Lammes fände, d. h. die Gemeinschaft mit dem, aus dem es geflossen. 2411

Ist Gott wirklich Gott, ist der Mensch wirklich sein Geschöpf und sein Kind, dann ist es ihm nicht um Gaben und Opfer zu tun, sondern um die lebendige Geistesgemeinschaft mit denen, die sein Ebenbild sind und den Hauch seines Geistes in sich tragen. Dann ist ihm die unmittelbare Gemeinschaft mit dem Menschen durch sein schöpferisches Wort und durch seinen gegenwärtigen Geist unendlich viel wertvoller als der Verkehr durch Symbole, Opfer, zeremonielle Feiern. Bedeutete einst der Tempel auch das Symbol der Gegenwart Gottes, so war er zugleich aber auch die Trennung zwischen Volk und Gott. Welch eine Gefahr alle Mittelbarkeit, besonders wenn sie erst gesetzlich und um ihrer selbst willen als heilige Orte, heilige Handlungen, heilige Verordnungen gepflegt wird, für die Gemeinschaft mit Gott werden kann, das wissen wir auch innerhalb der Kirche. Man küsst den Deckel der Bibel und weiß sehr wenig vom Inhalt und dem Geist der Bibel. Das feierliche Zeremoniell wird Ersatz für den lebendigen Glaubensumgang mit Gott. 2448

Keine Opfer können die persönliche Gemeinschaft noch den Glaubensgehorsam ersetzen. Es gibt für Gott keinen Ersatz für jene persönliche Hingabe des Menschen, die aus dem

Glauben an seine Offenbarung und aus der Liebe zu ihm fließt. 2449

Gottlosigkeit erweist sich als das auflehnende Verhältnis des Menschen gegenüber Gott. Damit lebt sie aber auch in der Ungerechtigkeit. Diese wirkt sich dauernd als das gemeinschaftszersetzende Verhältnis des Menschen zum Menschen aus. Die Frucht jeder Gottlosigkeit war immer auch eine entsprechende Ungerechtigkeit. Wem Gott erst nichts mehr zu sagen hat, dem sagt auch der Nächste nichts mehr ... Ist Gottes Gerechtigkeit gemeinschaftsbezogen und gemeinschaftsbildend, so ist des Menschen Ungerechtigkeit ebenfalls gemeinschaftsbezogen, aber gemeinschaftszersetzend. Denn Ungerechtigkeit verbindet nicht. In ihrer Auswirkung richtet sie sich stets gegen den Nächsten ... Alle Gemeinschaftsbildungen der Menschheit trugen seither in ihrer Geschichte bald stärker, bald schwächer das Bild Kains. Ob Ehe, ob Familie, ob Volksgemeinschaft, ob Völker – welch eine unnennbare Tragik ruht auf der Geschichte aller menschlichen Beziehungen, die auf der Grundlage der Ungerechtigkeit aufgebaut wurden! 2695

Gemeinschaft mit Gott will nie nur Privatsache sein! 2780

Wir meinen Gott, aber verstehen darunter weit mehr unser Lehren über Gott als unsere Gemeinschaft mit Gott. Diese Verwechslung macht uns heute bei all unserer Christlichkeit und Frömmigkeit so unendlich arm und heimatlos. 2783

Gerechtigkeit

Wenn ein Volk nicht von Fall zu Fall im Laufe seiner Geschichte eine freiwillige, eine aus der Liebe zum Nächsten herausgeborene, ausgleichende Gerechtigkeit schafft, dann wird solche eines Tages unerbittlich herbeigeführt werden durch Gerichte. 1239

Gott ist ein Gott der Gerechtigkeit. Nicht ein äußerlich gepflegter, religiöser Kultus regelt das Verhältnis zu Gott, sondern die sittliche Herzensstellung, in der der Mensch vor Gott wandelt. Nicht das bloße Sichverlassen auf Gottes schützende Macht erhält den Staat, sondern die Pflege der von Gott geoffenbarten Gerechtigkeit. 2004

Lag ein Volk erst im Bann der Selbstberauschung und Selbsttäuschung, so dass man in der herrschenden Gesinnung nichts mehr wusste von „Beschämung" über seinen innerlichen Zustand und über seine politische Gefahr, dann erlag es dem nächsten Gerichtssturm, der über es erging. Je gesünder Einzelne oder Völker in der Geschichte waren, desto nüchterner waren sie in ihrer Selbsteinschätzung und desto mutiger im Ertragen der Wahrheit und in der Beurteilung der Wirklichkeit. Gerechtigkeit und Wahrheit sind nicht allein religiöse Begriffe, sie sind das von Gott gelegte Fundament der Geschichte, Schöpfungsordnungen, durch welche die Erhaltung und Vollendung der ganzen Welt bestimmt wird. 2438

Was Wunder, wenn eines Tages durch Revolutionen vom Volke gesucht wurde, was Gerechtigkeit und Bruderliebe dem Schwachen auf dem Wege des Rechts hätte gegeben werden sollen. Revolutionen zogen ihre explosive Volkskraft immer aus den Sünden der Vergangenheit und schufen sich ihr Recht aus den Ungerechtigkeiten der Starken, die das Leben beherrschten. 2587

Es gibt hinter jeder noch so stark betriebenen Nationalpolitik eine sich auswirkende Gerechtigkeit und Heiligkeit, der sich kein Volk auf die Dauer entziehen kann. Gott lässt sich im Blick auf das Kommen seiner Königsherrschaft von keiner Weltmacht Schranken ziehen ... Als Herr der Geschichte zieht er auch das Sinnlose der Menschheit mit in sein Walten hinein, um durch alles hindurch die Grundlagen für sein Reich der Gerechtigkeit und des Friedens vorzubereiten. 2607

Entsprechend der innerlichen Abkehr von Gott sank immer auch die öffentliche Rechtsethik eines Volkes. Statt der Rechtspflege herrschte alsdann die Willkür, statt der Unterstützung die Vergewaltigung des Nächsten, statt der Hebung des Ganzen die individuelle Bereicherung der Starken ... Wer seine Lebensethik verlor, hat allemal zuvor seine Glaubensstellung verloren. 2636

Das war je und je der Fluch innerhalb der Geschichte, dass noch immer die Ethik der sozialen Gerechtigkeit zusammenbrach, sobald die Gesegneten ihre Stellung und ihren Besitz zu jener Stärke erhoben, durch die sie andere knechteten. 2639

Gerechtigkeit kämpft nicht um Gerechtigkeit. Sie wirkt Gerechtigkeit, wo immer die Ungerechtigkeit sich zu behaupten sucht. Das Licht kämpft nicht etwa mit der Finsternis. Es leuchtet einfach in die Finsternis hinein. Je stärker seine Leuchtkraft ist, desto mehr wird die Finsternis als Finsternis und in ihrem Herrschen entwaffnet. Nur wenn man den Trägern des Lichtes ein Golgatha bereitete, dann triumphierte die Finsternis über das Licht. 2741

Daher leben Glaubende Gerechtigkeit, mit ihrem Leben dienen sie der Gerechtigkeit. Darin liegt auch das tiefste Geheimnis der Missions- und Offensivkraft der wahren und lebendigen Kirche. Es ist nicht eine psychologische Wirkung, die von ihrem Dienst ausgeht. Es ist eine pneumatisch-dynamische Wirkung: eine Kraft des Geistes, die von Gott ausgeht und die zur Gerechtigkeit führt … Der Gerechtigkeit leben, heißt im Wirken der Gerechtigkeit stehen. 2744

Gericht

In Gottes Augen war es immer noch besser, durch Gericht zum Leben zu gelangen, als ohne Gericht zugrunde zu gehen. 1269

Man hat immer noch nicht begriffen, dass Beelzebub nicht durch Beelzebub auszutreiben ist, Gericht nicht durch neue Gerichte aufzuheben ist, daher schwärmt man immer neu für Dinge, die zum Gerichte führen. 1291

Unsere Gerichtszeiten werden sich weit mehr als Segenszeiten für uns erweisen, als wir es augenblicklich zu ahnen vermögen. Alles Schwere, das wir durchlebt haben und das noch vor uns liegt, wird diejenigen, die Gott vertrauen, nicht ärmer, sondern reicher aus dieser Nacht des Entsetzens und Grauens hervorgehen lassen. Nicht gebundener, sondern gelöster sollen uns die gegenwärtigen Gerichte an die Zukunft abgeben. Bricht auch manches von dem zusammen, was dem Glauben einst mit zu dem Bestande des Bleibenden zu gehören schien, die Zukunft wird zeigen, dass Gott durch Gericht uns nur nahm, was sich in Zukunft als ein Hindernis für die Entfaltung und den Dienst der Söhne Gottes erwiesen hätte. 1445

Wird unsere Zeit Gott verstehen? Unsere unmittelbare Vergangenheit hat ihn nicht verstanden. Daher durchleben wir augenblicklich die Schrecken des größten Weltgerichts, das die Geschichte kennt. Für uns handelt es sich nicht mehr um die Frage, wie wir einem nahenden Gerichte entgehen können, sondern wie wir aus einem gekommenen herauskommen können … In der Vergangenheit gab es nur einen Weg, aus solchen Gerichten herauszukommen: den Weg innerlicher Beugung und priesterlichen Dienens. Und ich vermute, das Heil liegt auch für uns und unsere Zeit allein auf dieser Linie. 1476

Gottes Arm ist stark genug, Widerspenstige ins Gericht zu führen, aber seine Gnade ist auch groß genug, um Gebeugte aus dem Gericht zu erlösen. 1727

Soweit wir Gottes Gerichte in ihrem innersten und tiefsten Wesen zu beurteilen vermögen, bedeuteten sie in ihren Auswirkungen jedoch nie eine Aktivität Gottes, sondern die Aktivität des Menschen ohne Gott. 1849

Gerichtszeiten sind immer Zeiten göttlicher Passivität und göttlichen Schweigens. In ihnen gibt der Mensch sich aus in seiner eigenen Kraft und Gesinnung, und bestimmt und gestaltet das Leben ohne Gott. Wir tragen daher etwas ganz Falsches in das eigentliche Bild und Wesen Gottes hinein, wenn wir in den göttlichen Gerichten einen ähnlichen Vergeltungsgedanken Gottes sehen, etwa wie der Mensch in seiner fleischlichen Herzensgesinnung Vergeltung übt. Denn auch die göttlichen Gerichte, die die Welt als Vergeltung und Strafe erlebt, werden von der rettenden Gerechtigkeit und der gerechten Liebe Gottes getragen, die nie den Tod des Sünders will, sondern dass er seinen widergöttlichen Sinn ändere und lebe. 1850

Es gibt Gerichtszeiten, wo selbst Gottes Propheten vorübergehend zu schweigen haben … Der Inspirierende schwieg, daher blieben auch die Propheten ohne Auftrag ... Solche Zeiten des Schweigens der Propheten waren noch immer die allerdunkelsten in der Geschichte der Menschheit. In ihnen fehlten völlig die Perspektive für die Zukunft und der Blick für die Ausgänge aus einer zusammenbrechenden Gegenwart. 1853

So widerspruchsvoll es auch klingen mag, aber man kann ein Weltgericht mit durchleben und doch außerhalb des Gerichtes stehen. 1855

Es gibt eine Gemeinschaft Gottes mit den Menschen, die auch durch Weltgerichte nicht unterbrochen werden kann. Der Herr aller Gerichte hat Mittel und Wege, mit seinen Auserwählten auch mitten im Gericht zu verkehren. Sein Umgang mit seinen Freunden liegt jenseits all der bestehenden Gesetze und Ordnungen, die durch ein Gericht erschüttert werden können. Selbst wenn durch die Gerichte die sichtbaren Tempel und Altäre vernichtet werden, so bedeutet das für diejenigen, die Gott anbeten im Geist und in der Wahrheit, keine Unterbrechung in ihrem Verkehr mit Gott. Was Gerichte ihnen nehmen können, sind höchstens die äußerlichen Formen ihrer Anbetung, jedoch nie das Wesen derselben. Wie Noah daher vor der Gerichtsflut immer wieder seine Orientierung oben gefunden hatte, so sollte er sie daselbst finden auch während des Gerichts. Anschluss an Gott macht den Menschen für immer einseitig. Ob in normalen oder in anormalen Zeiten, er bleibt abhängig von Gott und darum unabhängig von der Welt. 1856

Gerichtszeiten als solche konnten nie ein Neues schaffen, denn sie trugen nie aufbauende Kräfte in sich. Wohl erwiesen sie sich stark genug, auch das Gewaltigste und Festeste, das durch menschliche Inspirationen geschaffen wurde, bis auf seine tiefsten Fundamente zu zerstören, aber eine bessere Zukunft zu schaffen und eine neue Welt aufzubauen, vermochten sie nicht. Brandopfer bringen, Hütten bauen, Weinberge pflanzen, Herden ziehen, Gärten pflegen, Saaten säen, Ernten schneiden und Geschlechter für die Zukunft zu erziehen – das lag nie im Können von Gerichtszeiten. Das war immer die große Mission jenes Noah, der sich eines Tages durch eine wunderbare Gottestat aus einer untergehenden Weltzeit auf eine durchs Gericht gereinigte Erde versetzt sah. 1857

Der Gottesprophet durchlebt die ungeheuren Spannungen der Geschichte anders, als die Welt sie durchlebt. Er kennt keine Empörung gegen das Gericht, aber auch kein Ruhen im Gericht. Er ruht nur in Gott und in dessen Weltregierung. Sein Erleben ist daher so fließend, wie Gottes Walten im Weltgeschehen fließend ist. Er kennt Gerichte in der Welt nicht als ewigen Dauerzustand. Über dem jeweiligen Gerichtszustand steht für ihn Gott in seiner alles beherrschenden Majestät und in seiner erlösenden Offenbarung und Schöpferkraft. Wenn daher der Prophet in den Glanzzeiten der Geschichte nicht den Blick fürs Gericht und in den schwersten Gerichtskatastrophen nicht die Hoffnung für die Zukunft verliert, so ist das nur von Gott und dessen Offenbarung aus zu verstehen. 2265

Auch unsere Gerichtszeiten werden sich weit mehr als Segenszeiten für uns erweisen, als wir es augenblicklich zu ahnen vermögen. Alles Schwere, das wir durchlebt haben und das noch vor uns liegt, wird diejenigen, hinter denen Gott stehen kann, nicht ärmer, sondern reicher aus der gegenwärtigen Nacht hervorgehen lassen. Nicht gebundener, sondern gelöster sollen uns die gegenwärtigen Gerichte an die Zukunft abgeben. Bricht auch manches von dem zusammen, was dem Glauben einst mit zu dem Bestande des Bleibenden zu gehören schien, die Zukunft wird zeigen, dass Gott durch Gericht uns nur nahm, was sich in Zukunft als ein dauerndes Hindernis für die Entfaltung und den Dienst der Söhne Gottes erwiesen hätte. 2410

Gott hat sich nie seinen Gerichten verschrieben. Er bleibt zu jeder Zeit auch Herr seiner Gerichte. Räumt ein Volk in Erkenntnis seiner Schuld und Irrungen innerlich und auch im Leben mit dem auf, was im Gericht enden musste, dann war sein Arm stets stark genug, jedes Gericht aufzuhalten oder in Segen zu verwandeln. Für Gott gibt es kein zu spät! 2465

Leben, das in seinem Wesen und Aufbau nur Brennstoff ist, entgeht nicht dem verzehrenden Gericht des Feuers. Die Kraft und die Wucht des göttlichen Wortes zerschmettert auch das zum Felsen Gewordene im Leben. Gottes Wort hatte zu jeder Zeit etwas ungemein Gewissenschärfendes, und es besaß eine Macht, die auch das aus Granit Gebaute in Trümmer legte. Und als Hammer dienten ihm gar oft scheinbar ganz natürliche Ereignisse im Verlauf der Entwicklung und der Geschichte. Wenn Gott redet, dann müssen sich auch Welten und Zeitalter beugen. Sie hören hinfort auf zu sein, was sie waren. Sie müssen ihm und seinem schöpferischen Wort Raum geben, damit er durch sein: Es werde! aus den Trümmern einer untergehenden Welt eine neue, gerechtere schaffen kann. 2469

Was Gericht ist, soll zugleich ein Segen werden. 2479

Gott richtet nicht, um gerichtet zu haben, sondern um durchs Gericht einem untergehenden Volk eine neue Hoffnung und Zukunft zu geben. Die Gerichte der Gegenwart werden dem

Volke den Umgang mit Gott nicht nehmen, sondern für die Zukunft ganz neu erschließen und gestalten. Hat das Gericht erst seinen Dienst am Volk in der Fremde getan, dann ist es Gott ein Geringes, dasselbe so in seinen Dienst zu ziehen, dass es zu einem positiven Beitrag für die Heimkehrenden werden muss. 2486

Ja, Zedekia, es ist unmöglich, den Kampf wider Gott aufzunehmen und dabei sein Leben und seine Zukunft zu retten! Hast du nicht in den Zeiten deiner Macht und deines Wohlergehens erkannt, wer der Gott ist, der sich dir im Prophetenwort nahte, dann wirst du ihn in den Stunden erkennen, wo du zuletzt an deinem Widerspruch gegen ihn für immer zusammenbrichst. 2505

Es gibt keine Hölle, die die Welt in ihrer Geschichte als Gericht erlebt, in der Gott seine Auserwählten nicht bewahren könnte aufs völligste. 2507

Gerichte sind nicht Selbstzweck! Gottes Bundesverhältnis zum Volk bricht auch im Gericht nicht zusammen. Der Vater verliert den Sohn nicht, auch wenn dieser in der Verirrung lebt. 2560

Der Zweck der Gerichte war nicht die Nacht der Verzweiflung, sondern das Erwachen für die Vergebung. 2599

Untergang des Heute bedeutet für Gott noch lange nicht auch Untergang des Morgen. 2647

Im Gericht wird der Mensch ohne Unterschied als der erscheinen, der er im Leben war und der er ist. Ein Sünder aus dem Judentum wird genau derselben Verurteilung unterliegen wie der Sünder aus den Heiden. Nicht etwa das Wissen von der Offenbarung im Gesetz, nicht das Hören der Gesetzesunterweisung in Tempeln und Synagogen, an Festtagen und Sabbaten, nicht das Durchforschen der Thora bis in ihre kleinsten Vorschriften hinein wird am Tage des Weltgerichts in der Beurteilung des Menschen entscheidend sein. 2713

Geschichte

Wo sich erst Apostel und Propheten regen, da wird die Geschichte wieder Gegenwart und die in den ersten Pfingsttagen begonnene Apostelgeschichte findet eine gottgewollte neuzeitliche Fortsetzung. 1034

Es ist wie eine Ironie der Geschichte, dass jede Macht, wenn sie zur höchsten Entfaltung ihrer Gewalt und ihrer Machtgelüste erwuchs, blind wurde und daher im Bewusstsein ihrer Stärke jegliche höhere Klugheit verschmähte. So schuf sie sich je und je ihren eigenen Untergang. 1168

Der Verrat am Volke Gottes ging in der Geschichte in der Regel von der eigenen Mitte aus, denn jeder Jüngerkreis hatte bisher auch seinen Judas. 1285

Glück, Wohlergehen, Gelingen ist nicht unter allen Umständen ein Zeichen göttlichen Segens, es kann auch ein Zeichen göttlichen Gerichts sein: eine Beobachtung, die seitdem so oft durch den Gang der Geschichte ihre Bestätigung gefunden hat. Denn sind nicht bisher alle Faktoren, die schließlich zum Zusammenbruch Einzelner oder zu den großen Katastrophen der Weltgeschichte führten, zunächst immer als Segen, als die allein mögliche Kultur, als der Weg des Heils für die Völker angesehen worden? Was bereits Gericht in seinen Anfängen war und mit Naturnotwendigkeit zum völligen Bankrott führen musste, wurde zunächst für Segen gehalten. Denn alle bisherigen Weltkatastrophen waren vielfach nur die Quittung für jene unnormalen und widergöttlichen Zustände, die man sich als Segen im Laufe der Vergangenheit großgezogen hatte. 1459

Große Bewegungen in der Geschichte gingen immer zuerst von Einzelnen aus. In Debora und Barak fand Gott seine ersten Organe, durch welche er das ganze Volk von dem Bann der Gegenwart lösen und mit einer neuen Zukunft segnen konnte. 1471

Die großen und kleinen Geschehnisse der Geschichte sind uns eine verhüllte Prophetie, dass endlich doch das Licht siegen wird über die Finsternis, die Weltmacht gebrochen werden wird durch die Königsherrschaft Gottes auf Erden. Wie bald das geschehen wird, wissen wir nicht. Mag es unserem Glauben zunächst genug sein, dass wir mit unserer Liebe und unserem Dienen mit dabei sein dürfen, wenn unser großer Gott und König Geschichte macht, die zu diesem Ziel führt. 1479

Bleiben wir einmal vor dem Leben und der Geschichte einzelner Menschen von heute stehen. Ihr Leben hat ein Antlitz gewonnen, das uns völlig fremd geworden ist. Irgendeine Idee, eine Leidenschaft, ein Ziel, eine Sünde hat sie trunken gemacht und in ihren Bann gezogen. Obgleich sie gelegentlich erkennen, wie es sie knechtet und erniedrigt, sie dem Leben entfremdet und entzieht, sie sind nicht mehr Herr ihrer selbst. Sie sehen sich gelegentlich vor Abgründe gestellt, vor denen sie schaudern, sie sind nur noch Knechte eines anderen. Wer ist dieser andere? Wie heißt sein Name? Jesus ist es nicht.

Oder denken wir an das Gesicht unserer gegenwärtigen Geschichte. Von welch einer Kriegspsychose sah eines Tages die Welt sich gepackt. Freunde von gestern standen sich plötzlich wie ärgste Feinde gegenüber. Völker, die in friedlichem Wirtschaftsverkehr gestanden, schufen sich gegenseitig eine wirtschaftliche Hölle. Gelehrte, die mit ihren Forschungen der Menschheit dienten, dienten eines Tages mit ihrer Wissenschaft nur noch den Waffen, durch welche andere Völker geknechtet werden sollten. Und als sich die Völker in ihrer gegenseitigen Bekämpfung erschöpft hatten, begannen die Revolutionen des einzelnen Volkes.

Welch ein Geist ist das, dem auch heute noch die Maschine wertvoller ist als der Mensch; dem der Gewinn höher steht als der Bruder; dem die Börse dient, um ganze Völker zu verschachern; dem die Machtentfaltung Selbstzweck wird, wenn darob die Welt auch zugrunde geht? Wie heißt sein Name? Der Geist Jesu ist es nicht. 1577

Es war ja überhaupt das Tragische in der Geschichte, dass man das, was zeitliche Aufgaben hatte und für bestimmte Zeiten zum Segen gesetzt war, nachher dauernd festhalten und verewigen wollte. 2018

Es waren immer die dunkelsten Zeiten der Geschichte, wo nur der Mensch sprach. 2129

Die Schwachheit der Kirche wird darin offenbar, dass selbst ihre größten Gottesknechte und Propheten, sobald es sich um eine richtige Beurteilung der Geschichte und deren Geschehnisse handelt, oft zu den gegensätzlichsten Urteilen gelangen. Wie oft stand Prophet gegen Prophet. Jeder sah die Geschichtsereignisse seiner Zeit anders und von seiner Warte aus. In ihrer Volksverbundenheit und aus ihrer Teilnahme am Gang der Geschichte kennt auch die Kirche diese Schwachheit in ihrem Urteil. Obgleich sie nach dem Wort ihres Herrn nicht von dieser Welt ist, lebt und dient sie dennoch in der Welt. Ihre Glieder sind gezwungen, sich ein Urteil über die Vorgänge innerhalb der Geschichte zu bilden ... Welche gegensätzlichen Bitten sind z. B. bisher auch von der Kirche aus in den großen Krisenzeiten der Geschichte je und je vor Gott gebracht worden! 2200

Das ist das Gericht der Geschichte, dass sie den blind macht, der in ihr seine Götter gefunden hat. 2206

Je mehr ein Staat in seiner Geistesrichtung Gott widerspricht, desto begrenzter ist seine „Zeit und Stunde". Die größte Gottlosigkeit hatte in der Regel die kürzeste Lebensdauer. 2264

Die tiefsten Geheimnisse des Menschen, der Völker und der Geschichte kann niemand ergründen. Kein Heros noch Herrscher, kein Denker noch Prophet, kein Genie noch Künstler konnten je der Welt in den eingetretenen Wendepunkten ihrer Geschichte den tiefsten und letzten Sinn aller Geschichte deuten. Vor den Siegeln der Buchrolle bleibt auch die größte Autorität der Geschichte stehen. Hier muss sie die Grenze ihres Könnens erleben. 2316

Das Menschlich-Dämonische herrschte noch immer in der Geschichte, wo Gott in der Entfaltung seiner erlösenden und segnenden Kräfte ausgeschaltet wurde. 2430

Es waren in der Geschichte in der Regel schwere Notzeiten, wenn der Thron den Weg zum Tempel fand und Machthaber das Wort der Propheten hören wollten. 2464

Geschichte wird von Menschen gemacht. Die Geschichte eines Volkes hatte stets den Inhalt, der ihm vom Volke gegeben wurde. So stark Gott in der Sprache der Propheten im Blick auf die Gerichte auch in der Ichform redet, die große Wetterecke der Geschichte liegt in der menschlichen Seele. Hier brodelt der große Hexenkessel, der sich in seinen Energien und Leidenschaften eines Tages in der Geschichte als Gericht auswirkt. 2611

Es ist wie eine Ironie der Geschichte, dass jede Macht, wenn sie zur höchsten Entfaltung ihrer Gewalt und ihrer Machtgelüste erwuchs, blind wurde und daher im Bewusstsein ihrer Stärke jegliche höhere Klugheit verschmähte. 2779

Gesetz

Das wunderbare Gesetz des Himmelreichs: Gebet, und es wird euch gegeben werden, dienet, und man wird euch dienen. 1500

Sobald wir uns auf den Boden gesetzlicher Forderungen stellen, erfahren wir, dass die Rechtsforderungen des Gesetzes an sich gut sein mögen, sie uns aber nie die Kraft geben können für das Gute, das wir wollen und segnen. Daher macht auch das Gesetz so unendlich müde. Es fordert, aber es vermag nicht zu geben. 2135

Die Thoraoffenbarung, d. h. das Gesetz, ist der Welt nicht durch die in der Heimat Zurückgebliebenen gerettet worden, sondern durch die Gemeinden in der babylonischen Gefangenschaft. 2484

Im Gegensatz zum Geist des knechtenden Gesetzes ist das Wirken des göttlichen Geistes schöpferisch. Da er der Geist des Lebens ist, wirkt er das Leben. Sein Wirken muss deshalb zur Aufhebung eines jeden verdammenden Urteils werden. 2754

Gesinnung

Je geistlicher der Mensch in seiner Gesinnung ist und je ungetrübter sein Verhältnis zu Gott wird, desto weniger wird er dieses Opfer in irgendeiner Gabe zum Ausdruck zu bringen suchen: Er wird sich selbst bringen. 1143

Wer je wagte, seine Brüder aus jener alten Ordnung der Dinge, an denen sie einfach zugrunde gehen würden, herauszuführen, um sie auf einen neuen Boden des Heils und der Freiheit zu stellen, der weiß, wie solche Missionen ihre Träger immer wieder in unnennbare Konflikte mit der wankelmütigen Gesinnung der Brüder brachten. 1301

Eine schlechte und daher Gott missfällige Tat wird dadurch noch keine gute, wenn sie in Unschuld der Gesinnung getan wird; denn jede Handlung ist nur insoweit gut, als sie im Einklang mit dem Willen Gottes steht. 1330

Nur innerliche Reformationen können Revolutionen auch auf geistlichem Gebiete vorbeugen. 1492

Geistesgröße und Seelencharakter sind unübertragbar. Sie können nur durch einen persönlichen Umgang mit Gott gewonnen werden. 1510

Durch den Umgang mit Gott gereinigte Augen erhalten eine wunderbare Schärfe, zu unterscheiden, was rein, und was nicht rein, was geistlich und was nicht geistlich ist. 1511

Es ist immer ein Zeichen eingetretener innerlicher Erneuerung, wenn der Mensch oder auch ein Volk anfangen, wahr zu werden im Blick auf sich selber und auf jene Gesinnung, die in ihrem Leben mit irgendeiner Katastrophe enden musste. 1540

Es ist immer ein Zeichen eines inneren Niedergangs und der Beginn einer fleischlichen Gesinnung, wenn geistliche Seelen nicht mehr genug haben an der unsichtbaren Stärke ihres Gottes und ihr Vertrauen auf sichtbare Personen und Quellen zu setzen beginnen. 1594

Wie oft war das bisher auch in der Geschichte des Reiches Gottes der Fall, dass man eigenes Wort für Gottes Wort, eigenes Urteil für Gottes Urteil hielt. Man verteidigte das Wort und glaubte, dadurch Gottes Gedanken und Gesinnung zu vertreten, und verteidigte in dem Wort nur seine eigene Gesinnung. 1726

Wer je etwas geschmeckt hat von einer wirklich geistlichen Gesinnung, wer einmal eine Anbetung Gottes im Geist und in der Wahrheit kennen gelernt hat, wer einmal aller im Fleische gepflegten Religionen müde geworden ist, der versteht die Seele, die sich nach einem bereits gegenwärtig eintretenden, möglichst dauerhaften Zustande reiner, geistlicher Herzensgesinnung sehnt, in der die Religionsausübung nur jener ungetrübte und unmittelbare Umgang der Seele mit Gott ist, wie er sich im Verkehr eines Kindes mit dem Vater widerspiegelt. 1820

Fleischliche und geistliche Gesinnungen sind nicht nur zwei verschiedene Welten außer uns, sondern auch in uns. Sie sind in erster Linie nicht eine Ortsfrage, sondern eine Zustandsfrage, nicht so abhängig von den Verhältnissen um uns, als von der Gesinnung in uns. Geistliche Gesinnung ist nichts anderes als jenes Leben, das Gott durch seinen Geist in uns zu wirken vermag. Wer sich aber dem Umfang des Herzens mit Gott entzieht, sich selbst lebt und sich selbst genügt, der bleibt fleischlich in seiner Gesinnung und Lebensrichtung selbst in der heiligsten Umgebung. 1821

Durch Jerusalems Fall und durch den Zusammenbruch des Heiligtums war dem Volksglauben der Boden entzogen worden. Im Exil, fern von dem alten Jahvesitz und Jahvekult, sollte sich offenbaren, dass die Gegenwart des lebendigen Gottes letzthin nicht gebunden ist an heilige Orte und heilige Handlungen, sondern an die Gesinnung eines geheiligten Volkes. Die Volksreligion hatte den Verkehr Israels mit Gott ausschließlich an den Altar und an den Opferkult gebunden. Auf babylonischem Boden fehlte beides: Altar und Opfer ... Der symbolische und kultische Umgang mit Gott wurde abgelöst durch einen geistlichen und unmittelbaren: durch das kultlose Gebet und durch das überlieferte und lebendige Prophetenwort. 2012

Wir haben uns selbst gefunden, aber dabei Gott und den Bruder verloren. Wir gewannen die Macht und schufen uns Katastrophe um Katastrophe. Die Wissenschaft wurde unsere Religion, und sie raubte uns die Seele. Die Offenbarung leugneten wir, und wir huldigten unserem beschränkten Wissen und bewunderten den Mythus und Aberglauben untergegangener Geschlechter. Den Geist Jesu Christi und die Bereitschaft der Apostel und Propheten vertrieben wir, und wir suchten unser Evangelium im Recht der Römer, in der Bildung der Griechen, in der Vergötterung der Cäsaren und in der Weltherrschaft antiker Völker. Bewusst verschlossen wir uns der Orientierung im göttlichen Lichte, und wir orientierten uns an dem Geiste unserer Großstadtblätter, unserer Parteipolitiker, unserer Romanschriftsteller, unserer Sozialreformer und unserer Kulturschwärmer. Das Gesetz Gottes ersetzten wir durch die Moral der Vernunft und durch die Kausalität unseres naturhaften Trieblebens, und eine Kriegsethik wurde unser Gewissen, die sinnliche Ungebundenheit unsere Moral, die brutale Selbstbehauptung zum alleinigen Gebot der Stunde. 2205

Das ist die Falschheit Verworfener: sie heucheln Liebe und hassen doch bis zum Tode! 2391

Man kann äußerlich auf allen Gebieten mit dem Reiche Gottes verbunden sein und doch der Gegenwart des Herrn völlig fern bleiben. Vielfach sind es gerade die Menschen, die jede Lebensäußerung innerhalb des Reiches Gottes nur kritisch beobachten und alsdann in ihrem Herzen verurteilen. Was andren auf Grund bestimmter Erlebnisse mit Gott ein Ausdruck ihrer Glaubenshingabe, eine Bezeugung ihrer Freude und ihres Dankes ist, das ist ihnen nur eine verwerfliche Form, eine seelenlose Handlung ohne Inhalt und Sprache. 2394

Unabhängigkeit von Gott führte noch immer zur Abhängigkeit von der Erde, Verleugnung der Offenbarung zur Huldigung des Kultus, sittlicher Verfall zur politischen Knechtschaft. Nicht etwa nur bei den einzelnen, auch im Leben ganzer Völker. 2422

Heiligtümer waren nie heiliger als das Volk, das sie schuf. Des Volkes Leben und Wandel, Führerschicht und Landvolk, Priester und Propheten, das Verhältnis der Reichen zu den Armen – in allem und in allen herrschte aber nicht die Offenbarung des Gesetzes und die Furcht des Herrn; es triumphierten die Habgier, die Gesetzlosigkeit, die Wollust, der Meineid, die Ehebrüche, die Unterdrückungen. Das Heiligtum solche einer Volksgemeinde konnte nur eine Räuberhöhle sein, nicht aber Gottes Wohnsitz auf Erden. 2443

Auch der Weg zum Propheten Gottes kann einem Volk keine Rettung bringen, wenn es in seiner Gesinnung und Lebenshaltung fortfährt, jenen Weg zu gehen, der nicht bei Gott, sondern im Verderben enden muss. 2466

Gott lässt sich in seinem Wort nicht durch die Zeit bestimmen. Er ändert aber seine Gerichtsworte von gestern und verwandelt sie in Verheißungsworte für heute, sobald der Mensch in erneuerter Gesinnung vor ihm steht. 2504

Die Zeitperioden in der Geschichte der Gemeinde Jesu Christi, wo die wahren Träger des göttlichen Lebens die Leitung hatten, sind doch verschwindend klein gegen jene, wo innerlich erloschene Kräfte in ihrer fleischlichen Gesinnung die äußere Geschichte machten. Daher kennt die Geschichte zunächst auch mehr nur eine leidende und dienende Kirche. War sie je eine wirklich herrschende, dann hatte sie ihren wahren Charakter verloren: ihre Reinheit und Unschuld. Nur eine Kirche, die unter Preisgabe ihrer selbst mit der Welt in Verbindung lebt, vermag die Welt zu beherrschen. Zwar sind seit den Tagen der Apostel im Laufe der Jahrhunderte je und je die Versuche gemacht worden, eine reine Geisteskirche herzustellen. Allein bisher ist es nie gelungen. Mag sich ein Kreis von Gläubigen auch noch so sehr absondern, seine Grenzen auch aufs schärfste vor fremden Einflüssen hüten, es ist oft nur eine Frage von wenigen Monaten und Jahren, und Saul streitet in ihrer Mitte wider David, fleischliche Gesinnung wider jenes Leben, das durch die Gemeinschaft mit Gott genährt wird. Das wird in der werdenden Kirche Christi nie anders werden. 2524

Wirklich geistliche Gesinnung lässt sich nie auf eine Polemik mit dem Fleische ein, sondern sucht vielmehr dem Fleische zu dienen, damit es aus sich selbst herauskomme und in das Leben Gottes trete. Zeiten großer Polemik waren daher auch in der Geschichte des Reiches Gottes immer Zeiten großer Schwäche. Denn jede geführte Polemik ist bereits eine halbe Bankrotterklärung. Eine leuchtende Lampe wird kein Bedürfnis fühlen, Polemik gegen die Finsternis zu führen. Sie hat

Positiveres zu tun: zu leuchten mit dem Leben, das vom Öl in ihr genährt wird. 2526

Man kann die äußere Stellung von einst noch behaupten, noch den Dienst von einst verrichten, noch die Sprache von einst führen und doch die Kraft von einst verloren haben. Die Lampe ist noch dieselbe, aber die Leuchtkraft ist ausgegangen. Es fehlt ihr das Öl. 2528

In der Welt Gottes gibt es keine doppelte Moral. 2568

Christus sucht nicht die christliche Institution, sondern die geistliche Gemeinschaft derer, die ihm in ihrer Gesinnung verwandt geworden waren. 2668

Die innere Herrlichkeit einer Persönlichkeit wird sichtbar in deren Worten und in deren Handlungen. 2672

Wer schlecht ist in der Gesinnung, wird schlecht sein auch in seiner Handlung dem Nächsten gegenüber. Wer den Dämon übler Gesinnung im Herzen trägt, wird nie ein Engel der Barmherzigkeit für andere werden. Dem verwandt ist die Bosheit. Sie wirkt stets berechnend und verrät jene skrupellose Haltung, die durch Hinterlist und tückische Verschlagenheit dem andern zu schaden sucht ... Habgier ist kalt wie das Geld, durch welches der Wert des Materiellen eingeschätzt wird, und hart wie der Stein, der kein Mitleid kennt. Der Gewinn steht höher als der Nächste, der Besitz ist wertvoller als das Leben des Bruders. 2707

Wo man das Evangelium zum Gesetz erhebt und das persönliche Erkennen zur allein gültigen Norm für alles göttliche Leben macht, da glaubt man bald, ein göttliches Recht und eine göttliche Verpflichtung zu haben, sich vom Bruder zu trennen, wenn dieser anderer Überzeugung ist. 2782

Gewissen

Das Gewissen war noch immer ein unbestechliches Etwas in der Brust des Menschen. Es schweigt nicht, wenn eine Schuld vor Gott vorliegt. Obgleich wir und andere sie mit tausend Gründen zu entschuldigen suchen, es hält seine Anklage gegen uns aufrecht vor Gott. Und es verklagt uns nicht, wenn unser Herz unschuldig ist vor Gott. Mag uns die ganze Umgebung belasten, mag man unsere Dienste und unser Leben falsch oder richtig beurteilen, mögen selbst unsere Freunde bedenklich werden gegen unsere Stellung – das Gewissen schweigt, weil Gott schweigt. 1017

Es gibt keine tiefere Unruhe und keine größere Qual als die eines anklagenden und leidenden Gewissens, denn sein Reden wird zu einem Feuer, das brennt wie die Hölle. 1320

Fehlen einem Volke erst wahre Gottesboten, dann fehlt demselben das unbestechliche Gewissen in dem moralischen und politischen Wirrwarr der Zeiten, die göttliche Orientierung zur richtigen Beurteilung der großen Zeitereignisse, die lichten Perspektiven für das kommende Gottesreich, das sich weder durch Reaktionen noch Revolutionen in seinem Kommen aufhalten lässt. Kein Wunder, wenn daher ein prophetenloses Volk ohne Programm in seinem Leben und Dienen und ohne Zukunft in seiner Seele dasteht und daher nur dauernd einer verlorenen und untergehenden Vergangenheit nachtrauert. 1559

Ein unbelastetes Gewissen kann schweigen, wo andere reden. 1723

Ob der Mensch sich zurückzog in sein Wissen oder in seine Kultur, in sein Genussleben oder in seine Religion, mit jedem Nahen Gottes in der Geschichte erkannte er immer wieder seine Nacktheit und erzitterte innerlich in seinem Schuldbewusstsein vor dem Kommenden. Sein Wissen wurde zum Gewissen, seine Kultur zum Gericht, sein Genussleben zum Ekel, seine Religion zur Knechtung. 1817

Das ist immer das Zeichen entweder eines völlig verstockten oder aber eines völlig in Gott ruhenden Gewissens. Verstockte reagieren auf die Bitten und Mahnungen ihrer Brüder nicht, weil ihre innere Herzensdisposition zu keiner Sinnesänderung und Beugung mehr fähig ist. Und ein in Gott ruhendes und mit Gottes Führung im Einklang stehendes Gewissen hat es nicht nötig, sich durch Worte vor den Anklagen zu rechtfertigen. 1933

Ein schuldbeladenes Leben ist unfähig für einen ungetrübten Verkehr mit Gott. Reine Augen hat nur, wer eine reine Seele hat. Wer aber ein belastetes Gewissen hat, der hat auch ein getrübtes Auge. Und getrübte Augen schauen auch alles Göttliche trübe. 1935

Die Sünde kann die Heiligen Gottes furchtbar gleichgültig und taub machen! Aber wehe dem, der sich mit seinem belasteten Gewissen versteckt, bis Gott ihn hervorsucht! Unserem Gott kann niemand entfliehen. 1986

Es bleibt etwas ganz Großes bei den Propheten, dass sie bei der Behandlung der Gerichtsfrage in erster Linie das Gewissen ihres Volkes zu wecken suchten. Sie gaben dem Volk keinen Anlass, sich leicht über ein Gericht hinwegzusetzen und die Ursachen seiner Leiden, seines Zusammenbruchs und seines Exils in den Sünden der Nachbarvölker zu suchen. Die Propheten beurteilten alles Weltgeschehen immer wieder von der Seite Gottes aus, daher erkannten sie, dass Bewahrung vor dem Gericht und Erlösung aus dem Gericht nur einem in seinem Gewissen erwachten Volke werden könne. 2433

Es war je und je eine der schwersten Verirrungen in der Geschichte, wenn eines Tages ein Volk für sich als staatlich erlaubt hielt, was bei einzelnen moralisch verurteilt wurde. Das führte zu jenem Wahn, als ob Volksschuld nicht zu jenen unerbittlichen Geschichtskonsequenzen führe, mit denen die Handlungen der einzelnen verbunden sind. Wie unendlich vieles ist z. B. während des Krieges und nachher von den Einzelnen in Verbindung mit dem Volksganzen getan worden, was sie ohne diese Verbindung nie getan hätten. Ihr Gewissen hätte sie erdrückt, während sie über ihre Einzelsünden innerhalb der Gesamtschuld auch nicht den leisesten Skrupel empfanden. 2588

Glaube

Der Glaube hat keine Garantie, dass er nicht wird Umwege gehen müssen und in die Wüste geführt wird. Aber er hat die Verheißung, dass er nie dauernd eine Wüste finden wird ... Mit Gott werden wir auch in der Wüste zu Zeugen seiner Offenbarung und zu Propheten seiner Allmacht und Majestät. 1010

Der Glaube bringt das Leben in Einklang mit Gottes Willen, und er wird zum Sieg, der die Welt mit all ihrem Leid überwindet. 1016

Gottes Warten war nicht Gericht, sondern Gnade; nicht Verlust, sondern ungeahnter Gewinn. Und mir ist es, als ob wir auch die großen, erschütternden Ereignisse unserer Zeiten in diesem Lichte sehen sollten. Alte Welten stürzen ein, und die ungeheuren Staubmassen zusammengebrochener Ruinen füllen die Luft und lassen unsern Atem stocken. Es liegt so vieles unter den Trümmern begraben, was uns einst lieb und wert war. Wie sehnten wir uns nach dem göttlichen Eingreifen, als die Mächte am Werk waren, die das gegenwärtige Trümmerfeld schufen! Aber Gott kam nicht. Soll nicht auch auf diesem Boden das Wort Jesu an Martha wahr werden: „Wenn du glaubst, wirst du die Majestät Gottes sehen."? Wenn ich nicht diesen Trost hätte, ich wüsste nicht, wohin man mit all dem Weh fliehen sollte, unter dem die Seele seufzt. Aber wir wollen warten und sehen, ob nicht auch die Leiden und Gerichte unserer Tage eine Vorbereitung jenes Bodens sein werden, auf dem unser Glaube neue Herrlichkeiten Gottes schaut. 1024

Martha widersprach nicht aus Prinzip, sondern aus Unkenntnis. Ihre bisherige Auferstehungsdogmatik ließ es ihr schwer werden, Jesus in dem zu verstehen, was er ihr über Leben und Auferstehung gesagt hatte … Dogmatische Traditionen können Glaubende in unsagbar schwere Seelenkonflikte bringen. 1026

Glaube ohne Offenbarung führte noch immer zu jener Illusion, die mit irgendeiner Enttäuschung endete, die nie erfüllt sah, was die menschliche Seele glaubte ersehnen und erhoffen zu dürfen. Wer daher dem Menschen die göttliche Offenbarung nimmt, liefert ihn an die menschliche Phantasie und an den seelischen Enthusiasmus aus; und wer ihm den Glauben nimmt, erschließt ihm das trügerische Reich der Illusionen und der darauffolgenden Nacht der Verzweiflung. 1061

In der Welt des Glaubens gilt: nicht erst Glaube und dann Offenbarung, nicht zuerst Kultus und dann Gemeinschaft, nicht zuerst Religion und dann Erlösung, sondern zuerst Offenbarung und dann Glaube, zuerst Gottes Reden und dann der Auszug, zuerst Gottes inspirierende Tat und dann der neue Mensch. 1064

Wo der Glaube auf eine Offenbarung Gottes antwortet, ist er immer eine Bankrotterklärung des rein Menschlichen, eine Verneinung des Menschen und eine Bejahung Gottes. 1069

Es gehört zum Wesen des Glaubens, dass seine Kraft nicht in dem liegt, was ihm verheißen ist, sondern in der Offenbarung, die ihn geweckt hat. Nicht der Segen, der vor ihm liegt, sondern die Inspiration, die hinter ihm steht, ist das tiefste Geheimnis seiner die Welt überwindenden Kraft. 1071

An Christus glauben ist nichts Geringeres als eine Solidaritätserklärung mit dem Kreuz und der Auferstehung Christi. Der Glaube an Christus bejaht das Kreuz mit seinem Gericht über alle menschliche Gerechtigkeit, Selbsterlösung und Frömmigkeit und erschließt sich dem von Gott durch die Auferstehung gerechtfertigten Leben des Auferstandenen. 1075

Lebendiger Glaube ist nicht auf das Versagen des Menschen, sondern auf das Können und die Möglichkeiten Gottes eingestellt. 1106

Die Gemeinde kann nur dauernd in der Erwartung leben. Sie lebt aber in der Erwartung, weil sie im Glauben lebt. Sie lebt aber im Glauben, weil Christus in seiner Reichgottesvollmacht in ihr Leben getreten ist und ihr zum Inhalt ihres Glaubens und ihrer Hoffnung wurde. 1128

Nach den köstlichen Glaubenserfahrungen setzen oft unmittelbar danach die schwersten Glaubensproben ein. 1138

Auch im Glaubensleben des Gottesvolkes kann es Niederlagen geben. Denn die Glieder desselben sind keine Übermenschen, keine Nietzsche-Naturen. Und vielfach treten solche Verzagtheiten und Niederlagen gerade dann ein, wenn man neue Lebensgebiete im Glauben betreten hat. 1195

Der wahre Glaube bleibt sehr nüchtern, auch in seinen Behauptungen. Nur das stand für sie fest, dass Gott sie erretten könne. So verhüllt ihnen das „Ob“ und das „Wie“ auch zunächst noch war, sie wussten, Gott hat Auswege auch aus dem Tode. Mehr wagten sie nicht zu behaupten. 1209

Das letzte Wort des Glaubens ist nie Klage, sondern Triumph, nie Verzagtheit, sondern Siegesgewissheit. 1227

Es liegt ein unberechenbarer Segen darin, wenn eine leidbewegte Seele im Gebet einmal alles abgibt, was sie an Kummer und Sorge, an Leid und Weh in sich trägt. Sie wird finden, dass Abgegebenes nicht mehr so drückt, und wird leichter den Blick von der Not zum Retter finden. Wo die Wogen im Sehfeld der Seele bleiben, da sinkt der Fuß. Auf Wogen wandelt nur ein Glaube, der den Retter sieht. 1229

Wir geben als Glaubende uns Gott hin, nicht um sein zu werden, sondern weil wir sein sind. 1270

Erst im Handeln des Glaubens wird sichtbar die Seele des Glaubens: das göttliche Licht, durch das sie sich bestimmt und die Kraft, durch die sie sich begnadet sieht. 1274

Für ein Leben im Geiste ist es entscheidend, dass wir unser Leben nicht abhängig machen von einzelnen Glaubensschritten, sondern von einer bewährten Glaubensgemeinschaft. 1293

Es gehört zur Eigenart des Glaubens, dass ihm jedes tiefere Erlebnis im Verlauf der Geschichte zu einer tieferen Erkenntnis Gottes wird. 1298

Der Glaube an Christus bejaht das Kreuz in seinem Gericht über alle menschliche Gerechtigkeit, Selbsterlösung und Frömmigkeit und erschließt sich dem von Gott durch die Auferstehung gerechtfertigten Leben des Auferstandenen. 1308

Das war je und je das Große am lebendigen Glauben, dass er im Lichte Gottes jene innerliche Orientierung gewann, um Schritte zu tun, die zu seiner Rettung führen mussten. 1311

Gott weiß weit besser als der Mensch selbst, was er dem Glauben seiner Berufenen zumuten darf und was nicht. 1325

Nur das gibt dem Glauben immer wieder neue Vollmachten, dauernd Neues von Gott zu verkündigen, dass er dauernd neu Gott erlebt und mit den Herrlichkeiten seines Wesens vertraut wird. 1336

Nur der lebendige Glaube ist fähig, den empfangenen Segen als Opfer wieder an Gott zurückzugeben, den er oft erst nach langem Warten von Gott empfangen hat. 1340

Es war Glaubenden immer leichter, gegen den Hass der Welt als gegen die Liebe der Welt zu stehen. 1341

Gott sucht nicht das Gebet an sich, sondern das Herz, das zu ihm spricht, nicht den Kultus, sondern die Hingabe des Glaubens, der ohne ihn nicht sein kann, nicht die Opfer, sondern das Vertrauen des Kindes zu ihm als seinem Vater. 1399

Wir dürfen nie vergessen, wie herrlich und tiefgehend unsere Erfahrungen auch gewesen sein mögen, wie bestimmend sie auch auf unser Leben und unseren Dienst eingewirkt haben, so sind sie doch nie eine Garantie, dass wir nicht später können in Prüfungen und Proben geführt werden, wo uns die Wasser bis an die Seele gehen. Große Offenbarungen lassen vielmehr auf große Aufgaben und harte Proben schließen. Mit dieser göttlichen Lebensführung sollte man in seinem Glaubensleben immer wieder rechnen, sonst kann man mutlos und irrewerden in jenen Glaubensproben, die sich vielfach gerade nach den köstlichen Erfahrungen unseres Lebens in verstärktem Masse einstellen. 1410

Der Glaube hat seine Garantien in Gott und nicht in Rüstungen und Bündnissen, nicht in Volkskraft und Volkswille. 1441

Der lebendige Glaube sieht sich vielfach nicht anders geführt, als auch die Welt geführt wird. Auch er kennt Nöte und Schwierigkeiten, kommt in Kämpfe und Prüfungen, trägt Leiden und Verbannungen. Gott stellt sein Glaubensvolk nicht auf Paradiesesboden, sondern führt es den Umweg durch die Wüste. Aber hier erlebte Israel seinen Gott wie nie zuvor. So oft es in seiner Not die Zuflucht zu Gott nahm, sah es das Eingreifen Gottes so großartig, so gewaltig, dass jedes Herz später bekennen musste: Das hat Gott getan! 1443

Unser Glaube hat durch den, der größer war als die Träger der israelitischen Offenbarung und Geschichte: Mose und die Propheten, durch Jesus und durch das Evangelium seiner Apostel ein reineres und geklärteres Bild von dem Wesen Gottes gewonnen. Er ist uns nicht mehr der Gott der Schlachten, sondern der Vater der Barmherzigkeit und der Gott allen Trostes, der nicht will, dass die Welt verderbe, sondern gerettet werde ... Für uns steht fest, dass Gott die Welt nicht knechten, sondern erlösen, nicht durch Macht beherrschen, sondern durch Liebe regieren will ... Er respektiert das Höchste im Menschen, die Persönlichkeit, die freie Willensentscheidung, und kann in seiner Liebe warten, bis es dem Menschen zum tiefsten und heiligsten Bedürfnis wird, Anschluss an Gott und seine sittliche Weltordnung zu suchen. 1464

Geistliche Segnungen kann Gott nur dem Glauben anvertrauen, nicht aber den Seelenkräften des natürlichen Menschen ... So lange noch mit dem Suchen des Glaubens nach geistlichen Gütern und Segnungen eigenes Wollen und Können sich mischt, muss Gott uns zunächst noch warten lassen. Er weiß, welch ein Segen diese Zeit des Wartens für uns in sich birgt. Den Kräften, die aus unserem eigenen Selbst fließen, gibt er in dieser Zeit Raum, ihr völliges Versagen zu erleben. Und je mehr das Eigene versagt, desto mehr erstarkt der Glaube und reift heran, zu seiner Stunde zu empfangen, was so lange ihm von Gott vorenthalten wurde. 1504

Wir ahnen nie, zu welch einer Kraft- und Lichtquelle für unser späteres Leben auch die kleinste Glaubenserfahrung auf dem Boden des Alltagslebens zu werden vermag. Auch der kleinste und verborgenste Sieg in unserem Leben kann mithin von weittragender Bedeutung für das Reich Gottes sein. 1530

Gerade in Krisenzeiten, Volksleidenschaften, Wirtschaftsnöten, Geschichtskatastrophen steht auch die Welt des Glaubens in Gefahr, mit erschüttert zu werden. Nicht von Gott aus, der sie wirkt, steht sie in Gefahr. Ihr droht Gefahr von uns aus, die wir angeben, in ihr zu leben. Geben wir sie in der Stunde der Versuchung preis, verlassen wir sie als unsere einzige Position und Stärke, suchen wir uns auf jenen Boden zu retten, von der aus die Welt die Krisen meistern und die Zukunft gestalten will, dann wird die Welt des Glaubens unsichtbar. 1573

Alle bis jetzt auch von uns gemachten Glaubenserfahrungen waren an sich nicht Endzweck. Sie alle bedeuteten für uns einen Weg, waren Durchgangspunkte zum Ziele hin ... Zwar ist jede Glaubenserfahrung kostbar, auch die allerkleinste. Aber keine ersetzt das Ziel, auch nicht die allergrößte. 1608

Glaubenserlebnisse können zwar von der Tradition bezeugt, niemals aber übertragen oder vererbt werden. Leider ist das auch von der Kirche des Neuen Bundes allzu oft vergessen worden. 1894

Ist der Glaube nicht ein Vertrauen, hinter dem Gott mit seiner Offenbarung und seinem Können steht, dann ist er eine Illusion, die zum unsinnigsten Handeln und zu einer schweren Katastrophe führen muss. Denn Illusionen sind immer blind allen Wirklichkeiten gegenüber und leben von der Berauschung der eigenen Kraft und der Unterschätzung der Widerstände und Gefahren des Lebens. 1936

Auf Gottes Wegen ist jeder Schritt ein Akt des Glaubens. 1942

Als Kinder Gottes kennen wir die Bedeutung des Glaubens. Wir wissen, dass jede von Gott uns verheißene Gnadengabe unser Eigentum wird durch den Glauben. 1956

Der Glaube ist das kindliche Vertrauen, mit dem die Seele auf Gottes Offenbarung antwortet. 1957

Unser geistliches Leben ist aufs engste mit unserem Glauben und dessen Wachstum verbunden. Sie lassen sich nicht voneinander trennen. 1958

Der Glaube ist der Sieg, der die Welt überwindet. Er kann opfern und dienen, leiden und lieben! Das sind seine Waffen! Mag die fleischliche Gesinnung unter dem Gottesvolke und die Welt in ihrer Macht den Glaubensbruder auch immer wieder einkerkern, es kommen Zeiten, wo die Welt in ihrer Angst und die Brüder in ihrer Not ihre schwersten Probleme allein durch die werden gelöst sehen, die man in den Tagen der Kraft und des Wohlergehens entbehren konnte. Mag unsere Zeit auch stark und selbstbewusst, auf ihr Wissen und ihre Waffen bauend, an dem Nazarenervolk vorübergehen, das ohnmächtig auf Kreuzeswegen dem Lamme Gottes folgt, es kommen Gerichts- und Notzeiten, wo die teuer sein werden, die jetzt um ihres Glaubens willen unwert sind. Wenn Wissen und Waffen versagen werden, dann wird der Glaube in seiner königlichen Kraft dastehen, bereit zu priesterlichem Dienst! 1983

Gott zu vertrauen auf einem Boden, auf dem man Gott in seiner wunderbaren Hilfe oft erlebt hat, ist nicht schwer. Aber Gott zu vertrauen auf einem Boden, auf dem man Gott noch nie erlebt hat, wird auch dem geübten Glauben schwer. 2026

Der Glaube kann nicht mit fremden Waffen Gottes Siege erfechten. Er kennt nur jene Kräfte, die ihm eigen sind. 2032

Nicht Geschrei, aber nüchternes, klares, glaubensstarkes Handeln tut uns not. 2034

Wir können im Dienst und Kampf des Glaubens nicht leben von den Reserven der Vergangenheit, sondern allein von den Inspirationen der Gegenwart. Das Geheimnis dauernder Kraft im Leben des Glaubens liegt in unserer Abhängigkeit von der göttlichen Quelle der Kraft. Nur Empfangende bleiben Gebende, nur Gesegnete segnen. 2062

Es gibt kein Leben, das so abhängig ist, wie das Leben der Glaubenden, deren Gehorsam an Gott gebunden ist. 2128

Es ist wichtig für uns, dass unser Leben nicht abhängig gemacht wird von einzelnen Glaubensschritten, sondern von einer bewährten Glaubensgemeinschaft. 2134

Jesus spricht auch heute wieder zu seiner Gemeinde: „Euer Herz erschrecke nicht! Glaubet an Gott und glaubet an mich!“ Das war das entscheidende Wort zur augenblicklichen Lage. Jesus hob seine Jünger einfach heraus aus ihren augenblicklichen Ängsten, aus ihren Kämpfen und auch aus ihrem Versagen. Er versetzte sie damit in eine andere, höhere Welt. Er sagte nicht: Glaubet an Rom! Glaubt an Juda! Glaubt an mein Volk! Er sprach vielmehr: Glaubet an mich! Er sagte nicht: Vertrauet auf Rom, dass es sich als heidnische Weltmacht in seiner Haltung der Königsherrschaft Gottes gegenüber eines Tages ändern wird. Er sagte auch nicht: Vertrauet meinem Volke, wenn es bisher auch alles Heil von Mose und dem Gesetz erwartete, es wird seine Stellung mir, als der Offenbarung Gottes schlechthin, gegenüber ändern und die angebrochene Gottesherrschaft bejahen. Er sagte vielmehr: Glaubet an Gott und glaubet an mich!

Wenn die Heilige Schrift vom Glauben spricht, dann liegt für sie in dem Begriff „Glauben“ immer der Ausdruck des Vertrauens und der Hingabe. 2185

Im Glaubensleben der Kirche ist letzthin alles personenhaft: eine lebendige Beziehung vom menschlichen Ich zu ihm, dem göttlichen Du. So entsteht zwischen dem Jünger und seinem Meister, zwischen den Gliedern der Kirche und ihrem Haupte Christus eine Gemeinschaft, die unendlich mehr ist als ein religiöses oder bekenntnismäßiges Zusammengehen. Christus in seinen Wirkungen ist der Weinstock, die Glieder der Gemeinde sind in ihrem Vertrauen und in ihrer Hingabe die fruchttragenden Reben. 2186

Die Sprache des Glaubens ist kühn, aber nie übermütig! 2249

Unser Glaube hat durch den, der größer war als die Träger der israelitischen Offenbarung und Geschichte, durch Jesus und durch das Evangelium seiner Apostel, ein reineres und geklärteres Bild von dem Wesen Gottes gewonnen. Er ist uns nicht mehr der Gott der Schlachten. Er ist uns der Vater der Barmherzigkeit und der Gott allen Trostes, der nicht will, dass die Welt verderbe, sondern gerettet werde. Denn für uns steht fest, dass Gott auch durch seine Weltregierung die Menschheit nicht knechten, sondern erlösen, nicht durch Macht beherrschen, sondern durch Liebe regieren will. Er respektiert das Höchste im Menschen, die Persönlichkeit, die freie Willensentscheidung, und kann in seiner Liebe warten, bis es dem Menschen zum tiefsten und heiligsten Bedürfnis wird, Anschluss an Gott und seine sittliche Weltordnung zu suchen. 2338

Der Glaube sucht nie sich selbst seine Aufgaben und Dienste. Er weiß, dass Glaubensdienste und Glaubenskämpfe nicht auf selbsterwählten Wegen liegen. Wer ohne Auftrag Gottes unheiligen Boden betritt, muss auch mit unheiligen Früchten rechnen. Aber der Glaube zögert auch nicht zu handeln, sobald er weiß, dass Gott ihn ruft. 2382

Nur in der Aktivität Gottes weiß der Glaube sich zur Aktivität berechtigt. Wo hingegen Gott ruht, da ruht auch er. Wo Gott nichts zu wirken hat, da liegen auch für ihn keine Aufgaben. Der Schauplatz seines Wirkens liegt immer nur da, wo Gotteskräfte sich zum Heil und Segen andrer auswirken können. Denn wahrer Glaube ist nichts anderes als ein dauerndes Einswerden mit Gott, ein Sicheinstellen auf Gottes Verheißung, auf Gottes Pläne und Absichten. Seine Kraft liegt in der Harmonie mit Gott, in dem Zusammenwirken mit den Kräften der oberen Welt. 2383

So wenig der Glaube sich selbst seine Aufgaben und Kämpfe auf dem Schauplatz des öffentlichen Lebens sucht, so wenig lässt er sie sich aber auch nehmen. 2384

Hat man selbst erst die innere Glaubenskraft verloren, dann hat man auch kein richtiges Verständnis mehr für die Glaubenserfahrungen anderer. 2385

Wir ahnen nie, zu welch einer Kraft- und Lichtquelle für unser späteres Leben auch die kleinste Glaubenserfahrung auf dem Boden des Alltagslebens zu werden vermag. 2387

Es gibt keine neuen Lebensgebiete, die nicht auch den Glauben in neue Kämpfe führten. 2513

Es sollen uns unsere Glaubenskämpfe nicht ärmer, sondern reicher machen. 2514

Das Alltagsleben ist der Boden, wo unser Glaube seine ersten Erfahrungen macht. Hier erfolgen unsere ersten Siege und unsere ersten Niederlagen. Hier gewinnen wir die ersten Eindrücke von dem Versagen unserer eigenen Kraft, und hier lernen wir zum ersten Mal jene göttlichen Lebenskräfte kennen, durch die auch wir die Welt überwinden können. Das ist der Segen des Alltagslebens. Es ist die große Vorschule, wo werdende Überwinder den ersten Unterricht empfangen. Denn hier lernen wir entweder mit uns oder mit Gott rechnen. 2515

Ob große, ob kleine Kämpfe, ob in unserer häuslichen Alltäglichkeit oder im öffentlichen Leben, wirkliche Siege werden nicht erwirkt durch eigene Kraft, sondern werden vom Glauben empfangen als ein Geschenk Gottes. 2516

So wenig der Glaube sich selbst seine Aufgaben und Kämpfe auf dem Schauplatz des öffentlichen Lebens sucht, so wenig lässt er sie sich aber auch nehmen. Sobald er weiß, dass sie ihm von Gott gegeben worden sind, lässt er sich durch menschliche Stimmen nicht einschüchtern. Denn bisher sind in der Geschichte noch nie große Aufgaben fürs Ganze gelöst worden, wo nicht die Männer, die sie zu lösen berufen waren, von allen Seiten in ihren Aufgaben wären angefochten worden. 2520

Lebendiger Glaube stellt sich immer mit dem, was er hat, und nicht mit dem, was er nicht hat, in den Dienst seines Gottes. 2522

Abhängigkeit von Gott macht unabhängig von den Menschen. Wer Gottes Urteil fürchtet, fürchtet sich nicht vor dem Urteil der Welt. Wer vor Gott im Staube liegt, wird nie vor dem Fleische knien. Wer „Ja“ zu sagen wagt zu den Prinzipien des Geistes und den Grundsätzen des göttlichen Lebens, der wird zur rechten Stunde auf die Lebensgesetze des Fleisches mit dem „Nein“ des Glaubens antworten. Wer im Gehorsam Schritt hält mit Gott, wird fest und unerschütterlich stehen auch mitten in den fleischlichen Strömungen seiner Zeit. 2680

Das große Triumphlied des Glaubens, mit dem das 8. Kapitel des Römerbriefes schließt, konnte nur von einem Menschen geschrieben werden, der sich durch seine Christusgemeinschaft und Christusabhängigkeit nicht geknechtet, sondern erlöst sah. 2681

Gnade

Die Gnade fragt im Blick auf uns nicht, was wir sind, sondern nach dem, was wir durch sie werden sollen. 1007

Das ist das Große an der Gnade, dass sie nie nach unserer Vergangenheit, sondern nach unserer Zukunft fragt. 1030

Wie köstlich ist jene grundlegende Wahrheit, dass die Gnade zunächst nie nach dem fragt, was wir sind, sondern was sie aus uns wird machen können. Gott muss uns, so elend, so gottlos wir zunächst auch sind, in sein göttliches Wirken hineinziehen können ... Wir leben als Jünger Jesu und Diener Christi nicht von den Reserven unserer Erfahrungen, auch nicht von der Kraft unserer Bekehrung. Das Geheimnis unseres fruchtbringenden Dienstes ist nicht unsere Frömmigkeit, es ist die Frucht der Aktivität Gottes auf dem Boden unserer Schwachheit. Nur in soweit wir in Verbindung mit dem Wirkenden bleiben, werden auch wir in seinem Lichte Wirkende. Nur Verwandtes mit Jesus trägt Jesu Art. 1205

Wie abwegig und irreleitend ist es daher, heute unserem Volke zu erklären, dass jeder Gnadenempfang als undeutsch abzulehnen sei. Der Deutschreligiöse, so sagt man, „ist nicht Knecht Gottes“, sondern er ist „Herr des Göttlichen in ihm“. „Der heldische Mensch wartet nicht auf die Heilsgnade“, sondern er „schafft sich das sittliche Heil und die Gnade selbst“ ... Wer vermag es aber zu leugnen, dass unendlich viele dennoch zuletzt in sich zusammenbrechen. Nicht sie meistern das Leben. Die Verhältnisse, Kämpfe und Leiden meistern sie. Welch eine Wendung trat jedoch im Leben aller ein, die ihre Zuflucht zu Gott nahmen. Auf den Knien erlebten sie Gott in seinem souveränen Handeln, in seinem starken Troste, in seiner göttlichen Vergebung ... Im Gebet nahm der Mensch seine Zuflucht zu Gott. Gott wiederum in seiner Souveränität antwortete dem Menschen in seiner Not und ließ ihn sein Handeln als ein Wunder der Gnade erleben. 1216

Es ist Gnade, wenn man der Sünde im Nächsten begegnen kann, ohne durch die Sünde des Nächsten verunreinigt zu werden. 1315

Sobald uns die Sünde größer geworden ist als die Gnade, haben wir immer nur noch ein gebrochenes und kraftlos gewordenes Evangelium. 1317

Eine verlorene Liebe kann wiedergefunden werden. Wer wahr genug ist gegen sich selbst und sich in religiöser Selbsttäuschung nicht über seinen wahren inneren Zustand hinwegtäuschen will, der gehe den Weg der Umkehr, den Christus der Gemeinde zu Ephesus zeigt. Die Gnade, die groß genug war, uns einst zur ersten Liebe zu führen, ist auch groß genug, uns zu ihr zurückzuführen. Es gibt auch eine wiederherstellende Gnade! 1718

Gottes letztes Wort in all seinen großen Gerichts- und Geschichtsaktionen wird immer Gnade sein: Der Bogen in den Wolken! 1866

Es war zu allen Zeiten entscheidend für den Menschen, wie seine Grundhaltung zu Gott war. Menschen des Glaubens können in Stunden der Versuchung gelegentlich versagen wie Abraham und auch Isaak versagte. Gott aber wird in ihrem Leben die Möglichkeit haben, sie aus ihrem Fall wieder herauszuheben. Sie sind trotz ihres Versagens empfänglich geblieben für seine wiederherstellende Gnade. Ihre Grundeinstellung blieb Gemeinschaft mit Gott, nicht Widerspruch gegen Gott. In derselben haben sie ein Ohr gewonnen für das Sprechen Gottes. Daher kann Gott zu ihnen auch in ihrem Falle hinabsteigen und sie zurechtweisen. Das gereicht den Gefallenen alsdann zur Wiederaufrichtung. 1904

Sich in der Gnade bewähren und zum Segensträger für andere von Gott begnadigt zu werden, kann nur jenes Leben, das von Gott kommt und von Gott sich nährt. 1968

Gottes letztes Wort wird nicht Gericht, sondern Gnade sein. Denn nicht in den Gerichten, sondern allein in der Liebe liegen für ihn schöpferische Lebenskräfte. 2006

Gnade ist nicht eine ruhende Gottesgesinnung, sie ist stets in Hilfe umgesetzte Gottesaktivität. Wäre sie nur eine auf Gott sich beschränkende Eigenschaft, dann blieben wir in unserer Ohnmacht und in unserem Gericht mit all seinem Elend. Gottes Gnade ist aber Wirkung. 2140

Es ist menschlich, wenn unsere Liebe vielfach größer ist als unser Können. Wir vergeben zwar, aber können nicht helfen.

Wir weinen mit den Weinenden und stehen doch ihrer Not ohnmächtig gegenüber ... Gnade aus der Welt Gottes ist göttliches Handeln entsprechend der Not des Menschen. 2141

Nicht etwa nur die Vergebung, sondern auch die Bewahrung vor der Sünde ist Gnade. 2238

Wir erwarten nicht Gericht, wir erwarten Gnade. Wir sind nicht Träger der Gerichtsgedanken Gottes, wir sind Träger oder Gefäße der Barmherzigkeit Gottes. 2253

Heilige Wirkungen gehen nie vom Glauben an sich aus. Sie entstehen nur durch den, der durch sein Wort und durch die Wirkungen seines Geistes Menschen zum Handeln im Glauben, zum Opfern in der Liebe und zum Warten in Geduld begnadet. 2304

Wo Gnade nötig ist, da ist ganz natürlich die Schuld vorhanden, die derjenige, dem Gnade zuteil geworden ist, nicht hat bezahlen können. Wer selbst begnadigt worden ist, dem wird es auch nicht schwer fallen, seinen Schuldigern ihre Fehler zu vergeben. 2332

Die Gnade ist größer als das Recht. 2354

Auch darin erweist sich Gott als Gott, dass er von den durch ihn Geretteten nie etwas erwartete, wozu er sie nicht zuvor durch seine Erkenntnis und seine Kraft begnadete. Er wusste zu allen Zeiten, welch „ein Gemächte" der Mensch ist, den er in seine Gemeinschaft beruft. Gott erwartete nie eine Gabe und einen Gehorsam, zu welchem seine Gnade dem Menschen nicht zuvor die Kraft geben wollte. 2453

Gnade ist nicht etwa eine neue Erscheinungsform des Gesetzes, nicht eine neue Auswirkung jener Möglichkeiten, die im Menschen selbst liegen. Sie erzieht nicht religiöse Menschen, sie schafft neue Menschen: Menschen der Hingabe, die in ihrem Verhältnis zu Gott im Geiste der Kindschaft leben. Ihr Dienst ist nicht sklavische Unterwerfung, er ist kindlicher Gehorsam, der aus der verborgenen Wechselbeziehung der Liebe des Vaters zum Kinde und aus der Liebe des Kindes zum Vater entsteht. 2742

Gott

Gott ist größer als jedes Symbol, sein Leben reicher als jede Formensprache der Menschheit. Es gibt nur ein Gefäß, das ihn wesenhaft in seinem Geiste und in seiner Offenbarung zu fassen vermag: der Geist des erlösten Menschen. 1084

Wo je in der Geschichte etwas als Reich Gottes in die Erscheinungen treten konnte, da war Gott in seiner Barmherzigkeit immer der Darreichende, und der Mensch wurde zum Begnadigten, Gott war der Berufende und der Mensch wurde sein Prophet, Gott war der Handelnde und der Mensch wurde zum Träger seiner Herrlichkeit, Gott war der Leitende und der Mensch setzte seine Tritte in die Fußstapfen seines Gottes. 1234

Götter können nur da reden, wo der lebendige Gott schweigt, denn Gottes Gegenwart war noch immer das Ende von allem Götterleben. 1345

Was zum Heil der Zukunft über das Bestehende und Vergangene allein hinauszuführen vermag, das ist der Odem Gottes, der in seinen schöpferischen Kräften stärker ist als der Tod, der sich in der Zeitlichkeit auswirkt. 1245

Nicht innerlich fremd und nur äußerlich geduldet soll dem Menschen Gottes Herrschaft sein, sondern aufs engste verwandt und verwachsen soll er mit den sittlichen Grundsätzen werden, nach denen Gott regiert. 1364

Gott ist ein Gott kleiner Anfänge. 1550

Gott ist ein Gott großer Dinge. 1552

Gott ist ein Gott zielbewussten Wirkens. 1553

Gott ist nicht nur ein Gott der Geschichte, sondern auch ein Gott der Gegenwart. 1618

Wer Gott in seiner Sprache der Gegenwart wieder verstehen lernen will, muss ihn verstanden haben auch in seiner Sprache der Vergangenheit. 1735

Gott ist Unendlichkeit, auch in seinem Wirken. 1763

Als Ebenbild Gottes kommt der Mensch nie mehr restlos los von Gott. Auch in seinem gefallenen Zustand nicht. Darin liegt seine Qual, aber auch sein Heil … Solange es einen Gott des Lichts gibt, wird ewig die Unruhe in die Herrschaftsgebiete der Finsternis hineingetragen werden. Solange Gott ein Gott der Wahrheit ist, wird er alle Ungerechtigkeit im Reich der Lüge aufdecken. 1816

Man kann nur mit Gott wandeln, wenn man zuvor zu Gott gekommen ist. 1839

Redet Gott, so spricht er immer zur Lage. Erscheint er, so lichtet sich Gegenwart und Zukunft. 1897

Gott knüpft seine großen Dinge oft an sehr unscheinbare Anfänge. 1906

Gottes Wege sind in der Regel so natürlich und sein unsichtbares Handeln so mit unseren menschlichen Erlebnissen und Alltäglichkeiten, unseren Torheiten und Irrungen verwoben, dass wir seine Fußstapfen vielfach erst hernach zu erkennen vermögen. „Es begab sich", aber hinter diesem Sichbegeben stand Gott. 1907

Der Gottesdienst an sich dient noch nicht Gott, wenn man in demselben den vergeblich sucht, der in demselben der Seele dienen will. 1951

Unsere Ohnmacht ist der Anfang für Gottes Allmacht. 1965

Gott verstehen kann nur, wer mit Gott verkehrt. 1982

Gott hat noch immer verstanden, mitten in die Gerichte einer alten Welt die Segensanfänge einer neuen hineinzuweben. 2019

Wer von Gott aus die großen und kleinen Geschehnisse des allgemeinen und persönlichen Lebens beurteilen lernt, der entdeckt eines Tages, dass Gott an ihm vorübergegangen ist und er ihm nachsehen darf. 2059

Das Ringen um Gott – wir stehen mitten darin! Und wir erwarten, dass auch aus dem Ringen um Gott in der Gegenwart eine neue Botschaft für unsere Zeit wird herausgeboren werden. 2124

Gott ist nicht käuflich! Auch nicht durch die Tränen einer Notbuße, nicht durch ein Fasten im Sacktuch und nicht durch das Flehen einer hin und her laufenden Gemeinde. Entweder Baal oder Gott! 2239

Nicht ein Es – ein Er, nicht eine Sache – nein! Eine uns nahe und eine uns verstehende Person ist Er! 2244

Gott wohnt auch in seiner Freude nicht in Tempeln mit Händen gemacht. 2347

Je mehr der Mensch Gott sieht, lernt er Gottes Größe und Wirken entsprechend denken und hoffen. 2350

Gott in seiner Gegenwart war stets groß genug, Fluch in Segen und Tod in Leben zu verwandeln. 2352

Wer Gott sehen lernte in der Geschichte und Vergangenheit, der findet Gott auch im Geschehen seiner Gegenwart. 2353

Götter können nur da reden, wo der lebendige Gott schweigt, denn Gottes Gegenwart machte noch immer alles Götterleben unmöglich. Auch die einer modernen Gegenwart. 2404

Das Schauen Gottes muss zum Erleben werden, wenn Gott im Leben des Menschen eine Macht werden soll. Alles Wissen von Gott ist noch nicht Gemeinschaft mit Gott, welche allein ein menschliches Leben umgestaltet und göttlich adelt. 2406

Gott lässt sich auch von Großen der Erde nicht spotten! Wer Fluch säet, der erntet Fluch. 2498

Nicht die Waffen, sondern Gott ist das Entscheidende im Glaubenskampf. 2523

In der Kenntnis Gottes handelt es sich nicht nur um dogmatische Fragen, nicht um die formelle Nennung seines Namens, auch nicht etwa um eine rechtgläubige Wiederholung der Thoraworte, es handelt sich um das Bekanntwerden mit der Wirklichkeit, der Art und der Welt Gottes. 2601

Gott in seinem absoluten Gottsein kennen wir nicht. Wir kennen ihn nur auf Grund seiner Selbstoffenbarung, d. h. in seiner handelnden Beziehung zum Menschen oder zur Geschichte oder zur Schöpfung. Spricht die Schrift von Gottes Gerechtigkeit, Majestät, Allmacht, Güte, Gnade, Zorn, so sind das nicht etwa Begriffe göttlicher Eigenschaften. Es sind Handlungen Gottes innerhalb seiner Selbstoffenbarung. Gottes Gerechtigkeit ist mithin ebenso wenig ein adjektivischer Begriff wie seine Offenbarung. Sie ist ein Verbum, d. h. eine beziehende Handlung Gottes zum Menschen, zur Geschichte und zur Schöpfung hin. 2691

Die Gottlosigkeit und die Ungerechtigkeit werden zum Kultus, wenn der Mensch erst sein Weisesein zur Quelle seiner Offenbarung und Gotteserkenntnis macht. Erhebt in seiner Vernunft der Mensch sich zum Maß der Erkenntnis Gottes, dann erkennt er sich nicht mehr als Ebenbild Gottes: Gott wird ihm das Ebenbild des Menschen. 2702

Wer Gott nicht will, muss Götter und Götzen wollen. 2703

Gottes Handeln

Gottes Handeln in der Geschichte der großen Vergangenheit soll unser Vertrauen wecken zum Handeln Gottes auch in unserer kleinen Gegenwart ... Wie klein erscheint uns das Gotteswerk in unserem eigenen Leben! Wie quält uns die Frage, ob Gott mit solch einem Gemächte, wie wir es sind, auch zum Ziele kommen wird! Wie unendlich viele Enttäuschungen hat man im Blick auf sich selbst erlebt! Und doch: Fürchte dich nicht, du kleine Herde! 1056

Ja, wäre das Königreich der Himmel dein Werk, dann könntest du verzweifeln. Aber es ist Gottes Schöpfung und Gottes Gabe. Wirke du es nicht, sondern lass es in dir wirken. 1057

Geweihte Gottes, wie Simson es war, leben in ihrem Dienst und in ihrem Kampf nicht von Kräften, die sie auch ohne Gott in sich tragen. Das Geheimnis ihrer Stärke liegt in dem dauernden Handeln Gottes durch sie. 1210

Gott kann nicht in seiner majestätischen Gestaltung oder Offenbarung, er kann nur in seinen heiligen Wirkungen gesehen werden. 1282

Wie oft sind der Welt nur die Wirkungen, nicht aber auch die verborgenen Kraftquellen bekannt, durch die sich Gottes Propheten genährt wissen. 1307

Darin offenbart sich immer etwas von dem Wesen einer gesunden und verheißungsvollen Glaubensstellung vor Gott, wenn man sich sehnt, mit dabei zu sein, wo Gott handeln und seine Herrlichkeit offenbaren wird. 1382

Gottes Handeln in der Geschichte der großen Vergangenheit soll unser Vertrauen wecken zum Handeln Gottes auch in unserer kleinen Gegenwart. 1401

Gott liefert sich in der Person seines Geistes nicht an uns aus, damit wir über ihn verfügen, sondern er will über uns verfügen. Nicht er will das Gefäß sein, durch welches wir wirken, sondern wir sollen die Werkzeuge sein, durch welche er wirken kann. 1437

Es gibt eine Grenze, eine höhere Macht, wo sich jegliche menschliche Macht und jedes menschliche Königtum in ihrem Stolz und Wahn brechen müssen. Diese Macht ist die in die Geschichte hineinragende Kraft und Majestät Gottes. Mag die Welt sie auch nicht sehen, mag sie auch in Knechtsgestalt und verhüllt durch die Geschichte gehen, mögen sämtliche Geschichtsbücher in den Archiven der Weltstaaten letzthin auch nichts von dem geheimnisvollen Eingreifen Gottes in die Geschichtsereignisse zu künden wissen – sie ist da und offenbart sich den Glaubenden. 1539

Wir fragen heute auch wieder in Not und Sorge, wie wohl die Zukunft sich gestalten möge. Der Glaube antwortet: Sie wird von Gott gestaltet werden! Und wo Gott die Zukunft gestaltet, da gelangt eines Tages doch das Reich Gottes zum Triumph! So vieles, was die Völkerwelt bewegt, wird zur Ruhe gebracht werden durch den, der die Verkörperung eines ewigen Sabbats ist. Und das ist unser Gott, der größer ist als jede Not der Zeit. Wäre der Psalmist (Psalm 48,10ff) stehen geblieben bei den Ereignissen der Zeit – das hätte ihm niemals diese innere Ruhe und diese Gewissheit im Blick auf die Zukunft gegeben. Aber nun schaut er Gott. Er schaut ihn nicht nur als den, der da in Zion wohnen soll, sondern auch als den, der die Fäden der ganzen Weltregierung in seiner Hand hält. Daher kann der Glaube solch eine gewaltige Sprache führen und mit einer Zukunft rechnen, die einmal unseres Gottes und seines Sohnes Jesu Christi sein wird. 1542

Überall, wo Gott Raum hat zu wirken und sich zu offenbaren, da trägt er Unsichtbares und Ewiges in das Zeitliche und Sichtbare hinein, da wird das Zeitliche zu einer Prophetie von etwas Wesentlichem und Ewigem. 1582

Gott kennt kein Wunder. Er kennt nur ein souveränes Handeln, zwar nicht wider die Natur, jedoch über die zeitlichen Gesetze der Natur hinaus. Ein Glaube, der bereit ist, sich auf Gottes schöpferisches Tun einzustellen, erlebt alsdann Gottes schöpferisches Handeln als ein Wunder. Denn alles, was der Mensch in seiner Ohnmacht der Verheißung gegenüber zu tun vermag, ist allein, dass er sich Gott als Gefäß hergibt, damit Gott zu seiner Zeit vollbringe, was dem Menschen zu tun für immer unmöglich bleibt. 1898

Israels einstiger Auszug aus Ägypten und das Freiwerden der Kirche Christi in der Gegenwart von jeglicher Verkettung mit der Welt und deren Autorität in den tiefsten und heiligsten Fragen des menschlichen Daseins haben nichts mit Revolutionen und Volksaufständen zu tun … Eine Rettung, die über die Welt hinausführen soll, kann nicht durch die Machtmittel der Welt vollbracht werden. 1909

Gottes Handeln ist nicht an unsere äußerlichen Kulthandlungen gebunden, sondern an das unbedingte und kindliche Vertrauen unserer Seele, die mit dem großen Können und Handeln Gottes vertraut ist. 2028

Gotteskräfte lassen sich niemals nur als Reserven von unserem Innenleben aufspeichern, sondern sie wirken sich als Energien des Geistes aus und ziehen unsere ganze Persönlichkeit in das Heil Gottes hinein. Sie kennen keine Passivität, sondern nur eine erlösende und verklärende Aktivität. Sie sind nie ruhendes Objekt, sondern nur heiligendes Subjekt, niemals eine Gnadengabe ohne Geber, sondern dauerndes Gotteswirken als Gabe des Heils. 2056

Seiner Macht unterstehen die Völker in ihrem neubegonnenen Ringen, und seiner Offenbarung in Christo Jesu untersteht die Gemeinde, die in ihren lebendigen Gliedern der Tempel seines Geistes ist. Hier will er gehört werden in seinem Wort. Hier soll man erfahren, dass er zu trösten, zu erheben und zu erretten vermag, ja dass er mächtig genug ist, die Glaubenden zu bewahren und vor sein Angesicht zu stellen unsträflich. Wie sich der Weg der einzelnen im Dunkel der Zeit auch immer gestalten mag, er endet vor dem Angesichte seiner Herrlichkeit. Der Glaube der Glieder der Gemeinde weiß zwar nicht, wie das inmitten der unberechenbaren Ereignisse der Zukunft geschehen wird, er weiß nur, dass es auf Grund des souveränen Handelns Gottes geschehen muss und wird ... Dass der Gott des Friedens mit unserem ganzen Volke, mit seiner Gemeinde und mit jedem Werke der Liebe sein möge, das sich in den Dienst des Nächsten gestellt weiß, ist unser Gebet. *(Am Beginn des 2. Weltkrieges 1939)* 2194

Im Handeln Gottes wird sich der Mensch der Nähe Gottes bewusst. 2231

Gottes Erbarmen ist in seinem Handeln nur an sich selbst gebunden, an sonst nichts in der Welt. 2376

Des Menschen Ende ist in der Regel Gottes Anfang. In der Zeit, als Saul in seiner Auflehnung gegen die Offenbarung seine Regierungsgeschäfte machte, schuf Gott still und verborgen weiter an seiner Geschichte zum Heil seines Volkes.

Gott lässt sich von seiner Regierung nichts abmarkten und in seinem Schaffen nicht aufhalten ... Er ist ein Herr auch der menschlichen Schuld und des menschlichen Versagens und vermag sie zur rechten Stunde zur Schaffung des Neuen hineinzuziehen und zu enthüllen. 2378

Gottes Geschichte steht nicht still und sein Schaffen kann nicht unterbrochen werden. 2379

Welch ein ungemein feiner Zug liegt darin, wenn Gott in seiner Antwort David daran erinnert, dass er es war, der ihn von der Weide hinter dem Kleinvieh holte, er es war, der ihn zum Fürsten über ein auserwähltes Volk setzte, er es war, der ihm Ruhe vor seinen Feinden verschaffte und er es auch sein wird, der seinem Hause eine Zukunft zu geben vermag, die weit über die nächste Erbfolge hinausreichen soll. Aber wie selten hat auch später die Kirche Christi es begriffen, dass nicht sie dem Herrn einen Tempel baut, sondern sie selbst von Gott als Tempel erbaut wird. Wie oft hat sie Gottes Gegenwart aus ihrem Leben, ihrer Weltanschauung, ihrem Kulturaufbau, ihrer Staatspolitik in Tempel und Heiligtümer verbannt und ihr Sein und ihre Zukunft unabhängig von Gott und dessen Aktivität gestaltet. Sie war sich selbst genug und lebte von der Eigengesetzlichkeit des einst von Gott Empfangenen. 2396

Die Welt wäre längst in ein ewiges Chaos versunken, wenn Gott nicht immer wieder dafür gesorgt hätte, dass durch den Gang der Geschichte der Mensch in seiner eigenen Weisheit zuschanden geworden und an seinem Ruhm zerbrochen wäre. Wer erst in allem, was er schuf und tat, seine eigene Schöpfung sah und sich weidete an der Majestät der eigenen Person, den stieß eines Tages die Geschichte als unbrauchbar für die Zukunft aus. Gott in seiner Souveränität selber schafft Gnade, Recht und Gerechtigkeit auf Erden, indem er alles Stolze durch die Geschichte richten lässt und Raum für jenes Leben und Wirken macht, das aus der Abhängigkeit von ihm entsteht. Sein Wohlgefallen ruht auf allen Schaffenden und auf allem Geschaffenen, wenn sie den Stempel seiner Gnade und Gerechtigkeit tragen. 2452

Es gibt nur einen, bei dem die Entscheidung über Leben oder Untergang steht. Dies ist Jahve, der Herr der Geschichte ... Auch in seinen Gerichten rechnet Gott mit Jahrzehnten und Jahrhunderten. Alles augenblickliche Handeln Gottes hat zugleich auch eine eschatologische Grundlage, die letzte Ziele verbürgt, die aber nur dem Auge des Glaubens enthüllt werden können. Im Untergang erkennt das Prophetenauge die Rettung der Zukunft. 2499

Vom rein weltlichen und nationalpolitischen Standpunkte aus war es tatsächlich eine wahnsinnige Anmaßung des Propheten, die großen Fragen der Politik und ihrer Notwendigkeiten besser beurteilen zu wollen, als es die verantwortlichen Träger des Nordreichs zu tun vermochten. Es war doch gewiss nicht deren Absicht, das Land ins Verderben zu stürzen, den Staatskörper bewusst zerschlagen zu lassen, dem Volk durch die großen Weltmächte Heimat und Freiheit nehmen zu lassen. Und doch lebten sie in jener großen Täuschung, die mit dem Gericht enden musste, dem man zu entfliehen hoffte. Sie rechneten eben nicht mit jenen unsichtbaren Geschichtsfaktoren, die außerhalb der politischen Berechnung und staatsmännischen Klugheit liegen: mit Gottes verborgener Weltregierung. 2606

Darin offenbart sich immer etwas von dem Wesen eines von Gott gewirkten Glaubens, wenn man sich sehnt, mit dabei zu sein, wo Gott handelt ... Auch wir kennen etwas von dieser Sehnsucht. 2616

Gott lässt sich letzthin auch von keiner Weltmacht sein Handeln vorschreiben. Er bestimmt über sie. 2659

Berufung, Rechtfertigung und Verherrlichung sind Paulus die Grundlage der gesamten heilsgeschichtlichen Gotteshandlungen. Sie geben dem Glauben schon in der Geschichte den Inhalt zu seinem einzigartigen Triumph und Lobgesang. 2764

Gottes Herrlichkeit

Auch dem geübten Glauben wird es schwer, jenseits aller bisherigen Erfahrungen Herrlichkeiten Gottes zu erwarten. 1025

Jedes Leben, das zum Gefäß seiner Offenbarung werden konnte, ließ in der Geschichte der Menschheit die Fußspuren Gottes zurück, die durch nichts in der Welt ausgetilgt werden konnten. Trotz aller Kämpfe und allem Gotteshass wird die Welt das Glaubensleben eines Abraham, die Thoravermittlung durch Moses, die Gerichtssprache und die Heilssehnsucht der Propheten, die Heilands- und Erlösergestalt Jesu Christi und den Dienst der Apostel nicht mehr los. So bleibt auch vom kleinsten und bescheidensten Leben etwas in der Welt zurück, indem durch Christi Gegenwart etwas von der Herrlichkeit Gottes sichtbar wurde. 1639

Gottesanbetungen im Herzen eines Menschen wurden zu allen Zeiten geboren aus ganz bestimmten Gotteserlebnissen. Wo auf Grund bestimmter Gottesoffenbarungen Gottes Herrlichkeiten sichtbar wurden, empfing die gläubige Seele je und je ihre Inspirationen für ihren Psalm und ihr Gebet. Ist es doch eine offenbare Erscheinung in der Geschichte, dass sich in jeder großen Zeit des Weltgeschehens sowohl das politische als auch das religiöse Leben ihr Lied schufen. Welche Schöpfungen der Seele auch aus der Vergangenheit vorlagen, es war, als ob sie nie genügen wollten, um das auszudrücken, was eine neue Zeit an Sehnsucht und Schmerz, an Angst und Hoffnung, an Schauen und Erleben, an Freude und Wonne in sich trug. 1837

Ich weiß, wie auch wir in der christlichen Kirche oft zu sehr den Schwerpunkt zunächst auf den Glauben und sein Erleben gelegt haben. Wir machten den Glauben zum Subjekt und ließen Gott Objekt sein, der nur insoweit in unserm kirchlichen Leben und in unseren Heilserwartungen in Frage kam, als er uns zu erhören, zu begnadigen, zu beschenken und uns aus unseren jeweiligen Ärgernissen und Hemmnissen herauszuhelfen hat. Wir hatten so unendlich viel zu sagen von dem, was wir zunächst zu tun, zu empfangen, zu opfern hatten, und wir sahen so wenig von jener Majestät, Herrlichkeit und Heilsoffenbarung Gottes, die zunächst jenes Leben wecken will, das sie zu rechtfertigen vermag und womit sie rechnen kann. 2069

„Wir sahen seine Herrlichkeit" – das ist höchstes Heilserleben! In der Knechtsgestalt doch Herrlichkeit, in der Schwachheit doch der Herr aller Dinge, in der Armut doch nie dagewesene Vollmacht, im Geopfertwerden doch die welterlösende Kraft: Das war Jesu Geheimnis! Es erschloss sich immer erst denen, die sich ihm als Offenbarung Gottes hingaben. Wer ihm vertraute, erlebte seine Autorität, die er vom Vater über alles Fleisch empfangen hatte. 2173

Tabors-Höhen können auch im Krankenzimmer und am Sterbebett und auf einsamer Landstrasse liegen. Wo immer Christus seine Herrlichkeit einer Seele in besonderer Weise offenbaren kann, da steht sie auf einer Tabors-Höhe. 2671

Gottes Wort

Gottes Walten trug noch immer in sich die Garantie des Vollbringens. Gottes Wort war immer auch schöpferische Tat. 1053

Im Sendschreiben an Pergamon erscheint Christus im Bild dessen, der da „das scharfe, zweischneidige Schwert" trägt. Dasselbe ist aber nichts anderes als das lebendige schöpferische Gotteswort. Wehe daher jener Kirche, die in einer anderen Waffenrüstung auf den Kampfplatz der Geschichte tritt! In Sauls Rüstung kann auch der David der Gegenwart nicht Gottes Kriege führen ... Zwar liebt die Welt es, wenn man ihr in einer ihr verwandten Waffenrüstung entgegen tritt. Sie hält es unter ihrer Würde, wenn man nur, wie einst David als Schafhirte, gottvertrauend auf dem Kampfplatz erscheint. „Bin ich denn ein Hund", fragte der Riese aus den Reihen der Philister einen David, „dass du mit einem Stecken zu mir kommst?" David und sein Hirtenstab standen jedoch im Dienste des Herrn, dessen Namen der Philister gelästert hatte. Darin lag das Geheimnis, dass im entscheidenden Augenblick ein Hirtenknabe siegte über einen geübten Kriegsmann. 1208

Verliert man erst die wirkliche Autorität, dann schafft man sich eigene Autoritäten. Kann Gott erst nicht mehr König und seine Offenbarung erst nicht mehr das Licht sein, dann sitzt auf dem Thron der von der Leidenschaft des Volkes gewählte Günstling, und Katheder und Kanzeln lehren nur noch die zum Kanon erhobene Weltanschauung der Staatsautorität. Nicht mehr vom objektiven Gottesworte aus sucht man die Erscheinungen des Lebens zu verstehen, sondern von der Eigengesetzlichkeit des Lebens aus allein schafft man sich seine Ethik und seine Dogmatik. In diesen werden eines Tages selbst die schwersten Verbrechen zum Wohle des Staates kanonisiert, das Volk zum Sklaven seiner eigenen Kultur und Wirtschaft gemacht und die natürlichen Schöpfungsordnungen Gottes als ein Fluch des Lebens erklärt. 1647

Zuerst war Gottes Wort und alsdann die glaubende Gemeinde, zuerst die höhere Erleuchtung und alsdann der dolmetschende Prophet, zuerst die göttliche Berufung und alsdann das auserwählte Volk. 1744

Die Gemeinde Jesu Christi und ihr Dienst am Wort: Wir werden als Gemeinde in Zukunft noch weit mehr als bisher mit der dynamischen Kraft des Wortes Gottes rechnen müssen. Nicht in irgendwelchen Machtmitteln liegen unsere Waffen. Die Waffen des Geistes waren zu allen Zeiten allein das lebendige Wort des lebendigen Gottes. 2165

Es war noch zu allen Zeiten so, dass auch Heiligtümer nicht mehr Raum hatten für einen Gottespropheten, sobald sie ein Reichsheiligtum (Amos 7,12ff) geworden waren. Gewiss, einen Amos konnte man zwar heimschicken, das Wort aber: „Gefallen ist sie, steht nimmer mehr auf, die Jungfrau Israel. Hingestreckt liegt sie auf ihrem Lager, keiner richtet sie auf (Amos 5,2ff)“ wurden König und Volk, Hohepriester und Gemeinde in Bethel und Samaria nicht mehr los. Die göttliche Offenbarung lässt den nicht, den sie erfasst:

Das ist die Kraft des ew’gen Worts,
dass es nicht schweigt, sobald’s gesprochen;

und schlügen wir's auch an ein Kreuz,
es hat noch jeden Bann gebrochen.
Wir schrien es tot, es lebte fort –
es sprach; es sprach als Gottes Wort! 2168

Das Prophetenwort ist nicht eine starre dogmatische Größe, sondern lebendiges Gotteswort. 2567

Hat man die Kraft des Wortes nicht zunächst am eigenen Herzen erlebt, dann kann man es auch nie in Kraft anderen verkündigen. Mag unsere Wortverkündigung dann auch noch so biblisch und dogmatisch korrekt sein, man wird in uns doch nur eine klingende Schelle und ein tönendes Erz hören. Man wird Worte, schöne, hohe Worte, aber keinen Geist verspüren. Wer aber von den Wassern trinkt, die Jesus uns auch aus Mose und den Propheten zu geben vermag, in dem wird das Wasser zu einer Quelle werden, die ins ewige Leben fließt ... Jene Wahrheiten, die uns selbst erst gereinigt und erquickt haben, erweisen sich dann auch an andern als eine heiligende und tröstende Lebensmacht. 2678

Gottesoffenbarung

Bevor der Glaube geboren wird, muss die Offenbarung sprechen. Das war je und je der Weg Gottes zum Heil. 1062

Die Formen der Offenbarungen durch Gott beinhalten immer eine gewisse Vermenschlichung des Göttlichen. Sobald die Ewigkeit in die Zeit tritt, muss sie die Formen des Zeitlichen annehmen. Der Logos Gottes muss Fleisch werden, um als das geoffenbarte Wort zu uns reden zu können. Denn alles Göttliche muss eine Vermenschlichung erleben, damit es von uns verstanden werde. Das hat dazu geführt, dass unsere ganze religiöse und metaphysische Begriffswelt sich so stark in

Bildern und Gleichnissen bewegt, die ja der Diesseitigkeit angehören. Die Gegenwart Gottes verkörperte sich den Alten im Tempel, in Bundeslade und Schriftrollen. Eine rastlose innere Hingabe an Gott bezeichneten sie als Opfer. Inspirationen des Heiligen Geistes nennen wir Feuer von oben. Von Gottes vergebender Gnade reden wir unter dem Begriff der reinigenden Kraft des Blutes Christi. Die wahren Jünger Jesu sind uns in ihrer Gesamtheit der Leib des Auferstandenen und der Tempel des Heiligen Geistes. 1081

Jerusalem entsteht durch Offenbarung – daher ihre dauernde Abhängigkeit von Gott. Jerusalem war nie die Frucht einer religiösen Entwicklung, sondern die Schöpfung der göttlichen Offenbarung und ihres Geistes … Wie bei der Weltschöpfung Tag für Tag allein durch das Sprechen Gottes ein Neues entstand, so auch in der Neuschöpfung, die wir als Reich Gottes bezeichnen. Vergegenwärtigen wir uns nur einmal die einzelnen Entscheidungen der Glaubensväter: einen Noah, einen Abraham, einen Isaak, einen Jakob, einen Samuel usw. – erst sprach die Offenbarung und dann erst handelte ihr Glaube. 1171

Denken wir an die schweren Glaubensnöte und Seelenkonflikte der einzelnen Propheten. Wie rang ein Jeremia, ein Hosea, ein Habakuk, um das völlig unverständliche Geschehen im damaligen Geschichtsverlauf zu verstehen, damit sie es ihrem Volke richtig dolmetschen könnten. Denn die Propheten waren nie Schöpfer, sondern immer nur die Empfänger der Offenbarung … So schuf auch einst Israels Glaube sich Jahve nicht als seinen Offenbarungsgott, sondern der Gott der Offenbarung schuf sich in Israels Glauben den menschlichen Träger und Vermittler seiner Offenbarung. Man würde staunen, wenn man zeigen wollte, wie stark jene

Wahrheit den Inhalt der ganzen Heiligen Schrift bestimmt, dass nicht der Mensch das Reich Gottes baut, sondern vom Reiche Gottes gebaut wird. 1173

Offenbarung ist nichts anderes als Selbstmitteilung Gottes. Was Gott in seiner Fülle an Leben und Licht, an Friede und erlösender Kraft besitzt, sucht er auf dem Wege der Selbstenthüllung denen mitzuteilen, die ihr Leben in ihm gefunden haben ... Gott hat sich in all seinen Schöpfungen nie erschöpft und in all seinen Offenbarungen nie ausgegeben, so reich sie je und je in der Heilsgeschichte der Menschheit auch waren. Auch in seiner Offenbarungsfülle ist Gott Unendlichkeit! 1202

Es gehört das mit zum innerlichen Charakter jeglicher Gottesoffenbarung, dass sie wohl individuell beginnt, letzthin aber doch nach der Erfassung des Ganzen strebt. 1262

Neue Gottesherrlichkeiten liegen immer jenseits unserer bisherigen Erkenntnis und unserer gemachten Erfahrungen. 1263

Wenn Gottespropheten in den Glanzzeiten der Geschichte nicht den Blick fürs Gericht und in den schwersten Gerichtskatastrophen nicht die Hoffnung für die Zukunft verloren, so ist das nur von Gott und dessen Offenbarung aus zu verstehen. 1276

Mit Gott werden wir auch in der Wüste zu Zeugen seiner Offenbarung und zu Propheten seiner Allmacht und Majestät. 1292

Es ist immer erschütternd und demütigend für Gottes Berufene, wenn der Herr eines Tages ihnen nur noch durch das natürliche Rechtsempfinden der Welt das sagen kann, was er ihnen so gern zuvor durch göttliche Erleuchtung gesagt hätte. 1302

Gottes Offenbarung ist immer positiv, auch in dem, was sie verbietet, denn sie will immer geben, was der Art ihrer Quelle entspricht: Licht von Gottes Licht, Kraft von Gottes Kraft und Leben von Gottes Leben. 1303

Nie bedeutete eine erlebte Gottesoffenbarung ein Hinaufsteigen des Menschen zu Gott, es war immer ein Hinabsteigen Gottes zum Menschen. 1334

Gottes Offenbarung erlöst und vollendet den Menschen als Menschen, ohne ihn je Gott werden oder in Gott aufgehen zu lassen. 1368

Gottes Aufträge sollen den Menschen nicht drücken und unglücklich machen, sondern ihm Gelegenheit geben, jene höheren Kräfte im Leben zu betätigen, die ihm zugleich mit der göttlichen Offenbarung wurden. 1388

Wahres Gottvertrauen fließt immer aus einer vorangegangenen erlebten Selbstoffenbarung Gottes, denn wir können nie mehr Gottvertrauen äußern, als Gott durch sein Verheißungswort in uns zuvor hat wirken können. 1407

Offenbarung hebt Offenbarung niemals auf. Hat es zunächst auch den Anschein, erblickt der Glaube zunächst auch keine Lösung, sie folgt umso herrlicher und überwältigender, je unlösbarer die Situation zu sein scheint. 1528

Unser Gott ist ein Gott der Offenbarung. Er hat geredet und redet auch noch. Auch die dunkelsten Zeiten der Geschichte konnten daher unseren Gott nie dauernd zum Schweigen bringen ... Der Prophet war zu allen Zeiten in der Geschichte Gottes Dolmetscher und Bote. Denn Inspirationen von oben werden immer zunächst von einzelnen und nie vom Ganzen erlebt. Die Sehnsucht nach Erlösung vermochte Gott auch in einem ganzen Volke zu erwecken, das Erlösungsprogramm aber empfing jedoch zunächst jener Mose, dem Gott im brennenden Busch begegnen und eine ganz bestimmte Mission für seine leidenden Brüder anvertrauen konnte ... Es gibt daher Prophetenvollmachten, die immer über Volks- und Gemeindevollmachten weit hinausgehen werden. Denn ein Volk als Ganzes hatte nie jenes zarte Gemerk, dass es Gott verstand auch ohne Propheten. Es waren nur immer einzelne wenige, die als Gottgeweihte sich mitten aus allem Stimmengewirr der Zeiten heraus auf jene höhere Warte zu stellen wagten, wo der Mensch schweigt und Gott redet. Sobald sie hier Höheres empfingen und es als eine Botschaft des Heils unter ihr Volk trugen, wurden sie zu Dolmetschern der Offenbarung Gottes inmitten ihrer Brüder. 1544

Wir können nur insoweit ihm vertrauen, als er durch seine Offenbarung in uns hat Vertrauen wecken können. 1572

In der Stille vor Gott, fern von dem Wesen der Welt und den Stimmen der Völker, sind wir fähig, durch den Heiligen Geist uns die Gedanken Gottes und die Pläne seiner Arbeit offenbaren zu lassen. Lassen wir uns durch die Not und durch die Menge der gegenwärtigen Arbeit nicht bestimmen, anders zu handeln. 1587

Was bedeutet im biblischen Sprachgebrauch der Begriff: Offenbarung? Sie war zu allen Zeitaltern der heiligen Geschichte nichts Geringeres als freiwillige Selbstmitteilung Gottes. Gott enthüllte je und je zum Heil des Einzelnen und der Menschheit, was er ist, wie er liebt, zu welch einer Geistesgemeinschaft er uns erlösen will, wie er uns zu Erben seines Königreiches und zu Jüngern seines Gesalbten berufen hat.

Aber alle Gottesoffenbarung musste Fleisch werden, um von uns erkannt, vernommen und verstanden zu werden. Der Geist musste im Erleben der Propheten, im Zeugnis der Apostel, in der Person unseres Herrn und Heilandes erst zu einem fleischgewordenen Wort werden, um zu uns reden zu können. Eine absolute Gottesoffenbarung gibt es mithin nicht. Sie ist nur Gott allein. Wir haben nur eine durchs Erleben empfangene und durch das Zeugnis erleuchteter Menschen der Welt weitergegebene Offenbarung. Kein Prophet und Apostel war je fähig, Gott in seiner ganzen Majestät und in der Fülle seines Heils zu erfassen. Wäre das möglich, so wäre solch ein Mensch Gott. 1638

Ewiges kann nur von Ewigem kommen. An sich stand auch Israel-Juda als Volk nicht höher als die anderen semitischen Nachbarvölker. Wenn wir in diesem Volke nun auch die Vermittler dieses Stromes finden, so jedoch niemals seine Quellc. Dic unsichtbarcn Qucllgcbictc für dcn Offcnbarungsinhalt des Alten Testaments lagen nicht in der entwickelten Religiosität des israelitisch-jüdischen Volkes und in den prophetischen Trägern seiner Geschichte. Diese Quellgebiete waren weit höherer Natur. Wohl war die israelitische Nation mit ihren Propheten je und je Empfängerin, jedoch niemals Schöpferin ihrer Offenbarungen. Soweit dieselben göttlich waren in ihrem Inhalt, waren sie göttlich auch in ihrem Ursprung. Gott war der Inspirierende und Israel wurde sein Prophet.

Nicht Israels Glaube schuf sich Jahve als seinen Offenbarungsgott, sondern der Gott der Offenbarung schuf sich in Israels Glauben den menschlichen Träger und Vermittler für seine göttliche Offenbarung. 1741

Was ist nun das Wesen aller Gottes-Offenbarung? Göttliche Selbstmitteilung! Gottes urewiges Leben und Wesen ist Offenbarung, ist Selbstmitteilung. Was er in seiner unerschöpflichen Gottesfülle an Leben und Friede, an Trost und Energien, an Freude und Gerechtigkeit in sich trägt, möchte er in seiner Liebe denen mitteilen, die bereit sind, sich in ihrer Menschlichkeit und Vergänglichkeit mit Göttlichem und Ewigem segnen zu lassen. 1742

Dieses Geben von Gott her und dieses Empfangen vom Menschen aus, ohne das keine Gemeinschaft des Menschen mit Gott denkbar ist, kann nur durch die Offenbarung vermittelt werden. In der Heilsgeschichte war nie am Anfang die Tat, sondern immer das Wort. Erst sprach die Offenbarung, alsdann antwortete der Glaube. 1743

Gott hat nie dauernd geschwiegen. Er war ewig ein Gott der Offenbarung … Ein dauerndes Schweigen Gottes würde die Menschheit in ewige Nacht und Tod hüllen. 1747

Die Formen der Offenbarungen Gottes sind unendlich, wie Gott unendlich ist, und er erwählte immer wieder jene, in der er sich im Laufe der Geschichte vom Menschen am ersten und tiefsten verstanden sah. Daher trugen auch viele dieser Formen einen rein temporären und lokalen Charakter, und manche wurden später abgelöst durch reinere und höhere Formen, oder aber sie verschwanden ganz … Dieser vielfach rein lokale und temporäre Charakter der Form der Offenbarung ist leider allzu oft übersehen und vergessen worden. Daher verewigte der Mensch je und je die Form und tötete den Geist. So entstand in Israel eines Tages jener seelenlose Opferkultus, jene skrupellose Priesterwirtschaft und jenes offenbarungsarme Schriftgelehrtentum, gegen welche von Zeit zu Zeit die wahren Gottespropheten mit solch einer Schärfe in der Vollmacht des Geistes auftraten. 1754

Alles göttliche Heil entsteht durch Offenbarung, lebt von Offenbarung und wird zur Offenbarung. Denn nicht heiliger Genuss, sondern priesterlicher Dienst ist die reife Frucht, das höchste Ergebnis eines begnadeten Menschen in seinem Verkehr mit Gott. 1759

Wo Propheten schwiegen, da redeten die Schriftgelehrten, wo die Offenbarung fehlte, lebte man von der Tradition, wo nicht die schöpferische Kraft des göttlichen Lebens wirkte, da rieb man sich auf im fruchtlosen Dienst einer toten Orthodoxie und Gesetzlichkeit. 1762

Gott ist unendlich mehr als Schöpfung mit der Sprache ihrer ewigen Gesetze. Er ist Offenbarung mit der Sprache seiner ewig gegenwärtigen Liebe. Denn Schöpfung ist Geschehenes, Offenbarung jedoch Geschehendes. Sie ist nicht historische Vergangenheit, sondern ewig lebendige Gegenwart. 1781

Nachdem Noah durch sein Opfer zu Gott geredet hatte, redete Gott zu Noah. Im wirklichen Verkehr mit Gott wechseln Gebet und Offenbarung immer wieder miteinander ab. Die Seele atmet ihr eigenes Leben im Gebet aus und empfängt neues von Gott durch Offenbarung. Es ist jenes Geben und Nehmen, in welchem das ganze Geheimnis unserer Gemeinschaft mit Gott besteht ... Die Lebensgemeinschaft des

Menschen mit der oberen Welt ist niemals nur ein formaler Gottesdienst oder eine kultische Leistung vor Gott, sondern jener innerliche Umgang, da die Seele gibt, was sie besitzt, und empfängt, was Gott ihr darreicht. 1862

Wenn die Schrift bei diesem Verkehr des Menschen mit Gott soviel von Offenbarung spricht, so bezeichnet sie damit jenes göttliche Licht und Leben, die der Mensch von Gott empfängt. Offenbarung ist nichts anderes als Selbstmitteilung Gottes. Was Gott in seiner Fülle an Leben und Licht, an Friede und erlösender Kraft besitzt, sucht er auf dem Wege der Selbstenthüllung denen mitzuteilen, die ihr Leben in ihm gefunden haben. 1863

Glaubensentscheidungen sind Frucht, nicht die Quelle des Glaubens. Die Energie zum Handeln findet der Glaube nicht in sich. Er empfängt sie vom Wort, durch welches Gott zum Menschen spricht. Macht der Mensch das Wort, das an ihn ergeht, zum Inhalt seines Vertrauens, dann empfängt er durch dasselbe auch die Kraft zu einem dem Reden Gottes entsprechenden Handeln. Die Heilige Schrift nennt dieses Reden Offenbarung, Selbstenthüllung Gottes. In allen Glaubensentscheidungen eines Menschen handelt es sich also nicht zuerst um Glauben und dann um Offenbarung. Das Entscheidende ist zunächst immer die Offenbarung und alsdann der Glaube. 1878

In der Welt des Glaubens entsteht alles durch Offenbarung, denn „der Glaube kommt aus der Predigt“. In der Welt des Glaubens lebt alles von der Offenbarung, denn „getrennt von mir könnt ihr nichts tun“. In der Welt des Glaubens wird alles zu einer Offenbarung, denn „wie mich mein Vater gesandt hat in die Welt, so sende ich auch euch in die Welt“. 1895

Jeder geistige Umgang mit Gott hat zwei Pole: Gott als den Sprechenden und den Menschen als den Hörenden ... Gott wird dem Menschen nur nahbar, verständlich durch dessen Offenbarung im lebendigen Wort. Denn im lebendigen Wort liegt das Geheimnis der Inspiration. Daher ist sie so wesensverschieden von jeder Illusion. Wäre Moses Botschaft an sein Volk eine Illusion gewesen, das Volk wäre nach einigem Experimentieren und Vagabundieren samt seinem Propheten an derselben zu Grunde gegangen. Aber Israels Söhne vernahmen in Ägypten das Reden Gottes und wurden durch die Inspiration der Offenbarung zum Volke. Denn durchs Wort werden als Geist dem Menschen jene göttlichen Kräfte vermittelt, die nicht von dieser Welt sind und daher auch über dieselbe hinauszuführen vermögen. 1918

Die Offenbarung der Herrlichkeit Gottes konnte auch Moses nicht sehen. Sie konnte ihm auch nicht durch Erleuchtung werden. Auch im Erkennen vermag der Mensch nicht die Grenze seines menschlichen Daseins zu durchbrechen. Als Geschöpf mit seinem stofflichen Organismus vermag er Gottes Offenbarungen nur in ihrer mannigfaltigen Fleischwerdung zu fassen und zu ertragen. Auch das erleuchtetste Prophetenauge sieht immer nur den Abglanz, die Strahlenbrechung, die Rückseite der vorüberziehenden Herrlichkeit Gottes. Könnte der Mensch Gott ganz fassen, so wäre er Gott. Er bleibt aber als Geschöpf und auch als Prophet nur der nach Maß Empfangende und wird nie der maßlos Besitzende. Er erkennt Gott nur insoweit, als er mit erleuchtetem Auge Gottes Herrlichkeit in ihren mannigfaltigen Erscheinungen und Wirkungen zu sehen und zu fassen vermag. Seine Kraft liegt in seiner Abhängigkeit, sein Reichtum in seinem Empfangen, sein Segen im Weitergeben des in Gott Geschauten. 1925

Gott ist in seiner Offenbarung nicht an heilige Zeiten und auch nicht an heilige Orte gebunden … Nur an heilige Organe ist Gott in seiner Offenbarung gebunden, d. h. an Persönlichkeiten, deren Ohr seine göttliche Sprache versteht, wenn er redet, und deren Mund ihn zu deuten vermag, wenn er zu denen redet, die ihn in seiner Sprache nicht verstehen. Denn Selbstmitteilung, Offenbarung ist Gottes urewiges Wesen und Leben. Was er an Licht, an Wahrheit, an Energien, an Gerechtigkeit, an Freude, an Friede und Segnungen als Leben in sich trägt, möchte er in seiner Liebe denen mitteilen, die dieser Segnungen bedürfen. 2001

Wenn Gott Geschichte schreibt, dann kann er es unter Umständen mit ganz wenigen Sätzen tun. Er hat noch nie Bibliotheken ausgefüllt mit seiner Offenbarung. Er sprach – und blitzartig beleuchtete jeder Satz die Geschichte mit ihren einzelnen Perioden und Katastrophen. 2136

Eine dauernd neutrale Haltung Gott und seiner Offenbarung in Christo Jesu gegenüber gibt es nicht. Der Mensch muss entscheiden, ob er ein Christusjünger oder ein Christusgegner, ein Gotteszeuge oder ein Gottesleugner werden will. Es bleibt dem Menschen das Recht der persönlichen Entscheidung jeder ihm werdenden Gottesoffenbarung gegenüber. Denn die Offenbarung will den Menschen nicht zu einem unpersönlichen Objekt machen. Gott will vielmehr durch sie mit jedem in ein personenhaftes Ich-Du-Verhältnis treten. 2199

Auch in seiner tiefsten Frömmigkeit steht der Mensch der göttlichen Offenbarung ohnmächtig gegenüber. Er vermag mit seinem Geiste nicht in Gottes Leben, Wirken und Geheimnisse einzudringen, sondern ist darauf angewiesen, dass Gott auf dem Wege der Offenbarung in sein Leben eindringt und ihn erleuchtet. Daher kann der einzelne und ein Volk auch nie bis zu Gott, wenn nicht Gott zuvor zum Menschen kam und ihn in sein Licht und sein Wirken hineinzog. 2223

Gottes Offenbarungen zu verstehen, vermag nur, wer sich zuvor von Gott erleuchten lässt. 2232

Gott tritt mit seiner Offenbarung nie in einen leeren Raum. Er spricht nie, ohne dass durch sein Wort Personen oder Zeiten direkt angesprochen werden. Wenn auch in ihrem Inhalt immer übergeschichtlich, so war die göttliche Offenbarung jedoch nie geschichtslos. Die Bibel kennt kein geschichtsloses Denken! 2243

Wir haben uns nicht selbst den Inhalt unserer Verkündigung zu geben. Sie liegt für uns in der Autorität des Worts, in der göttlichen Offenbarung. 2272

Jede einzelne Gottesoffenbarung kann vom Menschen nur in ihrer Geistleiblichkeit vernommen werden. Das Wort der Propheten oder das Zeugnis der Apostel können daher nie etwa nur Geist sein. Sie sind zugleich auch Buchstabe, heilige Schrift. In ihrer Bestimmung und in ihrer Kraft wollen sie aber auch nie nur Buchstabe sein, nur heilige Schrift. Sie sind der Körper des Geistes, der durch sie spricht. Nur Geist ohne Worte endete zu jeder Zeit in einen uferlosen Spiritualismus, Wort ohne Geist führte immer zu einer toten Orthodoxie. 2308

Gottes Gegenwart ist nicht Gericht zum Tode, sondern Friede zum Leben. Gottes Offenbarung führt nicht ins Sterben, sondern aus dem Tode zur Auferstehung! 2364

Das ist das Geheimnis der Offenbarung: in ihr fließen immer göttlicher Auftrag und menschliches Handeln, göttliches Reden und menschliches Aufhorchen, göttliche Mitteilung und menschlicher Glaube zusammen. So wird Gott in seiner Offenbarung Fleisch, um von uns erkannt und verstanden zu werden. 2373

Der alttestamentliche Prophet war ein wandelndes, lebendiges Gotteswort. Er gab sich nicht aus, denn sein Ohr ruhte am Munde Gottes, und hinter seinem Dienst stand von Fall zu Fall der mit seinem Auftrag, der ihn berufen hatte. Nicht die prophetische Mission als solche machte die Gottesknechte oftmals müde; was sie innerlich gelegentlich zusammenbrechen ließ, das war die Schwere ihres Auftrags, der Inhalt ihres Prophetenwortes. Sie lebten nicht von dem einmal von Gott Empfangenen, Gott führte sie von Schau zu Schau, von Offenbarung zu Offenbarung. Wechselte auch nicht der eigentliche Inhalt ihrer prophetischen Botschaft, so wechselte aber doch die bildliche Fassung und die Art der Verkündigung. Daher blieb sie anschaulich, verständlich und lebendig vor den Ohren des Volkes. 2457

Dem Herrn ist es nicht gleichgültig, was mit seinen Offenbarungsworten in der Geschichte wird. Er hat sie nicht gegeben, damit sie mit dem Tode ihrer Vermittler und Dolmetscher auch mit untergehen. Und hört ein Volk in der Gegenwart nicht auf sie, dann wird ein Volk in Zukunft auf sie hören und aus ihrer Predigt den Glauben gewinnen, der der Sieg ist, der die Welt überwindet. 2493

Je bewusster der Mensch der Offenbarung widersteht, desto mehr zwingt sie ihn zu einem offenen Kampfe gegen sie. Die Offenbarung lässt den Menschen nie bleiben, was er bisher war. Sie stellt ihn stets neu vor die Wahl: besser oder schlechter, für die Wahrheit offener oder verschlossener zu werden. Eine dauernde Neutralität dem Sprechen Gottes gegenüber gibt es in der Geschichte nicht. Man wird entweder ein Freund oder ein Widersacher Gottes. 2496

Jojakim hat die Papyrusrollen verbrannt, nicht aber auch das lebendige Prophetenwort. Dies zu tun lag nie in der Macht eines Menschen und wenn er auch die Autorität und Gewalt eines Königs besaß. Wohl sind Bücher und Propheten des Offenbarungswortes innerhalb der Geschichte verbrannt und gekreuzigt worden, nie aber das Offenbarungswort selbst. Dieses wird die Geschichte nie mehr los. Die Zeitalter und Völker werden sich auch in Zukunft mit ihm auseinanderzusetzen haben, wie die große Vergangenheit gezwungen wurde, es zu ihrem Heil oder zu ihrem Gericht zu tun. 2497

Je mehr es einem zur innerlichen Gewissheit wird, dass der jeweilige Durchbruch der göttlichen Offenbarung in und durch die Propheten nur eine erstmalige oder auch wiederholte Enthüllung von dem war, was Gott in seinem Wesen und in seinen unerschütterlichen Heilsabsichten ist, desto mehr wird einem das prophetische Wort trotz seiner zeitlichen, lokalen und individuellen Gebundenheit zu einem Wort von Gott auch für die Gegenwart. 2539

Eine völlig objektive Offenbarung gibt es nicht. Nur Gott allein ist sie. Wir haben immer nur eine durch Menschen vermittelte und somit eine zuvor von Menschen subjektiv erlebte und gedolmetschte Offenbarung. 2559

Göttliche Offenbarung konnte immer nur eine Kraft Gottes in menschlichen Tongefässen sein, nur zeugen wie ein Apostel, jedoch nie herrschen wie eine Königin. 2581

Es gehört zur Größe der göttlichen Offenbarung, dass sie sich in ihrem Reden so stark jener Lebensbilder und Gleichnisse bedient, mit denen der Mensch in seinem jeweiligen Alltagsleben aufs engste verwachsen ist. Das ist die Fleischwerdung des göttlichen Wortes. Die Offenbarung redet menschlich von ewigen Dingen, um vom Menschen verstanden zu werden. 2638

Tabors-Höhen, auf denen wir die Herrlichkeit unseres Meisters schauen dürfen, sind nicht Segnungen einer heiligen Örtlichkeit, sondern allein der göttlichen Offenbarung … Tabors-Höhen können nicht gefunden, sondern nur erlebt werden. 2666

Es liegt bereits im Begriff sich Offenbaren, dass es sich um eine innerhalb der Geschichte sich dauernd vollziehende, vom Menschen zu erkennende und wahrnehmbare Enthüllung oder Selbstmitteilung Gottes handelt. Schlatter hat seinen Römerbriefkommentar unter dem Titel „Gottes Gerechtigkeit“ erscheinen lassen. Er konnte es in der Erkenntnis tun, dass Gerechtigkeit nicht etwa eine Eigenschaft Gottes ist, die im Gegensatz zur Liebe steht. Gottes Gottsein ist schlechthin handelnde Gerechtigkeit, wie er handelnde Allmacht, handelnde Güte, handelnde Barmherzigkeit oder auch handelnder Zorn ist. 2692

Gottvertrauen

Weil er Gott vertraute, verließ Abraham die Gräber und das Land seiner Väter, erwählte Moses die Schmach seiner Brüder, empfing Hannah im Vorhof des Tempels ihren Samuel, harrte Jesaja mit Volk und König aus und rettete Jerusalem von der Hand Sanheribs, kaufte Jeremia angesichts des Untergangs seines Volkes den Acker des Vetters in Anathoth, weil er den für treu erachtete, der ihm eine einstige Heimkehr seines Volkes aus der Gefangenschaft geoffenbart hatte. 1442

„Habe ich dir nicht gesagt?" Mehr als je hat es mich in letzter Zeit bewegt, dass man auch in den Kreisen der Gläubigen so viele Enttäuschungen erlebt. Man vertraute in einer Sache Gott, und doch wurde das Vertrauen nie durch ein Handeln oder Eingreifen Gottes gerechtfertigt. Auch nach langem Warten und Harren nicht. In welch innere Konflikte unsere Seele auch gelegentlich gerät, wenn sie erkennt, dass sie vergeblich gehofft und gewartet hat, das wird jeder aus bitterer Erfahrung wissen. Solches waren immer mit die dunkelsten Zeiten unseres Innenlebens. Da hat mir dieses Wort Jesu an Martha wunderbar mit seinem Lichte gedient. Es zeigte mir, dass es für uns besonders zwei Gefahren geben kann, die beide auf dem Gebiete des Vertrauens liegen. Die eine besteht darin, dass man Gott sucht zu vertrauen, ohne für dieses Vertrauen eine göttliche Grundlage zu haben, und die andere, dass man Gott nicht vertraut, während uns die göttliche Grundlage durch ein Erlebnis gegeben wurde. 1992

Gottvertrauen und ein Leben in religiösen Illusionen können verwandt sein. Auch das Gottvertrauen ist nicht etwas rein Mechanisches oder etwas, mit dem man nach Belieben umgehen könnte ... Gottvertrauen ist organisches Leben. 1993

Auch im Gottvertrauen können wir nie über uns selbst hinaus, d.h. nicht mehr Gottvertrauen äußern, als wir in Wirklichkeit als Leben in uns tragen. Wo wir es dennoch tun, werden wir unwahr. 1994

Wahres Gottvertrauen fließt immer aus einer vorausgegangenen erlebten Selbstoffenbarung Gottes ... Gottvertrauen ist daher ein Einswerden mit Gott: ein Sicheinstellen auf Gottes Verheißung, auf Gottes Pläne und Absichten. 1995

Glaubenserfahrungen anderer und Worte Gottes der Vergangenheit können einerseits wohl zur Weckung und Stärkung auch unseres Vertrauens dienen, wenn Gott sie uns durch ein neues Offenbarungserlebnis zur Grundlage unseres Vertrauens macht. 1997

Heiden

Wo immer Heiden Gott in der Offenbarung seines Willens, wenn auch nur in einzelnen Fragen verstanden und ihm im Geiste zu dienen suchten, so wurde es von Gott zu ihrem Segen und Wohlergehen anerkannt. Er wird es anerkennen und belohnen auch am Tage des Gerichts. 2718

Heilig

Geistiges Leben kann nur vom Geist gezeugt und genährt werden. Heiliges kommt nur vom Heiligen und seinem verborgenen Wirken im innersten Heiligtum unseres Lebens. 1094

Heilige Dinge wollen mit heiligen Händen behandelt werden. Die Reinigung des Tempels wurde nur jenen Priestern und Leviten anvertraut, die sich selbst zuvor für diesen Dienst geheiligt hatten. Nur wer in der Zucht des Geistes steht, ist fähig, auch heilig mit den Unheiligkeiten anderer umzugehen, ohne sich selbst und andere zu verunreinigen. 1434

Niemals machten heilige Wege und Handlungen den Menschen heilig, sondern heilige Menschen heiligten auch ihren Weg und ihre Handlungen. 1797

Menschen, die skrupellos dem Unheiligen leben, verlieren jede Scheu vor dem Heiligen. Despoten, die nur sich selbst kennen, kennen keine Ehrfurcht vor der höchsten Autorität, dem Herrn der Geschichte. 2495

Heilige Schrift

Dieses rein Prinzipielle glaubte ich über die Gottesoffenbarungen des Alten Testaments sagen zu sollen. Vielleicht dient es dazu, dass manchem die Bibel wieder zu einem „lebendigen Wort“ wird, dem sie bisher nur noch „ein heiliges Buch“ war. Wer die großen Aussagen der Bibel, auch im Alten Testament, erst wieder als Offenbarungen Gottes zu erleben vermag, dem ist die Heilige Schrift hinfort kein geisttötender Buchstabe mehr, sondern das geschichtliche Strombett, in dem bis heute für jede dürstende Seele heilbringende Wasser aus der unerschöpflichen Quelle strömen. Wer in der Schrift wieder Gott sucht, wird auch in seinem Leben alsbald entdecken, dass Gott ihn immer gesucht hat und ihm zu einem Gott der Offenbarung und des Heils werden will. Trotz des semitischen Einschlags wird der biblische Kanon des Alten wie des Neuen Testaments ihm nicht nur eine israelitisch-jüdische Nationalliteratur sein, sondern jenes einzige Buch der Menschheit, in dem die größten und höchsten Gottesoffenbarungen der Geschichte gesammelt und festgehalten worden sind. 1087

Die Bibel wird uns zu einem lebendigen Wort, sobald in ihr die Sprache Gottes in der Vergangenheit wieder zu einer Offenbarung für die Gegenwart wird. 1258

Ein alter Theologe soll einst gesagt haben: „Oh, könnte ich die Bibel einmal zum ersten Mal lesen!“ Welch ein tiefer und reiner Seufzer aus der Mitte derer, die da die Bibel so lesen und verstehen möchten, wie Gott sie liest und versteht. Er fühlte offenbar den Druck, der in dem Angelernten, Überlieferten und von anderen Angenommenen auf ihm ruhte und wie dieses alles ihm den Blick trübte für das reine Verständnis der von Gott offenbarten Gesetze des Lebens in der Schrift. Gott liest seine Bibel oft ganz anders, als wir sie lesen, und je ungetrübter unsere Gemeinschaft mit ihm ist, desto reiner und göttlicher wird auch unsere Schrifterkenntnis und unsere Heils- und Lebensanschauung werden. 1414

Die Geschichten der Bibel sind nur der Rahmen für das weit Höhere, das sie uns zu künden hat. Ihre Botschaft ist die Gottesgemeinschaft, in die der Mensch durch Offenbarung hineingezogen wird. Daher hebt sich die Bibel mit ihrem Inhalt auch in so einzigartiger Weise ab von allen anderen Geschichtswerken und literarischen Erscheinungen der übrigen Weltliteratur. 1756

Christus und die Gemeinde sind die beiden großen in sich geschlossenen Lichtkörper, die gegenwärtig der Welt und ihrem Leben mit höherem Licht zu dienen vermögen. Beide sind jedoch umgeben von unzähligen Sternen. Auch sie tragen aus ewigen Fernen ihr Licht in die Nacht der Welt hinein ... Wie viele von den vollendeten Gerechten reden noch, obgleich sie längst gestorben sind. Paulus wirkt mit seinen Briefen und deren Licht heute noch wie ein Programm für alles neue Leben, das aus Gott geboren wird. Die Propheten und die Offenbarung Johannes weiten uns auch heute noch immer wieder den Blick für das Kommende und Zukünftige. Die Psalmen mit ihren Seufzern, Klagen, Wehen und Lobgesängen geben heute noch unserer Seele den Ausdruck für das, was sie an Schmerz und Freude, an Sehnsucht und Hoffnung in sich trägt. Es wölbt sich gleichsam die ganze Bibel mit der Fülle ihres Lichts, mit ihrer unzähligen ausgelebten und bezeugten Wahrheit über uns wie ein Firmament und leuchtet in unser dunkles Leben und in alle unsere Irrungen hinein. 1784

Keine Geschichtsschreibung und keine Überlieferung hat das große Weltgeschehen in seinen inneren Zusammenhängen und äußerlichen Auswirkungen so tief und klar erfasst und dargestellt wie die Bibel. Sie hebt uns aus unserer völkischen Enge, aus unserer nationalen Überlieferung, aus unseren einseitigen Geschichtsdarstellungen und aus unseren subjektiven Wünschen und Urteilen hinaus und stellt uns auf eine höhere, auf eine göttliche Warte und lässt uns von da aus im Lichte der Ewigkeit das Ganze in seinem tiefsten Wesen überblicken. 1830

Es ist hier nun nicht der Raum, um auf die Knechtsgestalt der Heiligen Schrift näher einzugehen. Sie weiß von einem geschichtlichen Entstehen jedes einzelnen Buches. Sie nennt uns jene Menschen, die unter der Einwirkung Gottes entweder nur gesprochen oder auch geschrieben haben. Sie redet von jenen Zeitaltern, wo das Wort der Offenbarung nur durch mündliche Tradition oder aber auf Tontafeln, auf Papyrusstreifen oder auf Pergamentrollen weitergegeben werden konnte. Sie kennt die Versuche, durch die zunächst einzelne Bücher auf Grund mündlicher Überlieferungen oder schriftlicher Aufzeichnung zusammengestellt wurden. Ihr ist nicht unbekannt, dass solch eine Zusammenstellung der verschiedenen Bücher zum alttestamentlichen Kanon erst im Laufe von Jahrhunderten vollendet werden konnte. Die Texte der einzelnen Bücher verraten ihr, dass kein einziges Buch uns in seinem ursprünglichen Textzustand erhalten geblieben ist. Nicht selten ist der Urtext beim Abschreiben verstümmelt oder aber in seinem Inhalt unverständlich überliefert worden. All dieses gehört mit zur Knechtsgestalt der Heiligen Schrift.

Den Menschen blieb aber in jedem Zeitalter die Freiheit, dieser Knechtsgestalt der Bibel gegenüber eine verschiedene Stellung einzunehmen. Unendlich viele zerbrachen innerlich an solch einer Knechtsgestalt der Schrift. Ihr Glaube ans Wort Gottes erlitt Schiffbruch. In ihrer kritischen Stellung sahen sie im Zeugnis der Bücher des Alten Testaments nur noch die Religionsgeschichte des israelitisch-jüdischen Volkes. Das Buch der Bücher lag mithin für sie hinfort auf derselben menschlichen und zeitlichen Ebene wie jedes andere Geschichtsbuch. Verständlich, dass aus diesen Kreisen die schwersten Gegner der Bibel hervorgehen mussten.

Andere suchten sich vor dem Paradoxon des Göttlichen und Menschlichen in der Bibel dadurch zu retten, dass sie auch das Menschliche ins Göttliche erhoben. Sie vergesetzlichten den persönlichen Verkehr mit Gott und töteten durch den Buchstaben den Geist der Schrift. Aus diesen Kreisen gingen in jedem Zeitalter jene Schriftgelehrten hervor, die in ihrem religiösen Fanatismus Christus als die Offenbarung Gottes schlechthin ans Kreuz schlugen. Fehlten in ihrem Zeitalter erst die Stimmen der Propheten, dann redeten alsbald solche Schriftgelehrten. Sie brachten das Volk nicht in eine lebendige Beziehung zu Gott, stellten es vielmehr unter die Herrschaft des Buchstabens und der Religion.

Es gab aber auch immer wieder weiteste Kreise, die sich nicht stießen an der Knechtsgestalt der Bibel. In ihrer Sehnsucht nach Gott gewannen sie ein Ohr für die Sprache Gottes durch die Bibel. Trotz deren Knechtsgestalt blieb ihr Inhalt ihnen das klarste vom Heiligen Geist beglaubigte Zeugnis von Gott. Nicht etwa Ersatz für Gott war ihnen die Bibel. Durch ihre Zeugnisse kam Gott aber immer wieder zu ihnen, um sie zu erleuchten, zu begnadigen, zu stärken und zu erlösen …

Aus diesen Kreisen setzte sich auch im Laufe der letzten zwei Jahrtausende die wahre Kirche Christi zusammen. Sie bekannten in jeder Krisenzeit der Geschichte mit Petrus: Herr, zu wem sollen wir gehen? Du hast Worte des ewigen Lebens! Innerhalb der wahren Kirche war man sich aber auch stets der menschlichen Grenzen im Verständnis der Schrift bewusst … Die in der Schrift forschende Gemeinde durfte zu allen Zeiten damit rechnen, dass der Heilige Geist bereit ist, ihr das Wort der Schrift wirklich als ein Wort von Gott zu erschließen. Er ist der Schöpfer der Schrift, so stark er sich auch der Menschen bediente, um sie durch deren Mitarbeit entstehen zu lassen … Betende Menschen haben nie den Geist der Heiligen Schrift verloren. Ihnen erschloss sich Gott durch die Schrift in seiner Majestät, Herrlichkeit und Erlösung. Nicht fanatische Schriftgelehrte, wohl aber von Gott erleuchtete Persönlichkeiten wurden sie, wenn sie ehrfurchtsvoll zu horchen suchten, was Gott ihnen durch die Schriften des Alten und Neuen Testaments sagen wollte. 1877

Die Bibel will keine Beispielsammlung von frommen Menschen sein. Sie erzählt Geschehenes nicht, weil es mustergültig war, sondern einfach weil es geschah. Sie schreckt nicht davor zurück, auch die Fehler, Schwächen und Verirrungen der alten Glaubensväter zu erzählen. Die kommenden Geschlechter sollen nicht an die Väter, sie sollen an Gott glauben, der mit seiner Offenbarung und seiner Bewahrung hinter deren Leben stand. Stünde deren Leben ungetrübt in der Schrift, dann wäre die Vätergeschichte eine Dichtung. Wüssten wir nicht von ihrem Fallen in Schwachheit und ihrem Auferstehen durch Gnade – sie wären uns Halbgötter, nicht aber Menschen des Glaubens. Wäre ihr Leben ohne jegliche Leidenschaft, die spätere Frömmigkeit würde es dann ihrer Selbstveredelung und Selbstbeherrschung zugeschrieben haben, nicht aber der Gnade. Nicht moralische Vorbilder, von Gott begnadete und zurechtgebrachte und gesegnete Persönlichkeiten haben wir in den Glaubensvätern. 1884

Möge uns der Herr in unserem kirchlichen Leben und damit auch in unserem deutschen Volk bewahren vor einem Schriftgelehrtentum, das sich zwar noch mit dem Buchstaben des Worts oder mit dem Bekenntnis der Kirche beschäftigt, das aber jene schöpferischen Kräfte des überzeitlichen Gotteswortes nicht mehr kennt, das Licht aus der Finsternis und Leben aus dem Tode ruft, um einen Gottestempel zu schaffen, der sich aus lebendigen Steinen erbaut. Ich stehe so stark unter dem Eindruck, dass wir daher als Kirche Jesu Christi heute wieder bewusster als je fragen sollten: Was soll ich rufen? Warum haben so viele unserer Zeitgenossen die Bibel verloren? Warum hat sich so ein Sturm in unserem Volke gegen die Heilige Schrift entfacht? Müssen wir nicht zu unserer Beschämung sagen, dass weiteste Kreise zwar noch den Buchstaben, die inhaltliche Überlieferung kennen, dass ihnen aber die Kraft der göttlichen Offenbarung verborgen bleibt, und das nicht ohne unsere Schuld. Und doch war die Offenbarung nie eine ruhende Größe, sie war stets eine überzeitliche und doch zeitgemäße Gotteskraft! 2171

Fanatismus rettet die Bibel nicht als Gottes Wort, sondern nur als „heiliges“ Buch für Heiligtümer und Museen, nicht aber für die im Kampf der Zeit stehende, mit den Nöten ihres Lebens ringende Gemeinde. Sie kann nur leben von dem, was als Leben zu ihr spricht, was sich als jene Kraft in ihrem Ringen, Dienen und Leiden erweist, durch die sie sich bis zu den Quellen der letzten Wirklichkeit, bis zu Gott und seiner Offenbarung in Christo Jesu, geführt sieht. 2174

Es ist erstaunlich, wie einheitlich das Zeugnis der Heiligen Schrift in der Grundanschauung ist, dass Rettung, Wiederherstellung nur von Gott ausgehen kann. 2427

Man kann die Heilige Schrift von Mose bis zur Offenbarung anerkennen, alles für wahr halten, was in den einzelnen Büchern der Schrift uns berichtet wird, und man hat doch kein lebendiges Gesetz und kein lebendiges Prophetenwort. Man hat den toten Buchstaben, aber nicht den lebendig machenden Geist, der durch die einzelnen Schriften weht. Man sieht in Mose eine Menge von Gesetzen und Vorschriften und gottesdienstlichen Formeln, aber nicht die mannigfaltige Weisheit und Herrlichkeit Gottes, die durch sie in ihren schöpferischen Lebensgesetzen zum Ausdruck kommen … Selbst manche Gotteskinder haben weniger ein lebendiges Gesetz und ein lebendiges Prophetenwort. Sie lesen Mose und die Propheten: es sind ihnen aber verschlossene Heiligtümer. Sie ahnen vielfach etwas von der Herrlichkeit Gottes, die dort wohnt, aber schauen sie nicht … Erst dann fängt die Bibel an, im Leben der Kinder Gottes lebendig zu werden, wenn wir lernen, allein mit dem Meister stille zu sein und seiner Stimme zu lauschen. Wer erst gebeugt vor Gott seine Bibel liest, wird in ihr bald ein weit, weit aufgeschlossenes Heiligtum finden. 2675

Wer mit seinem Meister die Bibel liest, wird in ihr auch bald mehr als nur ein Spruchkästlein finden. Man wird sich nicht nur erquicken an einzelnen Verheißungen und Aussprüchen der Schrift, die aus ihrem Zusammenhang herausgenommen sind, sondern man wird den inneren Zusammenhang des Ganzen schauen und die großen göttlichen Linien respektieren, nach denen Gott handelte und heute noch handelt … Man wird auch lernen, sein Leben weniger nach einzelnen

Aussprüchen der Bibel zu ordnen, sondern nach jenen großen, allgemeinen Grundsätzen Gottes, wie sie durch das Schriftganze zum Ausdruck kommen. Denn bis heute hat sich auch jeder religiöse Irrtum auf Grund einzelner Schriftwahrheiten aufgebaut, die man vom Ganzen und vom Zentrum, von Christus, löste. 2676

Gewiss fände man auch nicht soviel Gesetzlichkeit unter dem Volke Gottes, wenn man in Mose und den Propheten, in den Evangelien und Episteln ein Evangelium und nicht ein Gesetz, eine Gnade und nicht eine Forderung, den Geist, und nicht den Buchstaben finden würde. Denn wo im Leben der Kinder Gottes Gesetzlichkeit ist, da ist auch immer Unduldsamkeit. Wer dem Buchstaben dient, endet immer in der Selbstgerechtigkeit und diese führt zu jener Unduldsamkeit, wo man glaubt, Gott einen Gefallen zu tun, wenn man den Herrn der Herrlichkeit ans Kreuz schlägt. Wem Gott den Geist der Schrift erst erschließen kann, dem hören Mose und die Propheten dann auch auf, nur ein Textbuch zu sein. 2677

Die Bibel will immer wieder nichts anderes mit ihrem gewaltigen Zeugnis, als dass wir durch sie bis zu ihm selbst kommen, damit er Grund und Eckstein in unserer innerlichen Auferbauung werde. Geschieht das nicht, dann werden wir eine Synagoge, dann werden wir eines Tages Schriftgelehrte, die ganz genau wissen, was die Propheten gesagt und die doch eines Tages den Herrn der Herrlichkeit kreuzigen konnten. 2796

Heiliger Geist

Seine Stärke *(gemeint ist J.G. Kargel)* lag in seiner Hingabe an Gott und in seiner Liebe zum Nächsten. Er sagte mir einmal in den Jahren unserer ersten Bekanntschaft, als wir uns über die tiefsten Fragen der Heiligungsbewegung unterhielten: „Es kommt weniger darauf an, ob wir den Heiligen Geist haben, sondern es kommt darauf an, dass der Heilige Geist uns hat.“ Für mich in meinem innerlichen Ringen war es damals ein lösendes Wort. Ich wurde auf eine ganz neue Fährte im Blick auf das Kommen und den Charakter des Reiches Gottes geführt. Wie so manche auch heute noch, so hatte auch ich den Schwerpunkt des Reiches Gottes weit mehr in unserem Tun für Gott als in Gottes Tun für uns gesehen. 1151

Selig diejenigen, die sich nicht über das freie und selbständige Walten und Wirken des Heiligen Geistes ärgern. 1413

Der Heilige Geist wird nie von Gott gegeben, um von uns angewandt zu werden, sondern der Geist erwartet, in uns die Werkzeuge zu finden, die er verwenden darf. Nicht wir sollen seine Autorität sein, sondern er will unsere Autorität werden. 1438

Sind wir uns vor Gott klar geworden, zu welchem Dienst uns der Heilige Geist verwenden will, dann leiden Gottes Aufträge keinen Aufschub mehr. Gott gibt uns nicht neue Offenbarungen und Aufträge, um sie in unserer Vorratskammer aufzubewahren und gelegentlich zu verwenden. Erfordert es die Sache, so müssen selbst eigene Bedürfnisse und sonstige Rücksichten vor der Sache Gottes zurücktreten. 1588

Und bis in unsere Zeit hinein sind dies die Richtlinien der Mission des Heiligen Geistes und seiner von ihm geleiteten Gemeinde geblieben. Man drängt sich selbst nicht vor, verfolgt nicht eigene oder nebensächliche Interessen, sondern stellt den in den Mittelpunkt seiner Arbeit und seiner Wirksamkeit, dem man dient und für den man Seelen zu gewinnen sucht. 1589

Der Heilige Geist zwingt dich nicht, die Berufung anzunehmen, drängt dir die Seligkeit nicht mit unwiderstehlicher Gewalt auf, versetzt dich nicht wider deinen Willen ins Reich Gottes hinein. Er tut von seiner Seite aus zwar alles, um dich durch die Liebe Gottes und die Seligkeit, zu der er dich berufen will, zu bewegen, dich für die selige Gemeinschaft des Sohnes Gottes zu entscheiden. Er hält dir vor Leben und Tod, Licht und Finsternis, Seligkeit und Gericht, jedoch die Wahl musst du selbst treffen. 1591

Heiligung

Selbst im Licht wandelnd, führen Menschen Gottes zum Lichte; selbst im Frieden ruhend, bezeugen sie den Frieden; selbst in der Wahrheit und Gerechtigkeit lebend, werden sie zu einem Programm der Wahrheit und Gerechtigkeit für ihre Zeit. 1264

Gott gehen seine Auserwählten nicht verloren; selbst dann nicht, wenn sie in einem Löwengraben wandern, auf Scheiterhaufen verbrennen, in Folterkammern oder am Kreuze sterben müssen. 1265

Wir erkennen unser eigentliches Wesen erst dann, wenn wir uns einmal im göttlichen Lichte zu sehen bekommen. 1266

Ein Leben im Geiste kann seinen Anfang nehmen durch eine erste erlebte Hingabe an Gott, die Garantien für einen Wandel im Geiste liegen aber im dauernden Umgang mit Gott. 1283

Nicht heilige Stätten heiligen den Menschen und vermitteln ihm Gottes Gegenwart und Offenbarung, sondern gottgeweihte Menschen heiligen durch ihr Leben jeden Ort zu einer Stätte göttlicher Nähe und Offenbarung. 1306

Das Wachsen in der Heiligung ist ein allmählich zunehmendes Unterlassen und Tun. Ein Unterlassen dessen, was den Namen Gottes entheiligen könnte; ein Tun dessen, was zur Heiligung des Namens Gottes dient. Je mehr wir in diesem Unterlassen und in diesem Tun fortschreiten, desto mehr Ehre bringen wir unserem Vater im Himmel. 2329

Nur wer in Christo lebt, kann fortschreiten in der Heiligung, denn dieselbe ist nichts anderes als ein beständiges Vorwärtsschreiten auf dem schmalen Wege des Lebens. Es ist die Heiligung das gesunde Entwickeln der Gläubigen, die sich immer mehr nach ihrem Vorbilde, Christus, gestalten. Wenn ich mit meinem Heilande täglich verkehre und mit ihm einen ununterbrochenen Umgang pflege, so werde ich ohne Treiberei, Künstelei und äußerliche Nachahmung ihm mit jedem Tage ähnlicher werden. Sein Bild wird sich in meinem Leben, d. h. in meiner Gesinnung, in meinen Worten und in meinem Handeln widerspiegeln ... Christo ähnlicher werden, das heißt wachsen in der Heiligung. Je mehr wir in derselben zunehmen, desto mehr werden wir unseren Vater ehren, seinen Namen heilig halten. 2330

Heilsgeschichte

Das Gesamtzeugnis der Schrift wird zu eng gefasst, wenn man nur Antichristentum, Wiederkunft Christi, Auferstehung der Toten, letztes Weltgericht, Erneuerung der kosmischen Welt bis hin zu dem: „Siehe, ich mache alles neu!“ als Endgeschichte ansieht. Das werden zwar gewaltigste, letzte Erscheinungen sein. Sie lassen uns ahnen, wie ernst Gottes Königsherrschaft für alle Zukunft Anspruch erhebt auf Menschen, Völker, Königreiche und Zeitalter. Aber was sich in Jesu Reden, Dienen, Sterben, Auferstehen an Christusherrlichkeit und Reichgottesvollmacht offenbarte, gehört mit zur

Endgeschichte. Die Endgeschichte als Wiederkunft, Auferstehung und Gericht könnte es nie geben ohne jene Anfangsgeschichte. Dem „Siehe, ich mache alles neu!“ ist vorangegangen: „Seht, ich verkündige euch eine große Freude!“ … Die Endzeit setzt die Jetztzeit voraus. Das endgeschichtliche Morgen steckt in seinen Anfängen im angebrochenen Heute … Die Zukunftserwartung der Kirche Christi ist verankert nicht in einer Zukunftsidee. Sie wurzelt in einer geschichtlichen Person … Die Gemeinde steht daher in der Endgeschichte. Nun wartet sie auf die gewaltigen, letzten eschatologischen Enderscheinungen. 1127

Entscheidend in der Zukunftserwartung der Kirche Christi ist nicht diese oder jene Form des Wartens, sondern ihre Grundhaltung des Glaubens zu Christus und der Gottesherrschaft, die mit ihm in die Geschichte getreten ist und je länger, desto offenbarer um eine letzte Vollendung mit ihren großen Begleiterscheinungen ringt. Vielleicht beurteilen wir noch immer alles Weltgeschehen viel zu sehr allein von den Kräften aus, die sich in Völkern und Ländern auswirken. Wir gewinnen jedoch ein allerletztes Urteil über die Ereignisse der Zeit immer erst dann, wenn wir Revolutionen und Wirtschaftskatastrophen, Unruhen im Völkerleben und jedes Ringen um neue Weltanschauungen von der Warte aus sehen lernen, dass alle diese Erscheinungen im engsten Zusammenhang mit Gottes Anspruch auf die Welt stehen. Je länger, intensiver und weltumfassender Gottes Königsherrschaft herabsteigt in die Völkerwelt und deren Geschichte, desto verständlicher werden alle Weltkrisen und Weltkatastrophen. 1129

Nicht der Mensch und sein Glaube, Gott war stets das ursächliche und schöpferische Subjekt in der Welt des Glaubens und der Heilsgeschichte. 1391

Heilsgeschichte wird nicht auf natürlichem Weg fortgepflanzt, sondern muss von Geschlecht zu Geschlecht aufs Neue als eine Gottestat erlebt werden. 1868

Das Alte Testament blieb in all seinen Verheißungen und Glaubenserwartungen offen, bis Gott ihm in Christo einen letzten Inhalt und eine personhafte Erfüllung gab. Damit wurde Christus das Ende einer alttestamentlichen, zugleich aber auch der Anfang einer neutestamentlichen Heilsoffenbarung. Denn in Christo als der Erfüllung der alttestamentlichen lag zugleich eine neue Verheißung, die inhaltlich weit über das alttestamentliche Prophetenwort hinauswies. Daher bleibt wiederum auch das Neue Testament nun offen, und zwar für eine letzte Erfüllung. Auch sie kann nur von Gott allein gegeben werden, und zwar durch die Offenbarung einer letzten Heilsvollendung. Die ganze Heilsgeschichte bliebe sinnlos, wenn sie nur in den gegebenen Verheißungen und Erwartungen der Glaubenden stecken bleiben sollte. Flossen Verheißung und Glaube im Laufe der Geschichte immer neu aus der Offenbarung Gottes, dann finden sie durch Gott auch eine letzte Erfüllung, die weit über alles menschliche Glauben und Verstehen gehen wird. 2283

Im Blick auf das Kommen der Gottesherrschaft gibt es Notwendigkeiten, die sich einfach aus dem Ringen Christi um die Erlösung der Zukunft ergeben. Es sind die Geburtswehen innerhalb der Heilsgeschichte. 2289

Die Heilsoffenbarung kennt in ihrer Geschichte weder Apostel, Propheten und Evangelisten, die nicht für ihre Sendung und Mission durch göttliche Berufung erwählt, durch empfangenen Auftrag bevollmächtigt und für eine besondere Aufgabe begnadigt worden sind. 2290

Das tiefste Geheimnis der neutestamentlichen Heilsgeschichte und der damit verbundenen Vollendung kann nicht von Jesus als dem Sohne Davids, es kann erst von Christus als dem Sohne Gottes verstanden werden. 2295

Es hat kein Zeitalter der Heilsgeschichte gegeben, wo etwa Gott dauernd geschwiegen hätte. Es war immer zunächst Gott, der in seiner Offenbarung hinabstieg zum Menschen, bevor der Mensch in seinem Fall und in seiner Erdgebundenheit einen Weg zurückfand zu Gott. Es war mithin nie zunächst unser Weg zu Gott, den wir innerhalb der Heilsgeschichte gingen. Es war immer zuerst Gottes Weg zu uns, und zwar mittels der Offenbarung. 2309

Der Maßstab, den man auch an eine biblische Geschichtsüberlieferung gelegt hat, ist der der modernen Geschichtsschreibung. Man will die Geschichte auch ohne Gott verstehen. Man will sie sehen allein auf Grund ihrer immanenten Kräfte, ihrer naturgesetzlichen Entwicklung und ihrer menschlichen Größen, die sie hervorgebracht hat. Das Leitmotiv der biblischen Geschichtsdarstellung ist ein anderes. Diese will nicht in erster Linie Geschichte schreiben, sondern das geschichtliche Geschehen deuten, um in demselben Gott zu sehen und zu verstehen. Sie hat weder die dunkelste Nacht noch den anbrechenden Tag mit seinem Lichte zu verschweigen, die ein Volk in seinem geschichtlichen Entstehen und Werden kennt. 2365

In der Geschichte Gottes laufen Gericht und Erlösung in der Regel sehr nahe nebeneinander her. Gott hat noch immer verstanden, mitten in die Gerichte einer alten Welt die Segensaufträge einer neuen hineinzuweben. 2613

Menschen, die dem Ruf der Heilsbotschaft Gottes folgen, erleben durch Christus den Anbruch eines neuen Lebens. Trotz des allgemeinen Gerichtszustandes der Welt leben sie hinfort als Gerechtfertigte im Glaubensumgang mit Gott. Anstatt unter dem Druck der Schuld am Leben zu zerbrechen oder sich zu fürchten vor dem Zorn Gottes, rufen sie im Geiste der Kindschaft: Abba, Vater! Nicht etwa nur als Verheißung spricht Paulus von dem Anbruch solch eines neuen Lebens in Christo. Es ist nicht etwa Leben nur im eschatologischen Sinne, d.h. das erst nach der Auferstehung beginnen soll. Es beginnt bereits jetzt in jedem Gerechtfertigten, obgleich derselbe auch weiter in einer Welt lebt, die unter dem Zorn Gottes steht und die in ihrem Verlauf eine Gerichtsgeschichte ist. 2694

Auch Heilsgeschichte machte und macht Gott nie ohne Menschen, und zwar selbst durch Menschen, wie sie in sich zunächst ohne Heil sind, und nicht erst durch Menschen, wie sie durch das zu offenbarende Heil werden. 2711

Gott entzog Israel dem Einfluss der Heiden, um es zugänglich zu machen für seine Offenbarung. Einen wesentlichen Heilswert hat für Gott immer nur das, was nicht ein Werk des Menschen, sondern eine Schöpfung seines Wortes und seines Geistes ist. Heilswerte waren in jedem Zeitalter der Heilsgeschichte stets nur jene, die sich als eine Frucht göttlicher Heilswirkungen erwiesen. Darum konnte Paulus vorher auch so kühn behaupten, dass der Beschnittene, also der Jude, in seinen Sünden ebenso dem Gericht unterstehe wie jeder Unbeschnittene aus den Nationen. Jedoch einen Vorzug hebt Paulus besonders hervor. Der Jude hat die logia, die Gottesaussprüche. 2719

Heilsgewissheit

Die Einzelnen und Vielen mögen im Laufe der Geschichte fallen, das Königreich der Himmel fällt nicht. 1052

Ob es die Offenbarung in der neutestamentlichen oder die in der alttestamentlichen Geschichte ist, immer erst vermittels des Glaubens wird die objektiv-göttliche Heilsoffenbarung zur subjektiv-menschlichen Heilsgewissheit. 2721

In lebendigen Gemeinden, wie sie durch den Dienst des Paulus geschichtliche Wirklichkeit wurden, werden stets objektive Heilsoffenbarung und subjektive Heilsgewissheit in dauernder Wechselwirkung stehen. Dieses verborgene Ineinanderwirken von Offenbarung und Glaube, von Wort und Geist, vom Kommen Gottes und des Menschen Hingabe darf in der Heilsgeschichte nicht übersehen werden. Der Glaube als Gewissheit ersetzt zwar nie das Wort … Aber das Wort als Inhalt der Offenbarung ersetzt auch nie die Gewissheit. 2722

Herz

Je weniger Raum Gott in uns hat, desto mehr Zutritt und Raum hat das Wesen der Welt in uns. Je weniger Gott über uns verfügt, desto mehr verfügt die Welt über uns. Auf die Dauer wird unser Herz nie leer bleiben. Entweder füllt Gott es aus mit seinem Geist, oder aber die Sünde zieht ein mit ihrem Gesetz und Fluch. 1428

Das Auge wird eines Tages verraten, was das Herz denkt. 2531

Hesekiel

Israel. In den dunkelsten Zeiten des Volkes wurden seine größten Erwartungen geboren. Das Kommende, das Hesekiel erwartete und seinen Leidensgenossen zu verkündigen hatte, war in erster Linie geistlicher Natur. Hesekiels Hoffnungen bewegten sich nicht im Bilde eines jüdischen Weltstaates, sondern im Bilde einer geheiligten Kultusgemeinde. Seine erwartete Erlösung war in erster Linie nicht eine äußerlich-nationale, sondern eine innerlich-persönliche … Dem Einzelnen gegenüber fühlt er sich verantwortlich wie kein Prophet vor ihm. Ihn beherrscht eine Gewissenhaftigkeit und ein Verantwortungsgefühl seinen irrenden und leidenden Brüdern gegenüber, das ihn über alle Durchschnittspropheten hinaus hebt und als einen der großen Söhne Israels auszeichnet. 2011

Dass Hesekiel in seiner Mission nicht nur der schauende Prophet, sondern auch der praktische Seelsorger war, gereichte seiner Zeit und seiner Umgebung gerade zu besonderem Segen. In seiner praktischen Gesinnung und nüchternen Art verlor er über dem Blick für das Zukünftige nicht das Gegenwärtige, im Blick auf das Fehlende nicht das Vorhandene. Er stellte sich mit beiden Füßen auf den Boden der nackten Wirklichkeit und suchte mittels organisatorischer Kleinarbeit das innere und äußere Leben der Entmutigten wieder aufzubauen. 2013

Hirte

Den Gemeinden fehlen vielfach jene Hirten, die von Gott kommend vor die Gemeinde treten. So mancher Seelenhirte sieht zwar den ganzen Jammer und den herrschenden Tod innerhalb seiner Gemeinde, aber ihm fehlt die Botschaft, die zu einem heiligen Erwachen und zu einer Auferstehung der Totengebeine führen könnte. 1120

Wo Hirten zankten, da hungerten die Schafe! 1467

Das Bild von einem Hirten und seiner Herde ist eins der lieblichsten im Orient. Ein getreuer Hirt ist sich seiner Verantwortung für seine Herde bewusst, ihr Wohl und Wehe ist von seiner Fürsorge und Stärke abhängig. Verleugnet er seine verantwortliche Aufgabe, dann zerstreut sich die Herde und geht an Führerlosigkeit zugrunde. 2467

Hören

Gottes Geist hat nie geschwiegen. Er schwieg nicht einmal in der Urzeit, als er vor dem chaotischen Zustand der ersten Schöpfung stand. Er wird auch nicht schweigen in dem vor uns liegenden Jahre. Er hat den Völkern Europas und der ganzen Welt noch unendlich viel zu sagen. Er will sprechen auch zu uns, dem Volk deutscher Zunge. „Wer ein Ohr hat, der höre!" Wohl haben wir Ohren, aber vielfach nicht solche, die auf die Sprache der Ewigkeit eingestellt sind. Wir orientieren uns am Evangelium unserer Großstadtpresse. Wir sind heimisch geworden in der Weltanschauung unserer Romanschriftsteller. Wir lassen uns inspirieren von dem Geiste unserer Zeitströmungen. Uns beschäftigt am tiefsten der Ernst unserer Wirtschaftslage. Wir beteiligen uns am Streit unserer Parteirichtungen. Aber Gott? Für Gottes Botschaft fehlt uns das geöffnete Ohr, für Gottes Welt das erleuchtete Auge. Wohl tragen wir noch ein Gottesbild in uns, aber ein solches, das wir vom Standpunkt unserer Lebens und unserer Zeit aus gewonnen haben. Gott selbst ist uns jedoch so fern, dass wir ihn weder in unserem persönlichen Leben noch im Geschehen der Geschichte zu sehen vermögen. Wir entbehren ihn nicht. Denn in unserer Frömmigkeit, in unserem Wirtschaftsleben und in unserem Staatsaufbau kommen wir aus ohne ihn. Er stört uns nur! Daher fehlt uns ein Weltbild vom Standpunkte Gottes aus, eine Orientierung im Lichte der Ewigkeit, ein Ohr für die Sprache des Geistes in der Gegenwart. 1111

Die Kirche hat nur soviel der Welt von Gott zu künden, als sie zuvor von Gott gehört hat. Hört sie aber Gott reden, dann bedeutet es keine Anmaßung für sie, wenn sie sich mit ihrer Botschaft an die Völker der Welt wendet, sondern dann äußert sich darin nur die Erfassung ihrer göttlichen Berufung und Sendung: ein Prophet der göttlichen Offenbarung und ein Apostel des Gekreuzigten und Auferstandenen zu sein. 1112

Welch ein Erwachen würde in unseren Kirchen, Gemeinden und Gemeinschaften beginnen, wenn man wieder merken würde, dass Christus zu ihnen spricht: Ich kenne deine Werke. Christus selbst will zu allen sprechen, damit die Gemeinde ihn höre. Hört sie ihn nicht, dann wird sie die Stimme eines Fremden hören und in dessen Evangelium ihren Untergang erleben. Eine Christuskirche kann nur durch Christus gesunden und leben. 1178

Gottes Botschaft ist immer total. Sie wendet sich ans ganze Volk, ans ganze Land, an die ganze Kirche, um innerhalb des Ganzen von jedem einzelnen gehört zu werden. 1233

Wer das geistliche Leben und die religiösen Strömungen und Bewegungen von heute kennt, der versteht, wie notwendig uns gerade in unseren Tagen ein ungebrochener Rufton Gottes an seine Gemeinde ist. Stimmen haben wir hin und her. Stimmen vielfach überlaut genug! Stimmen – jedoch vielfach so voll innerer Misstöne, dass eine horchende, wartende Gemeinde nicht mehr weiß, wohin sie sich wenden und worauf sie sich einstellen soll. Religiöser Lärm genug, aber ohne göttliche Offenbarung und Leitung für die Gemeinde. Bekenntnisse genug, aber ohne erlöstes und weltüberwindendes Leben! Prophetensprache genug, aber ohne Prophetenvollmacht und Prophetenseele! Wie unendlich vieles erweist sich heute auf religiösem Gebiet, um mit Paulus zu reden, „als tönendes Erz und als klingende Schelle“. 1235

Möge Gottes Gnade eine weltweite Bewegung entstehen lassen, wo man nicht nur hier in Deutschland oder in Russland oder in Holland, in der Schweiz, in Amerika, sondern bis an die Enden der Erde hin und bis in die Paläste der Starken und bis in die Hütten der Armen hinein den Rufton vernehmen würde: Zu Gott hin, wer Gottes ist! Nicht allein zu unseren Tempeln! Die haben wir genug. Sie haben die Welt nicht gerettet. Auch nicht allein zu unseren Priestern und deren Posaunen. Die hatten wir auch genug. Und sie haben die Welt auch nicht gerettet. Wie viele hatten nur eine mennonitische Posaune, andere nur eine lutherische, noch andere nur eine reformierte oder baptistische oder methodistische. Man kam zu den einzelnen Zelten, aber oft nicht bis zum Herren des Zeltes. Man kam wohl bis zum Priester, aber wie selten über den Priester hinaus zum Hohenpriester. 1236

Gott entgeht auch nicht der leiseste Psalm der Schöpfung, das kleinste Lobopfer der Liebe, der tiefste Angstschrei der Seele und der verborgenste Seufzer der Gerechten. 1780

Man hatte kein Verständnis mehr für die Sprache der Ewigkeit, denn das Ohr hatte sich gewöhnt an die Sprache der Zeit. Untergehende Zeitalter hören zuletzt immer nur sich selbst reden. 1842

Reden kann nur das lebendige Wort, inspirieren nur dessen schöpferische Kraft. Zu hören vermag nur das geweckte Ohr, zu gehorchen nur der geweihte Wille, zu empfangen nur die harrende Seele. 1921

Verschließt das Volk das Ohr des Herzens der lebendigen und warnenden Stimme des Herrn, was nützt dann alle äußerliche Gesetzestreue und formelle Kultushandlung? 2440

Wer Gott verlässt, endet immer beim Menschen, wem Gott nicht mehr antworten kann, der sucht Antwort bei der Wahrsagerin zu Endor. Wer wie Saul dauernd die Stimme lebender Propheten verachtet, wird eines Tages die Stimme toter Propheten hören wollen. 2537

Wenn der Herr spricht, hört der Mensch keine großen Volksreden, aber er sieht plötzlich sein eigen Bild im Lichte der Ewigkeit. Und vor diesem erschrickt er. Es reißt den ganzen Zwiespalt auf, von dem er keine Ahnung hatte und in dem er dennoch lebte. Wahrlich, ein Erwachen, das entweder zur Hingabe an das Licht oder zum Kampf wider das Licht führen muss! Die Neutralität des Lebens hört auf, sobald der Mensch mit der Welt Gottes und dessen Licht auf Grund prophetischer Botschaft in Verbindung kommt. 2635

Schöpferische Kräfte werden dauernd nur durch den Umgang mit dem Schöpfer selbst gewonnen. Eine geübte Zunge für den Dienst an den Müden gewinnt man nur, wenn man hören gelernt hat wie ein Jünger und sich jeden Morgen das Ohr öffnen lässt für die Aufgaben des Tages. Dauernd und fruchtbringend zu dienen vermag nur, wer sich zuvor dauernd von oben dienen lässt. 2661

In uns selbst sind wir keine lebendige Quelle, die immer frisches, lebendiges Wasser zu geben vermag, sondern wir sind nur Kanäle jener einen Quelle, die Christus ist. Wer aus dieser Quelle in der Stille sich füllen lässt, wird im Geräusch des Tages immer wieder auch quellfrisches Wasser zu geben haben. Fruchtbar und frisch bleiben allein jene Jünger, die Zeit haben zu hören, wenn ihr Meister redet. 2662

Kein Wunder, wenn wir im Dienst versagen und unser Innenleben leer wird und unsere Worte ohne Seele und ohne Klang der Ewigkeit sind, wenn wir uns die Gelegenheit entgehen lassen, wo der Meister zunächst uns dienen möchte, bevor wir anderen zu dienen haben. Unser Gott hat Zeit, mit uns zu reden, wenn wir nur Zeit haben, ihn zu hören. 2663

Hoffnung

Ich muss offen sagen, wenn ich nicht diese Hoffnung hätte, dass das Kommende an Herrlichkeit das Vergangene übertreffen wird, dann würde auch ich den Mut verlieren, ja, ihn längst verloren haben. Aber wer Geschichte und die damit verbundene Heilsgeschichte kennt, der weiß, dass Gott noch immer nach diesem Gesetz gehandelt hat. Wir wollen daher mit der siegesgewissen Hoffnung weiterdienen: Wenn auch manches zusammengebrochen ist und manches noch zusammenbrechen wird, werden wir Instrumente des lebendigen Gottes sein, durch welche der Geist Gottes wieder über einer untergegangenen Welt schweben kann, dann entsteht durch sein Wirken wieder Neues aus den Ruinen der Vergangenheit: ein Tempel Gottes, der mehr von der Herrlichkeit, mehr von der Majestät Gottes und der Herrschaft unseres Herrn Jesus in sich tragen wird als alles Vergangene und Untergegangene. 1095

So voll die uns überlieferte Literatur der Propheten auch von Gerichten ist, sie ist dabei doch nie ohne Hoffnung. Denn das erleuchtete Auge des Propheten sah mehr als nur Gericht: es sah auch das neue Leben, das Gott zu geben vermag. So dunkel auch das Gewölk war, das sich zur Entladung über ihre

Zeit zusammenzog, es vermochte ihrem Glauben doch nicht den Blick zu nehmen für den Anbruch eines neuen Tages. Aus all dem Wirrwarr ihrer Tage, aus all der Empörung und der Wehklage ihrer Zeit stellten sie sich auf die prophetische Warte und fragten: Hüter, ist die Nacht bald hin? Mit dem Ohr eines Geübten horchten sie, ob nicht das Rauschen der Lebenswasser einer neuen Heilszeit zu hören sei. Das machte sie stark im Tragen des Gegenwärtigen und groß im Hoffen auf das Kommende. 1481

Wie leer war Salomos Weisheit im Vergleich zu der ganz großen Jesusbotschaft: Das Reich ist unter euch getreten! Welch ein Lebenspessimismus spricht z. B. aus dem „Prediger Salomo“: Alles ist eitel und ein Haschen nach Wind! Was Wunder, wenn man den „Prediger“ daher den Schopenhauer des israelitischen Volkes genannt hat. In welchem Gegensatz stehen dazu die Lebensbejahung Jesu und die lebendige Hoffnung, die er der Welt gebracht hat. 1557

Eine Hoffnung, die aus wahrer Prophetenschau geboren wird, ist kühn und groß in ihren Erwartungen wie Gott selbst. 2646

Islam

Als Mohammed mehr als anderthalb Jahrtausende später seine vermeintliche Offenbarung empfing, lautete sie: „Lies!“ Das Blatt eines Buches wurde ihm gezeigt, ein Buch wurde ihm vom Erzengel in der Nacht der Offenbarung vom Himmel hernieder gebracht. So ward bereits in seiner Geburt der Islam eine „Buchreligion“. Sie steht seitdem zwischen dem anbetenden Muslim und seinem Gott. Gott thront in seinen höchsten Himmeln und alles, was er dem Menschen zu schenken vermochte, war – ein Buch. Die göttliche Offen-

barung an Israel lautete: „Höre!" Nie war es ihre Absicht, dass etwa die göttliche Offenbarung durch Gesetz und Propheten, durch Psalmen und Apostel in diesem Sinne „Buch" werden sollte.
1920

Israel

Kein Volk der Geschichte hat der Welt solch unvergängliche Werte vermittelt wie das israelitisch-jüdische. Seine Zerstreuung unter die Völker ist für das Volk weit mehr mit Segen verwoben, als man zu ahnen wagt. Denn man kann nicht sagen, was aus dem Volke geworden wäre, wenn es seine Selbständigkeit in Palästina behalten hätte. Die Völkerstürme, die in den späteren Jahrhunderten über diesen Flecken Erde immer wieder hin und her wogten, hätten es, menschlich gesprochen, gar leicht von der Erde hinwegfegen können. Aber Gottes Gerichte haben Israel für mehr als 2 000 Jahre in die Arche der Völkerwelt gesteckt, damit das Volk nicht untergehe in den Fluten, die über die Erde kommen würden. Gott selbst schloss die Arche zu und nahm den Schlüssel in seine Hand. Aber der Gott, der die Arche schloss, wird sie auch wieder öffnen. Denn Israel ist nicht ohne Zukunft, trotz seiner Verbannung, nicht ohne Segen, trotz seines Gerichts. Es wird geschult und erzogen von allen Völkern. Die ganze Welt ist seine Schule, alle Intelligenzen sind seine Lehrmeister. Es lernt das Höchste und Edelste eines jeden Volkes kennen und sammelt Erfahrungen aus den Torheiten der Herrschenden. Wird es erst wiederkehren in das alte Erbe seiner Väter, dann bringt es einen Schatz von Erfahrung und Wissen zusammen, wie kein anderes Volk der Erde ihn besitzt. Hat Israels Leidensgeschichte zunächst auch noch nicht ihren Abschluss gefunden, so legt sie doch heute schon ein einzigartiges Zeugnis davon ab, dass in Gottes Gerichten vielfach weit mehr Erbarmen waltet und mehr heilbringende Vorsorge, als wir mit unsern beschränkten Blicken zu schauen vermögen. 1444

Nur von Gott und seiner Offenbarung und nicht vom Menschen und seiner Reflektion her ist jenes Leben mit seinem Zeugnis zu verstehen, dem wir in den Schriften des alttestamentlichen Kanons begegnen. Einerseits ist dieses Leben so natürlich, so diesseitig, so menschlich – und doch wiederum so ganz anders als das Leben jener Personen und Völker, die in ihrem Geiste keinen Raum für die neuschaffenden Kräfte der göttlichen Offenbarung hatten. So wahr es auch ist, dass Israels Ursprung und Geschichte einerseits ganz das Antlitz der anderen semitischen Nachbarvölker trägt, so ist es andererseits doch nicht dasselbe Bild. Es liegt in seinen Glaubensvätern, in seiner Geschichte, in seinen Propheten so etwas Rätselhaftes, Unerklärbares, Prophetisches, das über das rein Menschliche, Geschichtliche und Völkische hinaus auf höhere Quellen hinweist. Es brach im Leben dieses Volkes so unendlich viel, zwar nur bruchstückartig, unvollkommen, zeitlich begrenzt und gebunden, aber doch als göttliche Offenbarung hindurch, welche Israel in seinem Verhältnis zu Gott, in seiner Weltanschauung, in seinem religiösen und gesellschaftlichen Leben und in seinen Zukunftserwartungen weit über seine Nachbarvölker hinaushob. 1739

Was Israel von seinem ersten Werden an einigte und in seiner Geschichte immer wieder geeinigt hat, waren nicht der Besitz seines Landes, nicht die Einheit seiner Sprache, nicht sein einheitlicher späterer Opferkultus, nicht sein gesetzlich gepflegter Tempeldienst, sondern das war Gott. Er erlöste sich das Volk zum Eigentumsvolk durch seine Macht und leitete es durch seine Offenbarung und gab ihm durch seinen starken Arm eine neue Zukunft. 1911

Israel wuchs – trotz allen Gespötts, sah sich gesegnet – trotz seiner Aussperrung, ging nicht unter – trotz seiner Leiden, segnete – trotz der Feindschaft von Seiten der Welt. 1917

Gott gab sich selbst in seiner Offenbarung im Wort, aber dieses Wort hat Israel nur als ein Gesetz auf steinernen Tafeln und nicht als schöpferische Offenbarung in seinem Leben und in seiner Geschichte festgehalten. Es gewann im Laufe der Jahrhunderte aus den Reden Gottes zwar ein „heiliges Buch", aber verlor das innere Ohr für das „lebendige Wort", in dem allein inspirierende Kraft und schöpferische Wirkung liegt. 1919

Das tiefste Geheimnis der Unsterblichkeit Israels trotz all seiner erduldeten Heimsuchungen und Gerichte ist seine von Gott empfangene Thora. 1943

Es währte nicht lange, da knüpfte die jüdische Gemeinde alle Hoffnungen für eine gesegnete Zukunft wieder weit mehr an eine rituelle Institution als an eine Person, mehr an Gesetz und Kultus als an den Gott des Lebens und der Geschichte, mehr an äußere Gesetzesreinheit als an eine innerliche Herzenseinstellung auf Gott hin. Gerade aus diesem Kultischen und Gesetzlichen schöpfte später jene fanatische Pharisäerreligion und jenes rabbinische Schriftgelehrtentum seine innere Kraft, mit dem Jesus den schwersten Kampf zu führen hatte. Auf Gesetz und Propheten sich berufend, in Tempel und Kultus ewige, göttliche Einrichtung für den Verkehr der Seele mit Gott schauend, schlugen sie den ans Kreuz, der den Umgang mit Gott an ein reines Herz und nicht an Tempel und Opfer gebunden hatte. 2017

Wäre Israels Gott und Retter nicht größer gewesen als Israels Glaube und Hingabe, es wäre in seinen Sünden untergegangen und von seinen Nachbarn aufgerieben worden. Durch ihr ewiges Eingreifen in das Schicksal Israels hat aber die Barmherzigkeit Gottes für alle Zeiten manifestiert, dass sie auch in ihrer Gerechtigkeit nicht den Tod des Sünders will, sondern dass er sich bekehre und lebe. 2337

Auch im Gericht nicht verlassen, auch in der Fremde nicht untergehend, auch im Irren nicht ohne Ziel, auch in der Nacht nicht ohne Tagesahnungen – das bleibt bis heute das Geheimnis Israels! 2397

Es bedeutete für die Alten Völker ein Aufgeben ihrer selbst, ihrer Sitten, ihres Kultus, ihrer angeblichen Stärke, ihrer völkischen Eigenart, wenn sie ihre Götter verließen. Wenn das die Heiden nicht taten, noch viel weniger konnte man das von Israel erwarten. Dass Israel ein Volk geworden und durch die Jahrhunderte hindurch bisher ein Volk geblieben war, das verdankte es dem Handeln des lebendigen Gottes. Er war durch seine Offenbarung in das Leben Abrahams getreten und hatte die Stämme Jakobs mit starker Hand aus der Knechtschaft Ägyptens geführt. Durch Josua hatte der dem Volk eine Heimat geschenkt. Mit der Berufung Davids war das Volk groß und stark geworden, und es hatte die Grenzen seines Landes weit in die Nachbarstaaten hineintragen können. Nicht als einen völkischen Götzen in seiner Ohnmacht, sondern als den Herrn der Geschichte hatte Israel Jahve erlebt. Er war des Volkes Ruhm und Herrlichkeit. 2421

Sooft Israel nach den Machtmitteln schielte, durch die die Weltvölker vorübergehend groß und stark geworden waren, verleugnete es seine Berufung und seine Sonderstellung im Völkerleben. Oder wenn in Zeiten politischer Nöte, wenn die Völker wie hochgepeitschte, wilde Meereswogen waren, Israel seine Rettung im Anschluss an die stärkste Weltmacht suchte, anstatt sich vertrauensvoll Jahve als dem Herrn der Weltgeschichte zu überlassen, da war es wiederum Abfall von Gott. 2424

Was Israel bestimmte in seiner Lebensanschauung und was dies Volk zu solch einem Geheimnis machte unter den Völkern, das war seine höhere Orientierung, das war der innere Lebensumgang mit Gott, das war, dass Gott seinem Volke hatte zu einer Offenbarung werden können. Und wenn Gott zunächst auch nicht mit seinem ganzen Volke verkehren konnte, so konnte er doch mit ihm durch seine Propheten und Priester verkehren. Von seinen Propheten wissen wir, dass sie von sich sagen konnten: „Der Herr hat mir ein offenes Ohr gegeben, dass ich höre …“ 2790

Gottes Volk kennt andere Quellen und darum ist das ganze Lebensprogramm dieses Volkes auch ganz anderer Natur. Die anderen Völker schreiben immer wieder auf ihr Programm: Selbstbehauptung, Herrschaft! Es ist das der Gang der Geschichte: wenn ein Volk nicht mehr herrscht, wird es beherrscht. Es geht gar nicht anders. Hier ist ein Volk, das nie seine Stärke im Herrschen hat. Ich betone noch einmal: Als Israel herrschte, war es am schwächsten. Israel verlor sein Eden, als es sein Manna der Wüste aufgab und anfing, von dem Manna der Völkerwelt zu essen. Israel war nur stark in seinem Programm, Israel war nur stark in seinem prophetischen Dienst, Israel war dann eine Nation, wenn es am lautesten die Majestät Gottes verkündigte, und es in seiner Ohnmacht, letzthin auch in seinem Leiden bekundete: Gott ist gegenwärtig! 2791

Jeremia

Sprecher, die rein berufsmäßig propheteten, hatte Israel genug. Um einen solchen konnte es sich für Gott nicht handeln, als er mit seiner Erwählung und Berufung in das junge Leben eines Jeremia trat. Sie redeten, aber nicht Worte Gottes; sie schauten, aber nicht auf Grund vorangegangener Offenbarung; sie urteilten, aber nach dem politischen Willen des Volkes. Der Prophet, durch den Gott zu Juda und zu den Völkern reden wollte, musste seinen Beruf auf einer ganz anderen geistlichen Ebene erfüllen. Weder Ekstase noch angeblich übernatürliches Wissen, weder Hingabe ans Volk noch kultische Berauschung genügten da: Prophet konnte nur ein an Gottes Auftrag und an Gottes Wort Gebundener sein. 2414

Nicht der Leiden, der Feindschaft, der Kämpfe, des Hasses soll Jeremia in der Hingabe an seine Mission überhoben werden. Die letzte Verantwortung für sein Leben wird aber der tragen, der ihn berufen hat. Gott, der seine Boten sendet, ist auch der Herr ihrer Feinde. Steht er hinter seinen Berufenen, begleitet er sie während der Erfüllung ihrer Sendung, dann zerbricht nicht der Prophet in seiner Schwachheit am Feinde, es zerbricht dann der Feind trotz seiner Stärke in seinem Kampf gegen den Propheten. Dann rettet nicht die Politik der Kabinette das Volk vor Gericht und Untergang. Rettung kommt dann den Völkern nur durch das Wort des Herrn, das ihnen durch seinen Propheten gesagt wird. 2417

Noch mehr als in den modernen Zeiten war in der Alten Welt das Volk in der Regel das, was seine Führerschichten aus ihm machten. Wurde deren skrupelloses Leben zur öffentlichen Staatsmoral, dann entsprachen auch das Volksleben und das Staatsrecht alsbald einer solchen Moral. Erschütternd ist daher das Urteil, das Jeremia über Judas Führung im

Wirtschaftsleben und im Kultusdienste zu fällen hat. Die wirtschaftlich Starken erweisen sich ebenso beutegierig wie die Weltmächte in ihrem Hunger nach Ländern und Völkern. Und das den eigenen Volksgenossen gegenüber! Über den Gewinn der Erde haben sie ihren Bruder verloren. Sie knien vor dem Mammon und zertreten die Seele und das Recht des Nächsten. 2434

Jeremia fordert die Erneuerung des Lebens, nicht aber mystischen Tempelglauben. Schon längst hatte er unter der Theologie jener unter Josias Reformbestrebungen stark gewordenen Richtung gelitten, die in der äußeren Gesetzeserfüllung den Bestand Judas gesichert sah. Sie verlegte das Glaubensverhältnis eines Volkes zu Gott in die gesetzliche Pflege von Heiligtum, Opfern, Sabbaten und Jahresfesten. In dieser Orthodoxie, nicht im Wandel vor Gott, liege Judas Sein und Zukunft. Welch eine Abgötterei das Volk in solcher Einstellung mit dem Heiligen trieb, das dem Glauben als Ausdruck seines Verhältnisses zu Gott zu dienen, nie aber das Verhältnis selbst zu ersetzen vermag, erkannte man nicht. Kultuspflege war Ersatz für Glaubensgemeinschaft geworden! 2442

Seelischer Schmerz kann viel tiefer sein als ein physischer, denn in ihm leidet die eigentliche Persönlichkeit eines Menschen ... Jeremias Prophetenschmerz, Jeremias Verzagtheit und Jeremias Wehklage: aus allem spricht, welchen Anteil der Prophet an der Geschichte seines Volkes nahm. 2450

Es bleibt das Große an der göttlichen Offenbarung, dass sie Knechtsgestalt annimmt und hinabsteigt in die Sprache jenes Volkes, zu dem sie reden will. Im Lande der Feigenbäume und Weinstöcke kannte auch der Ärmste die Feigenkörbe mit ihren Früchten auf den Marktplätzen der Städte und Ortschaften. Während sie aber den Hunderten, Tausenden, die an ihnen täglich, wöchentlich vorübergingen, nichts sagten, wurden sie dem Propheten Jeremia auf dem Tempelhof zu einer neuen Schau über die innerliche Entwicklung, die die im Exil Babels lebende Judenschaft machen würde. Die Gefangenen durchleben alle ein und dasselbe Gericht im fremden Lande. Der geistliche Ertrag des durchlebten Exils wird jedoch bei vielen ein sehr erfreulicher sein. Das wird dem Propheten an dem einen der zwei Feigenkörbe mit seinen guten Früchten enthüllt. In dem einen Korb sah Jeremia Frühfeigen, und zwar sehr gute, im andern waren dagegen sehr schlechte, ungenießbare Feigen. 2470

Wird ein Mensch von Gott mit der Vollmacht seines Wortes begnadet, dann hat er Autorität, mit einer Botschaft auch vor die Autoritäten der Völker zu treten. Jeremia tat es durch Symbol und Wort. Ein hölzernes Jochholz musste er sich auf den Nacken legen und es mit sich durch Stricke verbinden. Die Symbolsprache eines Joches war im Orient nicht unbekannt. Man wusste mithin, dass es sich hier um das Joch Nebukadnezars handle, das auf dem Nacken der kleinen Völker laste. Aber erst die klare Deutung durch Jahves Wort gab der sinnbildlichen Handlung den tiefen Inhalt und die klare Sprache. Der Prophet will nicht schauspielern, hat keine Zeit, die Gesandten der Völker zu ergötzen, er will letzte Antwort auf schwerste Fragen geben. Auch wenn sie politischer Natur sind und er nur Prophet ist. Gott zieht auch die Politik der Völker in sein Urteil und will durch seinen Propheten auch den heidnischen Staaten zu deren Heil mit seinem Lichte dienen. Ihm ist es auch im Gericht nicht um den Untergang der Völker zu tun, sondern um deren Heimsuchung, damit sie durchs Gericht eine neue, gerechtere Zukunft gewinnen sollen. 2471

Es ist verständlich, wie ernüchternd und beruhigend dieser seelsorgerliche Hirtenbrief auf alle erregten Gemüter innerhalb der Exilgemeinde wirken musste. Er enthielt keine Predigt, keine besonderen Trostsprüche, kein Bemitleiden der Verbannten. Er spricht nur von den nächstliegenden, alltäglichen Dingen und Lebensaufgaben, durch die allein der Bestand und die Zukunft des Volkes gesichert werden können. Wie wenig Menschen, die Gott in seinen Bann gezogen hat, Schwärmer oder überspannte Jenseitsmenschen sind, sondern nüchtern unter den Nüchternsten leben, mit beiden Füßen auf der Erde und in der Geschichte stehen, das enthüllt dieser Hirtenbrief. Entsprechend lauter und innig deren Beziehung zu Gott ist, dementsprechend lauter und nüchtern ist auch ihre Beziehung zu ihrem Volk und zur Heimat. Sie sind nicht mystisch verliebt in Blut und Boden, heiligen aber durch ihre ehrfurchtsvolle Beziehung zum Herrn der Schöpfung ihre schöpfungsmäßige Verbundenheit mit Blut und Boden. 2478

Die Prophetenbotschaft musste die bisherige religiös-gesetzliche Enge des Volkes völlig sprengen. Nie war der Exilgemeinde bisher ein solcher Weitblick in die Geschichte Gottes mit seinem Volke gegeben worden, Israel als Gottes Eigentumsvolk könne nur heiligen Boden zu seiner Heimat haben, nur Früchte essen, die durch die Erstlingsgaben geweiht waren, nur Ehen schließen, die unter dem Segen gesalbter Priesterhände geschlossen waren, nur in einem Heiligtum die Seele anbetend zu Gott erheben, das nie durch Fremde entweiht worden war. In solch einer Gesetzeswelt war man bisher erzogen worden. Jeremias Brief durchbrach alle diese gesetzlichen Bestimmungen. 2480

Auch heidnischer Boden wird heiliges Land, wenn erst ein zu Gott zurückkehrendes Volk darinnen lebt … Gerade Babel musste dem Volk, das sich in seiner Anbetung und in seiner Erhebung zu Gott gesetzlich an heilige Tempel und an geweihte Opferaltäre gebunden wusste, den Blick dafür weiten, dass der Herr überall wohnen will bei denen, die zerschlagenen Herzens und gedemütigten Geistes sind. Gilt es, die Zukunft des Volkes zu retten, so ist es nicht nur im heiligen Lande eine von Gott gesegnete Schöpfungsordnung, Söhne und Töchter zu zeugen und gesundes Familienleben zu pflegen. Dieselbe Ordnung gilt erst recht in jener Fremde, die mit ihren siebzig Jahren des Exils dem Volke eine Zeit der Erholung und der neuen Kräftesammlung sein soll, da es im Gericht fast aufgerieben worden war … Das war eine völlige Umwertung jener heiligen Werte, die das Volk auf Grund der bisherigen Gesetzesdeutung und seiner entsprechenden Erziehung durch Priester und Thoralehrer besaß. Menschen, die im Kultus das Wesen, im Umgang mit Gott nur das Unwesentliche sahen, mussten innerlich an solch einer Umwertung zerbrechen. Bricht der Tempel in Jerusalem zusammen, dann gibt es für sie keine Erhebung mehr zu Gott. Lodert auf dem Altar nicht mehr das Feuer des Sündopfers, dann ringen sie hinfort vergeblich um eine Vergebung ihrer Sünden. Ist ihnen die Möglichkeit genommen, ihren Dank für Gottes Eingreifen in ihr Leben durch ein Brandopfer zu bekunden, dann muss derselbe zu den heiligen Opferstätten nach Bethel, Gilgal und Beerseba pilgern, dann suchen sie im Leben vergeblich nach einem Weg zu Gott. Hören sie erst nicht mehr die Propheten reden und die Thoralehrer Gesetzesworte deuten, dann haben sie kein Wort Gottes mehr und ihr Leben ist hinfort ohne göttliche Unterweisung. 2481

Jeremia musste reden, wie er redete und schreiben, wie er schrieb. Denn Gott wollte im Exil jene Synagogengemeinden werden lassen, die Gott würden zu finden suchen, auch ohne den Tempelkult zu Jerusalem. Das Forschen in der Thora, das Lesen in den Gesetzes- und Prophetenrollen sollen sie nicht weiter abhängig machen von der Anwesenheit von Priestern und Schriftgelehrten. Sobald die Notwendigkeit vorliegen wird, soll auch irgendein kundiges Gemeindeglied zum Vorlesen und Beten berechtigt sein. Der Kultus muss in Zukunft vor der Heiligkeit der Gemeinschaft, der gesetzliche Mittlerdienst vor dem persönlichen Umgang mit Gott zurücktreten. 2482

Kein anderer Prophet hat durch sein Wort so Wesentliches für einen Übergang beigetragen wie gerade Jeremia, der Künder eines Neuen Bundes. Was das in der Zukunft für die großen, überall entstandenen Diasporagemeinden in der ganzen Welt bedeuten würde, konnten die Gemeinden des Exils kaum ahnen. Wäre aber diese Umwertung nicht gekommen, dann hätte das fromme Judentum überall in der Fremde seelisch und religiös zugrunde gehen müssen. Es musste durch Gottes Offenbarung und dessen Propheten darauf geführt werden, dass der Gott der Offenbarung und der Geschichte ihrer Väter jenseits von Tempeln, Kultus und Altären stehe. Der geistige Verkehr von Person zu Person, das Zelten innerhalb einer lebendigen Volksgemeinde, die Anbetung im Geist und in der Wahrheit wird ihm in Zukunft unendlich viel wesentlicher und heiliger sein, als Tempel, Opfer und Altar ihm je gewesen waren. Was im Gericht jetzt stirbt, war zeitbedingt und endlich, was durch den Geist in Zukunft erstehen soll, wird welterlösend und unendlich sein! 2483

Wahrlich, Augenblicke, die zu jeder Zeit zu den gespanntesten der Weltgeschichte gehörten: Gott hat gesprochen durch seinen Propheten, und die Welt hat gesprochen durch ihre Autoritäten! Autorität steht hinfort gegen Autorität, Urteil gegen Urteil, Pflicht gegen Pflicht, Gehorsam gegen Gehorsam! Das sind Stunden letzter Spannung, schwerster Entscheidung, nicht zu ermessender Tragweite! Die Gegensätze zwischen Welt und Gott, Selbsttäuschung und Offenbarung, menschlicher Autorität und göttlicher Souveränität, stellen sich plötzlich in menschlichen Persönlichkeiten jedem erkennbar dar. Alle Welt wird in Atem gehalten und vor die Frage gestellt, wen wird die Zukunft rechtfertigen! 2502

Nicht jeder Prophet hätte wie ein Jeremia den Hochdruck der Spannungen bis zu dem Augenblick aushalten können, wo eine für alle sichtbare Entscheidung fiel. Wie unendlich viel mehr hätte Gott für das Offenbarwerden seiner Herrschaft erreichen können, wenn ihm in der Geschichte mehr Persönlichkeiten zur Verfügung gestanden hätten, die den Mut aufzubringen wagten, dass an ihnen die ganze Spannung zwischen Weltmacht und Gottesreich zum letzten Austrag kommen könnte. 2503

Einzelne und Völker haben in den späteren Jahrtausenden erkannt, dass Gott in Jeremia der Welt einen Propheten geschenkt hat, dessen Worte zu allen Zeiten den Menschen vor die Wahl zwischen Leben und Tod, vor die Entscheidung für Gott oder wider Gott stellten. 2510

Jerusalem

Selbst das in der Offenbarung uns verheißene neue Jerusalem würde uns mit seinen Toren aus Perlen und seinen Gassen von Gold ein ewiger Kerker sein, wenn wir in ihm nicht den

Stuhl Gottes und des Lammes fänden, das heißt, die Gemeinschaft mit dem, dessen Geist die Vollendung beherrschen wird. 1333

Wenn Jerusalem in der Geschichte wirklich Jerusalem war, dann war nie Babel der Gegenstand ihrer Bekämpfung, sondern das Missionsgebiet ihres prophetischen Dienstes. Ihre Ziele sind nicht gewaltsame Unterwerfung, sondern innerliche Gewinnung: aus Feinden sollen Freunde Gottes werden. Jerusalem konnte sich in seinem Kampfe daher immer nur als Prophetin mit der Thorarolle, aber niemals als Ritter mit dem Schwerte behaupten. Die Kirche war nie eine Jungfrau von Orleans. 2210

Jesaja

Mehr als fünfzig Jahre lang war Jesaja die vernehmbare Stimme Gottes im Gewoge seiner Zeit. In Jerusalem lebend lauschte er mit geöffnetem Prophetenohr dem wechselvollen Pulsschlag des politischen und religiösen Lebens seines Volkes. Was sein Ohr hier erlauschte, brachte er in das Allerheiligste seines Gottes, wog im göttlichen Lichte ab, was gottgewollt und was nicht gottgewollt sein könne. Furchtlos kündete alsdann seine Prophetenstimme, was ihm an Licht und an Auftrag von Gott für sein Volk geworden war.

So vielseitig und mannigfaltig sein Dienen auch war, es war dasselbe doch von einem großen Gedanken beherrscht: Von der souveränen Machtstellung Gottes in allem Weltgeschehen. Jenen Eindruck von der alles beherrschenden Majestät Gottes, den er bei seiner Berufung empfangen hatte, hat er nie vergessen. Durchdrungen von der Majestät Gottes, sah er alle Fäden der Weltregierung in Gottes Hand zusammenlaufen. 1536

Da Jesaja Gottes absolute Machtstellung in der Schöpfung und in der Geschichte so klar erkannte, wurde er der Prophet des unbedingten Vertrauens. Er sah alle Fäden der Weltregierung in Gottes Hand zusammenlaufen. Hinter allem Weltgeschehen stand ihm Gott: Er fand Gott auch in der Geschichte. Mithin wusste er, dass sein Volk nicht einfach nur ein Spielball der großen Zeitereignisse sein könne. Sah es sich durch die Weltmächte gedemütigt, so stand ihm hinter solch einer Demütigung Gott. In der jeweiligen Weltmacht sah er nur ein Werkzeug, das Gott vorübergehend benutzte, damit sein Volk auf dem Wege des Gerichts zur Umkehr geleitet wurde. Sobald eine Weltmacht ihren Dienst als Rute in der Hand Gottes erst erfüllt hatte, musste sie wie Assur abtreten vom Schauplatz der Geschichte. 1729

Jesus Christus

Rettung ist nicht durch die Wunder Jesu in die Welt gekommen, sondern durch das Sterben Jesu. 1098

Nicht Christentum, sondern Christus soll wieder unser Leben werden, der Inhalt unserer Mission werden, das Ziel unseres Dienens bleiben! Denn nicht unser Christentum wird die Welt retten, sondern Christus. Das Heil der Zukunft liegt nicht in einer Sache, sondern in einer Person. Diese Person ist Jesus Christus! 1117

Welch ein Erwachen würde in unseren Kirchen, Gemeinden und Gemeinschaften beginnen, wenn man wieder merken würde, dass Christus zu ihnen spricht … Hört die Gemeinde ihn nicht, dann wird sie die Stimme eines Fremden hören und in dessen Evangelium ihren Untergang erleben. Eine Christuskirche kann nur durch Christus gesunden und leben. Wer daher seine Kirche liebt, der trete so zurück, dass Christus durch ihn zu ihr spreche. Und wer die Welt liebt, der lasse seine Kirche so zurücktreten, dass die Welt wiederum Jesum sieht, und zwar, wie er als Heiland der Völker durch die Nöte der Gegenwart geht! 1124

Die Quelle unserer Kraft ist Christus, sein Wort ist das Fundament unseres Glaubens. 1196

Es handelt sich im gegenwärtigen Gottestempel, in dem uns wahrnehmbaren Reiche Gottes, um ein einheitliches Werk. Es kann kein zweiter Grund gelegt werden als der, der da gelegt ist. Und dieser Grund ist Jesus Christus ... Sind aber nicht im Laufe der Geschichte immer neu die Versuche gemacht worden, einen zweiten Grund zu legen? Nicht nur im Heidentum, auch wir als Diener Christi und Mitarbeiter Gottes haben oft versucht, einen dritten oder vierten Grund zu legen. Und was haben wir damit erreicht? Wir haben vielfach auch das Christentum zu einer Religion erniedrigt. Wir haben oft genug die Christusgemeinschaft zu einem Christentum gemacht und dabei Christus verloren! 1206

Es ist Jesus Christus selbst, in dem alle Gottesverheißungen Erfüllung geworden sind; ihn konnte das Gestern nicht festhalten, ihn kann das Heute nicht erschöpfen, ihm kann das Morgen nicht die Herrschaft nehmen, die er offenbaren will. 1288

Christus als Grundlage, Christus als Inhalt und Christus als Ziel in einem Werk vermag noch immer Menschen trotz verschiedener Erkenntnisrichtungen zu einem gemeinsamen Dienst zusammenführen. 1289

Jesus ist nicht gekommen, um die Welt zu verkirchlichen, sondern um der Menschheit den Vater zu bringen, der auf Grund seiner Vergebung auch für den Verlorenen Raum hat in seinem Vaterhause. 1297

Christus lebt nicht nur, weil die Evangelien von seiner Auferstehung berichten, sondern er lebt, weil sich die Kraft seiner Gegenwart an Verlorenen und Müden, an Zöllnern und Sündern auch heute noch als jene Kraft Gottes erweist, die neue Menschen schafft. 1405

Jesus war von Anfang an das Ende aller Religion. Er war der Anbruch der Gottesherrschaft im Menschen. Denn in Jesus kam Gott, nicht das religiöse Fleisch, die lebendige Gemeinschaft mit dem Vater, nicht der jüdische Kultus, die Gottesherrschaft auf Erden, nicht aber das nationale Königtum eines Volkes zur Geltung. Am schönsten wurde Jesu innere Herrlichkeit sichtbar vor den Augen der Jünger in seinem wundervollen Wirken. Da war fast alles ein Wunder: göttliche Unmittelbarkeit! 1549

Jesus wird der Welt, Christus wird den Völkern noch unendlich viel zu schaffen machen! Wenn nicht heute, dann morgen, wenn nicht morgen, dann übermorgen. 1555

Jesus! Wahrlich, Du bist einmal in die Geschichte getreten, und die Geschichte wird dich nicht wieder los! Die Menschen bestreiten zwar, dass Du der Sohn bist. Sie möchten Dich in ihre Ohnmacht und in ihre Welt hinabziehen, um sich Deiner entledigen zu können. Mit Cäsaren und Thronen, mit Priestern und Altären sind sie fertig geworden. Sie werden aber mit Dir nicht fertig. *Wer bist Du eigentlich?* Selbst Katheder und Kanzeln können uns heute oft keine Antwort mehr geben. Und nennen sie Dich, dann bist es nicht Du. Können uns aber unsere Schriftgelehrten heute nicht sagen, wer Du bist, so lass die Welt es durch den Mund aller Dämonischen hören: *Was willst du von uns, Sohn Gottes?*

Sie sehen sich von Dir erfasst. Sie verspüren etwas von der Qual Deiner Gegenwart, von dem Gericht Deiner Wahrheit, von der Hoheit Deiner Person, von der Souveränität Deiner Gottesmacht. Das beweist ihr Kampf gegen Dich. Sie fühlen, dass Du etwas von ihnen verlangst, das sie bisher als ihr eigenes beherrschten. Nun ahnen sie, dass sie es nicht festhalten können. Deine Gegenwart erlöst, was Gottes ist, bringt zurück, was verloren war. Kann vielfach selbst Deine Kirche uns nicht mehr nennen, wer Du bist, lass es durch den atheistischen Bolschewismus Russlands, lass es durch die wahnsinnigen Bruderkämpfe der Revolution, lass es durch die selbstverschuldete Verelendung der Weltwirtschaft mit nie gehörter Klarheit und Wucht den Völkern sagen: Du bist nicht der Ihre! Du mit Deinem Friedensreich, Du mit Deiner Vergebungsbotschaft, Du mit Deiner Lammesgestalt, Du mit Deiner Kreuzesethik – nein und tausendmal nein: Du bist nicht der Ihrige! Du passt ihnen nicht, Du verdirbst ihnen das Spiel, Du verekelst ihnen den Kampf, Du zerstörst ihnen die Knechtschaft, Du raubst ihnen die Waffen, Du verdammst ihnen ihre Laster, Du öffnest ihre Geheimarchive, Du enthüllst alles Dämonische – daher fragt man Dich so voller Unruhe und in solcher Kampfesstimmung: Was willst Du von uns, Sohn Gottes?

Ja, Jesus, Du willst viel: Du willst den Menschen und mag darob eine ganze Schweineherde zugrunde gehen. Du hast des Menschen Wert erkannt. Auch im Verlorenen siehst Du den Sohn Deines Vaters. Um ihm zum Weg zurück ins Vaterhaus zu werden, kannst Du Dein Leben opfern. Dem Verlorenen zum Retter zu werden, ist Dir unendlich wertvoller, als die Begeisterung Deiner Zeitgenossen und als die Anerkennung durch Pharisäer und Schriftgelehrte. Entfalte Deine Mission auch heute unter den Armen im Geist und unter Mühseligen und Beladenen, damit kund werde, dass Du in der Vollmacht des Vaters unter uns weilst. 1578

Heute sind es erst nur kleine Scharen, die ihn erkannt haben und sich mit ungeteiltem Herzen zu ihm halten. Viele sahen ihn zwar und haben ihn doch nie in seiner Hoheit und in seinem innersten Wesen erkannt. Sie sehen ihn als das Kind von Bethlehem, als den Propheten von Nazareth, als den Märtyrer von Golgatha, aber nicht als den Träger unserer Schuld, als den alleinigen Weg zum Vater, als den Fürsten des Lebens und Heiland der Welt. 1600

In meinen jüngeren Jahren wurde ich einmal auf zwei Fragen geführt, die mein Leben entscheidend beeinflusst haben. Die eine lautete: Was ist dir Christus? Da wurde mir klar, warum in der Heiligen Schrift sowohl der Vater als der Sohn und auch der Heilige Geist so verschiedene Namen tragen. Kein einziger Begriff aus unserer Welt der Zeitlichkeit und Vergänglichkeit vermag das ganz auszudrücken, was uns der Vater, der Sohn und auch der Heilige Geist in ihrer Fülle sein wollen. An diese Frage schloss sich im Laufe der Zeit eine zweite: Und was bist du Christus? Da erfasste ich, dass auch alle Begriffe zur Bezeichnung der Jünger Jesu nichts als zeitliche Gleichnisse sind, die uns unser wahres Verhältnis zu Christo und in ihm zum Vater dolmetschen sollen. 1753

Christus kann nur einem innerlich bankrotten Menschen zum Retter und Heiland werden. Er kann nur ein Arzt der Kranken, ein Erlöser der bewusst Unerlösten sein. Es musste mithin auch die Möglichkeit eines Falles mit in den Rahmen der sittlichen Freiheit der Menschen gehören. Dass Gott dann aus dem Fall durch Versöhnung und Erlösung ein Leben entstehen lassen kann, das viel reicher und höher ist als jenes, das zuvor in seiner sittlichen Freiheit zum Fall gelangte, das ist eines der tiefsten Geheimnisse jener göttlichen Gnade, die in ihrer erlösenden Kraft so unendlich ist wie Gott selbst. 1776

An Christus als dem Gekreuzigten und Auferstandenen kommt jeder Mensch, ob religiös oder gesetzlos, zur Entscheidung. Wer im Glauben des Sohnes Gottes gerichtet sein lässt, was Gott für immer durch das Kreuz verurteilt hat, und sein Leben in dem findet, den Gott durch die Auferstehung für immer rechtfertigte, der ist vom Tode zum Leben durchgedrungen. 1891

Von den Propheten bis zur Offenbarung bewegt sich der Inhalt der einzelnen Schriften letzthin um die Person Jesu Christi. Wenn die Apostel die ganze Fülle der Christuspersönlichkeit ausdrücken wollen, dann sprechen sie von der Doxa, d. h. von der Herrlichkeit Christi. „Wir sahen seine Herrlichkeit!“ bezeugt der greise Johannes, und Paulus schreibt: „Christus in uns, das ist Hoffnung auf Herrlichkeit!“ Dieser Christus-Herrlichkeit gehören die kommenden Äonen. Ihr gehören auch wir. In ihr werden wir die Herrlichkeit Gottes sehen. Und je mehr sie unser Leben erfassen kann, desto mehr bricht sie schon jetzt durch alles Vergängliche hindurch und zieht uns hinein in unsere ewige Bestimmung. 2071

Die Bedeutung Jesu liegt nicht in dem, was die Welt ihm gegeben, was sie aus ihm gemacht, oder was sie letzthin ihm genommen hat, sondern sie liegt in dem, was er aus der Welt gemacht, was er ihr gegeben, was er ihr genommen hat. Sie wird ihn nicht wieder los, so oft sie ihn auch kreuzigte. Er lebt in ihr, so oft sie ihn auch begrub. 2072

Jesus ist nicht als Einsiedler weltfremd durch die Welt gegangen. Er stand mitten im Alltagsleben, in Berufssorgen, im Massenelend, im Tagesgezänk, in Sündenknechtschaft, in Parteistreitigkeiten, in Todesnöten. Alles umgab ihn, aber es beherrschte ihn nicht. Gerade das Weltleid in seiner unendlichen Mannigfaltigkeit macht er von Fall zu Fall zu einer neuen Basis seines Handelns. 2099

Das Entscheidende ist nicht, dass wir eines Tages auf Grund von Empfangenem und Erlebtem mit allerlei Gaben in der Welt hausieren gehen, sondern ob Christus als der Herr wirklich hat Besitz nehmen können von seiner Schöpfung, d. h. von der Gemeinde. 2103

Der Jesus von gestern ist derselbe Christus von heute und wird derselbe König sein von morgen. Oder ist Christus uns nur ein dogmatischer Begriff, eine ferne Größe, ein himmlisches Objekt der Bewunderung, dem wir mit unserer Schuld und Not, unserer Ohnmacht und Verzweiflung so fern stehen? Ist er uns in unserem Bekenntnis und in unserer Kirche begraben, oder lebt er und wirkt er unter uns aus der Wirklichkeit seines und unseres Gottes heraus zu unserem Heil und unserer Rettung? 2104

Christus als Grundlage, Christus als Inhalt und Christus als Ziel vermag noch immer Menschen trotz verschiedener Erkenntnisrichtung zu einem gemeinsamen Dienst zu vereinigen. 2108

Christus als der Inhalt unseres Evangeliums ist nicht wandelbar. Er kann weder durch politische Umwälzungen noch durch neue Weltanschauungen bestimmt werden. Wir sehen uns in unserem Dienst durch Christus bestimmt, nicht er wird bestimmt durch unseren Dienst. 2144

Wie predigen wir heute Christus, den Gekreuzigten? Ich könnte die Frage mit dem schlichten Satz beantworten: Wie Paulus als Apostel Jesu Christi und als Prophet der Gemeinde und als Missionar innerhalb der kleinasiatischen Völker bis nach Rom hin ihn, Christus, gepredigt hat. Von seinem apostolisch-missionarischen Zeugendienste gehe ich daher aus, wenn ich im Blick auf unseren gegenwärtigen Dienst die einfache Antwort zu geben suche: Wir predigen auch heute Christus im Lichte seiner Kreuzesbotschaft. 2145

In der Verneinung Christi vereinten sich pharisäischer Pietismus und saduzäischer Liberalismus, biblischer Thoraglaube und heidnischer Aberglaube, Synedrium und Weltmacht und sprach: Nicht dieser! Beide fanden sich zu der dunkelsten Tat menschlicher Geschichte zusammen: sie stießen den aus, der von Gott berufen war und Vollmacht hatte, der Heiland der Welt zu sein. Daher predigen wir den gekreuzigten Christus im Lichte unserer persönlichen Mitschuld an dem Nein, das seine Zeit für ihn hatte, d.h. an dem Kreuz, das man ihm schuf. Das Kreuz ist uns seitdem Symbol und Bekenntnis unserer tiefsten Schuld! 2148

Der vollkommenste Inhalt der Offenbarung ist uns in Jesus Christus geworden. In ihm sprach und spricht alles: Sein Kommen ins Fleisch, sein Dienst in Knechtsgestalt, sein Reden in Vollmacht, sein Opfer auf Golgatha, seine Rechtfertigung durch die Auferstehung, sein Hohepriesterdienst im oberen Heiligtum. Nur er kann Inhalt unseres Evangeliums innerhalb der Kirche sein und durch die Kirche zur frohen Botschaft für alle Völker bis an die Enden der Erde werden. 2273

Würde Christus heute wie einst in derselben Knechtsgestalt unter uns treten, in derselben Vollmacht zu uns reden, dieselbe Welt Gottes in unser Leben tragen, auch wir würden mit den Gergesenern bitten, dass er aus unserem Lande weichen möge. Christus mit seiner Reichgotteswelt hat unter uns Menschen von heute ebenso wenig Raum wie in jenen Tagen, wo man in seiner Haltung ihm gegenüber die letzte Konsequenz zog und ihn kreuzigte. 2276

Golgatha ist und bleibt uns das größte Menetekel, das über allen Schöpfungen der Welt und ihres Geistes steht, solange sie nicht das Königreich unseres Gottes und seines Sohnes Jesu Christi geworden ist. 2278

Lauter als je fragt heute Wissenschaft, Religionsgeschichte und völkische Frömmigkeit, woher dieser Christus Gottes das Recht hat, für sich den Anspruch zu erheben, allein der Weg zum Vater für den Menschen zu sein. Er hat das Recht auf Grund seiner Sohnesstellung vor Gott und kraft seiner Geistesvollmacht, in der er sich in seinem Priesterdienst als der Herr aller Dinge erweist. 2310

Nicht nur in dem, was Christus als Sohn einmal war, sondern was Christus als Sohn heute ist und in Zukunft sein wird, darin liegt die ewig neue und die ewig wirksame Kraft seines Evangeliums. Christus als Sohn ist keine zeitliche und als Lamm keine ruhende Größe, sondern dauernde Gottesaktivität, um alle und alles zu erlösen und zu vollenden, was sich freiwillig seiner Offenbarung und seinem Willen erschließt. 2313

Mag auch eine ganze Welt untergehen, mag auch unter unseren Füßen eines Tages alles erschüttert werden, es gibt einen Pol, es gibt einen Fels für den Glauben, der auch mitten in den Gerichtszeiten und Weltkatastrophen nicht wankt. Dieser Fels ist Christus in seiner Sohneswürde, Christus in seinem Mittlerdienst, Christus in seiner Herrschervollmacht. Er steht nicht abseits von seiner Gemeinde. In seinem Geiste und durch sein Wort lebt er innerhalb der Gemeinde. Indem er in seiner Hohepriesterstellung und in seinem Mittlerdienst ihr dient, sieht sie sich begnadet, trotz all ihrer Schwachheit auch ihm zu dienen und Gemeinschaft mit ihm zu pflegen. Das Geheimnis, dass die Kirche mitten in der Welt und in den jeweiligen Strömungen der Zeit wirklich Kirche sein konnte und sein kann, ist Christus in seinem gegenwärtigen und unwandelbaren Hohenpriester- und Mittlerdienst. 2315

Christus ist es bei uns nicht um die äußere Befolgung seiner Lehre, sondern um die innere Wesensverwandtschaft mit seinem Geiste zu tun. 2670

Jesus allein ist das Bedürfnis unserer Zeit. Unsere Zeit mit ihren Fragen und Nöten, mit ihren Wunden und Sünden braucht einen großen und gegenwärtigen Heiland. Sie ist vielfach sehr gleichgültig darüber, was wir glauben, sie will sehen, was wir erleben. Sie fragt weniger nach dem Christus der Vergangenheit, auch nicht nach dem Christus unserer Dogmatik, sondern sucht jenen gegenwärtigen Retter, der Friede ihrem seufzenden Herzen, Salbe ihrer brennenden Wunde geben kann. In ihrer innerlichen und sozialen Not, in ihren seelischen und körperlichen Leiden fragt sie weniger nach unserer reinen Lehre und unserem korrekten Bekenntnis, sondern sie seufzt nach lebendigem Wasser in ihrem Durst, nach Kraft in ihrer Schwachheit, nach durchgreifender Hilfe in ihrer Not. Wo soll sie diesen großen Retter sehen? Wo soll sie ihn finden und ihm begegnen? Allein im Leben derer, die einen großen Heiland haben und alles mit ihm durchleben. Nicht an dem, was wir über Jesus sagen, sondern an dem, was wir zu Jesus sagen, was wir ihm anvertrauen, was wir von ihm empfangen, wird sie merken, ob wir in unserem Leben einen großen und gegenwärtigen Herrn haben. Wenn wir nicht zusammenbrechen, wo sie zusammenbricht, wenn wir gegen Sünde und Versuchung stehen können, wo sie fällt, wenn wir in selbstloser Hingabe zu dienen suchen, wo sie herrschen will, wenn wir lieben können, wo sie hasst, wenn wir Wunden verbinden können, wo andere sie schlagen, wenn wir den Weg der Wahrheit finden, wo sie irrt, dann soll sie sehen, dass nicht wir es sind, sondern Christus in uns. 2683

Jesusähnlichkeit ist es, was die Welt im Leben und Wirken derer sucht, die sich zu Jesus bekennen und von Jesus zeugen. Lasset auch uns einer verlorenen Welt weiter nichts bringen als Jesus allein. Nur er kann ihr Suchen und Sehnen stillen. Nur er wird mit ihrer Not und ihrem Elend fertig. Nur er kann sie reinigen von ihrer Schuld und sie erneuern zu neuem Leben. Worin auch unser Dienst immer bestehen mag: „In Wort und Werk, in allem Wesen, sei Christus und sonst nichts zu lesen." 2684

Die Blätter der Geschichte sind voll von Helden, Märtyrern und Wohltätern, die in ihrer menschenfreundlichen oder vaterländischen Gesinnung zu jedem Opfer bis zur Hingabe ihres Lebens bereit waren. Jesu Hingabe bis zum Tode am Kreuz lag jedoch auf einer ganz anderen, unvergleichlich höheren Ebene! Er starb weder als Märtyrer noch als Held noch als Wohltäter. Er starb um seiner Sendung willen. Jesus wusste sich von seinem Vater gesandt, der Menschheit die Rettung von ihrer Sünde und von ihrem Gericht zu bringen und um die angebrochene Königsherrschaft Gottes in ihre Mitte zu tragen. Mit dieser seiner Mission und Botschaft kam Jesus nicht zu seinen Freunden und Geistesverwandten. Nein, er kam zu Zöllnern und Sündern, er suchte die verlorenen Schafe aus dem Hause Israel. In diesen engsten Raum innerhalb der Menschheitsgeschichte trat er als Heiland der Welt. Er redete hier nicht etwa nur von der Rettung aus Schuld und Gericht oder von der verheißenen Königsherrschaft Gottes. Hier rettete er Verlorene, und hier lebte er Gottesherrschaft. Daher musste sein Leben einerseits zum Gericht werden über alles, was nicht Gottes ist, und musste es Gnade sein für alle, auch für die, die noch wider Gott sind. Denn das in Jesu Person offenbar werdende Reich Gottes ist die Herrschaft Gottes, die in ihrer Totalität auch den vorhandenen Widerspruch der Welt beherrscht. 2733

Wie die Finsternis keine Waffen hat wider das Licht der aufgehenden Sonne, so hat die Welt des Todes keine Macht, Christus in seiner Sendung und Vollmacht die Grenzen seines Wirkens und seiner Erlösung zu ziehen. Nur wer innerhalb der Todeswelt sich ihm in seiner Vollmacht entzieht, bleibt in der Finsternis, zerbricht an der eigenen Knechtschaft und stirbt am Fluch der Sünde und der Schuld. 2734

Einen gekreuzigten Jesus hatte man begraben, einen auferstandenen Christus musste die Welt wieder empfangen. Ob der jüdischen oder der römischen Welt Christus als Auferstandener angenehm war, danach hat Gott in seiner Liebe ebenso wenig gefragt, wie bei der Sendung Jesu in Knechtsgestalt er danach gefragt hatte, ob der Welt Jesu Kommen angenehm sei. Seitdem kommt die Welt nicht mehr von ihm los. 2739

Die Gemeinschaft mit Gott ist weit mehr als nur der Glaube an die geschichtliche Person Jesu. 2773

Groß war Jesu Gestern: im Kommen als Mensch; größer ist Jesu Heute: im Kommen durch sein Wort und seinen Geist; am größten wird Jesu Morgen sein: im Kommen in Macht und Herrlichkeit. 2794

Sie wissen alle, dass wir in einer Zeit leben, in der nicht alles gesagt werden kann, wie man es unter anderen Umständen sagen würde, besonders wo es sich handelt um den Kampf der Gemeinde, der Kirche, in der Welt. Wie alles innerhalb der Kirche Jesu Christi ist auch der Kampf nur zu verstehen von ihrem Haupte aus. Wir können uns keinen Segen, keinen Dienst, keine Hingabe, aber letzthin auch keinen Kampf innerhalb der Gemeinde denken, irgendwie getrennt von Christus. Er ist das große Nein Gottes zu einer alten Schöpfung, seine Auferstehung ist der Anbruch einer völlig neuen. 2800

Jesusweg

So sehr Jesus einerseits in dem Erbe seiner Väter, in Mose und den Propheten, lebte, so sehr wusste er sich doch andererseits als Herr und nicht als Knecht des Sabbats und diente in königlicher Vollmacht seinen leidenden Brüdern. Auch für uns gibt es keinen anderen als diesen Jesusweg. Nicht nachahmen, aber nacherleben müssen wir ihn. Denn in ihm verkörpert sich die neue Lebensordnung des Reiches Gottes. Die Lebensordnung der Welt ist eine ganz andere. Sie sieht Freiheit für sich nur in der Knechtung anderer. Sie kann nur gewinnen, wenn sie von anderen nimmt. Je mehr sie an Einfluss wächst, desto mehr beschränkt sie und macht andere abhängig und befangen. Je mehr sie steigt, desto mehr drückt sie, je größer ihre Macht wird, desto lauter werden die Seufzer derer, die sie beherrscht.

Im Reiche Gottes herrscht eine ganz andere Lebensordnung. Sie ist nicht von dieser Welt und nach Art dieser Welt. Dort lebt man für sich, hier lebt man für andere. Dort findet man das Glück in der Selbstbefriedigung, hier in der Stillung der Not anderer. Dort fragt man: Wie kann ich meine Verhältnisse, die sich bietenden Gelegenheiten, meine Umgebung ausnutzen, damit ich gewinne. Hier fragt man: Welche Bedürfnisse, welche Gelegenheiten und Möglichkeiten bieten sich mir, um anderen dienen zu können. Solch ein Leben der Hingabe und des Dienstes verarmt nicht. 1501

Groß ist die Schar der Zeugen, die seit den Tagen der Witwe den Jesusweg gegangen sind. Sie lernten mit den Nöten ihrer Umgebung hinter verschlossener Tür mit Gott allein zu sein und wagten von dem Öl abzugeben, das sie besaßen (2. Könige 4,1-7). Sie hatten Augen, die die Bedürfnisse ihrer Zeit zu erkennen verstanden, und hatten Ohren, die aus der Klage ihrer Umgebung herauszuhören wussten, wonach sich die Seele des Bruders sehnt. Mit dem Troste, den sie in sich trugen, trösteten sie, mit dem Lichte, das sie schauten, dienten sie, mit der Kraft, die sie empfangen, stärkten sie, und die Liebe, die ausgegossen war in ihr Herz, ließen sie ausströmen in die liebearme Seele ihres Nächsten. Für den Strauchelnden hatten sie eine Hand, für den Irrenden einen Weg, für den Weinenden eine Tröstung, für den Hungernden Brot und für den Verzagten eine neue Lebenshoffnung. Und es floss ihr Öl, bis auch das letzte Gefäß gefüllt war. Lasst uns auch diesen

Jesusweg gehen! Wohl ist es ein Glaubens- und Entsagungsweg, den man nicht wie ein Bekenntnis auswendig lernen kann, sondern der erlebt werden muss. Auf ihm erschließen sich uns jene Güter, die unvergänglich sind, denn man erlebt Gott und den Reichtum seiner Gnade. 1503

Wer sich nicht selbst aufzugeben vermag, wird nie der Welt ewige Werte zu vermitteln haben. Alle göttlichen Wahrheiten, alle geistlichen Segnungen, die später zu einer Licht- und Heilsquelle für die Menschheit wurden, sind zunächst von jenen gefunden worden, die bereit waren, diesen Jesusweg zu gehen. Was sie zunächst ersehnten, was sie innerlich schauten, was sich ihnen in der Zukunft erschloss, was ihnen Leben war und Ewigkeitswert hatte, was sie kommen sahen, das entsprach alles so wenig der herrschenden Frömmigkeit ihrer Zeit, wich so wesentlich ab von dem Überlieferten, schien so in Widerspruch zu stehen mit der prophetischen Gottesoffenbarung, dass man nach dem Gesetz nie darauf eingehen konnte. Das machte den Weg aller Lebensträger zu allen Zeiten so einsam ... Das machte sie vielfach zum Opfer, an dem sich frommer Fanatismus und Gesetzeshärte austobten. 1612

Joseph

Mir ist es immer wieder überaus köstlich in der Geschichte des Josephs gewesen, dass es nie so dunkel, nie so einsam auf seinem Glaubenswege werden konnte, wo es nicht geheißen hätte: „und Gott war mit ihm!“ Er kam in das Haus eines Pharao, und „Gott war mit ihm“! Er wurde zum Zweiten in dem ganzen pharaonischen Reiche erhoben, und „Gott war mit ihm“! Das gab seinem Leben und seinem Dienst solch einen weltüberwindenden Charakter. Und sein Vater Jakob taufte auch eine einsame Landstrasse, nachdem er auf derselben Gott geschaut hatte, zu einer Pforte des Himmels und nannte einen einfachen Stein ein „Beth-El“, ein Haus Gottes, wo sich ihm die Gegenwart Gottes offenbart hatte. 1179

Jüngerschaft

Unbeirrt von der augenblicklichen Seelenverfassung seiner Jünger sprach Jesus zu ihnen: „Ihr seid das Salz der Erde!“ Die Welt vergeht in ihrer Fäulnis ohne euch. „Ihr seid das Licht der Welt!“ Sie kommt nicht heraus aus ihrer Not und ihrem Irren, aber ihr werdet ihr leuchten, dass sie als die Verlorene den Weg zurück zum Vaterhause findet. „Ihr seid die Reben“ an mir, dem Weinstock und werdet Jünger werden, die ohne mich nichts tun können. „Ich sende euch wie Schafe mitten unter die Wölfe“, aber seid ohne Furcht: euer Kommen und Dienen wird aus Wölfen Lämmer, aus einem Saulus einen Paulus werden lassen. 1054

Wir wissen, was in der so reichen Bildersprache unserer Bibel Salz bedeutet. Es ist Wahrheit, göttliche Wahrheit und göttliches Licht. Ihr seid das Salz der Erde, ihr seid das Licht der Welt, sagte Jesus einst zu jenem Jüngerkreise, den er berufen hatte, Träger seines Lebens zu werden. Diesen Gefäßen vertraute er sein Leben an und alles, was er als Licht vom Vater bringen durfte. Sein Leben, sein Licht, seine Wahrheit war das Salz, das er in jene neuen Schalen hineintun konnte, die er an den Ufern Genezareths gefunden hatte. 1490

Es liegt im Wesen der Jüngerschaft Jesu, dass die Christusnachfolge nie eine gemächliche Sache, sondern stets Dienst, Opfer, Kampf, Weltüberwindung war. Solange die Staaten und Völker nicht ein Königreich Gottes geworden sind, werden sie immer wieder wenig Raum haben für die Herrschaft Jesu Christi. 1625

Paulus konnte sich keine Jesusjünger denken ohne Jesusleiden, und zwar weil ihm eine Aussöhnung zwischen einem Jesusleben und dem Weltleben unmöglich erschien. 1653

Wir leben als Jünger Jesu nicht von den Reserven unserer Erfahrungen und nicht von der Kraft unserer Bekehrung. Das Geheimnis unseres Sieges ist nicht unsere Frömmigkeit, sondern Gottes Aktivität auf dem Boden unserer Schwachheit. Nur insoweit wir in Verbindung mit dem Wirkenden bleiben, werden auch wir in seinem Lichte Wirkende. Nur Verwandtes mit Jesus trägt Jesu Art. 2085

Der Christusjünger lebt nicht von einer einmal empfangenen Geistesgabe, sondern allein von den dauernden Geisteswirkungen. 2131

Wie kein Rebleben denkbar ist ohne das verborgene Wirken der Weinstockkraft, so ist auch kein Jüngerleben als Reich Gottes denkbar ohne die schaffende und gestaltende Aktivität Gottes im Menschen. 2213

Ein selbstgepflegtes religiöses Ichleben zeitigt zwar fanatische Pharisäer und mystische Schriftgelehrte, aber niemals Jünger des Geistes Jesu Christi und seines Himmelreiches. 2215

Kain und Abel

Nicht das war das Charakteristische bei Kain, dass er ohne Religion gewesen wäre. Auch er fand den Weg zum Altar, auch er trug eine Opfergabe in seinen Händen, auch er empfand es, dass Gott seinem Opfer nicht gnädig war. So kennt auch Babel als Trägerin der Weltmacht das Opfer, kennt den Altar, kennt die Religiosität. Es hat nie einen Weltstaat gegeben, der ohne Religion gewesen wäre. Glaubte man auch, sich von Gott gelöst und sich dem Atheismus verschrieben zu haben, wie im gegenwärtigen Russland, dann erhob man diesen Dämon zum Gott seines Lebens und die Pflege der atheistischen Gesinnung zum Gottesdienst der heimatlosen Seele. Was aber war das Eigenartige an Kains Opfer? Was unterschied ihn in seiner Religiosität so wesentlich von seinem Bruder Abel? Kain opferte eine Gabe, aber nicht sich selbst. Er findet Gott mit vergänglichen Werten ab, aber erschließt ihm nicht sein Leben. Er genügt Gott mit einer kultischen Handlung, aber macht sein Leben nicht zu einem lebendigen Umgang mit Gott. So ist er bis in die Gegenwart hinein der Vater aller Religionen geworden, die zwar die Formen eines Huldigungsopfers wählen, aber ohne Huldigung des Höchsten leben, zwar den Weg zum Altar gehen, aber den Umgang mit Gott verleugnen, zwar Opfer in ihre Heiligtümer tragen, aber ihre Seele nie zu einer Hingabe an Gott werden lassen. 1169

Kain wurde in der Geschichte der Träger einer fleischlichen, Abel der Typus einer geistlichen Gesinnung. Über diese beiden Grundrichtungen ist die Menschheit bei all ihrer intellektuellen Entwicklung und all ihrem kulturellen Fortschritt und in all ihren religiösen Bestrebungen im tiefsten Wesen nicht hinausgekommen. Zu allen Zeiten war der Mensch in seiner Herzensgesinnung, in seinem Opfer und in seinen Kulturschöpfungen entweder Kain oder Abel. 1819

Auch eine fleischliche Gesinnung vermag sich den äußeren Formen wahrer Frömmigkeit anzupassen, aber sie trägt nicht deren Wesen in sich. Kain war der erste religiöse Mensch, der äußerlich Gott zu dienen suchte, ohne innerlichen Umgang mit Gott zu pflegen. Er brachte es fertig, Gott ein Geschenk von der Frucht des Feldes zu bringen und dabei sein eigenes Leben in unveränderter Gesinnung für sich selbst zurückzubehalten. Er ist daher der Vater jener seelenlosen Religiosität geworden, die bis in unsere Tage hinein die Form des Huldigungsopfers wählt, aber ohne Huldigung lebt, den Weg zum Altar geht, aber des Umgangs mit Gott nicht bedarf, dem Herrn Opfer bringt, aber ohne Hingabe der Seele an Gott steht. 1822

Mit Kain begann jene die Menschheit so allgemein beherrschende Religiosität, die in einem rein äußerlich gepflegten Gottesdienst das Wesen der Beziehung des Menschen zu Gott sieht. Daher behandeln alle menschlichen Religionen auch den Umgang des Menschen mit Gott als etwas vom Leben Getrenntes, betrachten ihn als etwas zu den gewöhnlichen Angelegenheiten des Lebens gelegentlich Hinzugekommenes. Man befriedigt Gott durch einzelne Leistungen, durch gelegentliche Opfer, durch Waschungen des Fleisches, durch eine Anzahl von Gebeten, durch heilige Feste und durch vieles andere, ohne zu fragen, ob das Leben mit seinen mannigfaltigen Beziehungen auch wirklich der Ausdruck eines lebendigen Gottesdienstes ist. Es ist das die Huldigung, die nur die Frucht der Erde bringt, ohne sich selbst als ein Kind des Geistes zu bringen, „die Tempel und Kirchen stiftet, wie sie auch Spitäler und Gefängnisse baut", weil man ohne dieselben im Leben nicht auskommen kann. 1823

Als Abel opferte, nahm er zur Opfergabe das Beste von den Erstlingen seiner Herden. In der Opfersprache der Seele bedeutete die Darbringung des Ersten immer die stellvertretende Weihe des Ganzen. Wer das Erste und Beste darbringt, der stellt seine Beziehung zu Gott in den Vordergrund, dem gilt diese Beziehung als das Erste und Angelegentlichste in seinem ganzen Leben. Ein solcher kennt keine Religion neben dem Leben. Ihm ist das ganze Leben ein Gottesdienst, der sich nicht beschränkt auf heilige Tempel und Altäre, auf heilige Zeiten und Handlungen. 1824

„Wo ist dein Bruder Abel?“ – Das ist die ergreifende Gottesfrage, die seitdem kein Mittel der Welt im Gewissen Kains zum Schweigen bringen konnte! Auch nicht im Gewissen jener Staaten und Kirchen unserer Tage, die über die Leiche ihres Bruders hinweg ihre bereits von Gott verworfene Erstgeburtsstellung und ihren ohne Erhörung gepflegten Opferdienst allein durch Machtmittel zu behaupten vermochten … In Abels Schrei lag Kains Urteil. So lange dieser Schrei in der Weltgeschichte vernehmbar sein wird, wird auch jedes Kainsgeschlecht sein göttliches Urteil tragen. 1826

Kind

Wir können nie ruhende, nie dienende, nie leidende und triumphierende Gotteskinder werden, wenn wir nicht zuvor suchende und findende Gotteskinder geworden sind. 1960

Es gibt keinen natürlicheren und nüchterneren Umgang als den des Kindes mit dem Vater. Das gilt auch im Blick auf den Umgang des im Geiste der Kindschaft lebenden Menschen mit Gott. Dass der Mensch zu jener Sohnschaft zurückgelange, in der er im kindlichen Verhältnis zu Gott wieder sagen kann: „Abba, Vater!“ – das ist das Ziel aller Heilsoffenbarung im Leben der einzelnen und der vielen, an die gegenwärtig der Ruf Gottes ergehen kann. 2306

Kompliziert ist immer nur der religiöse Mensch, aber nicht der Jünger im Verkehr mit dem Meister, und nicht das Kind im Umgang mit dem Vater. 2561

Das Leben im Kindesverhältnis zu Gott besteht nicht in sachlichen und persönlichen Bindungen an einzelne Heilsgüter, es schöpft seine Kraft aus der höchst persönlichen Beziehung zu Gott. 2732

In seiner Glaubensbeziehung zu Gott wusste Paulus sich begnadigt, der Romgemeinde und damit aber auch den Völkern jene neue Heilsbotschaft zu sagen: Im Geiste Jesu Christi gibt es ein Verhältnis zu Gott, das nicht aus dem Geiste des Gesetzes entstanden ist und daher auch nicht in seinem Inhalt und in seiner Kraft von den einzelnen Vorschriften des Gesetzes lebt. Es ist das durchs Wort und vom Geist gewirkte neue Kindesverhältnis zu Gott ... Das ist dem Apostel unvergleichlich mehr als etwa nur eine neue gesetzliche, kultische oder mystische Heils- oder Erlösungsreligion. 2746

Was uns als Menschen in Christus einen so freimütigen Umgang zu Gott gibt, das ist die Kindschaft, zu welcher wir erlöst worden sind. Wir treten ins Allerheiligste und wissen, dass wir daselbst empfangen werden von Vaterarmen, von dem Vater, der uns zunächst entgegenkam und uns den Kuss der Vergebung auf die Wangen drückte, von dem wir wissen, dass er alles überbrückte, um uns wiederum in die Sohnesrechte einzusetzen. Und diesen Umgang haben wir nun; und weil uns dieser Umgang bleibt, auch in der Alltäglichkeit, auch in der Zukunft, daher kann nun Gutes folgen unser Leben lang. 2795

Kirche

Die Kirche Christi der Gegenwart hat allzu viel von dem Weg der Heiden wieder in sich aufgenommen. Vielfach wollen wir wieder durch die Frömmigkeit zur Heilsgewissheit, durch den Kult zur Gemeinschaft, durch die mystische Versenkung zur prophetischen Schau, durch Religion zur Erlösung gelangen.

Wir wollen über Gott reden, anstatt Gott zu uns reden zu lassen, das Reich Gottes bauen, anstatt uns vom Reich Gottes bestimmen zu lassen, wir versuchen, Christus in seiner Offenbarung zu begreifen, anstatt uns zuvor von Christus und seinem Heil ergreifen zu lassen. Unsere Kirche spricht zwar vom Heil, meint aber ihre Kirchlichkeit, sie verheißt zwar Gemeinschaft, bietet aber den Kultus, sie predigt zwar den Glauben, versteht aber darunter ihr Dogma und ihr Bekenntnis. 1065

Ich weiß, wie auch wir in der christlichen Kirche oft zu sehr den Schwerpunkt auf den Glauben und sein Erleben gelegt haben. Wir machten den Glauben zum Subjekt und ließen Gott Objekt sein, der nur soweit in unserem kirchlichen Leben und in unseren Heilserwartungen eine Rolle spielte, als er uns zu erhören, zu begnadigen, zu beschenken und uns aus unseren jeweiligen Ärgernissen und Nöten herauszuhelfen hat. Wir hatten so unendlich viel von dem zu sagen, was wir zunächst tun, empfangen, opfern müssen, und wir sahen so wenig von jener Majestät, der Herrlichkeit und der heilenden Offenbarung Gottes, die zunächst jenes Leben wecken will, das sie rechtfertigen und womit sie rechnen kann. 1067

Die Kirche Gottes ist immer am stärksten gewesen, wenn sie unterlag und als Priester Gottes nicht die Welt aus ihrem Irrtum herauskämpfte, sondern herausliebte. 1097

Die Frage nach der Überwinderkirche hat nur die eine Antwort: Eine einzelne Kirche oder Gemeinde kann nie die Überwinderkirche darstellen. Diese setzt sich vielmehr aus den einzelnen Überwindern der einzelnen Gemeinden zusammen. Eine jede der sieben kleinasiatischen Gemeinden, die zusammen ein Bild der Gesamtkirche Jesu darstellen, hatte eine Überwinderschar. 1107

Sobald die Kirche Staat wurde, hörte sie auf, Kirche zu sein! Sobald die Kirche Politik trieb in und mit ihrem Christentum, verlor sie den inneren Charakter des Heiligtums, in dem die Stimme Gottes zu hören war. Wenn die Kirche auf dem Weg der Völker wandelte, dann wandelte der Geist der Völker durch die Kirche und stand in seinen Propheten auf Kanzeln und Kathedern und erhob die Stimme des Fleisches zur Stimme Gottes, das Reich der Welt zum Reich der Himmel. 1108

Gott herrscht in der Mitte seiner Kirche, nicht weil er die Gewalt über sie hat, sondern weil er die Liebe ihrer Glieder hat. Daher lebt die Kirche nicht von der Knechtung, sondern von der Hingabe, nicht von Forderungen, sondern von Opfern. 1109

Den geistlichen Aufbau des Gottestempels ersetzen wir durch eine wohlgeordnete und staatliche Einrichtung unseres kirchlichen Lebens. Im Kampf mit der Welt ist es uns weit mehr um unsere kirchliche Ordnung und um unsere christliche Selbsterhaltung zu tun, als um die Ehre Gottes und das Evangelium Christi und um das Kommen des Gottesreiches auf Erden für alle Mühseligen und Beladenen. Das ist unsere Not! Ja, es ist Gottes Not mit uns, die wir bekennen, Glieder seiner Kirche zu sein. 1116

Die Kirche Christi in ihren Gliedern vermag nur insofern Gott zu dienen, als ihr zuvor von Gott gedient wurde. In ihrem Wesen und in ihrem Aufbau, in ihrer Kraft und in ihrem Dienste handelt es sich also nicht um Gott innerhalb eines Menschenwerkes, sondern um den Menschen innerhalb eines Gotteswerkes. 1153

Eine Kirche, die die Welt überwinden soll, muss stärker sein als die Welt. In die Herrschaft Gottes zu führen vermag nur eine Kirche, die wie Christus sich in ihrem Gewissen, in ihrem Dienst und in ihrer Sehnsucht deckt mit der Herrschaft Gottes und deren Leben zu jener Bitte geworden ist: „Dein Wille geschehe auch auf der Erden, wie er geschieht im Himmel!“ 1154

Was einst wurde, das wird jetzt gemacht, was eine Frucht des Geistes war, ist jetzt fromme Tat. Wir hüten ängstlich das Bekenntnis, wir verpflichten zum Gottesdienst, wir verlieren uns in der Menge unserer Unternehmungen, wir schmücken die Gräber unserer Propheten, wir bekehren die Menschen durch unseren Eifer und durch unsere Methoden – und das alles zwar für Gott. Aber es geschieht nicht mehr von Gott durch uns. Sooft die Kirche Christi in diesem Geiste lebte und wirkte, war sie nicht mehr Zeugin des Heils, sondern Verwalterin des Heils, nicht mehr Prophetin der Offenbarung, sondern Hüterin der Offenbarung, nicht mehr eine Gottesschöpfung, sondern eine organisierte Heilsanstalt. 1157

Besteht der Unterschied zwischen Freikirche und Volkskirche vielfach nicht darin, dass das äußere Baugerüst in der einen größer ist als in der andern? Denn eine Gemeinde, die in allen Gliedern und Lebensformen und Diensten bereits nur noch Leib des Christus wäre, gibt es doch nicht und hat es nie gegeben. Auch im Urchristentum nicht … Wir irren, wenn wir von dieser oder jener Kirche sagen wollten: Dies ist die Kirche Christi. Und wir irren wiederum, wenn wir von dieser oder jener Kirche, die sich zu Christus bekennt, sagen wollten: Dies ist nicht die Kirche Christi. 1159

Die Zeiten sind vorbei, wo das Volk zwischen äußerer Religiosität und wahrer Gottesoffenbarung nicht zu unterscheiden wüsste. Es fühlt, ob das Salz der Kirche würzt oder ob es dumm geworden ist. 1162

Die Kirche hat als Gottes Prophetin dessen Offenbarungen zu dolmetschen und als Apostel Jesu Christi die Kreuzes- und Auferstehungsbotschaft zu künden ... Hat die Kirche in unseren Tagen erst der Welt nichts mehr zu sagen, dann hat die Welt ihr etwas zu sagen. Hört die Welt mit ihren Sünden und Gerichten, mit ihrem Materialismus und Untergang, mit ihrer Schauspielerei und Verzweiflung, mit ihrer Sehnsucht und Enttäuschung auf, das Missionsfeld der Kirche zu sein, dann wird die Kirche zum Missionsfeld für die Propheten der Welt. Schweigt erst auf unseren Kanzeln und Kathedern, in unserem Volks- und Staatsleben die Gottesstimme, dann hören wir überall nur noch die Stimme des Menschen. Niemals wies aber des Menschen Stimme über den Menschen und dessen Zersetzung und Untergang hinaus. 1163

„Gott, Gott ... es ist hart, Dein Bote zu sein!“ ruft Stefan Zweig in seinem Drama „Jeremias“ aus. Ja, Kirche Christi, es ist hart auch für dich, Gottes Bote und Apostel Jesu Christi zu sein. Und doch nicht so hart, als mit der Welt verdammt zu werden ... Wenn die Kirche Jesu Christi sich wirklich von Gott gesandt weiß und „den Dienst der Versöhnung“ empfangen hat, warum sollte sie dann das Kreuz fürchten, durch das sie dem Staat und dem Volke letzthin weit mehr zu geben vermag, als sie diesen durch die Tage ihrer Stärke und Anerkennung zu geben vermochte. Nein, Kirche Christi, werde Prophetin und Apostel und schäme dich deines Gottes und deines Christus, deiner Berufung und deiner Sendung mit ihrer Botschaft nicht! Sprich in göttlicher Salbung und Vollmacht durch dein Leben, durch deinen Dienst, durch deinen Glauben, und – wenn es sein muss – auch durch deine Leiden! 1164

Ist das etwa eine Sekte, wenn Methodisten auf Grund ihrer Glaubenserfahrungen und Heilserkenntnisse so stark die Notwendigkeit der Wiedergeburt im Leben des Menschen betonen und sie zur Vorbedingung für die Aufnahme in die Gemeinde machen? Ist das etwa eine Sekte, wenn die Baptisten die Glaubenstaufe pflegen und dadurch bekennen, dass geistliches Leben nicht vererbt oder einfach durch eine kirchliche Handlung von uns aus auf unsere Kinder übertragen werden kann, sondern von jedem Menschen bewusst erlebt werden muss? Oder sind die Gemeinschaften deshalb Sekten, wenn sie in ihrer Sehnsucht nach Gemeinschaft Kreise und Vereine bilden, wo der Einzelne in seiner seelischen Vereinsamung geistigen und geistlichen Anschluss, Liebe und Verständnis für die inneren Seelennöte finden kann? Oder waren die Mennoniten bereits deshalb eine Sekte, wenn sie sich in ihrem Bekenntnis bewusst auf den Standpunkt stellten, dass die Kirche Christi als Neuschöpfung keine Verquickung mit dem Geiste der Welt verträgt und daher auch im Gehorsam dem jeweiligen Staate gegenüber im Gewissen sich an das Wort gebunden wussten: Man muss Gott mehr gehorchen als den Menschen? Oder sind die großen Reformationskirchen etwa nur „Welt“ und „Babel“, weil sie in ihrer geschichtlichen Entwicklung vielfach nur eine Volkskirche geblieben sind, und weil sie ihre Aufgaben mehr darin sahen und sehen, durch eine fest organisierte kirchliche Institution und ein kirchliches Glaubensbekenntnis die weitesten Schichten des Volkes zusammenzufassen und diesen durch Predigt, Seelsorge und Verwaltung der Sakramente mit dem Evangelium und dessen Christusbotschaft dienen zu können? Hat Gott denn etwa das wahre Leben des Geistes und den hingebenden

Dienst des Glaubens und der Liebe in den großen Volkskirchen weniger gesegnet als in den Freikirchen und Gemeinschaften? 1165

Die Kirche Christi hat keinen Propagandadienst, sondern nur Zeugen- und Prophetendienst. Gesegnet mit dem Ewigen wurde sie zur Trägerin des Ewigen. Als Empfängerin der göttlichen Offenbarung wurde sie zur Prophetin der göttlichen Offenbarung. Als Begnadete und Gerechtfertigte durch die Begegnung mit dem Gekreuzigten und Auferstandenen wurde sie zum Apostel des Gekreuzigten und Auferstandenen. Religionen müssen für sich werben, um existieren zu können. Die Zeugen des Himmelreiches haben es aber nicht mit sich und ihrer Frömmigkeit zu tun, sondern mit der Frohbotschaft, die das Kommen des Gottesreiches allen künden soll. Hinter dem Dienst der wahren Kirche Christi und deren Glieder steht eine göttliche Sendung … Die Kirche wirkt nur insoweit, als Gott durch sie wirkt. Alles andere wird sich als Brennstoff erweisen, der im Feuer des Gerichts nicht zu bestehen vermag. 1176

Wir wollen in unsere Kreise und Gemeinden den ungebrochenen Rufton tragen: Hin zu Gott, wer Gottes ist! Vielleicht erleben es manche von uns Älteren nicht mehr, aber ich wage die Erwartung auszusprechen: Ich glaube, es kommt die Zeit, wo wir uns nicht mehr fragen werden, ob wir lutherisch, ob wir mennonitisch, ob wir reformiert, ob wir methodistisch oder baptistisch sind, sondern wo alle Glieder der Gesamtgemeinde Gottes nur die eine große Frage bewegen wird: Wer ist Gottes und seines Sohnes Jesu Christi?, und wo es widerhallen wird in unseren Kirchen und Kapellen, in unseren Vereinshäusern und in unseren Open-Air-Meetings: Hin zu Gott, wer Gottes ist! 1237

Es kommt die Zeit, wo angesichts der Not der Welt, von der wir uns umgeben sehen, wo angesichts der Weltmissionen, die Gott in unser Leben legen will, wo angesichts der Herrlichkeit Gottes, die sich uns im Angesichte Jesu Christi und in der Kraft seiner Gegenwart offenbart, wo angesichts der Ewigkeit, die unsere Zukunft birgt: wo uns die Frage nach unserer äußerlichen Kirchlichkeit so kleinlich und untergeordnet erscheinen wird gegenüber dem Gewaltigen und Ewigen, das sich innerhalb der Gesamtkirche Jesu Christi offenbaren will. 1238

Es waren in der Kirche Christi immer Zeiten laodizäischer Selbstgenügsamkeit, wenn man seine geistlichen Väter vergaß und die Sehnsucht nach neuen Propheten in der Seele ihrer Glieder schwieg. Der Weg Laodizäas führte aber zu allen Zeiten in die Knechtschaft Babels. 1241

Die Kirche Christi ist sicher nicht berufen, als Königin zu herrschen, wohl aber als Prophetin zu weissagen und dem Volke sein Leben und seine Gerichte zu dolmetschen. 1296

Hat die Kirche sich nicht durch ihr Leben das Vertrauen ihrer Zeit erworben, dann glaubt man ihr auch nicht in der Stunde der Not, so wahr ihre Botschaft oder ihre Warnung alsdann auch immer sein möge. 1355

Die Kirche ist immer nur insoweit Gemeinde Jesu Christi, als ihr Leben sich durch den Glaubensumgang mit Gott genährt sieht und ihr Dienst durch das Licht der Ewigkeit bestimmt wird. 1369

Nicht im Hinabsteigen auf die machtpolitische Ebene wird die Kirche Christi je ihre Rettung finden, ihre Zukunft liegt allein in der Abhängigkeit von dem Herrn, der die Grundlage ihres Lebens, die Quelle ihrer Kraft und der Inhalt ihrer Glaubenserwartungen ist. 1406

Anstatt dass die Jesusgemeinde von heute geschlossen dastünde, um einheitlich der Welt mit einem höheren Gewissen zu dienen und ihr göttlichere Grundsätze zu geben, ist sie innerlich zerrissen und löst sich auf in Sonderinteressen. Wie die südlichen Stämme Israels pflegen die mehr Gesicherten, sich selbst genug, ihre eigene religiöse Domäne und kümmern sich wenig um die Kämpfe ihrer geknechteten Brüder. Und in den einzelnen Kreisen herrscht vielfach Zank und Streit, ja gelegentlich ein Streit bis zur Verteufelung: ein Beweis, wie sehr das Fleisch bis tief in die Kreise der Gläubigen hinein noch die Herrschaft hat. Denn immer noch trat da Zerrissenheit und Trennung ein, wo man innerlich die Zucht des Geistes und den Boden der Gemeinschaft mit Gott verließ und anfing, vor den Götzen des Fleisches zu knien. Das macht das Volk Gottes so arm in sich und so machtlos der Welt gegenüber. 1469

Entweder erschließt die Kirche durch ihre Botschaft sich die Welt und zieht sie mit in ihre Offenbarung und in ihr Heil hinein, oder sie erschließt sich der Welt, und diese zieht sie durch ihre Propaganda in ihre heidnische Frömmigkeit und ihre mythische Gottesvorstellung hinein. Und auf manchen Kathedern und manchen Kanzeln der christlichen Jahrhunderte loderte nicht nur das Feuer des Herrn, sondern opferte man auch den Götzen modernen Heidentums. 1533

Die Mission der Kirche Christi und ihrer Glieder ist so weit, wie das Herz Gottes ist. Sie kennt keinen Partikularismus und Subjektivismus, keine konfessionellen und keine nationalen Schranken. In ihr brennt ein Feuer, das auf die Entzündung der ganzen Welt angelegt ist. Sie hat ein Evangelium, groß genug für alle Völker. Sie trägt eine Zukunft in sich, die die ganze Welt verklären und zu einer ewigen Gottesherrschaft machen will. 1560

Nicht gepflegte Tradition, erlebte Inspiration ist und bleibt das Geheimnis der werdenden Kirche. Sie hat nur insoweit Ewiges, als sie Ewiges empfängt, bleibt nur insoweit Kirche, als sie dauernd neu und immer mehr Kirche wird. 1785

Die Kirche in ihrem innersten Wesen steht und fällt mit Christus. Er ist ihr Haupt, der Inhalt ihres Glaubens, die Quelle ihrer Kraft, das Ziel ihrer Hoffnung. So wenig ein Staat ohne Regierung denkbar ist, noch weniger ist die Kirche denkbar ohne Christus. Er steht mithin auch hinter der Mission und dem Zeugnis der Kirche. Sie bleibt Zeugin seines Kreuzes, seiner Auferstehung, seines Priestertums und seiner Wiederkunft. Schweigt sie, dann zerbricht sie. Redet sie, so sieht sie sich gerechtfertigt. Nicht sie, der Herr hat sie berufen, seine Zeugin bis an die Enden der Erde und bis zur Vollendung der Zeitalter zu sein. 1875

Nicht die Kirche in ägyptischer Umarmung und Gefangenschaft, nur die Kirche in der Glaubensabhängigkeit von Gott bleibt Trägerin des Heils für die Völkerwelt ... Ist die Kirche nicht Kirche, verleugnet sie sich und ihre Berufung, ein Segen für die Völker zu werden, dann wird sie das dumm gewordene Salz, das von den Füßen der Völker zertreten wird. 1885

Weit mehr als man zu ahnen vermag, empfindet die Welt, was sich in dem Verhalten der Gerechten und der Kirche Christi zu dem öffentlichen Leben und den bestehenden Volkssitten schickt und was nicht. Wie oft geschah es bis in unsere Tage, in Volksversammlungen und Parlamente hinein, dass die Welt mit ihrem rein menschlichen Empfinden der Kirche Christi und deren Gliedern zum Gewissen werden musste, anstatt dass die Kirche mit ihrem Leben und Zeugnis zum Gewissen der Welt wurde! 1902

Das ist die große Tragik innerhalb der Kirche Christi, dass sie im Laufe der Jahrhunderte weit mehr eine Gesetzeskirche mit kultischer Frömmigkeit als eine Christuskirche im Geiste des Evangeliums und der Kindschaft war. 1927

Wie wünschte man, dass auch innerhalb der ganzen Kirche der Gegenwart eine Bewegung zu Gott hin beginnen möchte, die nicht hängenbliebe beim Priester und am Tempel, sondern zum Herrn der Herrlichkeit selbst führen würde! Oder braucht unser Christentum der Gegenwart etwa nicht einen solchen ungebrochenen Rufton zu Gott hin, der von Gott ausgeht, sich an die ganze ökumenische Kirche wendet und sie wieder allein zu Gott führt?

Stimmen haben wir hin und her! Stimmen vielfach überhauf genug! Stimmen – jedoch vielfach so voll innerer Misstöne, dass eine horchende, wartende Gemeinde nicht mehr weiß, wohin sie sich wenden und worauf sie sich einstellen soll. Religiöser Lärm genug, aber ohne göttliche Offenbarung und Leitung für die Gemeinde. Bekenntnisse genug, aber ohne Prophetenvollmacht und Prophetenseele! Wie unendlich vieles erweist sich heute auf religiösem Gebiet, um mit Paulus zu reden, „als tönendes Erz und als klingende Schelle"! 1929

Eine Kirche, die den Opferduft der dienenden Liebe verloren hat, ist eine zerfallene Kirche. 1944

Eine Kirche ohne Liebe hat ihre göttliche Seele, eine Kirche ohne Leben ihr himmlisches Wesen, eine Kirche ohne Herrn ihre überweltliche Herrlichkeit verloren. 1945

Mir will es so scheinen, wenn Jesus heute durch unser ganzes christliches Kirchenleben ginge, ob das Staatskirchen, Freikirchen oder Gemeinschaften sind, er würde wohl fast jeder Kirche sagen müssen: „Oh, das hättet ihr nicht tun sollen!" 2053

Wir möchten es so laut wie möglich hineinrufen in unsere Gemeinden: „Es kann kein zweiter Grund gelegt werden als der, der gelegt ist, und das ist Christus!" Nicht eine Kirche ist der Grund, Christus ist der Grund! Die Kirche ist nur der in mannigfaltigen Formen sich vollziehende Aufbau ... Und was haben wir daraus gemacht: paulisch, apollisch, christisch, lutherisch, reformiert, mennonitisch, baptistisch, methodistisch – was haben wir alles aus der Kirche Christi gemacht? Ja, wenn das alles nur Formen sind, und zwar für ein und denselben Geist, für ein und dieselbe Liebe, für ein und dieselbe Hingabe, für ein und dasselbe Ziel, alle herausgeboren aus ein und demselben Wirken Gottes – dann liegt in der Mannigfaltigkeit der Formen nur der Ausdruck der Fülle des Lebens. Aber wenn die Form der Grund ist, dann bauen wir falsch! 2089

Als Kirche Christi können wir einer atheistischen Macht nicht mit den ihrem Wesen verwandten Waffen entgegentreten. Wir können für unsere Brüder streiten und ihnen zum Retter werden allein mit jenen Mitteln, die in unserem Leben mit in den Glaubensumgang mit Gott hineingezogen worden sind. Das sind Geisteswaffen, Waffen des Lichts, hinter denen die Macht des Glaubens, die Opfer der Liebe und die Gebete der

Seele stehen. Nötigen wir uns daher nicht gegenseitig eine uns fremde Kampfesmethode auf. Denn trittst du im Auftrage Gottes auf den Kampfplatz und suchst du in deiner Eigenart und mit deinen Waffen den ringenden Brüdern zum Retter zu werden, dann erweist sich eines Tages auch in deinem Leben der Glaube als jener Sieg, der die Welt überwindet. 2102

Ob griechische Orthodoxie oder evangelischer Protestantismus oder mehr methodistisches Freikirchentum: in Russland bricht gegenwärtig alles zusammen, was nicht auf Grund kindlichen Glaubens verborgene Schöpfung unseres Gottes und unseres Heilands Jesu Christi ist. 2118

Stehen wir aber heute nicht wieder unter dem fast unerträglichen Eindruck, als ob wir uns unendlich schämen müssten über die innere Armut unserer Botschaft? Wir können das entsprechende Bild, das Gleichnis, die Kraft nicht finden, durch die wir wiederum auch zu unserer Zeit mit ihren schweren Katastrophen, mit ihrem bewussten Widerspruch gegen Gott über Gott reden könnten! Ein Ringen um Gott geht daher heute durch die Kirche Christi wie kaum vorher. Wie fragen wir uns bewusster als je bis in die einzelnen Zweige der Inneren Mission hinein: Wie wird die Kirche Christi heute wieder zu einer Botschaft für die Welt? 2123

Für dich, Kirche Christi, und für den Gang der Geschichte ist nicht entscheidend, was die Welt dir zu sagen hat, entscheidend bleibt, was du im Auftrage Gottes und auf Grund deiner Berufung der Welt zu sagen hast. 2166

Die Kirche – ob damals, ob heute – hat nur eine Zukunft, insoweit wie sie eine Kirche des Zeugnisses – nicht nur eine Kirche des Bekenntnisses – und eine Gemeinschaft von Jüngern und Jüngerinnen bleibt, hinter denen das Wort ihres Meisters steht: „Ich sende euch!“, und die in ihrem Leben den Auftrag des Auferstandenen nicht verleugnen: „Gehet hin!“ 2175

Wir treiben keine christliche Propaganda – wir sind Botschafter an Christi Statt! Wie einst im Altertum Herolde eine frohe Botschaft vom König unter das Volk zu tragen hatten, so ist uns als Kirche ein Evangelium anvertraut worden, das letzthin alle, die Großen und die Kleinen, die Starken und die Schwachen, zu ihrem Heil erfassen will. 2176

Die Kirche in ihrer Geschichte lebt nicht nur von Erinnerungen an einmalige Handlungen, an einmalige Worte, an einmalige Aufträge Jesu, wie z. B. die mohammedanische Welt nur noch von der Erinnerung an ihren Propheten zu leben vermag. Die Kirche steht vielmehr dauernd im Wirken ihres Herrn. Sie weiß sich zu jeder Zeit berufen, mit ihrem Ohr zu hören, was der Geist des Auferstandenen den Gemeinden sagt. Sie sieht sich dauernd in die Mission hineingezogen, die Jesus zum Heil der Welt zu erfüllen gekommen ist. Sie lebt dauernd in der Gegenwart ihres Hohenpriesters, der in seinem zukünftigen Morgen derselbe sein wird, der er in seinem großen Gestern und in seinem nicht weniger großen Heute ist. 2190

Wenn im vorliegenden Werk sehr oft der Ausdruck Kirche Christi gewählt worden ist, so handelt es sich für den Verfasser nicht um diese oder jene konfessionelle Richtung, sondern allein um die Una sancta, um die eine heilige, allgemeine Kirche Jesu Christi, wie sie uns im Lichte der Apostelbriefe geschildert wird, und wie sie sich in der Gegenwart in ihren verschiedensten Richtungen ... darstellt. Nicht dieser oder jener Kirche gilt die Neueinstellung oder die Neuorientierung allein, sondern sie sind das Gebot der Stunde für uns alle. 2203

Falls der Verfasser die Sprache Gottes in der Gegenwart richtig zu deuten vermag, so steht die Kirche Christi in einer Stunde der Entscheidung, die von ihr nicht ernst und groß genug gewertet werden kann. Soll sie nicht das Operationsfeld der Propheten des Antichristentums werden, sondern soll vielmehr die Welt mit ihren verworrenen Lebensgebieten und knechtenden Mächten das große Missionsfeld ihres Evangeliums und ihrer Liebe bleiben, dann muss sie wieder nur eines sein können: Gottes Prophetin in der Gegenwart, die Gottes Offenbarung Volk und Staat zu dolmetschen wagt. 2204

Die Kirche muss in unserer Zeit ihren Platz als Prophetin Gottes und als Botin einer Neuschöpfung wiederfinden, wenn sie die Not der Zeit richtig deuten und der Welt in ihrem Gerichte mit einer höheren Zukunft dienen will. Wird sie sich nicht wieder im Geiste der Propheten und Apostel ihrer göttlichen Berufung, Sendung und Botschaft bewusst, dann wird sie von denen als dumm gewordenes Salz zertreten, denen zu dienen sie berufen war. 2209

Die Kirche wirkt nur insoweit, als Gott durch sie wirkt … Und die Kirche dient der Menschheit nur insoweit, als Gott durch sie dem Menschen das Königreich der Himmel mit seinem gegenwärtigen und zukünftigen Heil zu erschließen vermag. 2218

Auch die Kirche Christi hat nie verloren, wenn sie wegen ihrer Glaubenshaltung Gott gegenüber zu leiden hatte. Eine leidende Kirche war in jedem Zeitalter weit mehr eine siegende als untergehende Kirche. 2250

Die Kirche in ihrer Existenz, in ihrer Mission und in ihrer Hoffnung steht und fällt mit der Auferstehung Christi. 2294

Ist die Kirche in ihrem Fundament, Lebensinhalt, Aufbau und in ihrer Vollendung nicht eine Gottesschöpfung, die in ihrem Wesen und Charakter höher steht als jede Macht und Dämonen in der Geschichte, dann erliegt sie in ihrem Sein und in ihrer Diakonie den Sturmfluten, die über sie ergehen werden. 2311

Hat die Kirche samt ihren Gliedern ihr Sein, ihre Kraft und ihre Zukunft in dem, der ihr aus seinem überzeitlichen Heiligtum als Hohepriester dient, dann ist auch sie trotz ihrer zeitlichen Knechtsgestalt überzeitlich. Sie rühmt sich zwar nicht ihrer Macht. Denn erst in ihrer Schwachheit wird das Geheimnis ihrer Kraft offenbar. Sie dünkt sich auch nicht weise zu sein. Sie kennt aber mit Daniel den Gott der Offenbarung, der sein Licht und sein Urteil auch in das gewaltigste Weltgeschehen fallen lässt. Sie kann wie ein junger Jeremia nicht reden. Sie sieht sich aber durch den Heiligen Geist begnadet, die Vergebungsbotschaft des Kreuzes und die Hoffnung eines unvergänglichen Lebens in die Welt zu tragen. 2312

„Verflucht ist der Mann, der sich auf Menschen verlässt und hält Fleisch für seinen Arm und weicht mit seinem Herzen vom Herrn“ (Jer. 15,5). Die hier ausgesprochene Erkenntnis ist so weltumfassend, dass sie bis heute zu einem Sprichwort innerhalb der christlichen Völker geworden ist. Nicht nur einzelne, sondern ganze Völker haben den ungeheuren Ernst dieses Wortes erlebt, wenn sie vorher auch die Wahrheit desselben bestritten. Am tiefsten erlebte die Wahrheit aber je und je die Kirche Christi, und zwar in ihrem Aufbau, Kampf und

Dienst. Sie konnte nie durch fleischliche Mittel geistliche Werte schaffen, nie durch die Machtmittel der Welt den Tempel Gottes bauen. Eine Kirche, die stark war im Herrschen, war in der Regel entsprechend schwach in ihrem Dienen. Lebte sie erst von ihrem frommen Besitz, dann hörte sie auf, Zeugin der Aktivität Gottes und der Energien des Geistes zu sein. 2456

Die Kirche ist nicht die Wiederkehr des Tempels, sie ist Gottes erneute Schöpfung, nicht eine Synagoge, sie ist Gemeinde der Heiligen. Jede Anleihe, die sie im Laufe der Jahrhunderte bei Tempel und Synagogen zu machen suchte, schwächte ihre Vollmacht, lähmte ihre Sendung und schuf ihr Gerichte, wie Tempel und Synagoge sie erlebten. Der Kirche darf daher auch nie das Prophetenwort höher stehen als das Christusevangelium. Auch der Größte unter den Propheten kann ihr nur ein begnadeter Vermittler einer Offenbarung sein, Christus ist ihr aber Inhalt und Ziel aller Offenbarung. Sie kniet daher auch nicht anbetend vor dem Propheten, sie huldigt aber in Glaubenshingabe dem Sohne, der ihr der Inhalt ihrer Erlösung und der Quell ihrer lebendigen Hoffnung geworden ist. 2459

Die Kirche ist, was sie ist und was sie werden soll, allein auf dem Lebensgrunde des Gekreuzigten und Auferstandenen. Als Neuschöpfung Gottes ist sie eine einzigartige und eine einmalige Erscheinung innerhalb aller Religionen der gesamten Völkerwelt. Sie hört aber auf, der Tempel Gottes oder der Lebensraum des Geistes zu sein, wird verwerflich als Dolmetscherin des Wortes, wenn sie als Inhalt ihres Glaubens und ihres Zeugnisses den Christus verliert, der als Gekreuzigter und Auferstandener ihr von Gott als Haupt der Gemeinde gegeben ist. Er ist der Inhalt ihres Heils, die Quelle ihrer Kraft, die Gewissheit ihrer Vollendung. 2726

Im Urteil Gottes ist lange nicht alles Kirche und neues Leben, was die Kirche in ihren Gliedern und durch ihr Leben als Gemeinde darstellt. Gott bejaht sie zwar als ein Werk, richtet aber unendlich vieles an ihren Gliedern und an deren Werken, weil das Gerichtete in seinem Urteil nicht Frucht seines Wirkens ist. Wie stark hat die Kirche im Verlauf ihrer Geschichte immer wieder gegen sich selbst gezeugt, Gottes Gerichte gerechtfertigt, die sie erlebte! Ihre Existenz zeugt aber noch stärker von dem, der als ihr Herr in seiner richtenden und neu schaffenden Kraft hinter ihrem Bestehen und Werden steht. Ihre Feinde sahen sie in unendlich vielen ihrer Werke und verurteilten sie um dieser Werke willen, die nie Kirche waren. Sie sahen aber nicht den, der der Herr seines Werkes ist und der durch Gericht verneint, was Sünde ist, und durch Gnade Leben erweckt, das im Geiste Jesu Christi und in hingebender Kindesstellung Gott lebt. 2735

„Gott ist gegenwärtig! Lasset uns anbeten und in Ehrfurcht vor ihn treten!“ Durch solch einen Bekenntnischoral drückt die Kirche in Ehrfurcht und Anbetung ihre Glaubenshaltung zu der Neuschöpfung aus, die gegenwärtig unter dem Wirken Gottes im Entstehen ist. Sie hat das Zeugnis des Geistes vom Sohn vernommen. Sie ist bereit, im Glaubensgehorsam mit ihrem Leben eine Behausung Gottes im Geiste zu sein. 2757

Die Kirche in ihrer Gesamterscheinung hat zu allen Zeiten unendlich viel Stückwerk und Gerichtsstoff in sich getragen. Wie oft hat sie im Verlauf der Geschichte in ihrem Glaubensdienst und in ihrem priesterlichen Beruf versagt! Sie musste erleben, dass sie einen Judas in ihrer Mitte hatte und dass ein Petrus den verleugnete, der mit seiner göttlichen Sendung und seinem ewigen Wort in der Jünger Leben getreten war. Immer wieder kam es ihr zum Bewusstsein, dass sie nur sehr beschränkt und unvollkommen ihren Dienst unter den Völkern tun konnte ... Die Gemeinde blieb trotz ihrer Glaubenshingabe, ihrer Botschaft und ihrer Seelsorge dennoch stets eine kleine Herde. Je lauterer und nüchterner sie in der Erfüllung ihrer Sendung und Mission war, umso stärker lebte sie in dem Bewusstsein ihrer eigenen Ohnmacht und ihrer völligen Abhängigkeit von oben. Sie baute im Vergleich zu den Reichen dieser Welt und deren Mitteln das Königreich der Himmel nur durch geopferte Groschen. So oft sie sich im Lichte der Ewigkeit selber betrachtete, sie fand keinen Anlass und Grund, sich ihrer Schönheit und Kraft zu rühmen ... Und dennoch! Immer wieder gewinnen die Glaubenden der Gemeinde neue Kraft und sind voller Glaubenszuversicht. 2765

Dass die Kirche trotz der Fülle ihrer Segnungen stets gelitten hat unter ihrer Knechtsgestalt, ist verständlich. Sie wird immer tiefer ergriffen von der Wahrheit, dass alles in ihrem Wirken und Dienen letzthin nur ein großes Werden ist. 2766

Die Kirche bedient sich in ihrem Wirken nicht etwa der Propaganda, ihr Dienst liegt für sie auf prophetischer und missionarischer Grundlage. Sie kennt keine Propaganda, auch nicht eine christliche. Wehe der Kirche, wenn sie erst anfängt, in ihrem Dienst propagandistisch zu werden! Ist sie aber eine Botschafterin Gottes, dann ist sie eine Zeugin des Kreuzes und der Auferstehung ... Sie wirbt nicht um Mitglieder. Mitglieder werden von Gott berufen und ihr als Miterben seines Reiches geschenkt. 2768

Jerusalem konnte sich in seinem Kampfe immer nur als Prophetin mit der Thorarolle, aber niemals als Ritter mit dem Schwerte behaupten. Die Kirche war nie eine Jungfrau von Orleans! 2778

Es hat sich herausgestellt, besonders auch in den großen Katastrophen der letzten Jahre, dass sich die Kirche Jesu Christi nur halten konnte als ein Werk Gottes im Menschen und nicht etwa als ein Werk des Menschen für Gott. 2789

Ich stehe persönlich unter dem Eindruck, dass die Kirche Christi heute mehr oder weniger innerhalb der Welt eine besondere Entscheidungsstunde durchlebt. Ich kann das im Einzelnen nicht ausführen, aber diese Entscheidungsstunde stellt sie unerbittlich vor die Christusfrage. Heute handelt es sich nicht mehr darum, wie wir unsere Kirche bauen, ob mehr im konfessionellen Sinne, lutherisch, reformiert oder aber freikirchlich oder nach Gemeinschaftsart! Heute ringt die Kirche Christi um das Fundament der Kirche, es geht um die grundlegende Frage: Wollt ihr auch weggehen, und zwar von mir, der ich das Fundament der Kirche allein sein kann! 2802

Die Existenz der Kirche war nie vom Urteil der Welt abhängig. Für sie war nie entscheidend, wie die Machthaber der Welt über sie dachten. 2804

Die Kirche oder Gemeinde ist im Laufe ihrer Geschichte nie etwas Großes gewesen. Sie hat gelegentlich versucht, etwas ganz Großes zu werden, aber ihrem innersten Wesen nach war sie stets eine zusammengerufene, kleine Schar. Und diese kleine Schar verfügte über eine verhältnismäßig kleine Kraft. Aber hinter dieser kleinen Kraft stand stets der Herr, der größer war und größer ist und größer bleiben wird als die Geschichte. Das letzte Wort behält nicht der Satan, behält nicht letzthin die Welt, wenn sie es auch immer wieder versuchen wird. Das letzte Wort gehört dem, der der Herr ist auch der Geschichte. 2806

Kirchengeschichte

Wir haben uns zwar auf Grund unserer verschiedenen Erkenntnisse, den empfangenen Charismen, der mannigfaltigen Aufgaben und der vielfach fast entgegengesetzten Zukunftserwartungen in zahllose Kirchen, Gemeinden, Gemeindlein, Gemeinschaften und Vereine aufgelöst. Und wir haben uns nicht etwa nur mit dem Schwerte des Geistes, sondern vielfach auch mit der Keule Kains bekämpft. Denn nicht nur die Urgeschichte hat ihren Kain, der am Altar des Herrn seinen schwächeren Bruder erschlug, auch die Kirchengeschichte hat ihn, und zwar bis in die jüngste Gegenwart hinein. 1158

Hinter unserer gegenwärtigen Kirche Christi liegen Zeiten, die viel zu sehr einer zufriedenen Selbstbeschauung und dem geistlichen Erbe der Vergangenheit galten. Man ging auf im Historischen und berauschte sich an den empfangenen Segnungen, Erkenntnissen, Charismen und Diensten, die man aus reichen Zeiten der Vergangenheit gewonnen hatte. Innere und äußere Mission wurden zum geistlichen Sport. Sie hörten auf, ein Opfer der Liebe und des Geistes zu sein. Die gewonnene Erkenntnis, die Erfolge im Dienst, die empfangenen Gaben wurden als Stärke ausgenutzt, um sich gegen andere zu behaupten. An die Stelle der gegenseitigen Auferbauung, Ergänzung und Stärkung trat die Polemik, das rechte Bekenntnis, die konfessionelle Orthodoxie. 1232

Was wir bei Paulus wahrnehmen können, lässt sich auch in der ganzen christlichen Kirche feststellen. Je klarer ein Zeitalter der christlichen Kirche sich von einer ungebrochenen und abgeklärten Christuserkenntnis, von praktischen apostolischen Gemeindeprinzipien und von nüchternen eschatologischen Erwartungen getragen sah, desto mächtiger war sein Einfluss auf die Welt, desto mehr zog es auch das Unerlöste in den Bannkreis oder die Lebenssphäre der eigenen Erlösung hinein. Schöpfungen wie die Reformation, Glaubenswerke, wie sie durch den Grafen Zinzendorf, August Hermann Francke, v. Bodelschwingh u.a. hinterlassen worden sind, wären undenkbar, ohne dass Christus und die Kirche Gottes mit ihrem Offenbarungsinhalt diesen Männern das zuvor geworden wären, was sie durch ihr Zeugnis und durch ihren Dienst einer unerlösten Welt werden konnten. 1787

So manche dunkle Seite der Geschichte der christlichen Kirche von ihren ersten Anfängen an bis in unsere Gegenwart hinein bekundet, dass Übergeistlichkeit eines Tages in Sinnlichkeit endete. Denn Übergeistlichkeit ist unnatürliches Glücksgefühl berauschter Seelen. 1870

Gesetzlicher Biblizismus, spekulativer Gnostizismus, schwärmerischer Chiliasmus, und wie die Klippen alle heißen mögen, die die Kirchengeschichte aus so manchen schmerzlichen Erfahrungen kennt, drohen auch dem jungen Geistesleben, das in Russland erwacht. 2110

Wir wissen aus der Kirchengeschichte, wie irreleitend es auch für geistliche Bewegungen werden kann, wenn man sich nur noch endzeitlich orientiert. 2111

Es waren nicht selten in der Kirchengeschichte mit die unfruchtbarsten Zeiten, wenn sich in ihrem Dienst ihre Diener in unfruchtbaren Zukunftsfragen verloren. Die Exegese Gottes des prophetischen Wortes durch die Ereignisse der Geschichte war vielfach so ganz anders, als auch die Frömmsten es auf Grund dieses Wortes erwartet hatten. 2132

Welch bittere Wahrheiten muss sich die Kirche Christi innerhalb aller Staaten bis heute von denen sagen lassen, die irregeworden sind an allem Christentum. Wie viele sehnen sich nach einer besseren Gerechtigkeit, als die Kirche der Welt bisher hat vorleben und vermitteln können. An welch eine Sprache wird heute die Kirche Christi von ihren Feinden immer wieder erinnert, die auch sie während des Weltkrieges auf ihren Kanzeln führte. Wie segneten damals manche im Namen Gottes den Hass und bekämpften den Frieden. Wie zittert im Morgenlande unter dem mohammedanischen Volke noch heute der Ekel vor den Gräueln nach, die die Kreuzfahrer als „Ritter des Kreuzes“ mit ihren Eroberungen des heiligen Landes verbanden. Wie oft genügt auch heute allein schon die Anwesenheit einer christlichen Mission, um die Völker zu veranlassen, sich umso bewusster von der Propaganda der Mission abzuwenden. 2589

Kirchenjahr

Wenn wir im Glauben unsere christlichen Feste feiern wie Weihnachten, Karfreitag, Ostern, Himmelfahrt und Pfingsten, so sind sie uns heilige Gedächtnisfeiern nur insoweit, als Christus ihnen durch seine Person einen bleibenden Inhalt gegeben hat und dauernd gibt.

Weihnachten bleibt uns das göttliche Geheimnis: „Und das Wort ward Fleisch und wohnte unter uns. Und wir sahen seine Herrlichkeit, die Herrlichkeit des Eingeborenen vom Vater voll der Gnade und Wahrheit.“

Karfreitag bleibt uns der Inbegriff der vollendeten Hingabe des Sohnes Gottes an die Heilandsmission, die er vom Vater zu unserer Erlösung empfangen hatte.

Ostern bleibt uns das Ja Gottes zu dem Gekreuzigten, für den wir keinen Raum in unserem Leben und in unserer Welt hatten, und der durch die Auferstehung von Gott gerechtfertigt wurde.

Himmelfahrt bleibt uns das Gotteszeugnis von der Erhöhung Christi zur Rechten der Majestät Gottes, von seiner königlichen Autorität über alles Fleisch und von seinem ewigen Priestertum nach der Ordnung Melchisedeks.

Pfingsten bleibt uns das Kommen des Heiligen Geistes, der Anbruch einer neuen Schöpfung, welches ist die Gemeinde, der Beginn der großen Sendung der Jünger bis an die Enden der Erde. 2187

Feiert die Gesamtkirche alljährlich auch Karfreitag und Ostern, so sind ihr diese Festtage unendlich mehr als etwa nur eine kultische Erinnerung an eine geschichtliche Tatsache im Leben Jesu. Gab der Karfreitag der Welt auch den Gekreuzigten und der Ostermorgen den Auferstandenen – das Heil der Kirche liegt nicht im Karfreitag, sondern in der Person des Gekreuzigten und nicht im Ostertage, sondern in der Person des Auferstandenen. 2189

Auftrag und Führung von Christi Seite, Vertrauen und Glaubensgehorsam auf der Seite der Jünger: sie führten bis heute innerhalb der Kirche noch immer zu jenem Beisammensein, wo man den Herrn in der Wirklichkeit seiner Gegenwart, in der Kraft seines Wortes und in der Hoheit seiner Auferstehungsherrlichkeit erlebte. Sollen doch auch unsere Festtage wie Weihnachten, Karfreitag, Ostern, Himmelfahrt und Pfingsten mit ihren heiligen Gedächtnisfeiern, unsere Sonntage mit ihren Gottesdiensten, unsere christlichen Tagungen mit ihren Glaubenskonferenzen, nichts anderes sein als solch ein Beisammensein auf einem Berge. 2191

Konfessionen

Man erschrickt, wenn man innerhalb der Gesamtkirche einmal den Blick auf die starke Selbstbetonung jeder konfessionellen Richtung achtet. Von Rom bis zum kirchenlosesten Darbismus sieht man sich selten stark von der Eigenart der eigenen christlichen Frömmigkeit bestimmt. Das Leben und der Dienst der einzelnen Kirchen und Gemeinden ist nicht mehr eine mannigfaltige Frucht der Offenbarung Gottes, sondern eine selbstgefällige Betonung und Pflege des eigenen Erkenntnisgutes, das man aus dem Leben der Vergangenheit gerettet oder neu gewonnen hat. Man ergänzt sich nicht in dienender Liebe mit dem von Gott Empfangenen, sondern benutzt die eigene Stärke zur Schwächung der anderen. Das vermag man aber nur, wenn man trunken ist von sich selbst und seiner eigenen Orthodoxie. Anstatt sich als Glieder des Gesamtorganismus des Christus zu wissen, wo einer des anderen Glied ist, macht man den anderen zum Missionsobjekt der eigenen Kirche. 1197

Kraft

Die rein geschichtliche und objektive Gottestat in Christus muss zu einer gegenwärtigen subjektiv erlebten Gottestat werden. Wenn nicht, so kommt es höchstens zu einem Wissen über den historischen Christus, aber nicht zum Erleben des gegenwärtigen Christus. Oder hat etwa das rein Geschichtliche überhaupt je erlöst? Ist das Judentum etwa durch den geschichtlichen Abraham errettet worden? Wenn die Gotteskraft, die zur Geschichte geworden ist, sich nicht auch in uns wieder als eine gegenwärtige und eine zu erlebende auswirkt, dann sind wir vielleicht orthodox in der Pflege der Tradition und des Bekenntnisses, aber ohne schöpferische Kraft der Gegenwart, die immer noch aus Juden und Heiden einen neuen Menschen zu schaffen vermag. 1155

Wir sind reich an theologischen Ansichten über Christus, aber vielfach unnennbar arm an der Gegenwart und an der rettenden Kraft des Christus. Wir reden die Sprache der Apostel ohne den Christus der Apostel. Wir wissen uns nicht ergriffen von dem Geist des lebendigen Christus, daher streiten wir uns über die einzelnen Begebenheiten in dem Leben des historischen Christus. Die äußere Pflege einer von der Tradition übernommenen Christuskirche ersetzt uns die rettende und gemeinschaftsbildende Kraft der Christusgegenwart. Unsere allertiefste Not ist daher nicht, dass große Massen die Kirche verlassen, sondern dass unseren Kirchen vielfach *der* fehlt, der in seiner Kraft der Schöpfer, mit seinem Leben der Inhalt und mit seiner Herrlichkeit die Zukunft der Kirche sein will. 1156

Im richtig gedolmetschten Gottesworte lagen noch immer weltüberwindende und Leben gestaltende Kräfte, vor denen sich auch die Großen der Erde in ihrer weltlichen Vollmacht beugen mussten. 1256

Viele Kinder Gottes fühlen, dass ihr Leben die innere Kraft verloren hat und unfruchtbar geworden ist im Dienst. Man bittet sie um Trost, und sie tragen keinen Trost in sich. Man erwartet von ihnen Hilfe, und sie haben sich ausgegeben in ihren Mitteln. Man hofft von ihnen neue Perspektiven zu erhalten, und sie lassen sich selbst ziellos von den Strömungen der Zeit hin und her treiben. Anstatt den Suchenden und Irrenden zu einem neuen Lebensprogramm zu werden, borgen auch sie sich ihre Orientierung beim Geiste der Welt. 1418

Verschlossene Türen können wieder geöffnet werden. Auch die des Herzens. Daher mache es, liebe Seele, wie man es einst in den Tagen eines Hiskia machte, und öffne die Türen deines Lebens wieder weit dem göttlichen Lichte und der göttlichen Kraft, damit diese aufs Neue die innere Kraftquelle deines Lebens und deines Umgangs mit Gott werden. 1424

Wer nicht fähig ist, alles Nebensächliche und Untergeordnete so zurückzustellen, dass die eine gottgewollte Hauptsache zur Stunde alles andere beherrscht, wird nie die zerstreuten Kräfte zum gemeinsamen Handeln zu sammeln verstehen. Vollmacht, dem Ganzen zu dienen, werden nur Männer haben, die, gelöst von allen Kleinlichkeiten, sich nicht verlieren in religiösen Parteiinteressen, sondern die fähig sind, über die eigene Dogmen- und Stammesgrenze hinaus ihre Brüder zu finden. 1470

Das sind nicht kleine Seelen, die sich bei all ihren großen Aufgaben nicht Dinge zutrauen, zu denen sie keine Vollmacht von oben haben. Nur Seelen, die sich selbst nicht kennen, verkennen ihre begrenzte Kraft und muten sich Aufgaben zu, die nur von anderen gelöst werden können. 1474

Auch die Schriftgelehrten sprachen viel vom Reiche Gottes. Aber ihre Zeugnisse bewegten sich entweder in dem, was einmal in den Tagen des Mose und der Propheten war, oder aber in dem, was einst in den zukünftigen Tagen des Messias sein würde. Gott war einst gegenwärtig gewesen, oder wird zukünftig gegenwärtig sein, aber für die Armen im Geist, für die Hungernden und Dürstenden, für die unter dem Druck der Verhältnisse Leidenden, für die Mühseligen und Beladenen ihrer Tage hatten sie kein Evangelium. Gott war ihnen so fern, daher war ihnen auch das Reich Gottes so fern und ihren Lippen die Botschaft des Lebens. Sie sahen Gottes Größe und Gegenwart nur in der längst entschwundenen Vergangenheit oder erwarteten sie für die Zukunft ... Die große Zeit des Prophetentums wurde ersetzt durch die dürre Zeit des Schriftgelehrtentums. Eine solche Zeit aber heilt nicht, sondern lässt innerlich verarmen und verhungern. Was andere erlebten, erhebt sie zum Gesetz, was Kraftwirkungen Gottes waren, das macht sie zu einer Selbstanstrengung. Kein Wunder, dass solche Zeiten weit mehr den Charakter des Scheins und der Phrasen als des Seins und der Kraft Gottes tragen. Denn man kann nicht göttliches Leben pflegen, wenn nicht zuvor göttliches Leben geboren ist, nicht Kraft Gottes äußern, wenn nicht die Kraft Gottes in uns Wohnung genommen hat. 1489

Unmöglich kann man noch Kraft Gottes äußern, wenn einen bereits die Kraft Gottes verlassen hat, höheres Leben ausströmen, wenn dasselbe bereits aus unserem Leben zurückgetreten ist. 1720

Schöpferische Kräfte fließen nur aus der nie alternden Liebe und aus der nie müde werdenden Gemeinschaft von Person zu Person. 1949

Debora konnte Prophetin sein, aber nicht Heere führen und Schlachten schlagen. So groß auch je und je die Aufgaben einzelner zum Segen ihres Volkes waren, ihr Dienst blieb doch immer begrenzt und musste durch die Mitwirkung anderer ergänzt werden. Nie legt Gott seine großen Missionen auf eine Schulter, sondern verteilt sie auf viele zum Segen des Ganzen … Wirklich große Seelen sind sich auch immer dieser Beschränkung ihres Könnens und ihrer Aufgaben bewusst. Sie haben daher an ihrer Seite Raum für den Dienst ihres Bruders. Mehr als alle anderen sind sie sich dessen bewusst: um große Aufgaben fürs Ganze zu lösen, bedarf es der vereinten Kräfte. 2359

Kräfte, die Menschen bis zu Gott hin führen sollen, können ihre Quelle allein in Gott haben. 2492

Nicht die Sophia, die Dynamis muss wieder die Vorherrschaft in Leben und Dienst der Kirche Christi gewinnen. 2565

Kreuz

Sind nicht die schönsten Psalmen im Ofen des Elends geschrieben worden? Die tiefsten Lieder, die wir haben, sang man sie nicht zuerst in Kerkerzellen, auf Schmerzenslagern, in der Wüste des Lebens und in der Hitze des Kampfes? ... Nur in der Kelter kann die süße Traube zu jenem edlen Wein werden, durch den Schwache neue Kraft gewinnen. Gereinigtes Gold hat immer zuvor des Feuers Glut geschmeckt. Nur durchs Kreuz reifen jene Priesterseelen aus, durch die Gott dauernd die Welt segnen kann. 1022

Wer sich nicht selbst aufzugeben vermag, wird nie der Welt ewige Werte zu vermitteln haben. 1042

Hatte man in Israel die Krippe nicht verstanden, noch viel weniger verstand man das Kreuz. 1047

Die Vollmachten des Fleisches enden mit dem Kreuz; aber die Auferstehungskräfte des göttlichen Lebens beginnen erst mit dem Kreuz. 1048

Wenn Paulus vom Kreuz spricht, so geht es ihm letzthin nicht ums Kreuz, sondern um den Gekreuzigten ... Ohne den Gekreuzigten hätte das Kreuz nie zum Symbol unserer Erlösung werden können. 2146

Zu oft ist es auch innerhalb der Kirche Christi vergessen worden, dass das Kreuz die Schöpfung unserer Gesinnung, unsere Sünde, ist. Auf Golgatha sprach der Mensch in seiner Blindheit und Schuld, in seinem Abfall und in seiner Absage. Hier verneinte er den, den Gott durch seine Sendung, seine Vollmachten und in seinen Diensten bejaht hatte. Golgatha war des Menschen große Stunde. In ihr sprach er sein letztes Urteil über den, der als Prophet in göttlichen Vollmachten geredet hatte, wie Schriftgelehrte nicht reden konnten. Auf Golgatha wurde offenbar, wie der Mensch den einschätzte, der gesegnet, gesund gemacht, Aussätzige gereinigt, Tote erweckt, Besessene befreit und Zöllner und Sünder zu einem neuen Leben geführt hatte. Denn als Pilatus auf Grund des römischen Rechts dem jüdischen Menschen erklärte: „Ich finde keine Schuld an ihm!" – forderte gesetzlicher Fanatismus und nationale Leidenschaft seine Kreuzigung. Und als der Vertreter Roms die Kirche Jerusalems noch vor eine letzte Entscheidung stellte, da rief man: „Nicht dieser, sondern Barabbas!" Man bejahte den Mörder und verneinte Christus. 2147

Wir heben daher das Kreuz bewusst heraus aus dem nur semitischen oder römisch-antiken Geiste und stellen es als Gericht hinein auch in das Leben des germanischen Menschen. Wir heben es heraus aus der Handlung eines Römers und stellen es als Anklage hinein in das Gewissen der europäischen Völker. Wir heben es heraus aus dem Fanatismus der jüdischen Synagoge und stellen es bewusst hinein als letzte Entscheidung in die christliche Kirche. 2150

Golgatha war einst die entschlossenste Verneinung Gottes. Gott war in Christus unter die Menschen getreten, um seine Königsherrschaft über alles Fleisch zu offenbaren. Die Antwort der Menschheit auf dieses Kommen Gottes im Sohn war das Kreuz. 2234

In Zeiten, die besonders schwanger waren von weltanschaulichen Fragen und schweren Krisen, sah sich stets die Gemeinde besonders beauftragt, das Kreuz und die Auferstehung Jesu aus der Vergangenheit herauszuheben, um sie als Inhalt ihres Glaubens und ihrer Verkündigung unmittelbar in das Leben der jeweiligen Zeiten zu stellen. Denn Christus wurde im Wirken seines Geistes und in der Vollmacht seiner Reichsbotschaft immer neu gekreuzigt, wie er einst durch den jüdischen und römischen Menschen gekreuzigt wurde. Spricht die Kirche aber vom Kreuz, stellt sie es bewusst als Gericht, zugleich aber als Vergebung hinein in das Leben ihrer Zeit, so geht es jedoch nicht um das Kreuz als Sache, es geht ihr um den Gekreuzigten als Person. Jerusalem hat vor- und nachher noch unendlich viele Kreuze gesehen, an denen Verbrecher starben. Ohne den Gekreuzigten wäre aber das Kreuz nie der Kirche zum Symbol der Erlösung geworden. Wenn heute der Kirche erklärt wird: „Nur ein Leichnam hängt noch am Kreuz, der Leichnam eines männlichen Gottes, vor einer blutigen Männerleiche werden wir nicht mehr knien", so antwortet sie, dass ihr dieser Gekreuzigte zugleich auch der Auferstandene ist. Im Auferstandenen lebt der Gekreuzigte fort, sowohl innerhalb der Gemeinde als auch unter den Völkern. 2727

Es gereicht immer zum Unheil der Kirche und damit auch der Welt, wenn in ihr das Kreuz in dem ungeheuren Ernst seiner Gerichtssprache zu wirkungslos bezeugt wurde. Denn das Kreuz ist letzthin die Schöpfung des Menschen, und zwar in seinem Widerspruch und Hass gegen Gott. Auf Golgatha sprach der Mensch als Mensch in seiner Sünde und Schuld, in seinem Abfall und in seiner Absage. Hier verneinte er den, den Gott in seiner Sendung, in seinen Vollmachten, in seiner Hingabe und in seinem Reich bejaht hatte. Weder an einem Ausspruch Gottes, noch an einer geschichtlichen Handlung des Menschen ist jemals so offenbar geworden, was Sünde ist, wie gerade in der Verneinung Jesu Christi durch das Kreuz auf Golgatha. Mag der Mensch sich heute auch bemühen, die Sünde aus seinem religiösen Weltbild zu streichen, mag er sie auch in seinem Leben als Schwäche erklären – sie bleibt in ihrem Wesen und in ihrer Tat Feindschaft wider Gott. 2728

Krieg

In meinen Augen brachte der Krieg keinen Segen, soviel auch selbst in christlichen Kreisen vom Segen des Krieges geschrieben wurde. Er war für mich Gericht in allen seinen Erscheinungen und mit allen jenen Folgen, von denen Gerichte begleitet sind. Im Gericht liegen jedoch nie schöpferische Kräfte, nur zerstörende. In jedem wirklichen Segen wirken sich aber positive, aufbauende, schöpferische Kräfte aus, die nicht Ruinen, sondern neue Hütten, nicht zerrissene Herzen, sondern Leben und Friede schaffen. Diesen Segen suchte mein Auge vergeblich in den Erscheinungen des Krieges. 2623

Welch eine – nicht etwa nur der Kirche, sondern des Menschen – unwürdige Sprache wurde gelegentlich des Krieges nicht nur auf der Straße, sondern bis hinauf zu den Kanzeln aller beteiligten Völker gesprochen. Wie wurde die Kreuzesethik vielfach durch die niedrigste Kriegsethik ersetzt und gesegnet. Christus erlebte von Seiten der Menschheit im letzten Weltkrieg eine Kreuzigung wie nie zuvor in der Geschichte. Wahrlich, Geist von seinem Geiste, der gekommen ist, nicht der Menschen Seelen zu verderben, sondern zu erretten, ist das nicht. Man nenne solche Erscheinungen und Notwendigkeiten, wie immer man wolle. Man suche sie völkisch zu rechtfertigen und biblisch zu begründen. Ich suche in ihnen vergeblich nach dem Christus Gottes und dem Heiland der Völkerwelt! Von hier aus fließt kein Licht in die Nacht der Menschheit und keine Erlösung in die gegenwärtige Knechtung der Völker und kein Friede in die Hast und Unruhe der Zeit. 2685

Leider sind von der Kirche allzu oft in ihrer Geschichte „heilige“ Kriege entfesselt und „heilige“ Schwerter geschmiedet worden. Im „heiligen“ Eifer und im fleischlichen Fanatismus versuchte sie, der Gerechtigkeit auf den einzelnen Gebieten des Lebens und unter den Völkern durch Gewalt Geltung zu verschaffen. Sie hat in solchen Zeiten nur die Ungerechtigkeit vermehrt, die Gerechtigkeit aber verleugnet. 2740

Krippe, Kreuz und Krone

Krippe, Kreuz und Krone! Das sind die drei großen Knotenpunkte für alles göttliche Leben. Die Krippe ist das Bild der Niedrigkeit, der Menschlichkeit und der Ohnmacht. Und Jesu Geschichte beginnt in der Krippe. Wer konnte ahnen, dass der, den alle Himmel nicht fassen können, Raum in einer Krippe habe? Wer konnte ahnen, dass das größte weltgeschichtliche Ereignis, die Welterlösung, in der Krippe ihren geschichtlichen Anfang nehmen würde? Selig ist jene kleine Schar, die auch in unseren Tagen von Gott erleuchtete Augen hat und mitten in den Ereignissen der Zeit das große Werden und Wachsen des Reiches Gottes sieht, das immer als Kind erscheint, am Kreuze gerichtet wird und doch berufen ist, zum Heil der Welt die Krone zu tragen. Denn auch in unserer modernen Zeit geschieht die Fleischwerdung des Göttlichen immer wieder in der Krippe und nicht auf Thronen und Kathedern. Jeder Anfang des Reiches Gottes erscheint in Knechtsgestalt und nicht in königlicher Macht und menschlicher Weisheit, ist zunächst umgeben von menschlicher Schwachheit und entbehrt der Herrlichkeit und Vollendung. 1516

Krippe, Kreuz und Krone! Das sind die drei großen Knotenpunkte für alles göttliche Leben. Das Kreuz war das Sinnbild des Fluches, der Schande, des Gerichts und des Todes. Eines Tages sieht man den großen Propheten von Nazareth schweigend wie ein Lamm zur Richtstätte schreiten. Während die Menge höhnt, spottet und „Kreuzige, kreuzige ihn" schreit, sind es nur wenige, die mit ihm schweigen und weinen. Er erscheint auf dem Richtplatz, und hier krönt die Welt ihren Retter mit dem Dornenkranz und schmückt ihn mit dem Purpurmantel! Das war die Antwort der Welt auf den Dienst seiner Liebe ... Die Armen, die Kranken, die Gebeugten und Betrübten, die Lahmen und Blinden, die Zöllner und Sünder hatten ihn verstanden, aber nicht die Reichen, nicht die Satten, nicht die Schriftgelehrten, nicht die Selbstgerechten. Die verstanden ihn nicht. Und bis heute ist alles göttliche Leben immer wieder von denen gekreuzigt worden, die in Selbstgerechtigkeit Anspruch erhoben, vor Gott die Frömmsten zu sein! 1517

Krippe, Kreuz und Krone! Das sind die drei großen Knotenpunkte für alles göttliche Leben. Denn der, den der Mensch verwarf, wurde von Gott auferweckt und erhöht zur Rechten der Majestät in der Höhe ... Wer in dem gekreuzigten Lamm seinen Retter gefunden, darf in dem gekrönten Lamm nicht seinen Richter fürchten! Wer vor der Krippe mit Anbetung kniete und unter dem Kreuz sein verlorenes Leben ordnete, wird auch beim Sichtbarwerden der Krone mit Freuden das Haupt erheben, weil die Stunde der Erlösung geschlagen hat. 1518

Kultur

Dass mit dem Gewinn die seelische Härte, mit der Konkurrenz die gegenseitige Entfremdung, mit der Geschichtslüge das berechtigte Misstrauen, mit dem Nationalismus die politischen Auseinandersetzungen aufs engste verbunden waren, das erkannte man zwar; aber es waren ja nur jene unabwendbaren Begleiterscheinungen, die mit jedem „Geschäft" verbunden sind. Die Politik „Geschäft", die Kriege „Geschäft", die Friedensschlüsse „Geschäft", die Handelsbeziehungen „Geschäft", die Schutzbündnisse „Geschäft", die Weltwirtschaft „Geschäft", die sozialen Fürsorgen „Geschäft", die Armen- und Krankenhäuser „Geschäft", die Bäder und Heilanstalten „Geschäft" – das war das wahre Angesicht unseres gesamten Kulturlebens. 2207

Eine durch Schwert und Blut entstandene Kulturschöpfung versank auch wieder in Blut und Tränen. 2369

Die Erde vertrug nie eine Anbetung. Sie wurde zur Tyrannin und knechtete und jagte bisher noch alle, die anbetend vor ihr und huldigend vor ihren Kräften knieten. 2423

Welch alte Werte einer griechischen, römischen und jüdischen Welt gingen unerbittlich zu Grunde, als Christus mit seiner Gegenwart und seinem Evangelium in die alte Kultur welt trat. Ihm war der Mensch, den er sich durch die Reformation erlösen konnte, unendlich wertvoller als der Untergang eines mittelalterlichen Zeitalters mit all seiner großen Vergangenheit. 2686

Leben

Es macht ein Leben erst reich und inhaltsvoll, wenn der in der Vergangenheit gewonnene Segen als bleibendes Gut mit in die Zukunft hinübergenommen wird. Dann sind die einzelnen Lebensphasen kein verrauschender Traum, der nichts zu hinterlassen hat. 1076

Eine Entwicklung, die aus den Untiefen menschlicher Selbstsucht ihre Inspirationen und Kräfte schöpft, kennt im Leben nichts Heiliges, vor dem sie ehrfurchtsvoll stehen bleibt, ihr heiligt der Zweck jedes Mittel, ihr Ziel rechtfertigt jeden Weg. 1329

Wir leben im Zeichen der Ersatzmittel. Die Not treibt uns, auf so manches, was uns sonst allein die Natur und das Leben zu bieten vermögen, zu verzichten. Wir müssen uns in vielem mit künstlichen Erzeugnissen begnügen. Jedoch jener Umgang mit Gott, aus dem unserer Seele ewige Güter und Werte werden, kann durch nichts ersetzt werden ... Arm, halt- und hoffnungslos muss zuletzt jedes Leben werden, das nicht in Gott seine Orientierung gefunden hat. 1462

Ein dauerndes Leben der Kraft ist immer an eine dauernde Gemeinschaft mit Gott gebunden. 1719

Ein Leben, das sich nur auf Grund von Gesetz und heiliger Tradition aufbaut, vermag nie jenes Leben mit seinen jeweiligen Handlungen zu verstehen, das aus höheren Quellen fließt und im Umgang mit Gott von Fall zu Fall seine Orientierung findet. 1724

Und wenn wir in unserem Leben auch viel gewirkt, viel geeifert, viel gekämpft, viel gewagt haben für den Herrn und für die Welt, bleibend und von Gott legitimiert wird schließlich doch nur jene Frucht sein, die man auf dem Boden der eigenen Ohnmacht durch den Glauben als ein Geschenk von Gott empfing. 1966

Wir geben uns Gott hin, nicht um sein zu werden, sondern weil wir sein sind … In dieser Hingabe handelt es sich nicht um irgendeine empfangene Gabe, um erworbenes Wissen, um unsere Talente, nicht um einzelne Dinge unseres Lebens, sondern um unser Leben selbst. 1971

Wo immer wir einem bewährten und in Gott ruhenden Leben begegnet sind, alsbald entdeckten wir, dass es ein Leben war, das in der Abhängigkeit von Gott stand. 1973

Ohne göttliche Beleuchtung der rätselvollen Geschehnisse des Lebens werden wir auch auf geistlichem Gebiete die größten Pessimisten. 2035

Wie geklärt in ihrem Urteil, wie sicher in ihren Handlungen, wie klar in ihren Zielen, wie fruchtbringend in ihrem Dienen werden selbst schlichte, einfache Menschen, die ihr Leben zu ordnen suchen nach den Zeugnissen des Herrn. 2237

Leben entsteht immer nur durch Mitteilung von Leben. 2344

Man kann nie dauernd sich selbst pflegen, ohne dabei selbst zu verarmen. Wer sich selbst genügend an der Not des Bruders vorübergeht, gerät unbedingt bald selbst in Not … Wer sich zurückzieht, wenn Gott ruft, den schaltet die Geschichte von dem Leben aus, durch das die Zukunft erbaut wird. 2361

Leib

Die rein passive Freiheit des Körpers hat eine doppelte Fähigkeit. Entweder lässt der Körper sich von dem ihn bewohnenden Geiste heiligen und für segnende Handlungen bestimmen oder in all jene unendlichen Erniedrigungen mit ihrem Elend hineinziehen, in welchem sich die Seele eines von Gott gelösten Menschen bewegt. Ob der Leib ein Engel oder ein Teufel ist, hängt davon ab, ob ein Engel oder ein Teufel in ihm lebt. 1774

Leid

Seit dem ersten Leid besteht die Frage nach dem Übel in der Welt. Sie wanderte bisher mit der Menschheit durch die Zeitalter unserer Geschichte. Sie kam nicht zur Ruhe, welch eine Lösung man für sie auch fand ... Für sich selbst haben einzelne eine Lösung gefunden. Der Psalmdichter Asaf fand sie, und der Ausklang des 73. Psalms ist von solcher Tiefe und Schönheit, von solcher Gewissheit und Kraft, dass er mit zum Wertvollsten gehört, was wahrer Glaube je in Gott gefunden hat. 1012

Leiden

In der Theorie stehen auch wir vielfach auf dem Boden: Schwierigkeiten – Herrlichkeiten! Wenn diese sich aber unverhofft, fast unerträglich schwer, von einer ganz anderen Seite und in ganz anderer Form einstellen, als wir es erwarteten, dann verstehen auch wir zunächst den Herrn nicht mehr. Unsere Seele wird in tiefe Nacht gehüllt. Vergeblich späht unser Auge nach einem Ausweg. Selbst die Gewissheit von der Zweckmäßigkeit aller Leiden wird uns verdunkelt. 1018

Der große Leidensweg geistlich gerichteter Menschen hat in der Regel nicht in der Welt, sondern in der Mitte ihrer Brüder begonnen. 1324

Oft denken wir, als ob Leiden uns das nehmen müssten, was wir an Gnade und Kraft, an Frieden und Segen besitzen. Gott legt aber nicht Leiden in unser Leben hinein, damit unser innerer Mensch verarme, sondern damit sich ihm jener Segen erschließe, der allein auf dem Wege der Leiden zu finden ist. Gibt es nicht einen Trost und einen Frieden, wie man sie nur bei jenen Seelen finden kann, die durch viele Trübsale gegangen sind und dabei die Tröstungen Gottes erlebt haben, wie sie nur auf diesem Boden erlebt werden können! 1513

Wie groß bist du, o Gott, und wie klein sind wir Menschen, auch in unserem Leiden. 1640

Durch die Jahrtausende hindurch sind die tiefsten Leiden über die Träger des Geistes und der Wahrheit von dem Fleische in der Gemeinde Gottes ausgegangen. 1981

Nicht von den Leiden aus wollen wir Gott verstehen, wir wollen die Leiden verstehen von Gott aus. Wenn das nicht geschieht, wenn das nicht eines Tages wiederum das Evangelium auf unseren Kanzeln und Kathedern wird, dann gehen wir zugrunde sowohl als Kirche und auch als Volk. 2116

Ein Gott, der nicht leiden kann, kann auch nicht lieben. Götter leiden nicht, sie erlösen aber auch nicht ihre Beter. Gott als Vater und Christus als Haupt und der Heilige Geist in seinem Seufzen leiden mehr als wir, die wir der Inhalt der Leiden des Geistes sind. 2201

Wir helfen unseren Gemeinden und unseren verzagten Brüdern, wir helfen letzthin auch unserem ganzen Volke nicht, wenn wir bei ihrem Kampf, bei ihrer Not, beim Versagen der Kirche, oder bei der Herrschaft der Mächte des Abgrundes stehen bleiben. Nicht von den Leiden aus wollen wir Gott verstehen, wir wollen die Leiden der Zeit verstehen lernen von Gott aus. 2314

Liebe

Seine Stärke lag nicht in seiner Dogmatik, sondern in seiner Liebe. *(J.K. über Dr. F.W. Baedeker)* 1243

Nicht die Faust, die Liebe hat bisher die Welt überwunden! Wurde der Mensch in seiner Schwachheit von göttlicher Kraft getragen und in seinem Handeln von hingebender Liebe beseelt, dann gab es bisher nie eine Macht, die stärker gewesen wäre als solch ein Gottesmensch. 2101

Lobpreis

In dieser Zeit der Ängste und Nöte, wie oft haben wir uns da sagen müssen: Wie arm wäre doch jetzt unser Leben, wenn wir all das Weh und Leid, all das Bangen und Harren ohne ihn, ohne die Kraft und den Trost durchleben müssten, die uns aus dem Umfang und der Gemeinschaft mit Gott werden! So einer Seele, die da lernt, alles mit Gott zu durchleben, fehlt dann auch nicht mehr der Stoff zum Lobpreis Gottes. 1454

Der Ton der Anbetung Gottes und des Lammes und diese Einheit des Geistes mit allen, die unseres Heilandes Jesu Christi sind, soll immer wieder hindurchklingen auch aus unserem Lied, das wir singen, und durch unseren Dienst, den wir ohne Nebengedanken in Schwachheit zu tun versuchen. 2126

Kein Volk der Erde hat der Welt Lobgesänge hinterlassen, die in solcher Tiefe und Ehrfurcht das Tun Gottes in der eigenen Geschichte besingen, wie jenes Volk, das seine Gerichte und seine Wiederherstellung allein von Gott aus zu begreifen suchte. 2489

Verehrung Gottes ist mehr als ein kultischer Gottesdienst, der Lobpreis Gottes will unendlich mehr sein als ein mystischer Hymnus auf Gott. Verehrung ist anbetende Huldigung, verbunden mit vertrauensvoller Hingabe. Lobpreis ist das Rühmen seiner auf den Menschen bezogenen Wunder, das Sichbekennen zu Gottes Taten, die er zum Heil der Menschheit wirkt. 2701

Der Mund des Beters öffnet sich zu einem Lobgesang: „Denn dein ist das Reich und die Kraft und die Herrlichkeit in Ewigkeit. Amen." Das kleine Wörtchen „denn" sagt uns den Grund, warum wir Beter zuletzt noch diesen Lobgesang anstimmen. Wir haben alle Wünsche unseres Herzens in die sieben Bitten unserem Vater in dem Himmel zu Füßen gelegt. Er, als der Gott des Himmels und der Erde, dessen das Reich, als der Allmächtige, dessen die Kraft und als der unveränderlich Bleibende, dessen die Herrlichkeit in Ewigkeit, will uns erhören. Denn sein ist das Reich. Er kann uns erhören, denn sein ist die Kraft. Er wird uns erhören, denn sein ist die Herrlichkeit in Ewigkeit. Von dieser Zuversicht getragen, schließen wir mit diesem Lobgesang unser Gebet. 2333

Macht

Verfügt man über die nötige Macht und den entsprechenden Einfluss, so ist es gelegentlich sehr leicht, mit Erfolg gegen alles Abgöttische im Leben anderer zu eifern; damit war man aber noch niemals auch Herr über das Widergöttliche im eigenen Leben. 1278

Nicht durch autoritative Macht, sondern durch Mitteilung seines Geistes heilt Gott die Welt. 1491

Macht wird immer durch Macht gebrochen werden. 2038

Machthunger war je und je in der Weltgeschichte jener Dämon der Menschheit, der alle moralischen Grundsätze verleugnete und den Starken zum Raubtier erniedrigte. Zwar ist jeder Krieg unmoralisch, aber es ist doch immer ein gewaltiger Unterschied gewesen, aus welchen Motiven heraus er geführt wurde. 2586

Hören die göttlichen Schöpfungsordnungen und das göttliche Offenbarungslicht erst auf, die objektiven und geltenden Normen für den Aufbau des persönlichen, gesellschaftlichen und staatlichen Lebens zu sein, dann verfallen sowohl der Mensch als auch der Staat der subjektiven Willkür brutaler Machtmenschen. Diese können in dämonischer Rücksichtslosigkeit um der Verwirklichung ihrer erträumten Ideologien willen Millionen und Abermillionen ihrer eigenen Volksgenossen opfern. Nicht der Mensch mit seinem objektiven Recht, sondern die subjektive Idee mit ihrer Verwirklichung ist für sie hinfort das oberste Gesetz der Geschichte. 2642

Nie war das Ende einer bestehenden Weltmacht so nahe, als wenn sie sich erst berauschte an ihrem Ruhm und sich selbst anbetete in ihrer Macht. 2649

Mensch

Die größten Schwierigkeiten liegen nie außer uns, sondern immer in uns. 1032

Nicht dem Tode, dem Leben gehört die Zukunft! Nicht dem Gericht, der Gerechtigkeit gehört die Erde! Nicht dem Geschöpf, seinem Schöpfer gehört der Mensch! 1135

Je stärker der Mensch in seiner Kraft, desto größer ist die Gefahr in den großen, entscheidenden Augenblicken der Geschichte unabhängig von Gott zu handeln und die göttliche Sendung zu verpfuschen. Fehlentwicklungen in der Geschichte des Reiches Gottes waren in der Regel die Frucht verkehrter Leitung selbstsicherer Propheten innerhalb des Volkes Gottes. Sie liefen, bevor sie gesandt waren. Sie redeten, bevor sie einen Auftrag hatten. Selbstsicher geworden durch einzelne Erfahrungen der Vergangenheit, verloren sie ihre unmittelbare Abhängigkeit von Gott. Sie setzten ihre Tritte nicht mehr in die Fußstapfen Gottes, daher wurde ihr Gang so wankend und ihre Leistung so unsicher. 1181

Unser Leben wird nur dann und insoweit göttliche Geschichte, als Gott zu uns in unserem Leben reden kann … Denn sobald der Mensch handelt, schweigt Gott … Wo aber Gott schweigt, da bleibt unser Leben ohne den Inhalt einer göttlichen Geschichte. 1191

Jeder Mensch trägt zwei Möglichkeiten in sich: die der höchsten Gottesverwandtschaft, ohne je Gott zu werden, aber auch die der tiefsten Gottferne. Löst erst der Mensch seine Verbindung nach oben, dann verpflichtet er sich nach unten. Findet er seinen Gott nicht mehr im Schöpfer, so vergöttert er eines Tages das Geschöpf. Liegt seine Seligkeit nicht mehr im Verkehr mit Gott, so berauscht er sich an den Segnungen der Erde. Eines Tages sieht er sich unbedingt vor die Wahl gestellt, sich entweder für die Gottesgemeinschaft oder für die Gottesferne zu entscheiden. 1201

Im Bundesverhältnis Gottes zum Menschen und des Menschen zu Gott ist Gott der Mitteilende und der Mensch der Empfangende, Gott der Segnende und der Mensch der Gesegnete, Gott der Liebende und der Mensch der Geliebte. 1294

Niemals konnte Menschliches Göttliches wirken, nie ein Feigenblatt der Schöpfung die verlorene Unschuld des göttlichen Ebenbildes wiederherstellen. 1299

In jedem bewusst gegen Gott geführten Kampf erlag noch immer der Mensch. 1365

Gott muss reden, bevor der Mensch das werden kann, wozu ihn Gottes Liebe erwählt hat und erlösen will. 1370

Wir ahnen kaum, welche unergründlichen Tiefen und unausgeglichenen Seiten auch Menschen noch in sich tragen können, die im Leben bereits viel Eifer und viel Mut für den Herrn bewiesen haben. 1402

Wer sein Leben nur äußerlich in Zucht nimmt, Schmutz und Sünde meidet, innerlich jedoch die Begierde nährt und die Lust pflegt, dessen Leben mag als ein Heiligtum Gottes scheinen, innerlich ist es eine Mördergrube. 1423

Göttliche Lösungen können nur im göttlichen Lichte gefunden werden. Sich selbst überlassen kommt der Mensch nie über sich selbst hinaus. 1460

Nicht dem Menschen gilt unser Kampf, sondern nur dem, was ihn knechtet und zeitlich und ewig unglücklich macht. Das ist die große Weltmission derer, die Nachfolger dessen sein wollen, der größer war als Mose und die Propheten. 1466

Gottes Herrschaft kann zu ganz unübersehbaren Konsequenzen führen! Auch wir wehren uns zunächst alle vor diesen Konsequenzen. Um Menschen zu retten, gibt Jesus, wenn es sein muss, auch eine Schweineherde preis. Denn als die Dämonen ihn gebeten hatten, falls er sie austreibe, möchte er ihnen doch erlauben, in die Schweine zu fahren, hatte er gesprochen: Fahret hin!

Auch das ist nicht etwa nur ein einmaliges, geschichtliches Ereignis geblieben. Welche alten Werte einer griechischen, römischen und jüdischen Welt gingen einst unerbittlich verloren, als Christus mit seiner Gegenwart und seinem Evangelium in diese alte Kulturwelt trat. Ihm war der Mensch, den er sich durch die Reformation erlösen konnte, unendlich wertvoller, als der Untergang eines mittelalterlichen Zeitalters mit all seiner großen Vergangenheit, wie sie durch eine heidnische Weltanschauung geschaffen worden war.

Was fragt er danach, wenn heute auch unsere Rüstungsindustrien zugrunde gehen, wenn er sich Menschen erlösen kann, die beginnen, sich als Brüder zu finden und als Brüder zu dienen! Was fragt er danach, wenn heute unsere Weltwirtschaft aus einer Krise in die andere taumelt, wenn er den Menschen von seiner Mammonsherrschaft befreien und für ein Leben erlösen will, wo uns der Nächste höher steht als der Mammon! Was fragt er danach, wenn unsere so konfessionell gefärbten und verdogmatisierten Heiligtümer und Vereinshäuser zusammenbrechen, wenn er uns von jedem: Hier ist Christus und da ist Christus endlich frei machen und uns zu einer Anbetung Gottes im Geist und in der Wahrheit führen will!

Alles ist sehr bald zu ersetzen! Nicht aber der Mensch in der Gewalt der Dämonen. Er bleibt für Gott, die Menschheit und die Zukunft verloren, solange er von einer fremden Macht beherrscht wird und in Grabhöhlen sein Dasein fristet. Ihn gilt es zu erlösen. 1580

In allen Handlungen und Lebenserscheinungen zeigt sich nur, was der Mensch an sich ist, trotz seiner Religion, was sein Evangelium ist, trotz seiner Bibel, was seine Segnungen sind, trotz seiner Frömmigkeit. 1807

Gott sei Dank, dass es so ist, wie es ist! Es ist Gnade für den gefallenen Menschen, dass keine religiöse, moralische, staatliche und völkische Schminke die Nacktheit seines wahren Seins verdecken kann. Auch die im allerheiligsten Gewande nicht. Würde nicht die Nacktheit immer wieder durchbrechen, der Mensch würde an die Wesenheit seiner Schminke, an die Wahrhaftigkeit seiner Heuchelei, an die Gerechtigkeit seines politischen Betrugs glauben und sich niemals einer höheren Offenbarung mit der Botschaft ihrer Erlösung öffnen. 1808

Eine Gnade, die über dem Menschen steht, lässt diesen immer wieder erkennen, dass er nackt ist. Sie weiß, dass dies eines Tages zu jenem Gang in den Tempel führen kann, wo der Zöllner vor Gott im Heiligtum stehen und an seine nackte Brust schlagen wird: Gott, sei mir Sünder gnädig! Solange jedoch der Mensch diesen Weg nicht findet, handelt er in der Erkenntnis seiner Nacktheit, wie der erste Mensch handelte: Da flochten sie Feigenblätter und machten sich Schürzen. Hier haben wir die Genesis aller rein menschlichen Religionen. Der Mensch ohne Gott sucht auch seine Schuld ohne Gott zu lösen, sobald sie ihm zum Bewusstsein kommt. Auf dem Boden seines Naturzustandes gibt es für ihn keine anderen Mittel als die der Natur und der eigenen Kraft. Ob er sie an einem Feigenbaum oder sonst wo findet – natürliche Mittel sollen hinfort seine sittliche Blöße decken. 1809

Gott schwieg noch immer, wo die menschliche Kraft handelt und der Mensch Gottes Tun durch das eigene Wirken ersetzen wollte. 1848

Wer dem Menschen Gott nimmt, der liefert ihn der Bestie im Menschen aus. 1922

Es kommt nicht darauf an, „was" der Mensch tut, sondern „wie" und „wann" er es tut. 1937

Von jedem Boden aus gibt es einen Weg zu Gott, wenn der Mensch sich erst zurück zu Gott sehnt. 1954

Menschen können uns auf unserem Glaubensweg zum Segen, aber auch zu einem großen Hindernis werden. 1962

Das Schreckliche vom Schrecklichen in der Geschichte war doch noch immer der fanatische Mensch in seiner Religion. 2160

Menschen, die sich dem Urteil Gottes unterstellen und im Lichte der Offenbarung leben, können nie dauernd nur vom Menschen sprechen ... Nicht, als ob wir verschweigen wollten, was der Mensch ist. Wir wollen reden von seiner Schuld, klarer und deutlicher als je. Wir wollen ihm sagen: Golgatha ist nicht etwa nur die Schöpfung einer semitischen Rasse, Christus ist in seinem Geiste zu allen Zeiten, von allen Völkern immer wieder verworfen und gekreuzigt worden ... Diesen ganzen Ernst wollen wir nicht verschweigen. 2167

Wer Menschen bis zu Gott führen will, muss von Gott her zum Menschen kommen. 2224

In der Neuschöpfung, in welcher Paulus steht und dient, geht es nie um Gott innerhalb eines Menschenwerkes. Es kann immer nur um den Menschen innerhalb eines Gotteswerkes gehen. Gott selbst kommt durch den Auferstandenen als den Inhalt seines Evangeliums zum Menschen. Er will ihm wieder zum Vater werden. 2291

Entweder erlebt der Mensch in der Hingabe an Gott seine Auferstehung, oder er geht an dem Widerspruch gegen Gott zu Grunde. 2375

Es gibt eine Herzensstellung, in der sich der Mensch unfähig erweist, Gottes Antwort zu vernehmen, die er durch seine gewöhnlichen Dolmetscher und Offenbarungsorgane zu geben vermag. 2377

Zelte und Tempel können wohl heilige Kultusstätten sein – Offenbarungsstätte der Gegenwart, Herrlichkeit und Majestät Gottes kann jedoch nur der Mensch sein, der als Geistesschöpfung allein Geisteswirkungen zu empfangen und zu bewerten vermag. 2395

Die Ehrfurcht und die Anbetung wachsen, je mehr der Mensch in die Gegenwart Gottes tritt. 2562

Wer die Ehrfurcht vor Gottes Bild verliert, verliert auch die Ehrfurcht vor dem Ebenbild Gottes im Menschen. Wer in seinem Wahn Gott in sich selbst findet, der sucht im andern nur noch ein Objekt für die Macht seiner Leidenschaften, für den Rausch seiner Sinnlichkeit. 2705

Eine Menschheitsgeschichte in einem ungehemmten, vollendeten Aufbau ohne Gott hätte längst zu einem Zustande geführt, der weit schrecklicher und unerträglicher gewesen wäre als das schwerste Gericht innerhalb der Geschichte. 2709

Missionsbund LICHT IM OSTEN

Als hier bei uns in Deutschland während des Krieges einige Millionen russische Kriegsgefangene hinter dem Stacheldraht lebten und man in Tausenden die zerrissene Seele, die Stumpfheit des Geistes, die Interesselosigkeit am Leben, das stille Vorsichhinbrüten in ihrem Elend sah, da erwartete niemand Leben aus dieser Massengruft der russischen Männerwelt. Aber auf das Geheiß Jesu hin wagten andere vor uns und später auch wir, den Stein von der Gruft zu wälzen, und Jesus rief auch in diese Gruft sein schöpferisches Lebenswort. Und es rauschte unter den Totengebeinen der russischen Kriegsgefangenen. Tausende standen auf zu neuem Leben und kehrten später in ihre Heimat zurück als Boten des Gekreuzigten und Auferstandenen. Unsere ganze gesegnete und weitverzweigte Missionsarbeit ist einerseits hervorgegangen aus dem Leben, das Christus auch auf diesem Boden zu wecken vermochte. Unsere ersten Bibelkurse in den Lagern, unsere spätere Bibelschule in Wernigerode sammelten die leitenden und führenden Brüder unter den zu neuem Leben Erwachten und gaben uns Gelegenheit, sie tiefer mit dem Heil bekannt zu machen, das ihnen in Christo geworden war. Heute stehen die allermeisten von ihnen bereits in gesegnetem Dienst in Russland und suchen den Weg zu der Grabesgruft ihres Volkes für den Herrn frei zu machen, der sie einst aus dem Tode zum Leben rief. Das sind nur einige allgemein bekannte Erfahrungen von der großen Auferstehung von heute, die wir am Grabe des Lazarus in unserem Missionszeitalter erleben durften. 1059

Umfangreicher und gesegneter als je zuvor steht trotz der offiziellen Widerstände und der wirtschaftlichen Nöte die evangelische Bewegung innerhalb des russischen Volkes da und ist sich seiner göttlichen Sendung und prophetischen Mission bewusst: ein Licht der Welt und ein Salz der Erde zu sein … Auch unser Missionswerk „Licht im Osten“, das ganz auf die Unterstützung der evangelischen Bewegung innerhalb des russischen Volkes eingestellt ist, hat indirekt seinen Charakter aus diesem Dienst gewonnen. Auf seinen großen Reisen durch Russland und Sibirien kam Dr. Baedeker auch in unsre deutschen Kreise im Süden Russlands. Er war es, der uns auch in engste Fühlung mit den russischen Stundistenbrüdern und dem erwachten Geistesleben innerhalb des Petersburger Hochadels brachte. Durch ihn persönlich und durch das, was ich in Petersburg in diesen Kreisen miterleben durfte, habe ich Anregungen empfangen, die auch für meine innere Entwicklung und meinen späteren Dienst von entscheidender Bedeutung geworden sind. Hier dämmerte mir zum ersten Mal die Ahnung auf, dass die uns in Christus gebrachte Erlösung unendlich mehr bedeutet als nur ein „Seligwerden“, sondern dass ihr tiefstes Wesen der vertraute, kindliche Umgang mit Gott ist im Geist Jesu Christi.

Von da ab erschloss sich auch mir eine Kirche Christi, die in ihrem innersten Wesen keine konfessionellen Schranken kennt und deren Leben das Christusleben in uns ist. Hier lernte ich zum ersten Mal den Bruder im Licht des Werkes Gottes sehen, das sich in ihm vollzieht, und nicht im Licht meiner kirchlichen Dogmatik. Alles trug später, ohne dass es von uns geahnt werden konnte, dann mit dazu bei, dass mein Kollege Pastor Jack und ich nach dem Zusammenbruch des Weltkriegs uns von Gott genötigt sahen, den Missionsbund „Licht im Osten“ in der Zusammenfassung aller Kreise der Gläubigen zu begründen, als der er bis heute bestanden und sich bewährt hat. Es ist möglich, die Einheit im Geiste auch in einem gemeinsamen Missionswerk zu bewähren, wenn Gott das Primäre in demselben ist und nicht der Mensch. 1242

Schwach war die menschliche Basis, klein waren die ersten Anfänge, auch die ersten Kräfte, aus denen das Werk erwuchs. Auf Gott allein angewiesen wussten sich die ersten Mitarbeiter, als sie sich durch das Verlangen russischer Kriegsgefangener auch in Deutschland in den Dienst am russischen Volk gestellt sahen. Unter schwersten Verhältnissen, auf Grund göttlicher Fügung und der Not von 2 Millionen gefangener Russen wurde der Missionsbund geboren ... Wir konnten nicht erwarten, dass Gott sich zu dem bekenne, was wir tun wollten. Wir durften uns aber bei all unserer Schwachheit und Menschlichkeit mit unserer Hingabe und unserem Dienst zu dem bekennen, was Gott tun wollte. Wir Mitarbeiter sind samt unserm großen Freundeskreis des In- und Auslandes nichts anderes als Menschen, die in ihrer Schwachheit zusammen im Dienst Gottes stehen: Gottes Mitarbeiter! 1635

Wer selbst in einem vielseitigen und gesegneten Dienst steht, der wird uns in unserer Sehnsucht verstehen, dass der Herr uns vor einem rein äußerlichen Missionsbetrieb bewahren und von Fall zu Fall für jeden einzelnen Ruf und jede Aufgabe mit neuer Kraft ausrüsten möge, damit unsere Posaune nicht ohne Ton, unser Wort nicht ohne den Klang der Ewigkeit, unser Werk nicht ohne Seele und den Geist der dienenden Liebe sei. 2046

Wiederholt sind wir von den russischen Brüdern gebeten worden, den Namen unserer Mission etwas zu ändern. Besonders die Glieder der orthodoxen Kirche empfinden es als etwas

Verletzendes, wenn man unseren Missionsbund zur Ausbreitung des Evangeliums unter den Völkern des Ostens bezeichnet als „Licht dem Osten". Man sieht darin eine Selbstüberhebung von unserer Seite und eine Herabsetzung der anderen. Wenn wir nun auch glauben, dass gerade den Gliedern der Morgenländischen Kirche die Botschaft des Evangeliums Not tut, so liegt uns doch völlig fern, andere durch unseren Dienst verletzen zu wollen. Wir wollen nach wie vor nichts anderes sein als Mitarbeiter unseres Gottes, als Zeugen unseres Herrn Jesu Christi, als dienende Priesterseelen, die dem Nächsten, besonders auch den Völkern des Ostens die seligmachenden Kräfte des Evangeliums bringen wollen. Deshalb wird der Name „Licht dem Osten" geändert in „Licht im Osten". Damit wollen wir zum Ausdruck bringen, dass auch wir durch unseren ganzen Missionsdienst nur mit dazu beitragen wollen, dass das Licht des Evangeliums, das der Herr auch in Russland hat geben können, in jeder Hinsicht möchte gepflegt und gefördert werden. Auch die Heilung Russlands kann allein im Evangelium Christi liegen. 2048

Das ist die Genesis unserer Konferenz. Sie entstand aus dem inneren Durst nach Gott. Wir sehnten uns in der Stiftshütte zunächst danach, das Angesicht Gottes zu sehen, bevor wir im Dienst das Angesicht des Menschen sehen. Wir wollten uns zuvor von Gott dienen lassen, bevor wir andern zu dienen suchen, zuvor Göttliches empfangen, bevor wir Göttliches bieten. Aus diesem Verlangen heraus ist unsere erste Konferenz geboren. Sie ist daher ein offenes Bekenntnis unserer menschlichen Ohnmacht, aber auch ein Bekenntnis unseres Glaubens an die Gegenwart Gottes. Wir glauben an die Möglichkeit der Offenbarung Gottes auf dem Boden unserer menschlichen Schwachheit, an die inspirierende Kraft des Geistes, die wir im Umgang mit Gott erleben können. 2061

Wir laden nicht ein zu einem religiösen Sport mit allerlei Erkenntnisfragen, nicht zu einer Heerschau mit all den Leistungen, die im Laufe der Jahre geschehen durften, nicht zu einer pharisäischen Wehklage über die Ereignisse und Erscheinungen unserer Zeit, sondern zu einer bewussten Begegnung des Einzelnen mit Gott. 2063

Wir suchen im Bruder nicht das, was uns trennt, sondern was uns miteinander verbindet. Unsere Konferenzen wollen nicht polemisieren, sondern dienen, nicht trennen, sondern verbinden. 2064

Was will denn eigentlich unsere Glaubens- und Missionskonferenz? Sie will dem Wesen nach letzthin nichts anderes sein als eine Prophetenwarte, und zwar eine Prophetenwarte, wo der Mensch schweigt und Gott redet und der Glaube horcht. Sie alle werden mit mir bezeugen können, wie müde uns so manches macht, wenn immer wieder nur der Mensch zu hören ist. Nicht nur die Welt macht uns müde mit ihrem Reden, sondern auch die frömmste, die religiöseste Sprache, wenn hinter derselben nur der fromme Mensch und nicht die Kraft Gottes steht. 2073

Unsere Missionsarbeit für Russland ist ja nicht in dem Sinne Mission wie die Heidenmission, sondern sie ist ein Dienst der inneren Mission innerhalb des russischen Volkes, obgleich unsere Unterstützung auch Brüder erreicht, die unter den nichtchristlichen Völkern Sibiriens arbeiten. 2094

Hinter unserem Werk stehen geschlossen keine besonderen Organisationen, keine Kirchen, keine Gemeinden und Gemeinschaften, sondern nur Freunde aus all diesen Körperschaften. Es sind allein jene Freunde, die sich mit uns im

Geiste Jesu Christi und in der Sehnsucht verbunden wissen, dass auch dem russischen Volke der volle Segen des Evangeliums erschlossen werden möchte. Wir haben es mithin immer als ein besonderes Vorrecht angesehen, dass wir mit unserem ganzen Werke diese ökumenische Stellung zur Gesamtkirche Jesu Christi einnehmen durften. In dieser Stellung ist es uns möglich, wohin wir auch gerufen werden, ob in die Landeskirche, ob in die Freikirche, ob in einen Gemeinschaftskreis, unseren Dienst wirklich ohne jegliche Nebenabsichten und Nebengedanken zu tun ... Unser Werk hat Freunde nur in soweit und so lange, als solche sich mit uns im Glauben und in der Liebe verbunden wissen. 2097

Wir haben bisher prinzipiell noch keinen Bruder und keine Schwester als unseren Missionar oder Prediger oder Evangelisten ausgesandt. Keiner der Brüder unseres Seminars ist von uns ordiniert oder als Reichgottesarbeiter beglaubigt worden. Wir haben uns seit Beginn unserer Arbeit auf den Standpunkt gestellt, dass auch ein seminaristisch vorgebildeter Bruder erst dann eine Reichgottesarbeit unter bestehenden Gemeinden und Gemeinschaften tun kann, wenn er sich von Gott legitimiert sieht und von einer Gemeinde berufen weiß ... Wir unterstützen auch heute nicht ... irgend jemanden als „unseren“ Missionar oder Evangelisten ... Unsere innerliche Stellungnahme richtete und richtet sich überall immer nur gegen alles, was tot ist und ohne die erlösende Kraft Christi das sein will, was allein als Neuschöpfung Gottes Geltung hat und bestehen kann. 2109

Ich bekenne es ganz offen, dass wir in unserem Missionsbund Zeiten gehabt haben, wo wir kaum noch schlafen konnten. Uns erreichten die allerschwersten Nachrichten von unseren eigenen Geschwistern und Freunden. Und doch hatten wir den Eindruck, der Schmerz über die Einzelnen tritt letzthin völlig zurück hinter dem Schmerz über das Ganze. Wir wären in unserem Dienst, in unserer Hoffnung und in unseren Gebeten einfach seelisch zugrunde gegangen, wenn uns nicht Gott in seiner Größe und Barmherzigkeit und nicht Christus in seiner Gegenwart und Kraft Wirklichkeiten wären. Und zwar Wirklichkeiten, mit denen wir auch angesichts so eines Kampfes rechnen dürfen. 2115

Das Thema unserer diesjährigen 11. Glaubens- und Missionskonferenz (1933) steht ganz im Zeichen der großen Gegenwartsfragen. Es wird jedoch der Konferenzleitung wie den einzelnen Rednern fern liegen, von den einzelnen Gegenwartsfragen aus an die göttliche Offenbarung heranzutreten, um dort Belege für ihre evt. Ansichten zu suchen. Vielmehr sollen die verschiedenen Fragen vom Licht der Offenbarung aus beleuchtet werden. Denn nötiger als je bedarf gegenwärtig die Kirche Christi der innerlichen Orientierung an der göttlichen Offenbarung. Will sie die gegenwärtige Zeit in ihren Wirren und Katastrophen und sich selbst in ihrer Berufung und Sendung verstehen, dann muss ihr Ohr am Munde Gottes ruhen. Besteht doch gerade für die Kirche Christi heute die doppelte Gefahr, einerseits sich in einseitige Zukunftserwartungen zu verlieren und ihre große prophetische Gegenwartsaufgabe zu versäumen, andererseits sich in ihren Handlungen durch die Stimmen der Zeit bestimmen zu lassen und ihre Geistesströmungen zu teilen. Stärker als bisher muss sich daher im Leben und Dienst der Kirche, in ihrem Urteil wie in ihren Erwartungen, das Wort des Meisters erfüllen: „Meine Schafe hören meine Stimme!“ 2130

Auch über das kirchenpolitische Ringen hat uns Gott bisher freundlich hinweggetragen. Wir sind von kirchenpolitischer

Seite bisher in unserer Arbeit nicht behindert worden. Obwohl wir der Hauptsache nach mit unserem Werk in den großen kirchlichen Körperschaften unseres Landes stehen, so waren wir doch von Anfang an ein ökumenisch eingestelltes, freies und selbständiges Missionswerk. Das brachte es wohl mit sich, dass wir uns nicht von vorneherein in eine der um die Zukunft der Kirche ringenden Fronten gedrängt sahen. Unser Dienst bewegte sich und bewegt sich nicht um diese oder jene streng konfessionelle Kirchenfrage, sondern um das Sein oder Nichtsein der Kirche Jesu Christi überhaupt. Wo es sich um diese letzte und entscheidende Frage handelt, hat unser Blatt, haben auch unsere vielen Vorträge nie einen Zweifel darüber gelassen, wes Geistes Kinder wir sind. In diesem Ringen wissen wir uns organisch verbunden mit allen, die unseres Gottes und Herrn Jesu Christi sind. 2139

Auf Grund seiner Barmherzigkeit hat Gott zu seiner Stunde auch die Mission LICHT IM OSTEN in seine Mitarbeit gezogen. Mehr als eine Gottesmagd, als eine Mitarbeiterin Gottes hat sie nie sein wollen ... Sie möchte nur Wege gehen, auf denen ihr Gottes Angesicht leuchten kann. Sie will allein Aufgaben lösen, die Gott ihr anvertrauen konnte. Sie sucht Dienste zu tun, für die sie sich von Gott begnadet sieht. Die Erfüllung dieser ihrer Sehnsucht findet sie nicht in ihrer eigenen Kraft. Sie weiß, dass ihre Stärke nicht in ihrem Wissen, auch nicht in ihrer Erfahrung und auch nicht in ihren mutigen Unternehmungen liegt. Das Geheimnis ihrer Stärke ist trotz ihrer Schwachheit der Herr, der seine Kraft auf dem Boden menschlicher Schwachheit am herrlichsten zu offenbaren vermag. 2182

Wir sollten nicht glauben, dass durch die einzelnen Boten, die wir der Bewegung abgeben können, Russland wird evangelisiert werden. Auch sollten wir nicht versuchen, der Bewegung eine besondere konfessionelle Prägung zu geben. Gesundes Geistesleben schafft sich immer wieder selbst die Form. Es sollte uns nicht darum zu tun sein, Mennoniten, Baptisten, Lutheraner oder Methodisten zu gewinnen, sondern es gilt, dem Geiste Raum zu geben, dass er der Bewegung auch die äußere geschichtliche Prägung gebe, die der göttlichen Wahrheit und der Bewegung selbst entsprechen. 2781

Mitarbeiter

Mehr als irgendein Mensch und Prophet rechnet der Herr mit den Schwachheiten seiner Knechte. Er weiß, um mit Paulus zu reden, dass sie mit ihrem Leben ihm nur ein tönernes Gefäß für die Wirkungen seiner Kraft zur Verfügung stellen können. Mose hat eine schwere Zunge, Gideon überfällt die Furcht, als er ins Heerlager der Midianiter gehen soll. Jeremia weiß sich zu jung, um Prophet zu sein, und Paulus fühlt die Faustschläge Satans, die ihn hindern, die ganze Welt mit dem Evangelium seines Christus zu erfüllen. Schwachheiten waren jedoch für Gott nie ein Hindernis, Menschen in seine Mitarbeit zu ziehen und sie zu begnadigen, dass sie Träger seiner Offenbarung und Zeugen seines Wirkens wurden. Je restloser ein Mensch sich in seinem Vertrauen der göttlichen Berufung hingab, umso größer erwies sich die Kraft Gottes in seiner Schwachheit, die auch durch kleine Persönlichkeiten ungeahnte Wirkungen vollbrachte.

Als solch eine Persönlichkeit steht in dem Leben, Dienen und Leiden des großen Jeremia dessen Freund Baruch. Jeremia bedurfte in seinen Spannungen und Kämpfen eines Baruch, um seine schwere Prophetenmission zu erfüllen; und Baruch bedurfte eines Jeremia, um auch als kleine Kraft weittragende Taten zu tun. Gewiss, Baruch war kein Prophet, wollte auch keiner sein. Er war nur Diener eines weit Größeren und Berufeneren. Als solcher war er jedoch im Leben Jeremias eine Ergänzung, die nicht hoch genug bewertet werden kann. Wie oft konnte in der Geschichte des Reiches Gottes die ganze Wucht und Stärke der Mission großer Gottesknechte nur zur vollen Entfaltung kommen, weil sie sich in den schwersten und entscheidungsvollsten Augenblicken von Freunden verstanden und unterstützt sahen, die selbst nie eine große Aufgabe hätten erfüllen können. Gideon wagte erst dann nachts ins Heerlager der Midianiter zu gehen, als ihm vom Herrn gesagt wurde, dass sein Knabe Pura, sein Waffenträger, mit ihm gehen solle. Was einem Paulus in seinem Kämpfen und Leiden ein Lukas und ein Epaphras waren, wie ein Markus dem Apostel Petrus diente und in der Reformationszeit ein Melanchthon einem Luther zur Seite stand, so war Baruch ein Mitarbeiter und Freund des Propheten Jeremia. 2511

Mose

Volksstimmungen waren von jeher auch im Reiche Gottes unberechenbar. Mose wusste sich jedoch von Gott gesandt und nicht vom Volk. Das machte ihn so fest in seinem Dienst, so klar in seinem Ziel, so stark in seinen Leiden. Er blieb unabhängig von der wankelmütigen Volksstimmung und orientierte sich am Herzen Gottes über die Dinge, die ihn umgaben und vor ihm lagen. So gestaltete sich sein Dienst zu einer hundertfältigen Frucht. Er war nicht vergeblich gegangen. Gott hatte für sich in Mose einen Freund und für Israel den Propheten gefunden. 1037

Nachfolge

Weltüberwindender Glaube hat nichts zu tun mit Enthusiasmus und unnatürlicher Begeisterung. Vielfach ist der Enthusiasmus vielmehr jenes sichere Barometer, das den unmittelbaren Umschwung der inneren Seelenstimmung ankündet. Jenes Volk, das einst den Herrn der Welt mit Palmenzweigen begrüßte, rief einige Tage später: Kreuzige, kreuzige ihn! Daher erwartet der Herr von seinen Nachfolgern nie Begeisterung, sondern eine klare, nüchterne Willenshingabe an sein Leben und seine Wahrheit ... Nicht Begeisterung, sondern restlose Hingabe verlangte je und je sein Lebensweg von jedem Jesusjünger. 1871

Nicht äußere Anhänger einer Sache, sondern Seelenrettung, nicht Personenkult, sondern lebendige Christusverehrung ist das Ziel des Dienstes derer, die Nachfolger Jesu von Nazareth sind. 2031

Wissen Sie, in der Jesusnachfolge führen alle inneren Konflikte nicht zur Verzweiflung, nicht zu einem endgültigen Versagen – in der Jesusnachfolge führen alle Konflikte zu neuen Vollmachten für den kommenden Dienst, auf Grund der neuen Herrlichkeiten, die sich uns auf dem Boden unserer Konflikte erschlossen haben. 2055

Nächstenliebe

Das Recht Gottes auf die Hingabe des Menschen: das war israelitische Gerechtigkeit; und das Recht des Nächsten auf die Tat dienender Liebe: das war israelitische Ethik ... Nach der Bibel wirkt sich das geordnete Verhältnis zu Gott praktisch immer auch als geordnetes Verhältnis zum Nächsten aus. Nach ihr ist der Mensch in seinem Verhältnis Gott gegenüber niemals gerechter, als sein Verhalten gerecht ist dem Nächsten gegenüber. Niemand vermag vor Gott ein Engel und vor den Menschen ein Teufel zu sein. 1940

Wer Narben trägt, hat Verständnis für Wunden, an denen andere zu verbluten drohen. 2178

Wenn aber Verwundete und Kranke in der Gemeinde sind, lasset uns sie pflegen, nicht richten, sondern aufrichten. 2774

Opfer

Wie viel Schmerz man sich gelegentlich ersparen würde, wenn man lernte, auch im Nehmen in der Leitung Gottes zu bleiben, werden alle wissen, die sich von Gott so geführt sehen, sich auch in dem rein Materiellen je und je von anderen dienen zu lassen. Wie oft zeigt es sich, wenn andere uns mit ihren Mitteln gedient haben, dass sie dann auch glaubten, über unser Gewissen herrschen zu dürfen. Und es brachte uns manche Not und Schmerzen, als wir dann unsere Stellung zu behaupten suchten, dass unser Gewissen allein an Gott gebunden sei. Nur wirklich zuvor an Gott abgegebene Opfer sind eine reine und ungetrübte Freude und Erquickung für diejenigen, die Gott durch die empfangenen Opfer segnen lässt. Dagegen Opfer, die mit selbstsüchtiger Berechnung und aus fleischlichen Motiven gegeben worden sind, erquicken nicht, sondern drücken. 1507

Paradies

Ist doch das Paradies nichts anderes als die höchste Vollendung eines harmonischen Zustandes, zu dem die Erde mit der Fülle ihres Lebens, ihrer Kraft und ihrer Schönheit unter der Herrschaft Gottes und seines Gesalbten fähig ist. Solch einen Paradieseszustand schuf Gott durch einen Garten im Lande Eden. Er sollte die geschichtliche Basis sein für Adams künftige Herrschaft. Für den Menschen war es die Offenbarung: Wer wie Gott ein Paradies in sich trägt, gestaltet auch die Welt, die ihn umgibt, zu einem Paradies. 1791

Wer gelöst ist in seinem Innenleben, weil er in der Abhängigkeit von Gott steht, bleibt gelöst auch inmitten der Welt. Wer sich jedoch von der Offenbarung Gottes innerlich entfernt ... fällt selbst im Paradies ... Der erste Mensch erlebte seinen Fall nicht außer, sondern in dem Paradiese. 1801

Nie ließ sich Gott die Schlüssel seines Paradieses rauben, weder durch die Gewalt eines Staates, noch durch den Bannspruch eines seiner vermeintlichen Stellvertreter auf Erden. Das ewige Recht, die Pforten seines Reiches denen zu öffnen, die aus der Fremde nach Hause zu kommen suchten, hat er für immer sich selbst vorbehalten. 1840

Wo Abhängigkeit von Gott ist, da ist Harmonie mit Gott. Da ist auch heute noch ein Stück Paradies und da ist heute das Reich Gottes auf Erden und im Herzen, wo der Wille Gottes geschieht. 1974

Paulus

Paulus ist durch sein Wort und Leben ein Programm geworden für bald zwei Jahrtausende. Wo es auch immer wahre Jesusjünger gab, zu welchen Zeiten auch das Wehen des Heiligen Geistes neue Lebensbewegungen weckte und sich durch den organischen Zusammenschluss der Glieder Christi lebendige Tempel Gottes schuf, überall und zu jeder Zeit fanden die Gläubigen ihre Richtlinien in dem Lichte der Paulusbriefe. 1648

Paulus hat durch seine Persönlichkeit weit mehr zur inneren Gestaltung und zum Aufbau der Geschichte der kommenden Jahrhunderte beigetragen als alle Weisen Griechenlands und alle Cäsaren Roms. Durch ihn sind der Menschheit geistige Werte vermittelt worden, die bisher keine Weltkatastrophen und Zeitströmungen erschüttern oder sogar vernichten konnten. 1650

„Christus in uns“: das war ihm allein das Fundament für die Hoffnung auf die noch kommenden Herrlichkeiten. 1656

Jeder Paulusbrief ist nicht nur ein Paulusbild, er ist noch weit mehr ein Gemeindebild. 2266

Während andere Religionen entweder zurückschauten und von Erinnerungen an vergangene Zeiten lebten, oder aber das harrende und seufzende Volk auf die große Zukunft vertrösteten, brachte Paulus in seinem gegenwärtigen Christus ein gegenwärtiges Heil. Ewiges Leben war ihm nicht nur etwas Zukünftiges. Es trat mit seinen Kräften bereits jetzt in die Erscheinung, und zwar im Leben derer, die in Christo des ewigen Lebens teilhaftig geworden waren. 2270

Paulus als Missionar und Evangelist hat der Welt Christus so verkündigt und ihr seine Christusgemeinschaft so vorgelebt, dass Christus einer werdenden Kirche zu jeder Zeit neu zum lebendigen Glaubensinhalt und zur Quelle der Kraft ihres Zeugendienstes innerhalb der Völkerwelt werden konnte. Wenn der Apostel einst, wie er schreibt, mit seinem Evangelium die ganze Welt erfüllte und überall die Wirkungen seines Evangeliums erlebte, so verdankte er das nicht etwa seiner Christuslehre, wohl aber seinem Christuszeugnis … Denn Christus, der Auferstandene und Kyrios der Gemeinde, war der Glaubensinhalt seiner persönlichen Heilsgewissheit und der Quell seiner unerschöpflichen Heilserwartung für die Welt. 2720

Gott hat nie den Anspruch auf den Menschen aufgegeben. Der Größe der menschlichen Schuld und Not entspricht in der Heilsoffenbarung nun die Größe der göttlichen Hilfe. Sie trat in der Person Jesu Christi in die Geschichte und wurde der Inhalt des paulinischen Evangeliums. Gott in der Offenbarung seines Sohnes innerhalb der Fülle der Zeit, Christus in seinem Mittlerdienst dank der Vollmacht seines Vaters, der Mensch in seiner Glaubenshingabe im Geiste der Kindschaft und die Reichgottesherrschaft in ihrer gegenwärtigen Knechtsgestalt und in ihrer zukünftigen Heilsvollendung: dieses gewaltige Glaubenszeugnis ist zu einem der stärksten Bekenntnisse des Apostels Paulus geworden. 2753

Persönlichkeiten des Glaubens

Es gibt in der Geschichte unzählige Namen, die im Reiche Gottes nur das waren, was ihre Zeit und ihre Umgebung aus ihnen machte. Aber es gab auch je und je Persönlichkeiten, die in ihrem Leben und Dienst das waren, was sie aus ihrer Umgebung machten. Sie wurden nicht gestaltet, sondern sie gestalteten und gaben ihrer Zeit und ihrer Umgebung den Stempel der Ewigkeit. Ihr Gott hingegebenes Leben und ihr Dienst unter ihren Brüdern waren wie ein Evangelium und ein Programm, durch das sich viele aus der Gebundenheit in die Freiheit, aus dem Tode ins Leben, aus der Nichtigkeit in die Fülle und in die Kraft unvergänglicher Güter geführt sahen. Ihre Kraftquellen lagen in der Ewigkeit, daher kündeten sie Ewiges und trugen Gottes Gegenwart und Herrschaft in die Sünden, Leiden und Knechtschaft der Zeit. In ihrer Botschaft sprach Empfangenes, in ihrem Dienst lag Kraft, in ihren Erwartungen loderte das Feuer einer lebendigen Hoffnung. 1150

Zu Jesu Füßen reifen jene Menschen aus, die auch dann nicht vor einem Dienst für den Herrn und nicht vor einem erkannten Wege zurückschrecken, wenn derselbe für sie auch mit

Opfern verbunden ist. In der Stille vor Gott werden jene Charaktere des Glaubens erzogen, die nicht nach dem fragen, was sie gewinnen oder verlieren, sondern was der Meister aus ihrem Dienst zu gewinnen vermag. 1194

Ist der Wunsch nach prophetischen Persönlichkeiten in der Mitte des Volkes Gottes der Gegenwart unberechtigt? Er wäre unberechtigt, wenn Gott keine Zukunft und keine Botschaft mehr für eine irrende Welt hätte. Er wäre unberechtigt, wenn Gott sich in seiner schöpferischen Kraft und in seinem ewigen Licht zum Heil der Welt erschöpft hätte. Er wäre unberechtigt, wenn Gott nur ein Gott der großen Vergangenheiten und nicht auch der weit größeren Gegenwart und Zukunft wäre. Solange die Welt irrt, wird er in seiner ewigen Liebe Licht den Irrenden zu bringen suchen. 1231

Gott wird sichtbar, auch vor den Augen der Welt, im Leben und Leiden derer, die wohl in der Welt, nicht aber von der Welt sind und daher in ihrem Glaubensgehorsam Gott mehr gehorchen als den Menschen. 1257

Schöpferisch wirken konnte Gott in der Geschichte immer wieder nur durch jene Persönlichkeiten, die sich seinem schöpferischen Geiste erschlossen und durch ihn sich inspirieren ließen. 1343

Das Reich Gottes der Zukunft wird nicht durch Tempel und Altäre gebaut werden, sondern durch Persönlichkeiten, die selbst ein wandelnder Gottestempel geworden sind und die Gegenwart des Herrn in sich tragen, durch Priesterseelen, die die Sprache der Mühseligen und der Beladenen verstehen und sie direkt zu Gott zu führen vermögen. 1351

Für ganz bestimmte Missionen zum Heil einer zukünftigen Weltgeschichte konnte Gott je und je nur Persönlichkeiten erwählen, die den Mut des Glaubens aufzubringen vermochten, sich wie Abraham ganz auf Gottes Berufung einzustellen. 1353

Zu den größten Entscheidungen wurde die Welt immer wieder durch Männer geführt, die gelöst waren von sich, aber gebunden waren an Gott. 1400

Unser Gott der Offenbarung braucht auch dich und mich für eine Offenbarung; das heißt, er braucht Persönlichkeiten, die ihn verstanden, die aber auch die Not ihrer Brüder verstanden und ihnen im Auftrag Gottes zu dienen suchen. 1404

Es gehört das zum Charakter ganz großer Persönlichkeiten, dass sie nach außen hin nie mehr zu scheinen suchen, als sie geworden sind. Sie sind immer nur das, was Gott aus ihnen hat machen können. Alle gemachte Heiligkeit muss von Menschen mit Ängstlichkeit gehütet und gewahrt werden, damit in schwacher Stunde nicht die Hässlichkeit seines wahren Angesichts zu sehen sei. Gewordene Heiligkeit dagegen hütet den Menschen und verhütet nicht, dass auch der Prophet Gottes als Mensch allen Schwachheiten eines Menschen erliegen kann. 1543

Täusche ich mich nicht, dann sucht unsere Zeit vergeblich nach Persönlichkeiten, die durch ihr ganzes Wesen und mit dem Lichte, das sie in sich tragen, richtungsangebend die Gegenwart beeinflussen. Vielfach hat man den Eindruck, als ob die Träger des Lichts und des Lebens sich ausgegeben hätten und ihre Kraft nicht ausreiche, um neugestaltend über die dunklen Tiefen und zersetzenden Strömungen der Gegenwart zu schweben. 1651

Helden erwachsen nur auf dem Boden eines sich selbst pflegenden und sich selbst suchenden Volkstums, aber nicht aus einem Leben der inneren Einstellung auf Gott. Gott schafft sich auf dem Boden seines Volkes keine Helden, sondern Apostel und Propheten, deren Leben das Bekenntnis des Täufers trägt: Er muss wachsen, ich aber muss abnehmen. Ihre Größe lag immer in dem, dass sie ihr Leben verloren, um das ihrer Brüder zu gewinnen. 1828

Mit der Reformation, mit dem Pietismus, mit den verschiedenen Freikirchen fing Gott immer wieder ein Neues an und rettete göttliches Leben durch die Gerichte für die Zukunft hindurch. Und mag es auch hundertmal in der Geschichte der menschlichen Entwicklung den Anschein gehabt haben, als ob mit dem Gericht der Gegenwart die ganze Zukunft verloren sei, Gott erhielt sich seine Propheten und Apostel, seinen Luther und Menno, seinen Calvin und Zwingli, und wie die Gottbegnadeten des großen Zeitalters der Reformation auch alle heißen mögen, und schuf durch sie ein Neues, das herrlicher war als das, was unterging. 1851

Nur Persönlichkeiten, die von Gott erleuchtet in aller Mannigfaltigkeit doch die Einheit, in allem Widerspruchsvollen doch die Zielsicherheit, in aller Dunkelheit doch das Angesicht Gottes zu sehen vermögen, erweisen sich stark genug, ihrem Volke trotz seines jeweiligen Versagens eine neue Zukunft zu geben. Sie sehen sich in ihrer prophetischen Mission nicht vom Volke, sondern von Gott und dessen Offenbarung aus bestimmt. 1924

Es waren in der Reichgottesarbeit immer Zeiten geistlicher Armut, wenn man glaubte, die Gegenwart durch die Kräfte und Segnungen der Vergangenheit heilen zu können. Jedes neue Zeitalter der Geschichte braucht jene einseitigen Persönlichkeiten, die wie Mose bei aller persönlichen Schwachheit und trotz allen Versagens des Volkes dennoch vor dem Herrn stehen bleiben und von Gott her mit ihrem Dienst unter ihre Brüder treten. 1941

Je mehr die Welt ihren Bankrott erlebt, desto mehr wird sie ausschauen, wo die Männer sind, die in der Zeit der Gerichte nicht ihre Kraft und nicht das Ziel verloren haben. Ihre Wunden, die sie geschlagen hat, werden nach jener Salbe aus Gilead rufen, die auch das tiefste Weh zu heilen vermag. Es wird unendlich viel zu trösten, zu verbinden, zu heilen, aufzubauen geben. Die Menschheit wird ausschauen nach Männern, die da fähig sind, ihr höhere, göttliche Grundsätze zu geben, auf denen die Zukunft aufgebaut werden kann, nach Männern, die nicht nur Gott, sondern auch die Menschheit verstehen in ihrem Suchen Harren, in ihrer Torheit und in ihrem Weh, nach Männern, die nicht strafend und richtend vor einer aus tausend Wunden blutenden Welt stehen bleiben, sondern ihr jenen großen Retter zu bringen vermögen, der eine ganze Welt voll Weh und Tränen zu retten vermag. 2021

Es gibt viele Menschen, die sind nur das, was ihre Zeit aus ihnen machte. In der Gesinnung, in der Anschauung und Geistesrichtung ihrer Zeit finden sie das Programm ihres Lebens. Es gibt aber auch einzelne Persönlichkeiten, die das sind, was Gott aus ihnen machte. Sie lassen sich von ihrer Zeit nicht das Programm ihres Lebens geben, sondern werden durch ihr Leben für ihre Zeit zum Programm. Denn sie haben sich innerlich nicht auf ihre Zeit hin, sondern auf Gott hin eingestellt. Ihre innerliche Orientierung finden sie nicht im Geiste ihrer Zeit, sondern im Lichte und in der Gesinnung Gottes.

Sie sind nicht irdisch, sondern himmlisch, nicht fleischlich, sondern geistlich gerichtet. 2022

Um große Aufgaben zu lösen, muss man eine große Seele in sich tragen. Den Blick für ein höheres Leben zu geben vermag nur, wer ein höheres Leben schaut. Wer der Welt mit göttlichen Grundsätzen dienen will, muss solche zuvor am Herzen Gottes kennengelernt haben. Dem Volk den Blick für das Ganze zu geben vermag nur, wer das Ganze liebgewonnen hat und sich organisch mit ihm verbunden weiß. 2357

Es gibt königliche Leute, auch ohne Kronen und führende Persönlichkeiten ohne Szepter. Ihr Adel ist innerlicher Seelenadel, und ihre Größe liegt in ihrem selbstlosen Dienen und nicht in knechtischer Beherrschung anderer. Was ihrem Leben und Dienst das prophetische und schöpferische Gepräge gibt, ist innerer Seelenadel und eine an der Offenbarung gewonnene Glaubensgröße. Sie sind von ihnen aus dem Umgang mit Gott und in der Hingabe an ihr Volk als eine vom Geist gewirkte Frucht gewonnen worden. 2371

Nur an ihre Mission ganz hingegebene und an ihren göttlichen Auftrag glaubende Persönlichkeiten waren je und je begnadet, Zeiten und Völker vor eine letzte Verantwortung und Entscheidung zu stellen. Aus jedem Werben, aus jedem Warnungsruf des Propheten sollte der ganze Ernst der Ewigkeit sprechen. 2439

Es ist etwas ganz Großes bereits in der alttestamentlichen Heilsgeschichte, dass sie uns in den ernstesten Zeiten Persönlichkeiten zeigt, die die Not ihrer Zeit zum Inhalt ihres Gebetes machten. Fehlten ihrem Volk und ihrer Zeit die gläubige Verbindung mit Gott, von dem allein die Rettung kommen konnte, da wollten sie in ihrer Person und durch ihre Fürbitte die Verbindung zwischen Volk und Gott sein. 2446

Das ist das Eigenartige an Glaubensmenschen, dass sie sich weder durch die Stärke des Feindes noch durch den Unglauben und die Vorwürfe ihrer Brüder erschüttern und die Aufgaben nehmen lassen, die Gott ihnen zum Heile anderer anvertraut hat. Sie kommen nicht, ohne Auftrag von Gott zu haben, aber sie gehen auch nicht, ohne Auftrag von Gott zu haben. Nichts gibt uns im Kampfe und im Dienste solche Entschiedenheit und Ausdauer als das Bewusstsein, dass man im Auftrage und in der Kraft Gottes handeln darf. 2521

Nicht durch Engel, sondern durch werdende Menschen hat Gott bisher die Welt gesegnet. Vollendete Persönlichkeiten kennt nur die obere, himmlische Welt. Hier unten verwirklicht Gott all seine großen und kleinen Reichsgedanken durch Kräfte, die im Werden sind. Völlig ausgeglichene Charaktere, innerlich durchgebildete Persönlichkeiten, Männer, in deren Wesen bereits ein ungetrübter Glanz der Ewigkeit liegt, finden wir in der Regel nicht unter denen, die mitten in einer Lebensarbeit stehen. Eine reife und irrtumsfreie Persönlichkeit ist man nie gleich zu Anfang seines Dienstes, sondern man wurde eine solche erst mehr und mehr am Ende einer hingegebenen und bewährten Lebenstätigkeit. Und doch zog Gott Unvollkommene immer wieder in seinen Dienst und machte sie zum Träger der Geschichte. Er vermag auch mit werdenden Menschen Weltgeschichte zu machen und Reich Gottes zu bauen. Nur nicht mit widerstrebenden. Letztere erweisen sich völlig unbrauchbar für seinen Dienst und für die Mitarbeit in seinem Reiche. 2530

Bis heute war es wohl das Geheimnis aller großen Persönlichkeiten, durch die eine erlösende Wahrheit in die Welt getragen wurde, dass sie innerhalb ihrer schweren Konflikte und seelischen Spannungen gerade in der Erkenntnis dieser Wahrheit einen Standpunkt des Glaubens gewannen, der sie unüberwindbar in der Durchführung ihrer göttlichen Mission machte. 2574

Pfingsten

Das Geheimnis von Pfingsten ist, dass es vor Pfingsten einen Auferstandenen, nach Pfingsten jedoch Auferstandene gab. Die Tatsache der Auferstehung wussten die Jünger schon seit Wochen. Aber erst seit jenem Pfingsterlebnis wurde sie ihnen Wort und schöpferische Kraft, als der Geist des Auferstandenen ihr Leben wurde. Hinfort erfassten sie, dass das Leben der Christusgläubigen derselben Lebenssphäre angehört, in der Christus als Auferstandener lebt. 2044

Priester

Der Priester herrschte über den Propheten, der Hüter des Tempels über den Träger eines lebendigen Gotteswortes (Jer. 20,1-6). Das ist nur ein kleiner Ausschnitt aus der Geschichte, nur eine lokale Szene zwischen zwei Menschen verschiedenen Berufs. Welch ein Licht fällt aber von da aus auf die Reichgottesgeschichte der späteren Jahrtausende! Trug der Priester erst den Degen, verfügte er erst über polizeiliche Gewalt, dann gingen Gottes Propheten auch später immer einen Jeremiaweg, und der Propheten Wort verstummte auf heiligen Tempelhöfen. 2461

Priesterseele

Hätte der Sohn nicht zuvor den Vater gesehen, er hätte nie unter uns treten und unseren Jammer sehen können, ohne unser Ankläger zu werden. Aber er sah den Vater, bevor er uns sah, und so wurde er zum Heiland und Retter der Welt. Wer die Welt sieht, wie sie ist, ohne zuvor eine Priesterseele geworden zu sein, wird zum (religiösen) Revolutionär. Wer jedoch die Welt sieht, wie sie ist, nachdem man wie Jesaja das Angesicht Gottes gesehen hat, wird zum Propheten und Priester seines Volkes. 1121

Mühselige und Beladene fragen nach Priesterseelen. Nach Priesterseelen, die mehr besitzen als ein Priestergewand, denen man es abfühlt, dass sie in ihrem ganzen Wesen ein Heiligtum sind, in dem die müde Seele sich einmal ausweinen kann vor Gott, ohne dass Fremde ihre Tränen sehen und ihre Klagen hören. Solche Organe und Werkzeuge sucht Gott auch in mir und dir. Wie wird unsere Antwort lauten? 1524

Vollmachten, priesterlich den Brüdern zu dienen, können nicht von Natur ererbt oder durch äußere Weihe gewonnen werden, sondern sind das geistliche Charisma jener Persönlichkeiten, deren Leben durch den Umgang mit Gott zu einem priesterlichen geworden ist. 1825

Wer wie Abraham für eine Weltmission berufen worden ist, lernt mehr und mehr auch ein Weltweh auf seinem Herzen zu tragen. Die Welt öffentlich zu segnen vermag nur, wer im Verborgenen für die Welt beten kann. Wahrer Prophetendienst floss daher immer aus einer mitleidenden Priester- und Prophetenseele und begann mit einem der Welt verborgenen Stehenbleiben vor dem Herrn. 1900

Jeremia hatte nicht nur ein Prophetenauge, das da sah, sondern auch ein Priesterherz, das da litt. Wohl wusste er sich seit seiner Berufung als Stellvertreter Gottes und Dolmetscher der göttlichen Wahrheit: Daher war er Prophet. Aber er fühlte sich auch als Mitglied seines Volkes und Mitgenosse der Leiden seiner Brüder: Daher war er Priester. 2007

Gott wird Dienst, unendlich viel Dienst haben für alle, die priesterlich lieben und leiden können. 2202

Ein wahrer Prophet Gottes ist auch immer ein Priester seines Nächsten ... Die Prophetensprache muss beherrscht sein von einer Priesterseele. 2259

Prophet

Der Prophet war immer nur insoweit Prophet, als er sich durch eine direkte Offenbarung zum Propheten bevollmächtigt sah. 1079

Propheten waren Männer ständiger innerlicher Konflikte. Das Licht der Rettung, das sie sahen, wurde von den anderen als die Quelle des Unheils verworfen (1.Kön.18,17ff). Während sie oft irre wurden an ihrem Volke, wurde ihr Volk irre an seinen Propheten und an deren „Lebensauffassung und Weltanschauung“ ... Prophetenwege waren immer einsame Wege, und Prophetendienste führten nicht selten zu den Leiden Jesu Christ. 1080

Propheten waren zwar Botschafter, aber nie Schöpfer des Heils, das sie ihren seufzenden Brüdern zu künden hatten. 1182

Gottes Wort wurde je und je vernehmbar erst durch Gottes Propheten. Sie waren die Dolmetscher, durch die er sein schöpferisches Wort der Welt vermittelte, die Träger jenes lebendigmachenden Geistes, der zeugend und lebenweckend über das Totenfeld der Welt wehte. Gott konnte immer wieder nur reden durch Persönlichkeiten, die sich oben orientierten und ihre Inspirationen aus dem Umgang mit Gott schöpften. 1230

Göttliche Vollmacht war je und je das Geheimnis der Gottgesandten und der Dolmetscher des Allerhöchsten. Die Wurzeln ihrer prophetischen Gabe lagen nicht in einem „nationalen Enthusiasmus", ihre prophetische Botschaft war unendlich Höheres als „religiöse Dichtung", ihr prophetisches Schauen viel Gewaltigeres als „politische Spekulation" über die kommenden Ereignisse der Zukunft. Sie sprachen, weil zu ihnen gesprochen worden war. Sie durchbrachen den Wirrwarr ihrer Zeit, weil die Ewigkeit mit ihrer Offenbarung und ihrer Ruhe in ihrem Leben zum Durchbruch gekommen war. Vom Lichte Gottes ergriffen, begriffen auch sie ihre Zeit und zogen sie mit all ihrem Irren und ihrer Hoffnungslosigkeit in das Licht Gottes hinein. Das schuf Neuorientierungen und Erleuchtung und kündete den Anbruch einer neu hereinbrechenden Erlösung für alle an, die sich aus der Hölle ihres Lebens und ihrer Zeit nach der Herrschaft Gottes sehnten. 1240

Der wahre Prophet leidet, mag es ihm persönlich auch wohl ergehen, solange sein Volk leidet und unter einem Gericht steht. 1254

Sobald Gottes Stunde gekommen war, musste der Prophet reden, wenn er auch wie Elia mehr als drei Jahre lang hatte schweigen müssen, und er konnte reden, sobald ihm Gott erst etwas zu reden gegeben hatte. 1319

Nie war ein Prophet nur da um seines Prophetseins willen, daher sollte stets das von ihm durch Offenbarung empfangene Licht zu einem Lichte für viele werden. 1344

Große Zeiten hatten immer ihre vorangehenden Propheten, durch welche sie eingeleitet und getragen wurden. „Denn Propheten sind immer Männer des ewig Neuen." Sie sehen das Unerträgliche der Gegenwart und zeugen von der Erlösung, die die Zukunft bringen will. Sie wecken das Gewissen ihrer Tage und rufen Hoffnungen wach, welche die Seele ihres Volkes mit neuer Sehnsucht fühlen. Tief im Volke wurzelnd, sind sie doch unabhängig vom Volk. Sie orientieren sich nicht an den Geistesströmungen ihrer Zeit, sondern am Herzen Gottes. Sie treten auf eine höhere Warte und lernen im Lichte Gottes das Geschehen ihrer Tage beurteilen. Und haben sie erst ihren Gott verstanden, dann wagen sie es, mit der Botschaft unter ihre Brüder zu treten: Also spricht der Herr! 1472

Es sind immer Notzeiten in der großen Geschichte des Reiches Gottes, wenn ihr gegenwärtige Propheten fehlen. Man bleibt bewundernd vor dem großen Geschehen vergangener Jahrhunderte stehen und erlebt nicht die Gotteskräfte, die sich gegenwärtig zum Heil der Welt auswirken möchten. Was einst unmittelbar mit Gott erlebt wurde, sucht man nun nachzumachen und endet in einer unendlichen Fülle von Gesetzlichkeiten. Die lebendige Gottesgemeinschaft und Gottesgegenwart, in der man einst Friede und Freude atmete, die die Seele stark machte und mit Vertrauen füllte, wird durch eine Religion ersetzt, die da drückt, müde macht, Gott in die Ferne rückt, tötet. Denn fehlen einer Zeit erst die Stimmen großer Propheten, dann werden bald sehr laut jene Schriftgelehrten reden, die ein Volk nicht in unmittelbare Beziehung zu Gott, sondern unter die Herrschaft des Buchstabens bringen. Dieser aber tötet und macht nicht lebendig nach dem Zeugnis des Paulus. Und die Geschichte hat ihm darin bis heute Recht gegeben. 1487

Das eigentlich Prophetische im Dienst der uns bekannten alttestamentlichen Gottesknechte bestand nicht so sehr in dem Vorherwissen der großen und gewaltigen Dinge der fernen Zukunft, sondern sie schauten von göttlicher Warte aus das unmittelbar Kommende und das sie Umgebende. Ob dies nun Heil oder Unheil für ihr Volk bedeutete, ihre Botschaft war unbestechlich. Sofern sie wussten, dass sie in der Beurteilung der Ereignisse ihrer Tage und dem geistlichen Zustand ihres Volkes Gott verstanden hatten, ließen sie sich auch nicht beeinflussen durch Wünsche und Strömungen ihrer Zeitgenossen, sondern ungeschminkt und ungeschmälert brachten sie, „was der Herr geredet“ … So waren die großen Propheten mit ihrem Dienst und ihrem Zeugnis auch immer das lebendige Gewissen ihres Volkes. Dies orientierte sich oben und diente unbestechlich hier unten. Das Wort der Propheten zog scharfe Grenzen zwischen Gerechtigkeit und Ungerechtigkeit, richtete schonungslos Volks- und Einzelsünden, legte dem Volk klar den Weg zum Leben und zum Tode vor, tröstete die Gebeugten, gab Licht den Fragenden, stärkte den Glauben und richtete die Hoffnung der Entmutigten auf das Kommende, das Gott zu geben vermag … Was diese Männer daher für ihr Volk und den einzelnen unter ihren Brüdern bedeuteten, das zeigt die Geschichte Israels. Lag die äußere Führung ihres Volkes auch in anderen Händen, so waren sie doch die Träger der inneren Geschichte. Und ihr Dienst hat weltgeschichtliche Bedeutung erlangt. Keine Philosophen Griechenlands noch Weisen Indiens haben einen Einfluss in der Weltgeschichte gewonnen, wie die Propheten Israels mit ihrem: Also spricht der Herr! Noch heute redet ihr Wort und leuchtet ungetrübt in die Brandung unserer Tage hinaus.

Diesen großen Dienst hätten die Gottesknechte der Vergangenheit nie ihrem Volke und der Welt erweisen können, wenn sie nicht hätten Augen gehabt, die mehr sahen, als ihre Brüder sahen, und Ohren, die mehr hörten als nur die Stimmen ihrer Zeit. „Auf meine Wacht will ich treten und auf die Warte mich stellen und ausschauen, um zu sehen, was er mir sagen und was er mir antworten wird", sagt der Prophet Habakuk, als all das Große und Schwere, das um ihn her vorging, so ungestillte Klagen in seiner Seele auslöste. Um Licht für das Dunkel seiner Seele zu schöpfen, wandte er sich an den Quell der göttlichen Erleuchtung. Und jener große Gottesknecht, von dem uns der letzte Teil des Propheten Jesaja erzählt, bezeugt uns im 50. Kapitel: „Der Herr, Jehova, hat mir eine geübte Zunge gegeben, dass ich den Müden mit Worten zu erquicken wisse. Er weckt mich am Morgen, am Morgen weckt er mir das Ohr, dass ich höre wie die Geübten. Der Herr, Jehova, hat mir das Ohr aufgetan. Ich aber habe mich nicht widersetzt und bin nicht zurückgewichen. Ich bot meinen Rücken dar denen, die mich schlugen, und meine Wangen denen, die mich rauften, mein Angesicht verbarg ich nicht vor Schmach und Speichel."

Diese Worte nennen uns das Geheimnis der Kraft jener Gottesknechte, die Gott einst so zum Segen ihres Volkes brauchen konnte. Sie hatten eine geübte Zunge – für die Müden, ein geöffnetes Ohr – für die Sprache Gottes, ein williges Herz – für den Dienst unter ihren Brüdern, und tragende Schultern – für die Schläge ihrer Umgebung. Als Männer des Geistes hatten sie Organe des Geistes, durch welche sie lernten, Aufträge von Gott für ihre Brüder zu empfangen. 1512

Prophetenwege sind immer einsame Wege. 1610

Es war eine Erscheinung aller großen Zeiten der Geschichte, dass es in ihnen immer Männer gab, die sich sehnten, in dem großen Geschehen ihrer Tage Gott zu verstehen. Sie spähten, ob sie nicht in den Ereignissen und Vorgängen ihrer Zeit Gottes Fährte entdecken könnten, um zu erfahren, wohin Gott in der Zeit hinauswolle, und welche Dienste damit für sie in Zukunft würden verbunden sein. Diese Männer waren erfüllt von dem verborgenen Sehnen, mit dabei zu sein, wo Gott handeln und durch sein göttliches Wirken in Zukunft neue Geschichte machen würde ... Kein Wunder, dass solche Männer dann die Dolmetscher der Sprache Gottes für ihre Brüder wurden. Wer Gott erst verstanden hat, wird auch immer seinem Volke und seiner Zeit etwas zu sagen haben. Die Schrift nennt solche Männer Propheten. In ihnen ragte die Ewigkeit in die Zeit der Vergänglichkeit, durch sie leuchtete göttliches Licht in die Nacht der Gerichte und führte das seufzende Volk einem neuen Morgen des Segens und der Gnade entgegen. Als Freunde Gottes wurden sie zu Hirten ihres Volkes. 1644

Propheten konnten nur Persönlichkeiten sein, die sich in ihrer Verantwortung nur an Gott gebunden wussten. Ihre Missionen standen vielfach in so starkem Widerspruch zu dem herrschenden Leben, entsprachen so wenig der Geistesrichtung ihres Volkes, dass sie ihre Sendung nie hätten erfüllen können, wenn ihr Ohr zugänglich geblieben wäre dem herrschenden Einflusse ihrer Zeit. Nur Persönlichkeiten, die innerlich dem Geiste ihrer Zeit nicht verwandt sind, werden fähig sein, im Lichte der Ewigkeit Deuter ihrer Zeit und deren Geschichte zu werden. 1728

Ein Prophet redete nie von Offenbarungen, wenn ihm solche nicht direkt von Gott anvertraut worden waren. Er war immer nur insoweit Prophet, als er sich durch eine direkte Offenbarung zum Propheten bevollmächtigt sah und er dem göttlichen Auftrage zu gehorchen wagte. Er besaß nicht, er empfing! Das Geheimnis seines Dienstes und seiner Botschaft lag in seiner Abhängigkeit von Gott. Er war nicht an sich Prophet, sondern nur insoweit, als er sich durch Gottes Offenbarung von Fall zu Fall begnadigt sah. 1749

In dieser ihrer göttlichen Orientierung wurden die Propheten zu einem unbestechlichen Gewissen für die Welt. Denn obwohl sie als geistliche Persönlichkeiten mit ihrem Haupte in die Wolken ragten, standen sie als Menschen doch mit beiden Füßen auf der Erde. Obgleich sie mit ihrem erleuchteten Herzen in den Dingen der Ewigkeit lebten, bewegte sich ihre priesterliche Seele doch in dem sozialen und politischen Ergehen ihres Volkes und der Zeit. Obschon ihr auf Offenbarung eingestellter Geist Gottes ewigen Rat zu erforschen suchte, lebten sie mit ihrem Leibe doch in einem ganz bestimmten Augenblick der Geschichte. Das von Gott empfangene Licht wurde der Inhalt ihrer Mission. 1750

Die Wahrheit ihrer Verkündigung richtete die Lüge ihrer Zeit. Ihre Botschaft legte dem Volke den Weg zum Leben und zum Tode vor. Ihr Urteil forderte vielfach eine völlige Umstellung der herrschenden Gesinnung in Kultus und Staat. Was die Zeit für Rettung und Leben hielt, bedeutete für sie Verderben und Untergang. Sie waren hoffnungslos, wo ihre Zeitgenossen triumphierten. Sie weinten, wo andere jubelten. So waren sie Männer ewiger innerlicher Konflikte. Das Licht der Rettung, das sie sahen, wurde von den anderen als die Quelle alles Unheils verworfen. Während sie irre wurden an ihrem Volke, wurde ihr Volk irre an seinen Propheten und an deren Lebensauffassung und Weltanschauung. 1751

Revolutionen konnte die Menschheit zu ihrem Selbstgericht immer wieder aus ihrem eigenen Geiste gebären, aber Reformationen, die zu ihrer Wiedergeburt führten, konnten ihr nur durch die Inspirationen der Propheten Gottes gegeben werden. 1854

Es ist eine völlige Verkennung des Wesens aller wahren Prophetie, wenn man ihre Quelle in der eigenen Schau des Menschen und nicht in der Offenbarung Gottes sucht. Der Prophet weckt nicht die Stimme Gottes, er hört die Stimme, die ihn weckt. Schriftgelehrter kann man auch, wie das Schriftgelehrtentum in den Tagen Jesu, ohne Offenbarung sein, allein auf Grund von Exegese, Tradition und Gelehrsamkeit, nicht aber Prophet. Seine Vollmacht liegt im Weitergeben des von Gott als Offenbarung Empfangenen, nicht in der Schaffung einer Offenbarung. Propheten waren von Gott gelehrt, daher lehrten sie je und je das Volk, wie Rabinat und Pharisäertum es nie zu tun vermochten. 1882

Solange auch auf den verschiedensten Gebieten des Kulturlebens, der Wissenschaft, der Industrie, der Kunst, des wirtschaftlichen Aufbaus, der Politik, der Volkserziehung usw. nicht der Geist Jesu Christi, sondern die Gesinnung eines Pharaos herrscht, kann und darf auch die Prophetensprache der Kirche nicht verstummen. 1915

Gott wandelt durch die Geschichte und sucht seinen Propheten. Er will wieder von Angesicht zu Angesicht mit ihm verkehren und ihn lösen vom heiligen Buch und ihn binden an das lebendige Wort. Er will ihn wieder hineinziehen in sein göttliches Vertrauen und ihn vertraut machen mit seinem ganzen Hause und ihn schauen lassen das Heil, das er für die Zukunft in seiner Seele trägt. 1946

Das ist ja das Verhängnis aller wahren Gottespropheten gewesen, dass ihre innere Orientierung immer eine ganz andere war, als die jeweilige herrschende Volksschicht sie besaß. Das brachte sie in Widerspruch mit ihren Zeitgenossen. Das machte ihren Weg so einsam, trug ihnen Hass und Verachtung ein, schuf ihnen einen Leidensweg, den sie schmachbedeckt wie Ausgestoßene und von der Zeit Gerichtete zu gehen hatten. 1996

Es war das Große und Göttliche in der biblischen Prophetie, dass sie ihren Dienst nicht einfach in dem fand, weiter zu pflegen, was andere vor ihr getan und gelehrt hatten, sondern sie vermochte sich im göttlichen Lichte von Fall zu Fall so zu orientieren, dass ihr Dienst den jeweiligen tiefsten Bedürfnissen ihrer Zeit entsprach. Sie lebte nicht vom Überlieferten, sondern vom Geschauten, sie dozierte nicht, sondern weissagte. 2010

Durch seinen Prophetismus ist Israel der Prophet der Menschheit geworden. 2015

Propheten, die vor Gott knieten, können vor Menschen und deren Königen stehen. Ihr Glaube und ihr Wort sind der Sieg, der die Härte, die Blindheit, den Unglauben und den Tod der Welt überwindet. Denn Propheten, die das Antlitz Gottes gesehen und Antwort auf die Fragen der Welt empfangen haben, wagen auch, das Antlitz des Menschen zu suchen. 2138

Der Mensch war immer nur insoweit Prophet, als er Gott in seiner Offenbarung erlebte und Gott ihn in seine Geheimnisse hineinzog ... Gottes Prophet war immer nur Empfänger, jedoch niemals Schöpfer seiner Botschaft und immer Diener und niemals Herr seiner Offenbarung. 2256

Es war immer besonders schwer, Gottes Prophet zu sein, wenn man nicht den Menschen unter sich, sondern den Menschen über sich zu dienen hatte. Denn Gottes Botschaft an den Menschen gestattet dem Propheten keine Rücksichtnahme auf die Person, der er zu dienen hat. Das ganze Schwergewicht seiner Verantwortung liegt auf der Seite zu Gott hin, der ihn in sein Vertrauen hineingezogen und gesandt hat. Das muss den Propheten gelegentlich sehr einsam unter seinem Volke machen. Seine Botschaft kann keine Rücksicht auf Anschauung, Tradition und Gewohnheit des Volkes nehmen. So schwer es ihm auch gelegentlich werden mag, aber der Prophet ist nur insoweit Prophet und Gottes Dolmetscher, als er Gottes Wort ohne Einschränkung und Abschwächung abzugeben vermag. 2258

Gottes Propheten sind eigentlich nicht Träger der Gerichtsgedanken, sondern Dolmetscher der Barmherzigkeit. Sie gehen mit ins Gericht, um in demselben ihren Brüdern zum Boten einer neuen Auferstehung zu werden. 2370

Prophet sein ist nicht Beruf auf Grund prophetischer Schulung, es ist Vollmacht auf Grund göttlicher Berufung. Das Recht zum Prophetsein kam nicht von denen, zu denen der Prophet zu reden hatte, sondern von dem, der ihm Vollmacht zum Reden gab. Das Abschreiben der Thora konnte zwar in Prophetenschulen erlernt werden, aber damit besaß das Volk noch nicht das Wort Gottes. 2372

Der einzelne Gottesprophet ist in seiner prophetischen Mission richtig nur im Lichte seines Zeitalters zu verstehen. 2401

Auf Grund seiner inneren Stellung zum Herrn erwies sich der Prophet von Fall zu Fall als ein unbestechliches Gewissen für das öffentliche Leben seines Volkes. Was würde es auch für die Gegenwart bedeuten, wenn die Kirche Christi so ein Gottesprophet in den Wirren unserer untergehenden Zeit und Kulturwelt wäre. Sie ist sicher nicht berufen, als Königin zu herrschen, aber als Prophetin zu weissagen und dem Volke sein Leben und seine Gerichte zu dolmetschen. 2408

Dem Geiste der Propheten waren die großen politischen Weltereignisse keine sinnlosen Willkürakte, sondern sie standen ihnen im engsten Zusammenhang mit Gottes Weltregierung, wie diese sich im Leben der Völker in Gnade und Gericht zu äußern vermag. Daher lehrten die Propheten niemals innere Auflehnung gegen das Gericht, sondern Beugung unter dasselbe. Die Rettung kann nicht von der Auflehnung, sondern von der Beugung herkommen, indem der Herr sich zu denen bekennt, die zerschlagenen Herzens und demütigen Geistes sind. Denn Gott will durch seine Gerichte nicht vernichten, sondern läutern und von jeden Schlacken reinigen, die dem Volke zur Quelle seines Unheils wurden. Nur Auflehnung gegen das Gericht führt zum endgültigen Zusammenbruch im Gericht. Denn in ihrem tiefsten Wesen wollen auch die Gerichte nichts anderes als eine Heimsuchung der Barmherzigkeit Gottes sein, die sich derer im Gericht erbarmen will, die sich ohne Gericht dieser Heimsuchung entzogen. Daher sangen auch die Propheten, auf den Trümmern ihres Staates stehend und den Jammer des Volkes sehend, nie den Totengesang ihres Volkes, sondern das Lied der Beugung, der Auferstehung und der Zukunft. 2409

Der Prophet empfängt aus der Hand Gottes das Wort, durch das er zum Propheten begnadet wird. Von Gott wird ihm Autorität, der weder Völker noch Königreiche werden widerstehen können. Es ist keine magische Macht, sondern es ist die Autorität des Wortes, das er als empfangenes Gotteswort weitergeben darf. Es offenbart seine Macht, indem es die Finsternis als Finsternis, die Lüge als Lüge, die Verirrung als Verirrung enthüllt und Menschen und Völker aus ihrer Selbsttäuschung heraushebt. Es redet vom Tode, aber auch vom Leben und zwingt König und Volk zur Entscheidung, ob man in Zukunft den Weg der Umkehr oder den Weg des Gerichtes gehen will. Die prophetische Botschaft muss Königreichen und Völkern zum Verhängnis werden, wenn sie von ihnen abgelehnt wird, sobald sie sie vernommen haben. 2415

Die Macht des Wortes, das Stehen in Kraft, das Dienen in Vollmacht – das gehört zur Ausrüstung des Propheten, sobald Gott ihn mit seiner Hand berühren, mit seinem Wort erfüllen und mit seinem Auftrag hinter ihm stehen kann. Diese charismatische Begnadigung kann weder durch natürliche Begabung, noch durch ein tiefes Gemüt, noch durch völkisches Mitleiden ersetzt werden. 2416

Solange noch Propheten reden, haben Gerichte noch nicht das letzte Wort. Erst wenn ein Volk seine Propheten stumm macht, oder wenn Gott sie einem Volke entzieht und sie schweigen heißt, dann müssen alsbald dem Volke Gerichte das sagen, was es sich durch seine Propheten nicht sagen lassen wollte. 2418

Das Ziel der prophetischen Botschaft war stets die sittliche Erneuerung des Volkes. Ob Privat- oder Staatsleben, ob Wirtschaftsordnungen oder Auslandsbeziehungen, ob Kultur oder Kultur: sie rangen um die Suprematie des Geistigen über das Materielle, um die Herrschaft des Ewigen in der Geschichte des Vergänglichen, um die Autorität der Gottesstimme über die Stimmen von König und Volk. Nicht Kultusrestauration, sondern Herzensreformation wird seine letzte Forderung bleiben, mit der der Prophet vor Thron und Altar tritt. 2436

Prophetenwege waren stets Opferwege, falls es sein musste, bis zum Kreuze hin. 2455

Es gibt nicht nur stellvertretendes Leiden, es gibt auch stellvertretende Anfechtungen und Seelenqualen, die Propheten zuvor zu durchkosten haben, bevor ein ganzes Volk sie als Gericht wird durchleben müssen. Dann bleibt der Prophet nicht ein kalter, durch die Geschichte in seinem Wort gerechtfertigter Zuschauer, im Gericht wird er zum Seelsorger für die Gerichteten in ihrer Qual und Verzweiflung. Wer Narben trägt, hat Verständnis für Wunden. 2462

Weder Ägypten noch Assur, weder Babel noch Rom haben der Welt Persönlichkeiten geschenkt, wie Jerusalem solche in schicksalsschwersten Zeiten in seinen Toren sah, und die die Weltgeschichte seitdem als Propheten kennt. 2463

Was wahre Propheten zu sagen oder nicht zu sagen haben, darüber bestimmt Gott, nicht aber irgendein Würdenträger des Tempels, auch wenn er priesterlichen Geschlechts und Hüter der öffentlichen Ordnung ist. Gottes Propheten haben durch ihr Wort und durch ihren Einfluss nie Unruhen ins Volk getragen, durch welche Aufstände, Empörungen und Revolutionen geweckt und geschürt wurden. Sobald Propheten sich auf verwandte Linien begaben, hörten sie auf, im Auftrage Gottes zu sprechen und zu handeln. Gott erzwingt keine höhere Erkenntnis eines Volks durch Propaganda und Machtmittel; sein Wort durch seine Propheten fordert vom Menschen immer nur eine ganz freiwillig getroffene Entscheidung. So baut er sein Reich, so erleuchtet er Menschen, so erlöst er die Zukunft! 2488

Abhängigkeit von Gott, Unabhängigkeit vom Weltgeschehen – das war das Geheimnis der wahren Gottespropheten. 2540

Es ist bezeichnend für die Keuschheit der wahren Propheten, dass sie nur in größter Zurückhaltung über ihre tiefsten Seelenerlebnisse reden. Denn man kann zwar aus seinem tiefsten Seelenerleben heraus zeugen, aber nicht die Erlebnisse analysieren … Nicht das Geheimnisvolle, sondern das praktisch Erleuchtende und Erlösende war ihnen Zweck und Ziel ihrer prophetischen Mission. 2541

Der wahre Prophet schaut immer nur soweit, als Gott ihm etwas zu schauen gab. So wurde das objektiv Göttliche dem Propheten zum subjektiv Erlebten. 2542

Nicht vom Staate aus urteilten sie über das Wohl und Wehe ihres Volkes, sondern von dem Lichte aus, in welches sie sich durch Gott hineingezogen sahen. 2544

Der Prophet war ein Mann des öffentlichen Lebens, nicht des religiösen Kultus. 2545

Für den Propheten bedeutete Schweigen Vergehen. 2546

Auch Propheten können letzthin nicht mehr von Gott aussagen, als sie zuvor in Gott geschaut haben. Sie werden nur von jenen Kräften Gottes reden, mit deren Wirkungen sie vertraut wurden. Der Schauplatz des göttlichen Wirkens und Könnens wird für sie immer nur so groß sein, als sie einen

Einblick in die verborgenen Herrlichkeiten, Schöpferkräfte und Geisteswirkungen ihres Gottes gewonnen haben. 2552

Aus ihrem Sendungsbewusstsein erklärt sich auch die keusche Selbstbezeichnung der Propheten. Es war kein Amtsbewusstsein, das ihnen die ungeheure Stärke, Freimütigkeit und Autorität in ihrem Dienste gab ... Der Name Prophet war kein Amtstitel, sondern nur die Dienstbezeichnung jener ganz einzigartigen Mission, die allein auf Grund göttlichen Auftrages von jenen Persönlichkeiten erfüllt werden konnte, die sich von Gott dazu durch Erleuchtung begnadigt wussten. 2555

Das war ein sehr scharfer Wesenszug bei allen wahren Gottespropheten, dass sie ungemein gerade in ihrem Charakter und unbestechlich in ihrem Urteil waren. Abhängig geworden vom Urteil Gottes, konnte sie weder die Majestät des Königs noch das Ansehen eines Berufspropheten in dem erschüttern, was sie als Wort des Herrn vernommen hatten. 2556

Gott gegenüber schuldeten die Propheten unbedingten Gehorsam, ihrer Zeit gegenüber unbedingte Wahrhaftigkeit. Jede Rücksicht hatte zu schweigen im Blick auf die Mission, die ihnen von Gott geworden war. 2557

In der Gegenwart eines Propheten muss auch das Leben eines Königs zur Beugung oder Auflehnung, zur Anbetung oder Lästerung werden. Selbst im Lichte stehend tritt im Propheten das Licht in seiner Unbestechlichkeit in die Welt der Finsternis. Selbst in Frieden ruhend redet durch ihn der Friede als Botschaft in den Wirren der Zeit. Selbst in Gerechtigkeit lebend spricht die Wahrheit in seinem Leben von der herrschenden Lüge und der Ungerechtigkeit im Volke und Staat. 2570

Der Prophet rechtfertigte sich nicht. Er weiß, Gottes Wahrheit kann nur durch den Verlauf der Geschichte gerechtfertigt werden, nicht aber durch den Propheten, der sie kündet. 2571

Nie haben die Propheten im Blick auf ihre Person Anspruch auf irgendeine Form von Perfektionismus erhoben. So wenig sie Mystiker waren, ebenso wenig waren sie Perfektionisten, die sich etwa auf Grund ihrer Berufung oder Erkenntnis oder Gottesgemeinschaft über den Menschen hinausgehoben sahen. Die Gabe ihrer prophetischen Schau war ihnen nicht ein gesicherter Besitz, sondern von Fall zu Fall göttliches Geschenk in Form von empfangener Erleuchtung. 2573

Prophet sein ist kein Verdienst vorangegangener Frömmigkeit, sondern eine Erwählung Gottes für eine bestimmte Mission, zu der der Berufene sich durch den Herrn begnadigt sieht ... Gott setzt bei der Berufung nie den Propheten voraus, aber erwartet, dass der Berufene sich von ihm in der Hingabe an die ihm werdende Offenbarung zum Propheten begnadigen lassen wird. 2575

Alleswissende und Vollendete vertrugen nie eine Prophetenrede. In ihrem Leben triumphierte stets das Gesetz über das Evangelium, das Rabbinat über den Jünger, der Buchstabe über den Geist. 2579

Nicht Philosoph war der israelitische Prophet. Sein Charisma lag in der prophetischen Schau, nicht in der philosophischen Spekulation. Ob Inhalt seiner Schau gegenwärtige oder zukünftige Dinge waren, er deutete sie unter dem intuitiven Eindruck eines Propheten, nicht mit der kalten Berechnung eines Geschichtskenners. Daher konnte der Prophet Urteile über sein eigenes Volk aussprechen, wie sie ein nationalistischer Patriot nur über die Feinde haben konnte. 2591

Die großen Fragen über das Wohl und Weh der Völker werden von Propheten nicht auf offener Strasse verhandelt, sondern abseits vom Lärm der Zeitströmungen im Zwiegespräch mit Gott. 2595

In der Einseitigkeit der Propheten lag ihre ungeheure Stärke. Sie machten eine ganz bestimmte Gottesoffenbarung zum Inhalt ihrer prophetischen Mission. Diese bezog sich immer auf einzelne, ganz besonders zum Gericht ausgereifte Zustände ihres Volkes. In dieser Einseitigkeit lag aber auch die persönliche Grenze der Propheten ... Prophetische Einseitigkeiten sind aber nicht auch Einseitigkeiten Gottes! 2597

Auch die Propheten Gottes haben ihr Werden und ihre Geschichte. Sie kennen innere Konflikte und Entwicklungen und reifen mehr und mehr zu jenen Zeugen aus, durch die Gott reden kann. Noch nie stieg ein Prophet fertig wie ein Engel Gottes von der Zinne des Tempels unter das Volk und verkündete den Anbruch des nahenden Gottesreiches. Auf diesem Weg sendet Gott uns nicht seine Boten. Nicht einmal Jesus ist so zu uns gekommen. 2615

Das eigentlich Prophetische im Dienste der uns bekannten alttestamentlichen Gottesknechte bestand nicht so sehr in dem Vorherwissen der großen und gewaltigen Dinge der fernen Zukunft, sondern sie schauten das unmittelbar Kommende und das sie Umgebende von göttlicher Warte aus. Ob dies nun Heil oder Unheil für ihr Volk bedeutete, ihre Botschaft war unbestechlich ... So waren die großen Propheten mit ihrem Dienst und ihrem Zeugnis auch immer das lebendige

Gewissen ihres Volkes. Dies orientierte sich oben und diente unbestechlich hier unten. Das Wort der Propheten zog scharfe Grenzen zwischen Gerechtigkeit und Ungerechtigkeit, richtete schonungslos Volks- und Einzelsünden, legte dem Volk klar den Weg zum Leben und zum Tode vor, tröstete die Gebeugten, gab Licht den Fragenden, stärkte den Glauben und richtete die Hoffnung der Entmutigten auf das Kommende, das Gott zu geben vermag. 2622

Als Prophet zu scheinen vermag man auch als Nichtprophet, aber ein Prophet zu sein vermag man nur als Prophet. 2628

Jede Prophetenpersönlichkeit war ihrer Zeit ein Geheimnis. Die Propheten verfügten über ein Urteil, sie dienten in einer Kraft, sie erduldeten Leiden, sie drohten mit Gerichten, sie erwarteten Heilszeiten – wie sie weder die Thoralehrer zu ahnen, noch die Priester am Heiligtume auszusprechen vermochten. Nur ihr tiefes Gotterleben löst uns das Geheimnis ihrer Persönlichkeit. Von Gott ergriffen und berufen, gesandt und erfüllt – das waren die verborgenen Kraftquellen, von denen sich der Prophet in seiner Mission getragen sah. Zu der geistigen Struktur jeder prophetischen Persönlichkeit gehörten daher mit am stärksten dessen entscheidendes Gotterleben und dessen unerschütterliches Sendungsbewusstsein. 2630

Erst mit dem Inhalt ihrer göttlichen Aufträge wird es verständlich, dass Propheten nur Persönlichkeiten sein konnten, die sich in ihrer Verantwortung allein an Gott gebunden wussten. Ihre Missionen standen vielfach in solch einem Widerspruch zu dem herrschenden Leben, entsprachen so wenig der Geistesrichtung von Regierung und Volk, dass sie ihre Sendung nie hätten erfüllen können, wenn ihr Ohr zugänglich wäre dem Einflusse ihrer herrschenden Zeit. Nur Persönlichkeiten, die innerlich dem Geiste ihrer Zeit nicht verwandt sind, werden fähig sein, im Lichte der Ewigkeit Deuter ihrer Zeit und deren Geschichte zu werden. 2633

Die Exegese des prophetischen Wortes verlangt weniger eine Ausdeutung der kleinsten Einzelzüge der eschatologischen Fernschau der Propheten, sondern die Heraushebung der entscheidenden Wesenszüge derselben. Alle Deuter der Propheten, die sich in ihrer Auslegung darin verloren, auch alle kleinen Einzelheiten zeitlich oder die Zukunft bestimmend zu schildern, haben sich nicht nur selber getäuscht, sondern haben auch je und je in ihren Zeitgenossen Erwartungen geweckt, die sich nie erfüllten. 2645

Gott reden zu hören und doch in seiner Mission vom Volke abgelehnt zu werden, das war mit das Schwerste im Leben und im Dienst der alttestamentlichen Gottespropheten. Suchten sie sich der göttlichen Berufung und der prophetischen Aufgaben zu entziehen, dann zerbrachen sie an ihrem Widerspruch gegen Gott. Ließen sie sich jedoch von Gott für diese höchste Mission innerhalb ihres Volkes begnadigen, dann wurden sie sich selbst und ihrem Volke zu einem Rätsel. 2808

Psalmen

Wer hat nicht die gewaltige Glaubenssprache empfunden, die in den Psalmen unserer Bibel geführt wird? Wie sprechen sie von einem Weltweh, von dem sich die einzelnen Völker, ja die ganze Schöpfung erfasst sieht. Wer von uns hat nicht seinen tiefsten Schmerz, für den unsere Seele keinen Ausdruck zu finden vermochte, in den einzelnen Klagen und Seufzern der Psalmen wiedergefunden! Denn in den Psalmen spricht nicht fromme Theorie, in ihnen zittern die nackte Wirklichkeit und der ganze Ernst unseres menschlichen Lebens wieder. Sie kennen das Leid, den Kampf, die Bosheit, die Schuld, die Spannungen unseres todverfallenen Daseins. Aber die Psalmen künden uns mehr. Sie reden auch von einem Glauben, der aus dem Weh der Gegenwart den Weg zu Gott findet. Wie selten bleibt ein Psalm allein bei dem Leid der Zeit stehen. Der Glaube, der in ihm weint und klagt, erhebt sich zu Gott, bis er in Gott selbst zur Ruhe kommt. 1203

Die Psalmen wollen nicht bewundert, sondern nacherlebt, nicht gelesen, sondern gebetet werden. 1658

Was der einzelne als Heiligstes seiner Seele erlebte und in die Form eines Psalms goss, wurde sehr bald die religiöse Sprache der Gemeinde: Nicht geschrieben, sondern gesungen, nicht auf dem Papier, sondern im Leben haben wir uns diese Dichtungen vorzustellen. 1659

Lieder, die so stark aus dem religiösen Gesamterleben des Volkes entstehen, werden sehr schnell auch Eigentum des Volkes. Aus ihnen spricht ja das Leben, nicht die Kunst. 1660

Denken wir an die wunderbare Glaubenssprache der Psalmen. Mit welch einer inneren Klage beginnen sie, welch eine zerrissene Seele spricht aus ihren einzelnen Bitten – und plötzlich tritt eine Wendung ein. Ihr Glaube horcht, denn Gott spricht zu ihnen in ihrem Leid. Daher enden die Psalmen in der Regel auch mit einer Anbetung und mit einem Lobgesang. 2212

Ohne Gebetserhörung entstehen keine Dankpsalmen. 2242

Wir dürfen in der Gesamtschau des Lebens Davids nicht das Tiefste und Wertvollste übersehen: Die Glaubenssprache seiner Psalmen. So bescheiden er uns auch als Mensch erschien, so tapfer er auch als Diener seines Königs war, so schwer er auch an den Konflikten mit Saul trug, so glanzvoll er auch seine königliche Mission in Israel erfüllte – am schönsten ist er uns doch in dem, was er gesungen. In seinen Psalmen spricht der Mensch in seinem Leid und Kampf, in seiner Armut und Schuld, in seinem Flehen und Warten, in seiner Freude und Anbetung. Sein Lied spricht nicht von menschlicher Größe und Kunst, sondern von jenem Gott des Heils und der Kraft, der Offenbarung und Zukunft, der in seinem verborgenen Wirken über dem menschlichen Leben steht. 2398

Das Geheimnis der Psalmen löst sich nicht nur aus dem Bekenntnis Davids: „Der Geist Jahwes redete durch mich, und sein Wort ist auf meiner Zunge." So menschlich die Zunge auch war, die da sang – was sie sang, bleibt ewig. So stark auch das Ewige in seiner Offenbarung an das Empfangen und Erleben Davids gebunden war, es spricht auch heute zu uns als überzeitliche Botschaft von dem Gott alles Trostes und dem Vater der Barmherzigkeit, der weit größer ist als die verflossenen Jahrtausende und unser menschliches Leben. Ihm gehört das Heute nicht weniger als das Gestern ihm gehörte und das Morgen ihm gehören wird. 2399

Psalmen sind in ihrem Inhalt in der Regel Anbetung auf Grund einer erlebten Gottestat. 2653

Psalm 1

Der erste Psalm ist eine kleine Menschheitsgeschichte. Er zeigt die zwei verschiedenen Grundhaltungen des Lebens, zu welchen der Mensch zu allen Zeiten fähig war. Entweder wandelt er im Lichte und in der Kraft der göttlichen Offenbarung. Alsdann wird sein Leben zu einem Wege, der zum Heil führt. Oder er lässt sich in seinen Handlungen bestimmen durch sündliche Neigungen und irre geleitete Stimmungen und sein Leben wird ein Weg des Verderbens.

Der tiefe Grundgedanke, von dem der Psalm in seinen Ausführungen bestimmt ist, ist mithin nicht die pharisäische Vergeltungslehre, wie sie im späten Judentum so stark betont wurde. Nicht der „Schriftgelehrte" aus der Zeit Jesu und selbstgerechte Pharisäer spricht hier zu uns. Es geht um viel Tieferes, als nur um ein unausgesetztes Studium des Gesetzes jener Schriftgelehrten. Es geht um Gott und um des Menschen lebendige Glaubenshaltung der göttlichen Offenbarung gegenüber. Wer diese Glaubenshaltung nicht findet und sein Leben bestimmt ohne Gott, der wird im Gericht die Frucht seines Handelns ernten. 1661

Einen Weg zum Heil und einen Weg ins Verderben, die der Mensch gleichsam vor sich liegen sähe und den einen oder anderen erwählen könnte, gibt es an sich eigentlich nicht. Der eine oder andere Weg ergibt sich immer erst aus der Haltung des Menschen, die er entweder Gott oder der Welt gegenüber einnimmt ... Auf sich und seine eigene Kraft eingestellt, den Trieben und den Lockungen des Lebens folgend, in allem Ringen und Dienen nur sich selbst suchend, endete der Mensch jedoch immer wieder wie der verlorene Sohn in der Fremde und zuletzt bei irgendeinem Trebertrog. 1662

Das ist das Geheimnis: Erst Menschen, die zu Gott und seinem Gesetz grundsätzlich ja sagen können, gewinnen auch die Kraft und den Mut, zur Welt nein zu sagen. 1663

Solch eine klare Beurteilung der zwei grundlegenden Lebenswege der Menschheit konnte zu allen Zeiten nur von Menschen gewonnen werden, die das Leben von Gott her zu sehen und einzuschätzen wagten. Nicht etwa der Mensch in seinen natürlichen Lebensenergien, auch nicht der Fromme in seiner gesetzlichen Frömmigkeit ist ihnen das Geheimnis, dass es Gerechte gibt, um deren Weg sich Gott kümmert und der mithin nicht ins Verderben führt. Das Geheimnis ist ihnen Gott in seinem Gesetz und der Mensch in seiner Glaubenshingabe. Reden diese Gerechten vom Gesetz, so verstehen sie darunter nicht etwa eine veräußerlichte oder erstarrte Gesetzesreligion. Ihnen ist das Gesetz der sprachliche Ausdruck des geoffenbarten Willens Gottes, durch den das ganze Leben zu seinem Heil bestimmt werden soll. Und stellt ihr Glaube sich im Gehorsam auf den erkannten Willen Gottes ein, dann liegt für sie darin nichts Knechtendes, sie erleben vielmehr in dieser Hingabe die seligmachenden Kräfte der unvergänglichen Welt. 1664

Psalm 8

Es bleibt das Gewaltige und Einzigartige der Bibel, dass sie von Anfang an nicht den Menschen, sondern Gott zu ihrem Mittelpunkt hat. Sie kann sich die Entstehung einer Schöpfung nicht ohne den entsprechenden Schöpfer denken. Den Untergang von Noahs Zeitalter begreift sie nur, indem sie Gott richtend hinter dem erschütternden Ereignis sieht. Den Auszug Abrahams, die Errettung der Söhne Jakobs aus dem ägyptischen Sklavenhause bringt sie aufs engste mit der Offenbarung und dem Handeln Gottes in Verbindung. Die Erlösung des Menschen durch Christus und eine letzte Endvollendung ist ihr letzthin nichts anderes als die große Heilsbotschaft der Barmherzigkeit Gottes, die in ihrer Größe auch den vom Vaterhause Entferntesten erfassen soll. Nicht nur im

Anfang, nicht nur in der Geschichte, bis in die Vollendung hinein sieht sie Gott.

Wer sich daher mit den Geschichten und den Zeugnissen der Bibel beschäftigt, muss überall Gott begegnen. Nicht etwa nur, wie der Mensch der Vergangenheit sich Gott gedacht hat. Man lernt Gott sehen, wie er sich dem Menschen je und je in Gnade und Gericht offenbarte. So auch der Sänger dieses Psalms. Er hat ein offenes Auge und ein tiefes Verständnis für die Herrlichkeit der Schöpfung, wie sie am Himmel, auf der Erde und schließlich am Menschen erscheint. Aber in dieser Herrlichkeit der Schöpfung sieht er nur die Offenbarung der Majestät des Schöpfers. 1665

Der Sänger dieses Psalms wusste und seine Seele war davon ergriffen, nicht die Welt hat sich ihren Gott, sondern Gott hat sich seine Welt geschaffen und sie zum Schauplatz seines Wirkens und zur Offenbarung seiner einzigen Majestät und Erlösung gemacht. 1666

Die Schöpfung verträgt keine Anbetung. Sie wird zum Tyrann, sobald sie den Schöpfer ersetzen soll und der Mensch vor ihr und ihrer Schönheit und ihren Kräften als vor seinen Göttern kniet. Völker der Vergangenheit gingen unter in ihrem Götterglauben und in ihrem Götzendienst, da sie zwar huldigend vor den Kräften der Schöpfung, aber nicht in hingebender Anbetung vor dem Herrn der Schöpfung knieten. 1667

Gott bleibt für die Schöpfung ewig das göttliche Ich, sie ist für Gott ewig nur das geschöpfliche Du. Denn alles Geschaffene ist endlich, der Schöpfer jedoch unendlich. Alle Welten vermögen seine Majestät nicht zu fassen. 1668

Ihm, dem Schöpfer, entgehen nicht der leiseste Psalm der Schöpfung, das kleinste Lobopfer der Liebe, der tiefste Angstschrei der Seele und der verborgenste Seufzer der Gerechten. Fürwahr, ein wunderbarer Gott, den der Mensch sich nicht ausdenken, sich nicht vorstellen kann – der in einem Lichte wohnet, da niemand zukommen kann, und der uns dennoch nahe ist in seiner Offenbarung, Gnade und Erlösung. 1669

Die größte Erkenntnis Gottes und die tiefste Ehrfurcht vor dem Schöpfer wurden dem Menschen nicht durch die Schöpfung, sondern durch die Offenbarung. Das Zeugnis einer frommen Mutter, deren Herz von Gott erleuchtet wurde und deren Seele in Hingabe an den Herrn brennt, kann unter Umständen viel lauter reden als tiefstes Erkennen mancher Natur- und Weltgesetze. Was Menschen durch Erleuchtung des Geistes, durch Offenbarung Gottes, durch das Zeugnis des Nächsten gegeben werden kann, kann durch einfache Naturbetrachtung oder bewusste Weltbewunderung nicht gegeben werden. 1670

Ja, wahrlich, Gott ist größer als seine Schöpfung. Er bestimmt über sie, nicht sie bestimmt ihn. In seiner Souveränität handelt er in ihr und durch sie, ohne sich von ihr abhängig zu machen. Er zieht Menschen in seinen Dienst, lässt aber auch Menschen im bewussten Widerspruch, ja in Auflehnung gegen ihn treten, ohne von seiner Majestät etwas zu verlieren. Er lässt Völker in ihrem Geiste und im Kampfe gegen ihn sich austoben und zwingt sie doch, mitzuwirken, dass sie dem Kommen seiner Königsherrschaft dienen müssen. Er steht jenseits der Naturgesetze, ohne sie aufzuheben, und tut Wunder, indem er einfach schöpferisch handelt. Denn alle Wunder, die von jeher von Menschen erlebt wurden, waren für ihn keine Wunder, Er kennt keine Wunder. Er kennt nur das souveräne, schöpferische Handeln, um zu offenbaren, dass er in seiner Treue und Barmherzigkeit des Menschen Sohnes gedenkt. 1671

Dass der Mensch auf Gott hin geschaffen ist, darin liegt mithin entweder sein Himmel oder seine Hölle: sein Himmel, wenn er als Gottes Ebenbild mit seinem Leben in Gott ruht – aber seine Hölle, wenn er als Gottes Ebenbild mit seinem Leben sich von Gott entfernt und im Geschöpf das Höchste seiner Sehnsucht sucht. 1673

Wer Geschichte kennt, kann bis heute feststellen, dass da die Kultur immer am höchsten stand, wo Menschen Gott innerlich am nächsten standen. Wessen Seele Gottes Bild in sich trägt, der gestaltet die Erde zu einem Bild seiner eigenen Seele. Nicht die Kultur schafft den Menschen, sondern Menschen schaffen die Kultur. Das Evangelium der materialistischen Weltanschauung, nach welchem bessere Zustände auch bessere Menschen schaffen sollen, ist bisher durch die Menschheitsgeschichte nicht gerechtfertigt worden. Erst Menschen, die ihr verlorenes Sohnesbild oder ihre Erlösung wiederfanden, schufen auch gerechtere und menschenwürdigere Zustände. 1675

Gott ist in seiner in Christo kundgewordenen Erlösung größer als der Mensch in seinem Fall. Konnte der Mensch tiefer fallen als irgendein Geschöpf, durch Gnade kann er zu weit Höherem erlöst werden als alles Geschaffene im Himmel und auf Erden. Weder die Engelwelt noch Fürstentümer, noch Herrschaften, noch Gewalten werden trotz all ihrer Herrlichkeit und Dienste die Sohneswürde tragen. Sohn im Vaterhause kann nur der durch Christus erlöste Mensch werden. 1676

Psalm 16

David hatte erkannt, von welchen Gefahren sein Leben bisher umgeben war. Welch ein Wunder, dass er noch lebte ... In solchen Stunden wird entweder ein ganz starker Glaube geboren, da der Mensch seinen letzten und alleinigen Halt hinfort nur noch in Gott findet, oder man zerbricht an dem Leben, das in seiner Wirklichkeit so unerbittlich hart sein kann. 1677

David war das gottselige Geheimnis aufgegangen, dass Gottes jeweilige Offenbarung im Leben eines Menschen nie etwas anderes war als das Kundtun des Weges zum Leben. Wer sich von Gott beraten und leiten lässt, der entdeckt dann zu seinem Heil, dass Gottes Nähe und Gegenwart Freude die Fülle hat und Gottes Handeln ihm zur Wonne werden muss. Gott ist das Heil, daher ist vor seinem Angesicht Freude in Fülle, Gott ist Wonne, daher ist das Segnen seiner Hände die Quelle aller Segnungen, die einem Menschen werden können. 1678

Psalm 22

Diesen Psalm könnte Jesus geschrieben haben! In ihm wird ein Leidensweg sichtbar, wie ihn nicht viele zu gehen haben. Jesus als Lamm Gottes ist ihn gegangen. 1679

So wertvoll es für uns auch wäre, wenn die Forschung uns eine klare, letzte Antwort auf die Frage nach dem Verfasser geben könnte, weit wichtiger ist uns, dass Jesus als der leidende Gottesknecht schlechthin so in dem Psalm lebte, dass er dessen einzelne Aussprüche zum Inhalt seines Gebets machte. Sein Leben, sein Dienst, seine Leiden, sein Sterben waren dieser große Leidensweg. Weder in David, noch in Jeremia, noch im gefangenen Israel hat sich vollendet das erfüllt, was der Psalm als seelisches und körperliches Leid zum Ausdruck bringt. Erst Jesus als Gotteslamm durchkostete einen Schmerz, eine Verwerfung, ein Gottverlassensein, ein Sterben, wie es kein Prophet vor ihm und kein Märtyrer nach ihm durchkostet haben. 1680

Das war im Leben der Glaubenden zu allen Zeiten das Schwerste, wenn sie riefen und Gott schwieg. Der Gedanke, von Gott verlassen zu sein, war für sie immer unerträglich. Gott ist für sie die letzte, die alleinige Quelle der Kraft. Tritt Gott aus ihrem Leben zurück, dann gibt es für sie kein Hoffen mehr. Am tiefsten hat Jesus dieses Schweigen Gottes durchkostet. Obgleich er der Sohn des Vaters war, durchlitt er am Kreuze, was es heißt, ein Mensch zu sein, der sich in seiner Ohnmacht von Gott verlassen sieht ... Jesus aber starb nicht am Schweigen Gottes, er starb in der Gewissheit, seinen Geist in die Hände des Vaters legen zu dürfen. Nicht die Gottverlassenheit soll das letzte Wort behalten, sondern Gottes Gegenwart und Kraft. 1681

Das Glaubenszeugnis dieses Psalms ist aus der Geschichte geboren. Es ist nicht Dichtung, es ist gewonnene Schau auf Grund wirklicher Erlebnisse mit Gott. 1682

Dem Scheine nach ist es die ohnmächtigste Lebensäußerung eines Menschen, wenn er kniend und betend seine Hände zu Gott emporhebt. In Wirklichkeit ist es aber eine Macht, die zu allen Zeiten das Gewaltigste vollbrachte. Nicht als ob im Gebet als solchem weltüberwindende Kräfte lägen. In ihm liefert sich aber der Mensch in seiner Ohnmacht dem Handeln Gottes aus, so dass sich Gott in seiner Macht offenbaren kann. Gott in seinem Handeln schuf aber Wunder, sobald der Mensch im Gebet seine restlose Hingabe an ihn vollzog. Für

Gottes Handeln war es mithin nie das Entscheidende, ob es große oder kleine Menschen waren. Das Entscheidende war immer die glaubensvolle Hingabe des Menschen. Wie oft hat Gott durch kleine Menschen gewaltige Dinge getan und sie zu Zeugen seiner Herrlichkeit und seiner Handlungen gemacht. Es liegt mithin nicht im Gebet als eine magische, zauberhafte Kraft. Das zu denken, wäre heidnisch. Die Macht liegt allein in Gott und in seinem Handeln: Er offenbart an dem betenden Menschen und durch denselben seine Herrlichkeit. 1683

Die Lobgesänge des Glaubens werden stets aus dem Erleben der Herrlichkeit Gottes geboren. 1684

Die vielen Gottesnamen in der Schrift sind nicht etwa ein Spiel der Jahrtausende mit dem Begriff „Gott“, sie sind Ausdruck des fortschreitenden Erkennens Gottes auf Grund vorangegangener Offenbarung. 1685

Im Reiche Gottes ist alles auf Gemeinschaft angelegt: Gemeinsames Tragen der Leiden und gemeinsames Teilen der Freude. Was das einzelne Glied bedrückt oder empfängt, der ganze Körper nimmt daran Anteil. Was der ganze Körper erduldet oder erlebt, dem kann auch das einzelne Glied sich nicht entziehen. Das ist das Geheimnis der Kirche, das ist Gemeinschaft der Heiligen, das ist Auferbauung der Gemeinde. 1686

Wie kühn wird doch der Glaube in seinen Erwartungen, wenn er in Gottes Handeln Gottes Herrlichkeit gesehen hat! 1687

Die Welt würde aus den Fugen gehen, die Völker würden zum Chaos werden, gäbe Gott seinen Herrscheranspruch an die Welt und ihre Völker auf. Wen er jedoch zur Unterwerfung zwingen muss, dem ist es Gericht. Wer ihm huldigt in Liebe und Hingabe, dem ist es aber Erlösung. 1688

Psalm 23

Das war zu allen Zeiten das Geheimnis des wahren Verhältnisses zu Gott, dass Gott handelnd und segnend in das Leben eines Menschen treten konnte und dass wiederum der Mensch dann freiwillig und vertrauensvoll in die Abhängigkeit von Gott trat ... Die Jünger fanden in Jesus erst dann ihren Herrn und Meister, als sie alles verließen und dem Propheten von Nazareth folgten. Solch einen Entschluss des Glaubens nennt die Schrift sehr oft Bekehrung oder auch Wiedergeburt. 1689

Menschen, die unter dem Tun Gottes stehen, zerbrechen nicht am Leben. Sie finden mitten in allen Härten des Lebens dennoch jene Kräfte und Segnungen, durch die sie stark genug werden, die Welt zu überwinden. 1690

Gottes Tun ändert zwar nicht die Welt. Sie bleibt voll von Einöden, Versuchungen, Leiden, Kämpfen, Todestälern. Und auch Menschen, die sich an Gott gebunden wissen, lernen sie kennen, wie auch jeder andere Mensch. Sprechen sie jedoch von den Tälern des Todes, so tun sie es immer im Lichte des Hirten, der in ihr Leben getreten ist. 1691

In einem Leben, das in Gott zur Ruhe gekommen ist und das in seinen letzten Hoffnungen auf Gottes Tun und Segen geht, gestaltet sich letzthin alles zu einem Übergang zur Heimat. Selbst wenn vieles im wechselvollen Leben auch unverständlich bleibt oder in seinen letzten Zielen nicht gesehen werden kann, Gott ist groß genug, dass denen, die ihn lieb haben, alles zum Guten mitwirken muss. Glaubende stehen mithin nicht nur in einem starken Erleben Gottes in der Gegenwart, sie sehen sich von einer nicht weniger starken Hoffnung getragen auch im Blick auf die Zukunft. Ihnen war das Leben ein Weg zu Gott, ihnen wird das Sterben zu einem Übergang in die Heimat. 1692

Psalm 32

Es ist psychologisch verständlich, dass die Schuldfrage umso stärker aufbricht, je mehr Gott in das Leben eines Menschen treten kann. Finsternis wird als Finsternis erst erkannt, wenn Licht in sie hineingetragen wird. Verirrungen erhalten ihre Beleuchtung am stärksten durch Menschen, die ihre Tritte in die Fußstapfen Gottes setzen und im Glaubensgehorsam mit Gott wandeln. 1693

Es gibt eine Lösung der Sünden- und Schuldfrage. Das ist die Vergebung. Sie kann nur ausgehen von dem, der größer ist als die Schuld. Das ist Gott. 1694

Es ist ganz menschlich, dass der in seiner Schuld Erwachte zunächst selbst mit seinen Sünden fertig zu werden sucht. Zu allem nimmt er seine Zuflucht, nur nicht zu Gott. Er rettet sich ins Verschweigen. Er fährt zur Erholung. Er berauscht sich durch Vergnügungen. Er philosophiert über den unsinnigen Begriff Sünde. Er entschuldigt sich durch seine Veranlagung. Er sucht alles in Verbindung mit den Schöpfungsordnungen Gottes zu bringen. Er redet sich ein, dass er letzthin durch andere verführt worden sei. Die Lösung fand er jedoch nicht. Sein physisches Leben fing an, unter der inneren Qual mitzuleiden. Gott schwieg nicht, daher schwieg auch sein Innerstes nicht. 1695

Psalm 90

Was dem Psalm einen ewigen Charakter gegeben hat, das ist die Ewigkeit, die einst ein Mensch im Ringen mit der Vergänglichkeit als Offenbarung Gottes erlebte. Wer auch immer zum ersten Mal den Psalm in alten Zeiten gesungen hat, auch die Kirche Jesu Christi hat sich niemals geschämt, ihn zum Inhalt auch ihres Gebets zu machen. 1696

Du warst uns Zuflucht von Geschlecht zu Geschlecht! Das ist eine Geschichts- und Lebensbetrachtung, in der es um weit Höheres geht als nur um ein Wissen der Geschichte. Hier ist die Geschichte der Väter nicht einfach eine Schilderung ihrer Selbstbehauptung. Hier sucht man nicht nach den natürlichen Gesetzen einer Volkswerdung. Hier steht alles Erleben und Geschehen unter dem Walten Gottes. Und je reicher und stärker dies Erleben und Geschehen war, desto mehr sieht man Gottes Herrlichkeit in seiner mannigfaltigen Offenbarung. So wird ein Glaube geboren, der zu seinem Inhalt das Können und Handeln Gottes hat. Wer so Gott sehen lernte in der Geschichte der Vergangenheit, der findet Gott auch im Geschehen seiner Gegenwart ... Daher ist auch der Kirche Christi das Alte Testament mit seiner Offenbarung so wertvoll. Sie lernt da an dem israelitisch-jüdischen Volk, besonders auch an dessen Vätern und Propheten, erkennen, was der einzelne oder ein ganzes Volk zu seinem Heile an Durchhilfe und Rettung, an Erbarmen und Erleuchtung, an Segen und Führung, aber auch an Gericht und Heimsuchung von Gott her erleben kann. Wir können uns ja den Aufbau des Abendlandes mit seinen wertvollsten Kräften und mit seiner starken Hoffnung für die Zukunft überhaupt nicht denken ohne das Sprechen Gottes auch durch die alttestamentliche Offenbarung. Geschichtslos denken und entsprechend brutal handeln konnten immer nur Menschen, die sich ... skrupellos über alles Heilige und Bleibende der großen Vergangenheit hinwegsetzten. Sie suchten die Kräfte zur Gewinnung einer lichteren und besseren Zukunft allein in sich selbst. 1697

Wo der Mensch und die Geschichte sich ihren Gott schufen, da entstanden immer nur Götter. Diese Götter trugen das Bild ihrer Schöpfer. So wurden sie „artgemäß". Sollten Götzenbilder angeblich auch nur ein Abbild der verehrten höheren Gottheit sein, so stellte ihre fratzenhafte Gestalt dennoch dar, wie man sich das eigentliche Wesen seiner Gottheit dachte ... Was der Mensch von ihnen erwartete und durch Opfer zu erlangen hoffte, war äußerliches Gedeihen und Sieg im Kampfe. 1698

In welch einem Gegensatz zu allen Göttern steht dagegen der lebendige Gott, der Gott der Offenbarung. Wie ist sein Walten von unumschränkter Macht! Wie heilig und gerecht ist sein Tun. Wie stark ist sein Arm! Wie neuschaffend ist seine Erlösung. Wie unendlich sind die Ziele seines Heils. Ihn hätte der Mensch bei all seiner geschichtlichen und geistigen Entwicklung nie gefunden – auch nie erfinden können! Der Mensch wäre immer bei irgendeinem Götterbild hängen geblieben. Gott aber kam zum Menschen. Er stieg hinab in dessen Schuld, Gebundenheit und Vergänglichkeit und enthüllte sich ihm. Das nennen wir Offenbarung. Sie ist uns eine Selbstmitteilung Gottes im Laufe der Heilsgeschichte. 1699

Zu allen Zeiten war auffallend klar und die Wirklichkeit erfassend die Schau derer, die nicht von der Welt her Gott zu verstehen suchten, sondern die von Gott aus die Welt und deren Geschichte sahen. Unser Psalmist hat eine verwandte Schau gewonnen, wie sie uns in dem Bericht der Schöpfungsgeschichte gegeben ist; er ist gleichsam Zeuge der Geburtswehen der Schöpfung. 1700

Der zu höherer Erkenntnis gelangte Mensch kann unmöglich den Menschen zum Inhalt seiner höchsten Bewunderung und Verkündigung machen. Wer immer etwas von der ewigen Majestät und Herrlichkeit Gottes vernommen hat, der berauscht sich nicht am Tun und an der Herrlichkeit des Menschen. Seine Psalmen haben einen anderen Ton, seine Lobgesänge haben einen höheren Inhalt als jene Hymnen, in welchen der von sich berauschte Mensch seinen eigenen Ruhm besingt. 1701

Durch Erlösung vermag Gott unser Ja in ein Nein, unsere Verwerfung in Anbetung zu verwandeln. Die Grundlage, auf der dies Wunder aller Wunder sich vollzieht, ist die Vergebung. Ist Golgatha das größte Menetekel, das über allen Schöpfungen der Welt und ihres Geistes steht, so ist der Gekreuzigte die größte Vergebungsbotschaft, die der Welt gebracht werden kann. 1702

Gottes Herrlichkeit wurde in der Geschichte immer nur sichtbar in Gottes Handlungen. 1703

Psalm 92

Das ist ja das Erschütternde für alle Gesetzlosen, dass sie zwar handeln wider Gott, ohne dass sie selbst je von Gott loskommen können. Fragen sie auch nicht nach dem Lichte seiner Offenbarung, Gott jedoch fragt sie in ihrem Gewissen: Kain, wo ist dein Bruder Abel? Denn auch darin erweist sich Gott als Gott, dass er der Herr über seine Feinde bleibt. Er in seiner unbeschränkten Machtfülle bestimmt ihr Kommen und Gehen und setzt die Grenzen ihres Könnens und Handelns. Dauerte es den Frommen auch oft zu lange, bis Gott in den Gang der Geschichte eingriff, plötzlich kam doch die Stunde, da die Feinde zugrunde gingen und jene sich zerstreuten, die sich, um Unheil zu üben, zusammen geschlossen hatten … Es wäre aber falsch, auf Grund dieses Psalms nun einfach menschliche Vergeltungsgedanken auf Gott übertragen zu wollen. Es handelt sich beim Untergang der Gesetzlosen streng genommen ja nicht um ein handelndes Eingreifen Gottes, es geht um die letzten Folgen der Handlungen des Menschen wider Gott. Es liegt in der von Gott geschaffenen sittlichen Weltordnung, dass der Gewalttätige stirbt an der Gewalt, der Offenbarungslose zugrunde geht an seinem Irrtum, der verlorene Sohn in der Ferne vom Vaterhause verderben muss am Trebertrog. Der Mensch stirbt an sich selbst, sobald er sich erst löst von Gott als seinem Schöpfer und Vater, auf den hin er geschaffen wurde und für den er durch Christus wieder erlöst werden soll. Das ist unsere Freiheit, dass wir uns für das Leben oder für den Tod entscheiden können. 1706

Früchte des Geistes reifen in der Welt und nicht im Gotteshause. Nur den Wurzeln gehört das Heiligtum, das Leben mit seiner Frucht gehört der Welt mit ihrer Not, mit ihrem Ringen und ihrem Sterben. 1707

Wie reich war je und je auch die Kirche Christi an Persönlichkeiten, d. h. an solchen Vätern und Müttern in Christo, deren physische Kraft zwar im Alter mehr und mehr zusammenbrach, deren Früchte des Geistes jedoch bekundeten, dass im Umgang mit Gott das unvergängliche Leben bereits hier in der Vergänglichkeit seinen Anfang genommen hat und nicht mehr stirbt … Gott erwies sich ohne Falsch. Zwar kommt auch der Gerechte auf Grund der vielen Rätsel des Weltgeschehens oder aber infolge persönlicher unverstandener Lebensführung in schwerste Konflikte des Glaubens. Im göttlichen Lichte wurde aber eines Tages licht, was bisher so rätselvoll und dunkel erscheinen musste. 1708

Psalm 103

Gott kann vom Menschen nicht gesehen, wohl aber in seinem Wirken erlebt werden. 1709

Nachdem er Gott in seinem gewaltigen Tun in seinem eigenen Leben gesehen, ist dem Psalmisten eine ganz neue Schau auch für Gottes Walten in der Geschichte seines Volkes aufgegangen. Ist dem Menschen erst in seiner eigenen Geschichte der Blick für Gottes Liebe und Wirken geöffnet worden, dann findet er Gott auch im Leben und in der Geschichte anderer. So erklärt sich's, dass in der Regel erst dann Menschen die Bibel mit ihren gewaltigen Zeugnissen von den Taten Gottes lieb gewinnen, wenn ihr Leben selbst erst im Wirken Gottes steht. 1710

„Wie sich ein Vater seiner Kinder erbarmt, so erbarmt der Herr sich derer, so ihn fürchten." Wüssten wir nicht, von wem dies Wort gesprochen, wir würden es Jesus zuschreiben. Es darf daher niemanden wundernehmen, dass von solchen fundamentalen Sätzen des Psalmisten Kräfte und Glaubensstärkungen auch in die Kirche Jesu Christi ausgegangen sind, die zu den tiefsten Erlebnissen ihrer Glieder mit Gott führten. Nie kann die Kirche sich daher dazu hergeben, Gott in dieser Geschichte seiner Liebe und in dieser Größe seiner Vergebung zu verleugnen, indem sie das Alte Testament mit seiner Wolke von Zeugen kreuzigt. Wie sie in Christo und seiner Gemeinde Gott in seinem großen Heute sieht, so schaut sie in der Geschichte des Offenbarungsvolkes sein großes Gestern.

Gerade auch an der Geschichte Israels lernt sie ihre eigenen Gerichte, aber auch ihre eigene Vergebung verstehen, zu der sie sich im Glauben bekennen darf. 1711

Ein ergreifendes Bild, der Mensch und seine Vergänglichkeit! Wer Gott gesehen und dessen Ewigkeit geahnt hat, vermag nie mehr huldigend vor dem Menschen und dessen Bild zu knien. 1712

Wem die Grundhaltung der Ehrfurcht vor Gott fehlt, der verneint in seinem Leben den Glauben, der die Gnade in ihrer Vergebung und mit ihrem Wirken zum Inhalt seiner Kraft macht. 1713

Reich Gottes

Und selig jene kleine Schar, die auch in unseren Tagen von Gott erleuchtete Augen hat und mitten in den Ereignissen der Zeit das große Werden und Wachsen des Reiches Gottes sieht, das immer als Kind erscheint, am Kreuze gerichtet wird und doch berufen ist, zum Heil der Welt die Krone zu tragen! Denn noch immer beginnt die Fleischwerdung des Reiches Gottes in der Krippe und nicht auf Thronen und Kathedern. Jeder Anfang des Reiches Gottes erscheint in Knechtsgestalt und nicht in königlicher Macht und menschlicher Weisheit. Es ist zunächst umgeben von menschlicher Schwachheit und Armut und abhängig von der Liebe und Pflege derer, denen zu dienen es gekommen ist. 1043

Jesus sah bereits in den kleinsten Anfängen die kommenden Auswirkungen, in den schwankenden Fischern die werdenden Apostel, in den einzelnen Segnungen den Endtriumph der angebrochenen Gottesherrschaft. Jeder Misserfolg erschloss ihm das Ungeheure der Sache seines Vaters, ließ ihn hinter den Leiden die Auferstehung, hinter der Verwerfung die Erhöhung, hinter dem Tode das Leben sehen. Die Katastrophen der Geschichte erschütterten ihn nicht, die Feindschaft der Frommen machte ihn nicht irre, das Versagen seiner Jünger ließ ihn nicht mutlos werden. Für ihn waren nicht die Geschichte mit ihrer immanenten Gesetzlichkeit, nicht die Frommen mit ihrem fanatischen Eifer, nicht die Jünger mit ihrer begeisterten Nachfolge, die schöpferische Kraft im angebrochenen Reich der Himmel, sondern der Vater in der schöpferischen Aktivität seines Geistes. 1051

Offenbarung und Glaube sind zwei zentrale Wahrheiten im Reich Gottes. Von diesen beiden Wirklichkeiten wurde das geschichtliche Kommen, Werden und Wirken des Reiches Gottes getragen. Offenbarung ist von Gottes Seite das Heraustreten des göttlichen Ichs, das Fleischwerden des ewigen Wortes, das Werben der rettenden Liebe. Der Glaube ist von unserer Seite das Antworten des menschlichen Du, das Sicherschließen der inspirierenden Offenbarung, die Hingabe an die göttliche Liebe. 1060

Gewiss, wenn Gottes Bund nur auf unserem Verhalten zu Gott beruhte, dann hätte Elia recht. Aber es handelt sich um viel Tieferes, Gewaltigeres: um Gottes Bund mit uns. Ich bin in der letzten Zeit so oft auf jene große zentrale Wahrheit des Evangeliums geführt worden: Nicht wir bauen das Reich Gottes, sondern wir werden vom Reich Gottes gebaut. Nicht wir mit unserer Kraft stützen die Wahrheit, sondern die Wahrheit mit ihrer Kraft verteidigt und rechtfertigt uns. Denn nur soweit uns das Reich Gottes immer wieder erfassen, uns in seine Aktivität hineinziehen, seine göttliche Kraft in uns wirken, uns gründen, salben, legitimieren und leiten kann, ist das Reich Gottes in unserem Herzen und Leben, in unseren Kreisen und Kirchen. Nicht unsere Hand hält ihn, sondern seine Hand hält uns. 1091

Wo Gottes Geist wirkt, da entsteht ein Reich, das nicht von dieser Welt ist und das mit seinem Leben und seiner Zukunft unter der Herrschaft seines Schöpfers steht. 1248

Das Reich Gottes spricht nicht in Leidenschaft, es spricht im Geiste dienender Liebe, es treibt nicht Propaganda, es zeugt von dem Anbruch der Gottesherrschaft auf Erden zum Heile der einzelnen und der Völker. 1261

Zwang der Mensch das Reich Gottes erst in die Formen und in die Art seines eigenen Wesens, baute erst die Kirche das Reich Gottes, anstatt dass sie sich vom Reiche Gottes bauen ließ, dann überließ das Königreich der Himmel dem Menschen den Schein des Gottesreiches, jedoch die Kraft desselben stand daneben und trat in neuen Jüngern auf. 1381

Wäre das Königreich der Himmel die Schöpfung der Kirche und nicht die Kirche die Schöpfung des Himmelreiches, gewiss, dann wäre das Reich Gottes längst auf Erden untergegangen. 1551

Wie wenig, du großer Nazarener, können wir dich mit deinen Reichgottesideen, mit deinem Vergebungsevangelium, mit deinen Zukunftserwartungen brauchen in unserem Gesellschaftsleben, in unserem Kulturaufbau und in unserer Politik. Wir haben unsere Kommunalverwaltungen, wir haben unsere Polizei, wir haben unsere Parlamente, wir haben unsere Auslandsvertretungen, wir haben den Völkerbund. In all die großen Institutionen, die unser Leben zusammenhalten und bestimmen, passt du, Jesus, mit deiner Gesinnung und deiner Vollmacht nicht hinein. Trotz all unserer Bewunderung für dein einstiges Wollen, trennen uns von dir zweitausend Jahre einer fortschreitenden Entwicklung. Zudem musstest du ja an der Undurchführbarkeit deines eigenen Wollens zusammenbrechen!

Im Geiste deines Evangeliums und deiner Nächstenliebe würde ja die Welt mit ihrem Reichtum, ihrer Arbeit, ihren Gütern und ihren Beziehungen zu einem Friedensreich werden, wie es die Propheten ersehnten und du es lebtest und wie es deine Jünger noch immer erwarten. Zur Entfaltung der Kräfte brauchen wir aber den Kampf, zur Festigung unseres Vermögens können wir eine rücksichtslose Konkurrenz, eine skrupellose Börsenspekulation und eine knechtende Kapitalwirtschaft nicht entbehren. Daher, Jesus, weiche aus allen diesen unseren Gebieten!

So sprach einst das Volk im Gebiete von Gergesa. Und Jesus ging! Und das Heil der Reichgotteswirklichkeit ging mit ihm. Die Stadt verlor mehr als nur einen Propheten. Sie verlor das Reich Gottes, das durch Jesu Gegenwart in ihr Leben getragen werden sollte.

Und doch blieb Jesus. Es blieb in dem einen, der in ihm seinen Retter gefunden hatte. 1581

Wahrlich, auch die Zeitalter der alten Weltgeschichte, insoweit sie im alttestamentlichen Kanon sichtbar sind, zeugen mit ihrem wechselvollen Geschehen, dass das Reich Gottes noch immer im Kommen war, und der nächste Tag mit seinem Leben sich herrlicher erwies als das, was am vorigen Tage in einer Katastrophe unterging. 1765

Welche Wandlungen im Reiche Gottes der Gegenwart würden doch eintreten, wenn wir als Träger der Neuschöpfung erkennen würden, dass sich auch in unserer Erlösung dieselben grundlegenden Gesetze auswirken, wie sie bereits in der ersten Schöpfung sichtbar wurden. Wie würde man trotz des eigenen Wachstums in Erkenntnis, Gnade und Wahrheit dennoch das kleinste Glied achten, das den Geist des Reiches Gottes atmet. Wie würde uns das eine Leben, das uns durch den Gekreuzigten und Auferstandenen geworden ist, ungleich höher stellen als alle konfessionellen Einstellungen und völkischen und nationalen Schranken. Es würde sich auf der ganzen Erde unter denen, die Gottes und unseres Herrn Jesu Christi sind, eine Bruderschaft offenbaren, die nicht von dieser Welt ist und die sich daher auch nicht durch die Welt und ihre Geistesströmungen mit ihren vielfach diabolischen Forderungen erschüttern lässt. Welch ein gegenseitiges, geistliches Verstehen, Tragen, Dienen und Lieben würde innerhalb der verschiedenen Kirchen beginnen, wenn man erfasste, dass das von Gott gewirkte Leben weder im Katholizismus noch im Luthertum, weder im Calvinismus noch in den Freikirchen, weder im Darbismus noch in dem Gemeinschaftsleben zu seiner Vollendung gelangen kann ohne die Vollendung auch all der anderen Glieder Christi, die mit als lebendige Steine den neuen Gottestempel in sich verkörpern werden. Wie würden wir gelöst werden von jeder subjektivistischen Einstellung und die Wirkungen des Heiligen Geistes im Rahmen des ganzen Reiches Gottes beurteilen lernen. 1789

Wo in der Geschichte je und je etwas in Sicht trat von dem Reiche Gottes auf Erden, da war Gott in seiner Gnade immer der Darreichende und der Mensch wurde zum Begnadigten, Gott war der Inspirierende und der Mensch wurde sein Prophet, Gott war der Auftraggebende und der Mensch wurde sein Apostel. 1928

Noch hat sich nie ein Werk zum Segen der Menschheit entwickelt, das nicht einen ganz bestimmten Erdgeruch an sich getragen hätte. So ideal in der Theorie auch manches Werk begonnen wurde, in der praktischen Ausführung traten immer wieder jene menschlichen und unvollkommenen Züge in Erscheinung, die alles unvollendete Leben in sich trägt. Von einem alten schwedischen Gottesknecht habe ich gehört, dass er gesagt haben soll: „Wo das Reich Gottes nicht mit Fehlern und Schwachheit gebaut wird, da geht es überhaupt nicht." ... Auch die Gemeinden der Apostelzeit waren diesem Naturgesetz des organischen Lebens unterworfen. Es wäre eine vollkommene Verkennung der geschichtlichen Wirklichkeit, wollte man annehmen, die apostolischen Gemeinden wären nach jeder Hinsicht ideale Geistesgemeinschaften gewesen. Die Paulusbriefe bezeugen etwas anderes. Man lese nur die Korintherbriefe, den Galaterbrief und die mancherlei Ermahnungen in den anderen Paulusbriefen. Ja, man darf sagen, hätten wir das Gesamtchristentum mit all seinen Begleiterscheinungen in unsern Tagen, wir würden kaum wissen, wo wir das unterzubringen hätten. Vieles, sehr vieles würde auch starken Schultern schwer werden zu tragen. 2002

Lassen wir uns nicht entmutigen, wenn auch in unseren Tagen das Reich Gottes in seinen einzelnen Zweigen, Diensten und Gliederungen mit manchen Menschlichkeiten verbunden ist. Es gibt da und dort solche geistliche Idealisten, die sich überall zurückziehen, wo sie am Reich Gottes etwas vom Erdgeruch merken. Sie sind in der Regel die unfruchtbarsten in der Gemeinde Gottes. Sie können nur arbeiten, dienen, Leben mitteilen unter ganz bestimmten Voraussetzungen. Diese Voraussetzungen werden von ihnen aber fast nie gefunden. Jesusjünger dagegen dienen in der Regel ohne Voraussetzungen. Wie ihr Vater im Himmel die Sonne scheinen lässt über

Gute und Böse, so strömen sie ihr inneres Leben aus, wo immer eine Seele leidet und ihrer bedarf. So bauen sie das Reich Gottes und gewinnen die Welt für eine bewusste Gemeinschaft mit Gott. 2003

Nicht wir bauen das Reich Gottes, sondern wir werden von dem Reich Gottes gebaut. Nicht wir mit unserer Kraft stützen die Wahrheit, sondern die Wahrheit mit ihrer Kraft verteidigt und rechtfertigt uns. Denn nur insoweit auch uns das Reich Gottes immer wieder erfassen, uns in seine Aktivität hineinziehen, seine göttliche Kraft in uns wirken, uns gründen, salben, legitimieren und leiten konnte, war das Reich Gottes da auch in unserem Herzen und Leben, in unseren Kreisen und Kirchen. Nur insoweit sich die Kraft und das Heil Gottes immer wieder auch in unserer Mitte erweist, insoweit der Herr seinen Bund mit uns hielt. Nicht unsere Hand hält ihn, sondern seine Hand hält uns. 2075

Im Reiche Gottes handelt es sich nicht darum, dass Gott unser Mitarbeiter wird, sondern dass wir Gottes Mitarbeiter werden. 2084

Dass das Reich Gottes nicht eine Frömmigkeit im Menschen voraussetzt, sondern solche durch den neuen Geist erst in ihm wirken will, von solch einer Art von Religion hat die Welt keine Ahnung. 2214

Niemand kann innerhalb des Reiches Gottes mehr geben, als er zuvor empfangen hat. 2267

Wäre das Reich Gottes nur ein frommes Menschenwerk zur Ehre Gottes, dann wäre es längst untergegangen. Nun ist es aber ein schöpferisches Gotteswerk zum Heil des Menschen, daher unterliegt es nicht, selbst in den dunkelsten Zeiten der Geschichte. Auch die erschütterndsten Gerichtswehen der einzelnen Zeitalter mussten Gott zu Mitteln werden, um durch sie ein Neues für die Zukunft werden zu lassen. 2400

Sooft der Staat sich in seinem Gewissen durch die Kirche beruhigt sah und die Kirche sich in ihrer Leidenschaft und in ihrem Fanatismus durch den Staat gedeckt wusste, brach für das Reich Gottes immer ein Tag der Leiden an. 2445

Auch der kleinste und verborgenste Sieg in unserem Leben kann mithin von weittragender Bedeutung für das Reich Gottes sein. Und nicht nur für das Reich Gottes in uns, sondern auch für das unserer Umgebung. Wir können daher nicht hoch genug die Bedeutung des Alltagslebens mit seinen Kämpfen und Widerwärtigkeiten, mit seinen täglichen Sorgen und Leiden bewerten. In ihm lernen wir uns und die Welt verstehen, aber wir lernen auch uns und Gott verstehen. 2519

Rein

Wer sich nach neuem Kraftzufluss aus Gott sehnt, wer die Tür seines Herzens und die Kammern seines Lebens weit dem Lichte Gottes öffnet, der wird unbedingt zunächst zu der schmerzlichen Erkenntnis kommen, dass auch in den verborgenen Tiefen seines Lebens so vieles unrein und ungeordnet ist. Denn je näher wir dem Lichte treten, desto durchsichtiger und desto mehr offenbar werden wir. Als der Prophet in Gottes Gegenwart weilte, da sah er die Unreinigkeit seiner Lippen und sprach: „Weh mir, ich bin verloren." Und bevor er weiter zum Dienen von Gott gebraucht wurde, musste die glühende Kohle vom Altar seine Lippen berühren. Das mag gebrannt haben, aber es reinigte. Auch uns mag die Reinigung schwer und schmerzlich sein, aber sie ist nicht zu umgehen, wenn anders wir von Gott neue Segnungen empfangen wollen. Und ich fürchte, dass manche Kinder Gottes aus Furcht vor dieser Arbeit ihr Heiligtum verschlossen halten und das Licht Gottes nicht hineinleuchten lassen. Sie wissen, sollte ihr Inneres einmal so offenbar werden, wie es vor Gott ist, sollte ihr Gebetsaltar, ihre tägliche Reinigung vor Gott, ihre Opfer, die sie dem Herrn schulden, einmal beleuchtet werden von dem göttlichen Lichte, dann könnten sie unmöglich vor der Öffentlichkeit als das gelten, was sie bis heute zu sein scheinen. 1426

Bleibt unser Verhältnis zu Gott rein, dann verunreinigt uns auch der Dienst in der Welt nicht. 2263

Religion

Zwar schuf sich der Mensch immer eine Religion, welche zwischen Gott und Mensch vermitteln, über die unüberbrückbare Kluft hinüberleiten sollte, die beide voneinander trennt. Aber jede Religion erwies sich nur als der große Versuch, dem Menschen das zu geben, was allein Gott gehört, den Menschen auch in seiner Erlösung zum Subjekt zu machen und Gott nur Objekt sein zu lassen. Daher kam nie eine Religion über Selbstgerechtigkeit und letztlich Selbsterlösung hinaus … Vermitteln zwischen Gott und Mensch kann nur die Offenbarung. 1073

Äußerliche Formen der Offenbarung lassen sich auch von Menschen weiterpflegen, die ohne den Geist der Offenbarung leben. Formen und Bekenntnisse können sehr alt werden, auch ohne Geist … Wohl bekennt sich die heutige Welt zum apostolischen Christentum, lebt aber in ihrer Masse nicht im Geiste der Apostel und Propheten … Wie oft schuf man das „Heilige“ und verlor den Heiligenden. Man trug den Prophetenmantel ohne eine Prophetenseele ... Man beugte sich vor dem Kreuz, anstatt vor dem Gekreuzigten. Man schuf die Kirche als Ersatz für die Gemeinschaft der Heiligen. Es entstand eine Religion, die uns lehrte, Gott zu kennen und ihm zu dienen, ohne uns jedoch in jenen Umgang mit Gott zu bringen, wo Gott uns zu finden und zu dienen vermag. Die äußere Geistesform sollte die innere Geisteskraft ersetzen. 1082

Gott war und ist nie gegen die Form ... Aber Form ohne Geist war Gott noch immer ein Gräuel. 1083

Mit Kain begann jene die Menschheit so allgemein beherrschende Religiosität, die in einem rein äußerlich gepflegten Gottesdienst das Wesen der Beziehung des Menschen zu Gott sieht. Daher behandeln alle menschlichen Religionen auch den Umgang des Menschen mit Gott als etwas vom Leben Getrenntes. Man befriedigt Gott durch einzelne Leistungen, durch gelegentliche Opfer, durch Waschungen des Fleisches, durch eine Anzahl von Gebeten. Es ist das die Huldigung, die nur die Frucht der Erde bringt, ohne sich selbst als ein Kind des Geistes zu bringen, „die Kirchen und Tempel stiftet, wie sie auch Spitäler und Gefängnisse baut“, weil man ohne dieselben im Leben nicht auskommen kann. 1565

Leiden wir nicht heute mehr denn je unter der Annahme, dass Ideale und Grundsätze die Quelle unserer Handlungen wären? Verwechseln wir nicht bis tief in die allerchristlichen Kreise hinein Frucht und Wurzel? Glauben wir nicht wieder viel mehr an unsere christlichen Institutionen und deren gesetzliche Kraft, als an die unmittelbaren Schöpfungen des Auferstandenen in den gegenwärtigen Gliedern seines Leibes? Gilt unser Vertrauen nicht weit mehr dem, was wir für Gott tun, als dem, was Gott in uns tut? Wir haben eine Moral, aber eine christlich-gesetzliche. Sie ist nicht das Ergebnis des göttlichen Wirkens innerhalb seiner Neuschöpfung. Wir suchen Leben, aber in unserer religiösen Vielbeschäftigkeit. Hinter derselben steht aber vielfach weder Gottes Auftrag noch die Vollmacht des Geistes. Wir meinen Gott, aber verstehen darunter weit mehr unsere Lehren über Gott als unsere Gemeinschaft mit Gott. Diese Verwechslung macht uns heute bei all unserer Christlichkeit und Frömmigkeit so unendlich arm und heimatlos. Wir sind weder in der Welt noch in Gott zu Hause. Wir möchten nicht von der Welt sein, aber auch nicht von Gott sein. Wir ruhen in unserer christlichen Religion mit ihrer gesetzlichen Betriebsamkeit und nicht in Gott und dessen Wirken. Wir sind fromm, aber nicht, weil Gott in uns wirkt, sondern um einmal selig zu werden. Wir wollen in den Himmel, aber nicht um Gottes willen, sondern um des wunderschönen Himmels willen, den wir auf Erden bei all unserem Hasten und Rennen, bei all unserer Religion und Frömmigkeit nicht finden konnten. Wir nehmen in den Tagen der Not und Angst unsere Zuflucht zu Gott, aber nicht um des innerlichen Kontaktes mit Gott willen, sondern damit uns Hilfe von Gott werde. Was uns jedoch Not tut, ist mehr als nur Hilfe. Wonach unsere verarmte Seele schreit, ist mehr als nur ein zukünftiger Himmel. Was uns von der Welt und ihrem Wesen scheiden soll, ist mehr als selbstauferlegte Askese und räumliche Weltflucht. Was uns fehlt, das ist Gott. 1571

Wer Religionsgeschichte nicht nur in der Theorie und aus einer vergleichenden Religionswissenschaft kennt, der weiß, dass höhere Erkenntnisstufen und tiefere Gemeinschaft mit Gott nie das Ergebnis einer rein menschlichen Entwicklung waren. Aus den primitiven Religionen haben sich nie höhere entwickelt. Alles Höhere und Göttliche entstand immer erst auf Grund einer Offenbarung. Aus sich selbst kommt auch der frömmste Mensch nie über sich selbst hinaus. Göttliches wird erst sichtbar, wenn zuvor Göttliches empfangen worden ist. So intellektuell, mystisch und ethisch eine Religion auch immer sein mag, sie kennt zwar eine gesetzliche Orthodoxie, aber nie eine lebendige, höhere Entwicklung. 1768

In seiner Gottähnlichkeit war der Mensch unschuldig auch ohne Feigenblatt. Ohne diese blieb er schuldig trotz des Feigenblatts. Und doch hat die Mehrheit der Menschheit bis heute nie mehr aufgehört, ihre sittlichen Wunden durch natürliche Mittel zu heilen ... Daher sind im Laufe der Jahrtausende Religionen um Religionen entstanden. Man könnte Bände schreiben allein über die Religionsgeschichte der Menschheit. Und doch sind es alles nur Feigenblätter vom Baume der Natur, vom Menschen selbst gepflückt, und als Schürze zubereitet. Was ist denn eigentlich das Wesen aller rein menschlichen Religionen? Selbsterlösung. Daher auch ihre ausgesprochene Kreuzesfeindschaft. Haben doch alle Religionen ihr Heimatrecht auf dem Boden des natürlichen Zustandes des Menschen. Was dem gefallenen Menschen zur Verfügung stand, seine Nacktheit zu decken, war eine Gabe der Natur und seine eigene Handlung. Aber niemals konnte Menschliches Göttliches wirken, ein Feigenblatt der Schöpfung die Unschuld des göttlichen Ebenbildes wiederherstellen. 1810

Alle rein menschlichen Religionen erschöpfen sich in rein natürlichen Leistungen vor Gott. Sie verneinen die höhere Kraft. Ihre ersehnte Gerechtigkeit vor Gott ist nicht eine Glaubensgerechtigkeit, sondern eine Werkgerechtigkeit ... Ihnen ist das ewige Leben nicht eine Gabe Gottes, die durch Glauben empfangen wird, sondern eine Entwicklung, die durch Leistung vom Menschen erwirkt werden soll. 1811

Alle diese Religionen können niemals ohne Satzungen und Vorschriften existieren. Gerade diese sollen den Menschen heiligen und ihn angenehm machen vor der Gottheit. Ohne Tempel vermag der Mensch nicht zu beten, ohne Opfer nicht vor Gott zu treten, ohne Waschungen keine Reinheit zu erwarten, ohne Kasteiungen keine Göttergunst zu erflehen. Daher sind die Religionen auch alle streng gesetzlicher Natur. Sie kennen keine Abweichung von der Tradition, kein Wachstum einer lebendigen Erkenntnis, keine freie Gestaltung der äußerlichen Formen, in denen der Glaube seine Liebe und Hingabe an Gott auslebt. Für sie liegt ja das Wesen der Frömmigkeit gerade in der korrekten Befolgung der äußerlichen Gebote und Satzungen und nicht im Erleben der Inspirationen des Geistes durch die Offenbarung Gottes. Nimmt man den Religionen das Symbol, dann sind sie ohne Gott. Zerstört man ihre Tempel, dann sind sie ohne eine Gottes-Nähe. Enthüllt man die Leere ihrer Tradition, dann sind sie haltlos in ihrer Glaubenszuversicht. Denn ihre Stärke liegt in ihrer toten Orthodoxie, ihre Zukunft in der Pflege des längst Überlieferten, ihr Zauber im Hüten des dauernd Geheimnisvollen. 1813

Wir sind daher der Überzeugung, dass es seit dem Sündenfall niemals mehr einen Weg vom Menschen zu Gott gegeben hat ... Sein Suchen und Schaffen blieb rein menschlich, rein völkisch und zeitlich orientiert ... Zwar schuf sich der Mensch je und je eine Religion, welche zwischen Gott und Mensch vermitteln, über die unüberbrückbare Kluft hinüberleiten sollte, die beide voneinander trennt. Jede Religion erwies sich aber nur als der große Versuch, dem Menschen das zu geben, was allein Gott gehört, den Menschen auch in seiner Erlösung zum Subjekt zu machen und Gott nur Objekt werden zu lassen. Daher konnte nie eine Religion über eine Selbstgerechtigkeit und letzthin Selbsterlösung hinausführen.

Bei jeder Selbsterlösung bleibt aber alles, wenn auch nicht, wie es war, so doch dasselbe, was es war. Vermitteln zwischen Gott und Mensch kann nur die Offenbarung. Gott muss in seinem Wort Fleisch werden, um durch die schöpferischen Kräfte seines Geistes im Menschen ein Neues schaffen, Leben aus den Toten rufen zu können. Das hat Gott je und je im Verlauf der ganzen Heilsgeschichte getan. Was daher in der Menschheit als Wahrheit, als Gemeinschaft mit Gott, als Dienst im Reiche Gottes oder an ewigem Leben sichtbar wurde, war mithin niemals des Menschen Weg zu Gott, es war immer Gottes Weg zum Menschen. Der gerechtfertigte Mensch ist also nicht etwa die Frucht menschlicher Religion, sondern das Wunder der göttlichen Erlösung. 1890

Lässt der Mensch sich nicht in die schöpferische Kraft der göttlichen Offenbarung hineinziehen, dann empfängt er sie nicht als ein Evangelium, das ihn innerlich frei machen will, sondern als ein Gebot, durch das er sich äußerlich verpflichtet sieht. Er erlebt die Offenbarung nicht als eine erneuernde Gotteskraft, sondern als eine gesetzliche Bestimmung. Die empfangene Offenbarung pflegt alsdann nicht ihn, sondern er pflegt die empfangene Offenbarung. Nicht Gott dient alsdann dem Menschen, sondern der Mensch dient Gott, und zwar durch die Pflege des Gesetzes. Die zum Umgang mit Gott führende Offenbarung wird zu einer Gott dienenden Religion. In dieser handelt es sich dann nicht mehr um Gottes Wirken im Menschen, sondern um ein gesetzliches Wirken des Menschen für Gott. Das Evangelium der Offenbarung wird zum Gesetz von Sinai, der ersehnte Umgang Gottes mit seinem erlösten Eigentumsvolk zur äußerlichen Pflege eines kultischen Gottesdienstes, die unmittelbare Geistesgegenwart des Herrn muss ersetzt werden durch geheiligte Symbole: durch Tempel, Opfer und Altar. 1926

Was Jesus uns gebracht hat, das ist keine Religiosität ... Jesus hat uns nicht eine Religion gebracht neben anderen Religionen, Jesus hat uns durch sein Kreuz und durch seine Auferstehung nicht eine Religion erschlossen, auch nicht eine christliche, sondern er hat uns den Umgang von Kindern mit dem Vater gegeben. In diesem Umgang handelt es sich nicht mehr um Religion, die im Leben gelegentlich neben all dem anderen Alltäglichen gepflegt wird, sondern da wird das Leben als solches zu einem bestätigten und ununterbrochenen Gottesdienst. Dann schwindet jeder Grund zur Pflege von Religion. Denn alle Religionen werden aus Furcht geboren. Man pflegt Religion, sucht Gott durch Leistungen und Übungen zu dienen, nicht aus der inneren Geistesverwandtschaft mit Gott heraus, nicht aus der Furcht vor Gott. Nicht weil man einen gnädigen Gott hat, sondern weil man Gott gnädig zu stimmen sucht, dient man ihm ... Nie konnten daher Religionen die Menschheit über ein Knechtsverhältnis des Menschen zu Gott hinausführen. Jesus brachte uns aber den Umgang des Kindes mit dem Vater. 2040

Religionen können zwar durch Machtmittel hergestellt und erhalten werden, aber nicht der verborgene Umgang mit Gott. 2078

Wer will da nicht sehen lernen mit sehenden Augen und hören lernen mit hörenden Ohren und erfassen lernen mit einem von Gott erleuchteten Herzen, zu welchen Konsequenzen es im Leben der einzelnen und der Kirchen führen muss, wenn eines Tages die Gottesoffenbarung veräußerlicht wird zu einer Religion. Vor der Form und dem Symbol der Offenbarung zwar beugt man sich äußerlich, innerlich verleugnet man aber deren Geist, das Evangelium erhebt man zwar zu einer staatlichen Religion, man nimmt aber demselben die schöpferische Kraft für ein neues, an Gott gebundenes Leben. 2155

Religionen scheuen auch vor den äußersten Machtmitteln nicht zurück und lassen durch monarchische Ukasse und Gendarmen ihre Existenz und ihre Mission decken. 2157

Nicht etwa der Mensch baut und pflegt das Reich Gottes wie eine Religion, das Reich Gottes als schöpferische Kraft baut und pflegt vielmehr den Menschen als ein neues werdendes Leben, das sich hinfort in seiner Glaubenshaltung allein an Gott gebunden weiß. Ganz anders ist es mit den Religionen in der Welt. Auch sie wollen inspirieren, Stimmung schaffen, begeistern. Mit gewaltiger Stimme musste der Herold bekannt machen: „Sobald ihr hören werdet den Klang der Hörner, Flöten, Zithern, Harfen, Psalter, Dudelsackpfeifen und aller Art von Musik, so sollt ihr niederfallen und das goldene Bild anbeten." So wird selbst die Inspiration des Geistes verdinglicht. Von sachlichen Dingen und ihrer Sprache wird erwartet, was allein durch die Sprache der Offenbarung und des Geistes erweckt werden kann.

Daher war eine Religion auch nie ohne Lärm, ohne Schauspiel, ohne Prozessionen in ihren Weihestunden und in den feierlichen Akten ihres Lebens. Sie brauchte die mystische Stimmung, die hinreißende Begeisterung, den blinden Fanatismus für den Geist der Inspiration, den sie nie zu vermitteln vermochte.

Wo aber der Geist schweigt, muss die Trommel reden – auf staatlichen Befehl! 2159

Es hat nie einen Weltstaat gegeben, der ohne Religion gewesen wäre. Glaubte man auch, sich von Gott gelöst und sich dem Atheismus verschrieben zu haben wie im gegenwärtigen

Russland, dann erhob man diesen Dämon zum Gott seines Lebens und die Pflege der atheistischen Gesinnung zum Gottesdienst der heimatlosen Seele. 2211

Alle Religionen bewegen sich in dem, was der Mensch für Gott tut. Das Leben jedoch, das durch Christus vermittelt wird, bewegt sich in dem, was Gott uns Menschen tut. Christi Auferstehungsleben, seine sich in uns auswirkenden Auferstehungskräfte, seine Segnungen an himmlischen Gütern lassen sich nie etwa als eine neue Form einer Religion begreifen. Sie sind die göttliche Grundlage innerhalb jener Neuschöpfung, in der der Mensch seine Erlösung erlebt als kindlichen Glaubensumgang mit Gott. 2282

Alle National- und Staatsreligionen sind unduldsam. Sie schätzen den Menschen nicht nach seinem inneren Verhältnis zu Gott ein, sondern nach seinem Bekenntnis zur Staatsreligion. Die Religion ist nicht souveräne, allein Gott verantwortliche Prophetin des Volkes und das unbestechliche Gewissen des öffentlichen Lebens, sondern Dienerin des Staates. Ihre Ethik wird bestimmt durch die herrschende Staatsmoral und durch das Gebot der Stunde. 2403

Religionen führen nie über das hinaus, was der Mensch in sie hineinlegt. In ihnen wirkt sich nicht Gott in seiner Offenbarung, sondern der Mensch in seiner Stimmung und in seiner Blindheit aus. Wirklich Antwort erhält die Seele allein, wenn sie mit dem lebendigen Gott im persönlichen Umgang steht. 2405

Durch Sitte und Gesinnung gepflegte und durch Vergangenheit geheiligte Religionen sind ungemein zäh in ihrem Leben und fanatisch in ihrer Selbstbehauptung. Nur Menschen, die sich innerlich von Gott ergriffen wissen, wagen, wie einst Abram, den Bruch mit ihnen zu vollziehen und das Leben von deren knechtischer Herrschaft zu befreien. 2407

Religionen können nie antworten, das vermag nur der persönliche Verkehr mit Gott. Allein im Umgang mit Gott empfängt die Seele auch Antwort von Gott. 2625

Was Jesus in seinem eigenen Leben und durch seine Botschaft der Menschheit brachte, war keine Religion, auch nicht etwa die allerbeste. Er verkündigte auch keine Weltanschauung, auch nicht die christlichste. Als er auftrat, rief er das erschienene und angebrochene Reich Gottes aus (Markus 1,15) ... In seinem Evangelium brachte Jesus der Welt den versöhnten Gott, der die Menschheit nicht dem Gericht überlassen, sondern retten will ... Religionen bewegen sich alle in dem, was der Mensch für Gott tut, die Sohnesstellung jedoch lebt allein in dem, was Gott für die Menschheit tut und im Glaubenden wirkt. Christi sich auswirkende Auferstehungskräfte, seine Segnungen an himmlischen Gütern, lassen sich daher nie als etwa eine neue Form einer christlichen Religion begreifen. Sie sind göttliche Wirkungen innerhalb jener Erlösung, in der der Mensch von Gott aus seine Rettung und sein neues Leben empfängt. 2755

Ohne Religion hat es noch nie ein Volk gegeben. Wer immer das Kommen Gottes von oben her abzuschaffen suchte, der schuf sich in gleicher Zeit ein Kommen von unten her. Irgendwelchen Ideologien baut jeder Mensch immer wieder seine Altäre. Wehe jedoch allen, die der Erde ihre Altäre bauen und anbetend vor jenen Kräften knien, die vom Verderben kommen! Da wird die Religion zum Tyrannen des Menschen. 2770

Rest

Wer konnte in der damaligen Welt ahnen, dass diese kleinen Anfänge, den Juden ein Ärgernis und den Griechen eine Torheit, solch eine verborgene Kraft Gottes in sich trugen, die einmal alles Bestehende erschüttern und der Welt eine neue Zukunft geben würde? Es dauerte wenige Jahrhunderte, und die alte heidnische Welt brach sterbend zusammen, und Rom und Byzanz, die abend- und die morgenländische Kirche, traten deren Erbe an. Aber anstatt sich weiter vom Reich Gottes bauen zu lassen, baute hinfort die Kirche das Reich Gottes. Sie gab dem sterbenden heidnischen Weltstaat den heiligen Namen des Gottesreiches und schuf in ihrem Schoß dem Wesen seiner Verfassung und Kultur, seiner Mystik und seinem Kultus eine christliche Herberge. Der Weltstaat wurde Reich Gottes, dessen Verfassung die Organisation der Kirche, dessen Kultus die Form der Gottesverehrung, dessen Priesterordnung der äußerliche Rahmen für Christi Stellvertreter und Gottes Reichsverweser auf Erden. Von nun an war die Kirche nicht mehr Zeugin vom Heil, sondern Verwalterin des Heils, nicht mehr Prophetin der Offenbarung, sondern Hüterin der Offenbarung, nicht mehr göttliche Schöpfung, sondern Weltorganisation … Doch nicht alles war Täuschung. Sie hatte Glieder, die nicht das Reich Gottes trugen, sondern vom Reiche Gottes getragen wurden. Sie litten, sie waren einsam, sie wurden Asketen und Märtyrer, um sich in der Kirche vor der Welt zu retten und im Reich Gottes zu bleiben: eine kleine Herde! 1099

Ich stehe unter dem Eindruck, dass auch die Kirche Gottes der Gegenwart neu vor der Entscheidung steht, ob sie dieses Volk sein will oder ob sie als Kirche, als Gemeinde, als Gemeinschaft oder auch Missionsgesellschaft wie alle anderen Völker der Erde sein will. Ob sie ein Volk sein will, zerstreut und doch gesondert, mit einem Gesetz, wie die anderen Völker es nicht haben, und das Gebot des Königs nicht achtet, nicht vor den Göttern der Völker kniet, aber anbetet vor der Majestät des lebendigen Gottes der Offenbarung. Es gibt ein Volk, zerstreut in der ganzen Welt und doch eins in Christus, mitten unter den Völkern lebt es und hat doch eine himmlische Gesinnung. Immer am Rande des Todes und doch voller Leben und Kraft, voller Demut und Hingabe, voller Hoffnung und Zukunft. 1110

Der heilige Überrest war zu allen Zeiten ein Rätsel der Weltgeschichte! Zunächst überall entbehrlich, scheinbar ein völlig unwesentlicher Faktor im Weltgeschehen, einsam wie ein Gottesprophet, weltabgesondert wie ein Gerechter, gemieden wie ein Fremdling, behandelt als Gotteslästerer und Verbrecher – und doch das Gefäß der göttlichen Barmherzigkeit, der große Mitarbeiter Gottes, durch den die Welt in ihrem Fortbestand und in ihrem letzten Wesen bestimmt wurde. Sie wäre längst an ihren Inspirationen und Schöpfungen untergegangen, wenn ihr dieses unbestechliche Gewissen, diese nie schweigende Gottesstimme, dieses wandelnde Evangelium nicht von Gott immer wieder erhalten geblieben wäre: Menschen, die Ewiges empfangen hatten und daher Ewiges zu künden und zu bringen vermochten … Ihr Wandel mit Gott rettet die Zukunft der Welt! 1852

Wird die Kirche der Gegenwart es erfassen, was es bedeutet, wenn sich der heilige Überrest als Prophet Gottes bewährt und zwischen Staatsreligion und wahrer Gottesanbetung keine Kompromisse macht? Wird sie erfassen, dass die Welt vielfach erst auf dem Wege der Leiden und Feuerproben der Kirche zu jener Erleuchtung kommen kann, die ihr Dienst allein der Welt nicht zu vermitteln vermochte? Wenn die Kirche

Christi sich wirklich von Gott gesandt weiß und „den Dienst der Versöhnung“ empfangen hat, warum sollte sie dann das Kreuz fürchten, durch das sie dem Staat und dem Volke letzthin weit mehr zu geben vermag als durch die Tage ihrer Stärke und Anerkennung? Nein, Kirche Christi, werde Prophet und nur Prophet und sprich durch dein Leben, durch deinen Dienst, durch deinen Glauben, und wenn es sein muss – auch durch deine Leiden! 2257

Auch im Gericht bleibt Gott der Herr des Geschehens ... Handelt es sich auch in den großen Geschichtskatastrophen und Weltgerichten niemals um eine Aktivität Gottes, so bedeutet das jedoch nicht einen Verzicht Gottes auf seine Weltregierung. Er lässt zwar zu, dass die Sünde des Einzelnen und jede Volksschuld im Gericht innerhalb der Geschichte ihr letztes Ende finden. Das nimmt ihm aber nicht die autoritative Macht, aus dem Gericht die Einzelnen zu neuem Leben zu führen. So wird ein Überrest seine Rettung finden, während das Ganze im Gericht rettungslos zusammenbricht. 2590

Es war in der Geschichte immer nur ein kleiner Bruchteil, ein heiliger Überrest, der seine Knie nicht beugte vor dem Geiste und dem Evangelium der Zeit. Es wagten immer nur wenige, auf die Offenbarung Gottes und deren Urteil zu horchen. Ihnen wurde jedoch jene Offenbarung, die von der Allgemeinheit verurteilt wurde, der Weg zum Leben, die Auferstehung aus dem Gericht. 2650

Das ist das große Lachen Gottes über alle feindlichen Machenschaften der Welt gegen seinen heiligen Überrest, dass er in seinem unerforschlichen Rat und in seinem souveränen Walten den Fluch in Segen, den Untergang in neues Leben verwandelt. 2772

Ruhe

Ruhe ohne Dienst führt zur geistlichen Unfruchtbarkeit – Dienst ohne Ruhe zur innerlichen Verflachung. 1145

Maria ruhte, während andere dienten; sie diente, während andere kritisierten. Sie wusste, dass das, was Jesus ihr bot, unendlich viel wertvoller war, als was sie ihm zu bieten vermochte. 1147

Wer erst selbst in Gott zur Ruhe gekommen ist, kann auch andere zu derselben Ruhe führen. Wer Gottes Herrlichkeit in seinen Handlungen gesehen hat, der trägt eine Prophetenbotschaft in seiner priesterlichen Seele für die Müden seiner Zeit. 1267

Der Mensch in seinem innersten Wesen und Sehnen ist so erschaffen, dass er nie im Geschöpf, sondern allein im Schöpfer seine Ruhe und Seligkeit findet. 1300

Je abhängiger unser Leben in allem von Gott wird, desto mehr spiegelt sich in demselben auch die Ruhe und der Friede Gottes wider. 1380

Gebt dem Menschen die ganze Welt, gebt sie ihm aber ohne Gott, dann wird er sich eines Tages in all ihrem Reichtum, in all ihrer Fülle, in der Fülle ihrer Schönheit und Majestät und Pracht so einsam wissen, dass ihm die ganze Welt zur Hölle wird und er wird sagen mit dem Psalmisten: Meine Seele dürstet nach Gott, nach dem lebendigen Gott! Denn nie im Geschaffenen, sondern allein in ihm, dem Schaffenden, können dauernd der Mensch, das Abbild Gottes, zur Ruhe kommen und seine Zukunft finden. 2039

Es ist etwas Großes, wenn jemand im Blick auf seine Leiden in Gott zur Ruhe gekommen ist. 2269

Das Geheimnis, dass denen, die Gott lieben, alles zum Besten mitwirkt, liegt nicht in der Liebe, in der sich Menschen des Glaubens zu Gott bekennen. Es liegt auch nicht in den Dingen und Ereignissen, die die Glieder der Kirche im Geschehen der Zeit durchleben. In Gott allein liegt es, der in seiner Majestät jegliches Zeitgeschehen beherrscht und daher in seiner Liebe und Größe alle Dinge in seinen Dienst zu stellen vermag. Wer durch sein Leben sich vertrauensvoll zu Gott bekennt und im Glauben in lebendiger Gemeinschaft mit ihm steht, der erlebt die Wirklichkeit unseres gewaltigen Glaubenswortes. Nicht als ein trotziges Sich-Selbst-Behaupten erlebt man es: aber als ein Zur-Ruhe-Kommen in Gott erlebt es der Glaube. Denn es gibt eine Ruhe, die nach jedem Abend einen neuen Morgen sah. So gibt es auch eine mit der Erlösung aufs engste verbundene weltüberwindende Kraft, die zu einem völlig neuen Erleben aller Dinge zu begnadigen vermag. Wie sehr das Leben des Menschen auch mit seiner Zeit verkettet sein mag, wie unberechenbar auch die Geschehnisse der Zeit und deren Auswirkungen sein mögen: diese Ruhe wankt nicht. 2761

Sabbat

Das ist die Grundlage des Sabbats: Er bedeutet nicht Untätigkeit, ein Begriff, den wir vielfach mit Ruhe verbunden haben, sondern vielmehr Betätigung, aber in vollkommener Harmonie mit Gott. Die Offenbarung sieht die Knechte Gottes in der Vollendung vor dem Stuhle Gottes stehen und dienen Tag und Nacht. Ruhen im Dienen – das ist das Wesen des göttlichen Sabbats. Wird Gott das erst auf dem Boden der Völkerwelt erreicht haben, dann bricht auch hier der Sabbat Gottes an, der Friede seines Reiches. Dann wird man nicht mehr kriegen lernen, sondern man wird die Schwerter zu Pflugscharen und die Spieße zu Rebmessern verarbeiten. 1449

Gottes Sabbatbegriff ist nicht eine Frage der Zeit, sondern des Zustands ... Sabbat ist Gottes Herrschaft über den Menschen und Menschen-Herrschaft über die Schöpfung. 1788

Salbung

Die Salbung war im alttestamentlichen Haushalt nichts anderes als das Symbol, dass der Gesalbte in der Abhängigkeit eines anderen steht und in der Kraft eines anderen handelt. Dieser andere war jedoch niemand anderes als Gott. In dem kommenden Gesalbten wird mithin Gott selbst in seinem Heil und in seiner Herrschaft unter das gerichtete Israel treten und damit zugleich auch unter die bankrott gewordene Völkerwelt. Wir wissen, wie sich dieses Wort in Jesus und in dessen Vollmachten erfüllt hat. Ob er sprach, ob er heilte, ob er sich verantwortete, ob er litt, ob er letzthin starb: Er stand in der Abhängigkeit von seinem Vater und diente in der Vollmacht seines Vaters. 2652

Schöpfung

Naturkräfte sind wohl Gesetze Gottes, aber nie die Persönlichkeit Gottes. 1220

Gottes Herrschaft in Gottes Reich, das wird der Schlussakt und Endtriumph der Erlösung in der gegenwärtigen Schöpfung sein. 1331

Die Schöpfung wartet auf allen Gebieten auf den Dienst und die Herrschaft jenes Menschen, der ein Abbild Gottes sein soll und in dessen Händen auch die Kulturwerte jedes Zeitalters zu Quellen des Segens fürs Ganze werden sollen. 1363

Nicht vernichtet hat Gott die Erde, die wüst und leer war, sondern er hat sie in Harmonie in sich selbst und mit ihm, ihrem Schöpfer gebracht. Alles Geschaffene nahm seinen Platz ein und diente als Glied dem Ganzen in dem großen, einheitlichen Weltorganismus, den Gott aus dem Tohu-Wabohu hatte entstehen lassen. 1448

Unser Gott hat sich in seiner Schöpfung bisher noch nicht erschöpft und in seiner Erlösungstätigkeit noch nicht die Grenzen seines Könnens erreicht. 1652

Gott schuf. Das war das Erste, und der Mensch stand vor Gott als dessen Geschöpf. Gott sprach. Das war das Zweite, und der Mensch stand vor seinem Schöpfer als Kind. 1746

Gott war der erste Pädagoge einer wahren Naturwissenschaft. Er hat sie nicht zu fürchten. Der erste Mensch sah sich von Gott selbst in sie eingeführt. Denn Gott weiß, dass ohne metaphysische Einsicht in den Zusammenhang der kosmischen Dinge eine wahre empirische Erkenntnis des Konkreten in seiner inneren Gesetzlichkeit, seiner höheren Bestimmung und in seinem zweckmäßigen Geschehen unmöglich ist. Je tiefer vom Standpunkt des Schöpfers aus der Mensch Kenntnis über die kosmischen Dinge und Erscheinungen in ihren Beziehungen zum Menschen und zueinander gewinnt, desto tiefer erfasst er auch seine persönliche Stellung vor Gott und seine Mission in der Schöpfung. 1794

Schöpfungsbericht

So stark sich der Schöpfungsbericht auch in menschlichen Begriffen und Vorstellungen bewegt, um von uns verstanden zu werden, so will er doch auf Grund göttlicher Offenbarung nicht malen, sondern erzählen, nicht dichten, sondern berichten. Und er fasst den ersten Schöpfungsakt und die Geburtsstunde des ersten Weltgeschehens in den unvergleichlich schönen Satz zusammen: Im Uranfang schuf Gott die Himmel und die Erde. Mehr und Größeres können auch wir nicht über das Entstehen der Urschöpfung sagen. 1767

Der biblische Schöpfungsbericht steht doch unter all den anderen Kosmogenien der Völker einzig da, und zwar in seiner großartigen Einfachheit, inneren Wahrhaftigkeit und sachlichen Nüchternheit. Wie frei ist im Vergleich zu anderen Schöpfungsmythen die Erzählung der Genesis von jeglicher nationalen Beschränktheit und allen mythologischen Spekulationen und Einkleidungen. 1769

Israels Gott ist nicht das Ergebnis einer Schöpfung, sondern Israels Schöpfung ist das Ergebnis eines lebendigen Gottes. Ein überaus wesentliches Moment ist es, dass Genesis 1 nicht, wie die anderen Kosmogenien, mit der Entstehung der Welt auch gleichzeitig die Gottheit entstehen lässt. 1770

Der Schöpfer redet über sein Schöpfungswerk in der Sprache jener Menschen, die in ihrer Geistesverwandtschaft mit ihm seine großen Schöpfungsakte zu erkennen und zu erfassen vermögen. Auch sein Schöpfungswerk soll ihnen wiederum zur Offenbarung werden: Zur Offenbarung seiner Macht und Majestät, seiner Weisheit und Lebensfülle, seiner Gerechtigkeit und Liebe, seiner Harmonie und Unendlichkeit. 1772

Nicht die Welt hat sich ihren Gott, sondern Gott hat sich seine Welt geschaffen und sie zum Schauplatz seines Wirkens und zur Offenbarung seiner ewigen Majestät und Erlösung gemacht. Im Uranfang – von Gott geschaffen – als Himmel und Erde: in diesen drei Welt und Äonen umspannenden Sätzen beschreibt die Uroffenbarung den Gesamtkosmos und führt damit alles Geschaffene auf Gott als den Ursprung aller Dinge zurück, wahrlich eine Kosmogenie, wie sie nur von Gott her gesehen und verstanden werden kann. 1773

Die Schöpfungsgeschichte zwingt uns bereits mit ihrem ersten Satz: „Im Anfang schuf Gott die Himmel und die Erde“, in erster Linie Gott nicht aus der Schöpfung, sondern die Schöpfung aus Gott zu verstehen. Ihrem Dasein und Fortbestand ist durch das: „schuf“ und “sprach“ für immer die rein freiwillige Gedankenverwirklichung ihres Schöpfers aufgeprägt. 1777

Die Gottesoffenbarung der sechs Schöpfungstage steht im Zeichen des göttlichen Nein! Sie spricht nein zur Finsternis, und es muss Licht werden. Sie spricht nein zum Chaos, und es müssen Scheidungen eintreten, die hinfort in sich geschlossene Bildungen und Lebensformen zulassen. Sie spricht nein zur Unfruchtbarkeit, und alles Geschaffene und Geschiedene erfüllt sich mit einer unendlichen Fülle von Leben, das fähig ist, Frucht zu tragen. Sie spricht nein zur herrschenden Disharmonie und vollendet ihr neues Werk mit jenem Sabbattag, der keinen Abend kennt. 1782

Es ist eine erschütternde Erkenntnis, die wir aus der ersten Versuchungsgeschichte, wie sie der Genesisbericht enthält, gewinnen. In der Schöpfung Gottes kann alles, ob das eigene Weib, ob es ein Freund und Jünger oder ob es ein Geschöpf und eine Frucht und Gabe der Natur ist, dem Menschen zur Versuchung und zur Verführung werden. Die Schlange verführte das Weib, das Weib den Mann, so dass der Mensch sich der Stimme Gottes außer ihm entzog und die Lust in sich zum sittlichen Normativ seines Lebens machte. Hinfort wurde durch ihn ein neues Gesetz in das Leben und in die Geschichte getragen: ein Gesetz, das seine Inspirationen nicht vom Schöpfer, sondern vom Geschöpf empfing. Die Schlangenoffensive im Paradies wurde zum Evangelium der Menschheit in ihrer Gewinnung der Erde und in ihrem Aufbau der Zukunft. 1803

Schriftgelehrte

Die große Zeit des Prophetentums wurde ersetzt durch die dürre Zeit des Schriftgelehrtentums. Eine solche Zeit aber heilt nicht, sondern lässt innerlich verarmen und verhungern. Was andere erlebten, erhebt sie zum Gesetz, was Kraftwirkungen Gottes waren, das macht sie zu einer Selbstanstrengung. Kein Wunder, dass solche Zeiten weit mehr den Charakter des Scheins und der Phrasen als des Seins und der Kraft Gottes tragen. Denn man kann nicht göttliches Leben pflegen, wenn nicht zuvor göttliches Leben geboren ist, nicht Kraft Gottes äußern, wenn nicht die Kraft Gottes in uns Wohnung genommen hat. 2617

Den Inhalt von Römer 4 hat man „den Schriftbeweis" genannt. Auf Schriftbeweise beriefen sich im Laufe der Geschichte am meisten strenge Orthodoxie und fanatische Irrlehre. Jesus als die Offenbarung der Wahrheit, der Gerechtigkeit und des Lebens hatte sich innerhalb seines Volkes am stärksten auseinander zu setzen mit den gesetzestreuen Pharisäern und den frommen Schriftgelehrten. Sie kannten die Macht der Schriftbeweise: Es steht geschrieben! In ihrer Blindheit und in ihrem Nichthörenwollen brachten sie es sogar fertig, zu behaupten, dass sie nach der Schrift ein Recht hätten, den Herrn der Herrlichkeit durchs Kreuz aus ihrer Geschichte und aus der Frömmigkeit ihres Volkes auszustoßen … Über der Autorität der Thora opferten sie skrupellos den Herrn der Herrlichkeit. Ihnen blieb verhüllt, dass in Christus der Väter Ahnung und der Propheten Erwartung die von Gott gegebene Erfüllung gefunden hatte. In Jesus war sie lebendige Wirklichkeit geworden. Die Offenbarung Gottes im Leben Abrahams, im Dienste der Propheten und in der Geschichte ihres Volkes stand ihnen höher als Gottes Kommen im Sohne. – Auch innerhalb der Kirche lebte seitdem jeder fanatische Irrtum und jede alternde Rechtgläubigkeit von solch einer Art jüdischer Schriftbeweise. 2724

Schuld

Jede vor Gott erkannte und bekannte Schuld des Lebens hört auf, für uns eine Ursache des Gerichts zu sein, denn sie steht hinfort unter der Vergebung. 1259

Wer erst wagt, über seine Schuld mit Gott zu reden, mit dem redet Gott nicht mehr von der Schuld. 1433

Uns muss die Liebes- und Rettermacht unseres Gottes wieder größer werden als die Schuld der Menschheit, als die Geistesströmungen unserer Zeit. 1494

Es war je und je eine der schwersten Verirrungen in der Geschichte, wenn eines Tages ein Volk für sich als staatlich erlaubt hielt, was bei einzelnen moralisch verurteilt wurde. Das führte zu jenem Wahn, als ob Volksschuld nicht zu jenen unerbittlichen Geschichtskonsequenzen führe, mit denen die Handlungen der Einzelnen verbunden sind. 1646

Wie oft erlebt man es in der praktischen Seelsorge, dass Menschen sich zwar nicht mehr der göttlichen Wahrheit zu entziehen vermögen und dennoch den klaren Willensentschluss nicht aufbringen können, ihr Leben dem empfangenen Licht entsprechend einzustellen. Sie sprechen von Schuld, ohne dass diese Schuld ihnen unerträglich geworden wäre. Sie erkennen Gott, ohne dass ihre Seele lechzt nach Vergebung und nach Gemeinschaft mit Gott. 1913

Furcht vor den Folgen der Schuld oder Reue über das Wesen der Schuld? Saul fürchtete die Folgen, daher floh er zum Bekenntnis. Wie oft war das seither in der Geschichte der Fall. Wie oft verabscheuten Menschen später die Sünde nur insoweit, als sie die Folgen der Sünde zu tragen hatten. Wie oft wurde der Krieg von einem Volke nur insoweit verurteilt, als man ihn verloren hatte. Wie oft wurden seelenlose Geschäftsprinzipien nachher nur insoweit verworfen, als sie die Gewinnsüchtigen mit dem Staatsanwalt in Fühlung gebracht hatten. Solch eine Buße ist aber niemals eine Umkehr zum Leben. 2374

Große entscheidende Krisen innerhalb eines Volkes waren nie nur die Schuld der lebenden Generation, sie hatten ihre ursächlichen Anfänge bereits in den vorangegangenen. Aber die Schuld der Lebenden ist es, dass sie den unerhörten Abfall der Väter einfach übernommen und zum eigenen Unheil weitergepflegt haben. 2420

Erwachte Schuld kann unerträglich werden bis zur Verzweiflung. Die Lösung derselben kann daher nicht vom Menschen ausgehen. Sie muss von Gott kommen, der größer ist als jede Schuld. Er allein ruft Leben aus dem Tode, wirkt Gerechtigkeit auch im Leben des Verlorenen. Es bleibt das Recht der Barmherzigkeit, dass sie auf Grund der Vergebung auch den zu seinem Verlorensein Erwachten wieder in die Tischgemeinschaft mit dem Vater zu ziehen vermag. 2632

Der Mensch ist mithin schuldig, insoweit er … Gelegenheit hat, sich gegenüber Gott und dem Nächsten schuldig zu machen. Sein Schuldigsein wird offenbar nicht an der Sünde, in der er lebt, sondern an der Gottesoffenbarung, die ihm wird. Erkenntnis der Sünde entsteht nicht an der Sünde. Sie entsteht an dem Lichte, das von Gott aus in das Leben des Menschen fällt. Finsternis wird nicht durch Finsternis erkannt, sie erweist sich aber als Finsternis, sobald Licht in sie fällt. 2698

Schweigen

Warum schweigt Gott und lässt dich warten? Er schweigt entweder um unserer selbst willen oder um derer willen, für die wir vor ihn getreten sind. Er schweigt zu unserem Heil und unserem Segen. In seiner wunderbaren Liebe vertraut er uns erst dann den Segen an, den wir erwarten, wenn wir in seiner Gegenwart fähig geworden sind, denselben zu empfangen. Bevor er uns die heiligen Dinge anvertraut, erzieht er uns, heilig mit denselben umzugehen. Die traurigsten Erscheinungen in der Gemeinde Gottes sind die, wo jemand in den Besitz von Gnadengaben Gottes gelangt ist, aber nicht Gnade hat, heilig mit dem Heiligen umzugehen. Daher ist sein Schweigen ein Schweigen der Liebe. 1592

Ich glaube, ich behaupte nicht zu viel, wenn ich sage, dass es das Schwerste im Leben eines Kindes Gottes ist, wenn Gott schweigen muss. Man betet, und der Himmel ist wie verschlossen. Man bringt eine Sache vor Gott, aber es kommt keine Antwort. Man möchte Licht in einer Frage und Angelegenheit empfangen, man kommt jedoch zu keiner innerlichen Klarheit und Gewissheit. Man möchte Entscheidungen treffen, Wege gehen, anderen dienen, und es ist, als ob es keinen gebahnten Weg für uns gebe. Gott schweigt. Und er schweigt gelegentlich sehr lange! 1964

Es gibt Höhepunkte im Erleben des Glaubens, wo dem Menschen die Worte fehlen, um Gott gegenüber ganz das sagen zu können, was er an Freude und Dank über Gottes Tun in sich trägt. Er ist so überwältigt von Gott, dass sein Schweigen mehr sagt als sein Reden sagen könnte. 2246

Man kann die Kirche Christi nicht stark genug auf ihre priesterliche Stellung und Prophetenaufgabe in der Welt aufmerksam machen. Wenn sie nicht selbst und mit ihr die Welt umkommen soll in den Erschütterungen und Katastrophen, die durch den Geist der Zeit und durch die ganze Kulturentwicklung der Gegenwart unaufhaltsam heraufbeschworen werden, dann muss sie wieder zum Propheten Gottes werden. Oder soll Gottes Prophet der Gegenwart schweigen? Schweigen, weil er keine höhere Botschaft von Gott in sich trägt? Schweigen, weil es für ihn nur einen Gott der Offenbarung in der Geschichte des jüdischen Volkes gegeben hat, aber in seinem Leben und in seiner Geschichte es einen solchen nicht mehr gibt? Soll er schweigen und lieber das Gericht der Welt teilen, als ungewisse Schritte des Glaubens zu tun und die Wehen für das Kommen eines neuen Zeitalters auf sich zu nehmen? 2252

Wohl nie hätten wir von den Kämpfen Davids in der Wüste bei den Schafherden seines Vaters erfahren, wenn nicht Saul durch seinen Unglauben mit dazu beigetragen hätte, dass David zu einer von Gott gegebenen Stunde mitteilte, was er in der Wüste erlebt hatte. Wahrer Glaube und reine Herzensfrömmigkeit gehen sehr keusch mit dem um, was man in den heiligsten und kritischsten Stunden seines Lebens mit Gott erlebt hat. Sie schmücken sich nie mit der Herrlichkeit, die sich uns hier erschloss, und kleiden sich nie mit der Kraft, die sich uns hier mitteilte. Sie können vom Wertvollsten unseres Erlebens schweigen bis zu dem Augenblick, wo das Erlebte in unserem Munde zu einem Zeugnis von dem Können Gottes wird und mit dazu beiträgt, in bedrängter Stunde das Vertrauen der Brüder zu stärken. 2517

Unser Gott ist ein Gott der Offenbarung. Er hat geredet und redet noch. Es hat nie Zeiten gegeben, wo Gott dauernd geschwiegen hätte. Denn dauerndes Schweigen wäre eine unerträgliche Vereinsamung Gottes. 2624

Wer schweigen kann, wenn Gott redet, wird durch Wort und Tat reden können, wo andere schweigen. 2664

Seele

Es ist immer schwer, die Seele großer Propheten zu verstehen. 1023

In Trübsalszeiten kommen die höchsten Güter zur Reife, die eine Seele in sich trägt. Mag auch in solchen Zeiten, wie es so oft geschehen, das Gefäß selbst zusammenbrechen, der Schatz, den es in sich trug, ist unzerstörbar. Denn die im Leiden ausgereiften Werte einer Seele vergehen nicht. Sie sind das unvergängliche Erbe, durch welches eine sterbende oder längst entschwundene Vergangenheit immer wieder die neue Zukunft segnet. Wie arm wäre unsere Zeit ohne dieses überlieferte Erbe vorangegangener Jahrhunderte und Jahrtausende! Niemand, der sein Leben durch alles bereichern möchte, was andere vor uns durchlebt, durchlitten, durchschaut, erkämpft, genossen und erhofft haben, würde dieses Erbe für sich und andere entbehren wollen. 1218

Seelische Einsamkeit ist das Tiefste und Schwerste, was eine Seele zu durchkosten vermag. Sie liegt auf jener Linie, wo der

Größte von allen einst rief: „Mein Gott, mein Gott, warum hast du mich verlassen?“ 1221

Die große Wetterecke der Geschichtskatastrophen liegt in der menschlichen Seele, da brodelt der große Hexenkessel, der sich in seinen Energien und Leidenschaften eines Tages in der Geschichte als Gericht auswirkt. 1337

Eine auf Gott eingestellte Seele macht den Kampf nie zu einer Sache zwischen dem Feinde und sich, sondern zu einer Sache zwischen dem Feinde und Gott. 1394

Wer ein Pfingsten für seine Seele empfangen will, muss zuvor sein Gethsemane haben, wo er sich freiwillig als Opfer seinem Gott zur Verfügung stellt. 1435

Sollte eine aus Gott geborene und im Umgang mit Gott sich bildende Seele da zu Hause sein können, wo die Herrschaft, anstatt auf den Schultern dessen, der als Fürst des Friedens die Völker weiden wird in Gerechtigkeit und Wahrheit, in den Händen der Selbst- und Herrschsucht sucht? Sollte sie da zu Hause sein können, wo bis heute alle Kulturwerte im entscheidenden Augenblick eine Keule in der Hand Kains sind, um den schwächeren Bruder zu erschlagen? Sollte sie da zu Hause sein, wo man, anstatt Gemeinschaft mit der Person, Kult mit der Sache pflegt, anstatt den Vater im Geist und in der Wahrheit anzubeten, Kultübungen und angelernte Formeln für den Ausdruck der Gemeinschaft mit Gott hält? 1452

Werte, die in Gott ihre Quelle und ihre Grundlage haben, sind unzerstörbar und werden alle Weltkatastrophen überdauern. Ob nun gegenwärtig oder zukünftig, Heimat der

Seele kann nur ein Leben sein, das auf göttlichen Grundlagen ruht und von göttlicher Liebe beherrscht und genährt wird. 1453

Keine noch so strenge Askese, keine noch so peinlich durchgeführte Kultübung, keine Rückkehr zu alten religiösen Denkformen, keine rein äußerlich gepflegte Gesetzesfrömmigkeit konnten der Seele vermitteln, was sie allein im Umgang mit Gott finden konnte. 1461

Wahre Gottesgemeinschaft soll die Seele nicht in eine neue Form von Furcht und Knechtschaft bringen, sondern sie die Luft eines freigeborenen Kindes im Vaterhause atmen lassen. 1508

Gottes Handeln ist nicht an unsere äußerlichen Kulthandlungen gebunden, sondern an das unbedingte und kindliche Vertrauen unserer Seele. 1545

Die Gemeinde Gottes ist (zugleich) der Organismus des Heiligen Geistes. Sobald eine Seele selbst errettet und dem Leibe Christi zugegliedert worden ist, wird sie vom Heiligen Geiste für die Arbeit Gottes verwendet, andere Seelen zum Leben zu rufen. 1584

Nicht Instinkt, nicht leiblicher Affekt, nicht Lust und Unlust, nicht animaler Trieb macht den eigentlichen Grund und die Kraft des menschlichen Willens aus, sondern allein das sittliche Wollen der Seele: Nur die Seele will, der Leib begehrt. 1775

In jenen alten Zeiten verband man mit dem Namen des Kindes immer ein Erlebnis der Seele. Ob es ein tief empfundener

Schmerz oder eine unerwartete Freude, eine schwere Enttäuschung oder eine freudige Hoffnung war, man wollte die Erinnerung an das Erlebte festhalten und machte das Kind mit seinem Namen zum Träger dieser Erinnerungen, zu jenem lebendigen Buch, in das man seine tiefsten Seelenerlebnisse für die Zukunft schrieb. 1827

Es gibt ein Etwas, ein Heiliges in jedem Erweckten, das keine Frevlerhand zu rauben vermag und keine Finsternis verdunkeln kann: Dies ist der Schrei der Seele nach Gott. Mag die Erde ihn auch nicht vernehmen, der Himmel hört ihn. Mag er von Menschen auch bespöttelt werden, die Engel Gottes freuen sich über ihn. Mag er auch durch den Lärm des Tages überschrien werden, er erreicht doch das Ohr des lebendigen Gottes. 1838

Der Weg der Seele zu Gott bleibt immer ein einsamer, ob ein Henoch im Zeitalter Kains oder ein Gottsucher in unserem christlichen Jahrhundert ihn geht. 1841

Eine Seele, die mit Christo dem Wesen der Welt gestorben und auferstanden ist zu einem neuen Leben, kann nie mehr in der Atmosphäre der gegenwärtigen Weltzeit zu Hause werden. 1967

Wir bleiben eine verstimmte Harfe, wenn nicht Gottes Finger die Saiten unserer Seele stimmen und unserem Leben jene göttliche Harmonie entlocken, die das Ohr Gottes erquicken kann. Unser Leben bleibt ein buntes Durcheinander, wenn nicht Gottes Hand sein eigen Bild und Muster in das Gewebe unseres Lebens webt. 1969

Wer nur die Erinnerung an das Alte und Gerichtete in seiner weinenden Seele trägt, wird nie fähig sein, in der Kraft und im Auftrag Gottes auf den Trümmern der Vergangenheit ein Neues, Herrlicheres entstehen zu lassen. 2042

Unsere Seele will Gott sehen, auch in den großen und kleinen Ereignissen der Gegenwart. 2208

Was jedes weltliche Prophetentum an göttlicher Erleuchtung so arm macht, das ist die innere Gottesferne, in der es selbst lebt. Seine Gottheit ist die Schöpfung seiner religiösen Seele, und die Religion seiner Seele ist nicht die Schöpfung Gottes. 2225

Segen

Unsere größten Segnungen liegen vielfach da, wo wir sie am wenigsten erwarten. Man ist bei den Schwierigkeiten, den Prüfungen, den schweren Lebensverhältnissen stehen geblieben. Manches tränende Auge sieht nicht den Auferstandenen neben sich stehen, bereit, gerade auf diesem Boden die Seele neue Herrlichkeiten erleben zu lassen. 1002

Vielleicht verstehen wir nicht immer gleich, warum wir unter solch einem Druck stehen müssen – warum Gott uns einen Platz in so einer weltlichen Umgebung gegeben hat – warum wir so wenig Gemeinschaft mit Gottes Auserwählten pflegen können – warum wir dieses körperliche Leiden zu tragen haben – warum wir diese materiellen Verluste erleiden mussten. Einst werden wir auch diese Umwege unseres Gottes verstehen und erkennen, dass uns der Segen zunächst nur verhüllt war, den unser Glaube auf ihnen finden sollte. 1015

Auch für die Gesamtgemeinde Jesu liegen die größten Segnungen da, wo man sie am wenigsten erwartet: auf dem Zug durch die Wüste und Weglosigkeit, in Verachtung, Niedrigkeit und Bedrängnis. 1058

Das sind der Zweck und das Ziel aller Offenbarung Gottes. Wenn Gott segnet, so möchte im Segen er sichtbar werden. Sein Segnen soll uns von Fall zu Fall in eine direktere Gemeinschaft mit sich selbst ziehen. Wurde uns jedoch der Segen wichtiger als der Segnende, das Kreuz zum Ersatz für den Gekreuzigten, der Tempel heiliger als der Herr des Tempels, das Christentum wertvoller als Christus, die Lehre über den Geist wichtiger als das Wirken des Geistes – dann blieb uns zwar die Hülle, die Form, die Erinnerung, die Kraft aber und das Leben des Göttlichen entwichen. 1180

Gott vermag zu geben, dass aus unseren Wunden Leben für uns und Segen für andere fließt. 1321

Segen, der bewusst von Gott empfangen wird, führt uns auch immer wieder näher zu Gott, indem er uns den Blick des Glaubens schärft für die Herrlichkeit Gottes, die sich in seinem Handeln offenbart. 1386

Segen, der bewusst von Gott empfangen wird, führt uns auch immer wieder näher zu Gott. 1463

Wie einem Kinde die ganze Fülle des vor ihm liegenden Lebens verborgen ist, so verhüllt ist vielfach auch uns, was alles an Leben, an Herrlichkeit, an Dienst, an Kraft und Kraftäußerungen noch vor uns liegt: Segnungen, die darauf warten, ihre Erben und Träger zu finden. 1609

Gottes Segnungen waren nie nur Segenssprüche, sondern immer segnende Taten. Denn jeder Segen ist in sich eine Kraftmitteilung Gottes. Daher besitzen gesegnete Menschen auch immer Vollmachten, die andere vergeblich in sich suchen. 1864

Im ersten Schöpfungssegen, der einst dem Menschen wurde und von Gott aufs Neue auf einen Noah und seine Familie für die Zukunft gelegt wurde, gab Gott dem Menschen seine Aufgabe. In dem Begriff „seid fruchtbar" liegt das Geheimnis der Ehe, in „vervielfältigt euch" das Geheimnis der Familie, in „füllet die Erde" das Geheimnis der Gesellschaft, in „bezwinget sie" das Geheimnis des Eigentums und in „übet Herrschaft" das Geheimnis des Dienstes. 1865

Es gilt nicht in erster Linie, Gott zu bewegen, dass er uns segnen möchte, sondern uns zu bewegen, dass wir uns segnen lassen. 2065

Brüder, wem ist nicht ein Segen gelegentlich viel wichtiger gewesen als der Segnende? Wem ist nicht gelegentlich das Kreuz viel wichtiger gewesen als der Gekreuzigte? Wem war seine Bekehrung nicht letzthin viel wichtiger als der verborgene Lebensumgang mit Gott? 2081

Gewonnene Gotteserkenntnis verpflichtet. Empfangener Segen soll zum Segen vieler werden. Wer Gott in seiner Größe und helfenden Barmherzigkeit gesehen, soll entsprechend von Gott reden, damit auch andere eine tiefere Gottesschau gewinnen. 2228

Nicht etwa die Priester vermögen zu segnen. Sie können nur den Segen dessen weiterleiten, der als Herr seines Volkes im Heiligtum wohnt, um die Gemeinde selbst zu segnen. 2247

Sendung

Mit der Entscheidung des Glaubens kann eine Weltmission verbunden sein. Abram traf sie und wurde zum Propheten. Nicht der äußere Ortswechsel qualifizierte ihn für diese Vollmacht, sondern der Kontakt, den seine Seele aufgrund einer Offenbarung mit Gott gefunden hat ... Abrams Auszug ohne Offenbarung hätte ihn nie zum Vater der Glaubenden und zum Propheten Gottes in der Geschichte gemacht. Im Gehorsam des Glaubens und mit Gott allein war er von der Welt getrennt, obwohl er mitten in der Welt lebte ... Gott sendet seine Propheten nicht aus der Welt, sondern in die Welt, sondert sein Volk nicht in die Wüste ab, sondern mitten im Kultus- und Kulturleben der Zeit. 1072

Das Geheimnis der göttlichen Sendung eines jeden wahren Seelenhirten besteht darin, dass sein Dienst in der Gemeinde von Gott her geschieht. Er hat zuvor vor Gott gestanden, bevor er das Antlitz seiner Brüder sieht. Er war zuvor der Empfangende, bevor er der Gebende wurde. 1118

Der Inhalt unserer Botschaft verrät immer den Ursprung unserer Sendung. Wir können nur insoweit führen, als wir von Gott geführt worden sind, nur insoweit eine Erlösung künden, als uns eine Erlösung erschlossen worden ist. Wer nicht seinen Dienst von Gott her in der Gemeinde und unter der Menschheit tut, wird die Zagenden und Irrenden, Suchenden und Gebundenen nie bis zu Gott zu führen vermögen. Niemals stieg das Wasser einer Leitung höher als deren Quelle lag. 1119

Sind wir erst bereit, uns senden zu lassen und Gottes Aufträge auszuführen, dann gibt es für Gott keine unüberwindlichen Hindernisse mehr, uns Dienste anzuvertrauen, die unsern geknechteten Brüdern zur Erlösung werden können. 1332

Die wahre Kirche Jesu war nie etwa da nur um ihrer selbst willen. Auf Grund ihrer Berufung sollte sie stets eine Prophetin Gottes und ein Apostel Jesu Christi in der Geschichte sein. Hinter ihrem Leben und Dienen steht zu jeder Zeit das Wort ihres Herrn und Meisters: „Wie mich mein Vater gesandt hat, so sende ich euch." (Joh.20,21) 1624

Wundern wir uns nicht, dass wir eventuell auch als Kirche Christi nicht nur um Jesu willen in Leid und Trübsal geführt werden, sondern in unserem Dienst in innere Spannungen und große Konflikte kommen. Vielleicht weniger um unserer eigenen persönlichen Schuld willen. Und doch lässt Gott sie uns durchkosten, um ihn in seinem Trost zu erleben, damit wir eines Tages jene trösten können, die vielleicht in noch tiefere Konflikte und Spannungen kommen müssen. Sie würden ohne den Dienst eines Propheten an diesen Konflikten und Spannungen zerbrechen. Da sendet Gott ihnen aber seinen Knecht, der zuvor Ähnliches durchlebt hat und doch nicht zerbrochen ist. Er muss mit dem von Gott Empfangenen anderen in ihrer dunkelsten Stunde dienen, damit sie im Gericht den Weg zum Leben erkennen. Das ist Dienst der Kirche! 2179

Es gibt keinen köstlicheren Weg, als da zu gehen, wo Gott uns den Pfad geebnet hat, und da zu dienen, wo er uns die Tür erschloss. 2197

Wie Jesus in den Tagen seiner Knechtsgestalt trotz seiner Vollmacht dauernd abhängig von „der Stunde" seines Vaters war, nicht weniger sind es auch die Apostel in ihrem missionarischen und seelsorgerlichen Dienste. Ein Handeln gegen den Willen Gottes in den wichtigsten Aufgaben des Lebens geschieht immer auf Kosten des Handelnden. Wer sein Gesandtsein bewusst durchbricht, weil er seine Wünsche dem Willen Gottes nicht unterordnet, der wird ohne Vollmacht handeln und Enttäuschung um Enttäuschung erleben. Im Dienste des Evangeliums bringt nicht das Gewissenhafte und Gutgemeinte, sondern das Gottgewollte jene Frucht des Geistes, die andere segnet und den Dienenden selbst erquickt. 2301

Gibt Gott entsprechende Vollmacht und Dienst, dann können weder nationale noch völkische Bindungen dem Menschen die Grenzen seines Handelns ziehen: er geht, wohin er sich gesandt weiß, und spricht, was Gott ihm aufgetragen hat. Er weiß, dass Gottes Totalitätsanspruch Leben für ihn und Segen für andere bedeutet. 2473

Nach einem Ausspruch John Wesleys begräbt der Herr zwar seine Arbeiter, aber ihre Werke setzt er fort. Das fühlt auch die Kirche Christi heute in ihrem schweren Ringen um ihr Sein und ihre Mission wieder stärker und bewusster als in manchen Jahrhunderten vorher. Was einst Propheten dolmetschten, soll sie heute der Welt neu künden. Sie ahnt wieder, wie verwandt auch ihre Stellung und ihr Dienst dem der Apostel und der Propheten sein sollte, durch deren lebendiges Zeugnis Gott der Welt in ihrer Verirrung und in ihren Katastrophen immer wieder künden wollte, was er an Gnade und Gericht zum Heil der Menschheit zu offenbaren hat. Die Kirche erkennt bewusster als je, dass ihr ferneres Sein und ihre Zukunft nur davon abhängen wird, ob sie den Weg zu ihrer göttlichen Berufung und zu ihrer prophetischen Sendung an die Welt wieder zurückfinden wird. 2547

In der geistigen Struktur jeder prophetischen Persönlichkeit tritt mit am stärksten dessen Sendungsbewusstsein hervor. Der Prophet war so unerbittlich in seinem Urteil, überwand seine schwersten Dienstkonflikte, ließ sich weder durch die Drohung eines Königs noch durch das Wort eines Gegenpropheten erschüttern, weil er sich von Gott gesandt wusste. 2549

Das unerschütterliche Sendungsbewusstsein auf Grund göttlicher Berufung und das Handeln aus dem Sein Gottes heraus auf Grund innerlicher Bindung an die Aktivität Gottes: beides gab dem Propheten eine Unabhängigkeit im Urteil und im Dienst, wie kein Priester und kein König sie besaßen. 2566

Für Gott ist nicht entscheidend die Größe der menschlichen Persönlichkeit, sondern die Hingabe an seine Sendung und Offenbarung ... Gott braucht für seine prophetischen Missionen nicht Träger der Geschichte, sondern von ihm erleuchtete Dolmetscher derselben. 2580

Es war das je und je das Schicksal prophetischer Missionen, dass erst die späteren Generationen deren Träger in ihrer göttlichen Sendung verstanden und würdigten. Der Dienst der Propheten war immer Saat auf Hoffnung. Ihre Zeit machte sie in der Regel ungemein einsam und hieß sie den Weg schwerster Verkennung und tiefster Leiden gehen. 2600

Teilen die Diener des Kultus und die Vermittler der göttlichen Offenbarung, Priester und Propheten erst den Rausch und den Geist ihres Volkes und Staates, dann haben sie ihre höhere Sendung und ihre prophetische Mission verloren. 2656

Hinter wessen Leben und Dienst nicht eine göttliche Sendung und eine höhere Vollmacht steht, kann nie ein Apostel des Kreuzes und ein Zeuge der Auferstehung Christi sein. Man bleibt trotz aller Betätigung dann doch nur ein konfessioneller Propagandist oder ein kirchlicher Beamter. 2785

Streit

Auch die Heiligen Gottes können miteinander zanken. Und am heftigsten war der Streit in der Regel unter den Führenden. Nicht nur auf weltlichem und politischem Gebiete, sondern auch in der Geschichte der Gemeinde Gottes war es vielfach so, dass gerade unter den Leitenden Streit und Zank entstand und durch sie der Kampf unter das Volk getragen wurde. Wo aber erst die Hirten zankten, da hungerten in der Regel die Schafe. 1721

Zankten die Hirten, da hungerten die Schafe und zerstreute sich die Herde. 2093

Stundisten

Es war eine seltene Rechtfertigung, die die Stundistenbewegung nach der ersten großen russischen Revolution im Jahre 1905 und 1906 erlebte. Nachdem die Revolution mit entschlossener Energie niedergeschlagen und die Ruhe wiederhergestellt war, wurden die Akten der Aufständischen von den Gerichten durchgesehen. Bei dieser gerichtlichen Untersuchung musste die Regierung eines Tages zu ihrer Überraschung feststellen, dass sich auch nicht ein einziger unter den Aufständischen befunden hatte, der ein Anhänger des Stundismus gewesen sei. Es ist kein Bruder wegen der Anteilnahme am Aufstande verurteilt worden. An Gott gebundene Menschen hatten in der Geschichte nie ein Interesse an Revolutionen. Ob es eine monarchische, eine demokratische, eine republikanische oder sonst eine Regierung war, sie blieben unbeteiligt an blutigen Volksaufständen und Staatsumwälzungen. Ihr Interesse lag stets auf unweit höherer Linie und betätigte sich zum Wohl von Volk und Staat mit weit moralischeren Mitteln. Ihr Hoffen und Dienen gilt im letzten Grunde dem Kommen der Gottesherrschaft auf Erden zum Heil der Völker. 2161

Als wir 1905 die erste große Revolution in Russland hatten und all die Akten durchgesehen wurden, da hat die Regierung selbst feststellen müssen, dass nicht ein einziger Stundistenbruder unter diesen Aufständischen gewesen war, während gerade die Stundisten unter dem alten Regime so unendlich viel gelitten hatten. Ich habe selbst Brüder besucht, die 13 Jahre an die persische Grenze verbannt worden waren, und nach 6 oder 7 Jahren hatte man das Maß verdoppelt, und der Bruder durfte nicht sein Weib und seine Kinder sehen. Und doch: es gibt ein Volk, das nicht revolutionär werden kann, auch nicht in der Fremde.

Bei einer Tagung im Rauhen Haus in Hamburg im Jahre 1930 stellte Präsident Prochanow klar, dass sich niemals Gemeinden selbst Stundisten oder Stundenbrüder genannt hätten. „Es hat niemals eine Gemeinde unter den Russen gegeben, die sich mit dem Namen Stundisten bezeichnet hätte, sondern mit diesem Ausdruck wurden alle gläubigen Protestanten von Seiten des Staates und der Kirche abgestempelt. Regierung und Kirche liebten diesen Ausdruck, weil er ein ausländischer Name war und den Anlass gab, gegen sie einzuschreiten. Die Gläubigen selbst haben ganz andere Ausdrücke gebraucht." (Quelle s. 202) 2792

Sünde

Die nur nach außen scheinende Gemeinschaft mit Gott, wie sie von so manchem gepflegt wird, ist für ein geistliches Auge ein untrüglicher Gradmesser, dass in vielen die Welt Raum gefunden und das Herz befleckt hat. Und nach diesem Zeichen zu urteilen, haben wir unter den Gotteskindern der Gegenwart manche, die mit Sünde belastet vor Gott stehen. 1429

Manche erkennen, dass ihr Leben nicht mehr vor Gott besteht. Sie sehnen sich nach einem höheren und tieferen Glaubensleben. Jedoch sie möchten jenen Weg nicht zurücklegen, den sie ohne Gott gegangen sind. Manche möchten in oberflächlicher Weise über ihre Sünden und über ihre Vergangenheit hinweggehen. Darauf geht Gott jedoch nicht ein. Er behandelt die Sünden seines Volkes nie oberflächlich. Wer sich nicht von Gott den Weg der Umkehr führen lässt, wird nie zu weiteren Segnungen gelangen. 1430

Weder an irgendeinem Ausspruch Gottes noch an irgendeiner geschichtlichen Handlung des Menschen ist so offenbar geworden, was Sünde ist, wie gerade in der Verneinung Jesu Christi durch das Kreuz auf Golgatha. Mag auch heute der Mensch sich bemühen, die Sünde aus seinem religiösen Weltbild zu streichen, mag er sie auch in seinem Leben als Schwäche erklären, sie bleibt in ihrem Wesen und in ihrer Tat Feindschaft wider Gott. 2151

Nicht selten gab es Notzeiten in der Geschichte des Volkes Gottes, wo das Volk als Ganzes im entscheidenden Augenblick im Kampf mit der Welt versagte. Das sind immer dunkle Zeiten in der Geschichte des Reiches Gottes, Zeiten allgemeiner Glaubensschwäche. Man ist sehr genau orientiert über die Kräfte des Feindes, aber wenig vertraut mit den Lebenskräften Gottes, durch welche er sich alles zu unterwerfen vermag. Aus solch einem Schwächezustand kann ein Volk nur herausgeführt werden, wenn sich in seiner Mitte erst wieder Männer finden, denen Gott größer ist als die augenblicklich hervortretende Herrschaft der Sünde. Nie hätte der Apostel Paulus den Mut gefunden, den Kampf mit der gewaltigen Macht der Sünde seiner Tage aufzunehmen, wenn er nicht gewusst hätte, dass, wo immer die Sünde auch mächtig geworden, die Gnade noch weit mächtiger ist. 2381

Das Wissen um die Sünde erniedrigt nicht. 2248

Änderten sich im Laufe der Jahrhunderte auch die äußerlichen Lebensformen der Sünde, ihre Quelle, aus der sie floss, ihre Kraft, in der sie herrschte, und ihr Sold, mit dem sie lohnte, blieben innerhalb der Geschichte dieselben. 2640

Wenn erst der Mensch ... die Geduld und Langmut Gottes für Schwäche hält oder den Verzug der Gerichte nicht als Gelegenheit zur Buße erkennt, dann wird er in seinem Sündenleben umso sicherer, bis ihn die Katastrophe plötzlich wie die Nacht überfällt. Es folgt dann Schlag auf Schlag, einer härter als der andere. 2641

Unbiblische Menschen- und Weltverachtung waren nie Früchte einer wahreren und tieferen Gottes- und Heilserkenntnis. In denselben geht man vom Zustand des Menschen, nicht aber von Gottes handelnder Gerechtigkeit aus, die den Menschen in seinem Verlorensein sucht. Auch jeder falsche Erbsündenbegriff oder jede übersteigerte Sündenfalllehre erheben die Sünde zu seiner objektiven Größe neben Gott. Sie ist aber nur eine Größe in Verbindung mit dem Menschen. Gott setzt sich aber in seiner Heilsoffenbarung nicht mit der Sünde als mit einer Größe neben sich auseinander. Er behandelt sie als einen Zustand und als eine Macht, über die er in seiner Gottesgerechtigkeit triumphiert, indem er sie richtet und den Menschen aus ihrer Macht erlöst. Des Vaters Triumph über das Sündenleben des Verlorenen in der Ferne ist, dass er dem Wiedergefundenen vergibt und ihn in die verlorene Sohnesstellung und in die volle Tischgemeinschaft mit allen im Vaterhaus führt. 2693

Am rein abstrakten Begriff „Sünde“ wird nicht offenbar, was Sünde ist. Sie ist nicht etwa nur eine Idee, ein Begriff, nicht eine Schlechtigkeit, die man in sie hineinträgt. Was sie ist, kann erst offenbar werden, wenn sie im Menschen Fleisch und Blut, handelnde Person geworden ist. Wozu sie führt und führen muss, zeigte sich daher besonders in jenen Zeiten der Geschichte, die von ihr entscheidend beherrscht werden konnten. Was Gnade ist, erkannte einst die Welt am anschaulichsten, als sie in Jesus Christus Person wurde. Ebenso erlebt die Menschheit, was Sünde ist, wenn sie im Menschen zur handelnden Macht werden kann. Dann wird der Mensch dem Menschen zum Verführer. Dann werden die Persönlichkeiten eines Volkes zum Diabolos der Geschichte. Ob die Menschheit seufzt unter ihrem Druck, ob Völker zugrunde gehen unter ihrer Verführung, ob Königreiche zuletzt in schweren Gerichten enden: die Sünde kennt kein Maß, weder in ihrer Täuschung und Verführung noch in ihrer Macht. Bis zum Eintritt ihres eigenen Gerichts glaubt sie an die Verwirklichung ihrer verführerischen Versprechungen. 2749

Nicht willenlos, aber machtlos ist der Mensch, wie er von Geburt ist, der Sünde unterworfen. Die Freiheit persönlicher Willensentscheidung geht jedem Fall und jeder Sünde voran. Je bewusster er versucht, sich vom Einfluss der Sünde und deren Knechtschaft zu befreien, desto tiefer lernt er die Kämpfe und Spannungen kennen, die sich für ihn aus seinem Ringen zwischen der Knechtschaft der Sünde und dem Freiwerden von der Sünde ergeben ... Sein Freigewordensein von der Schuld und von der Macht der Sünde ist zwar eine entscheidende, im Glauben erlebte Tat Gottes. Erfahrungsgemäß wirkt es sich aber immer nur insoweit aus, als er in der Glaubenshingabe an die vollzogene Heilstat Gottes steht. Glaubende kennen zwar eine vollkommene, sie stehen aber noch in keiner vollendeten Erlösung. Sie bleibt während ihrer Fremdlings- und Pilgrimschaft der Inhalt ihrer Sehnsucht und Glaubenserwartung. 2750

Taufe

Paulus redet von der Selbsttäuschung seiner Volksgenossen. Erkennt aber nicht auch die Kirche, dass vom Apostel durch seine Behauptungen Fragen angeschnitten worden sind, die auch von ihr viel zu wenig ernst genommen worden sind? Hat sie nicht der Taufe als einem Sakrament der Zugehörigkeit zur Kirche dieselbe Bedeutung beigelegt wie der Jude dem Sakrament der Beschneidung? Nach Paulus war die Beschneidung nun aber nicht ein notwendiger Wesensbestandteil, um auch vor Gott als Beschnittener angesehen zu werden. Auch der Unbeschnittene galt Gott als Beschnittener, vorausgesetzt, er lebte im Geiste der göttlichen Gesetzesverordnungen.

Wie ist es aber nun mit der neutestamentlichen Taufe? Ist sie ein unerlässlicher Bestandteil des mit Christus in die Geschichte getretenen Gottesreiches? Wenn sie das Sakrament für den Eintritt in das Reich Gottes ist, wie konnte der begnadigte Schächer am Kreuz die Verheißung empfangen: Du wirst mit mir im Paradiese sein? Wir sehen also, Paulus hat so tiefe und weittragende Fragen angeschnitten, die in seinen kurzen Ausführungen kaum die letzte Beantwortung gefunden haben. Eine kommende Kirche wird sich noch mit manchen Erkenntnisfragen in ihrer Lehre, in ihrem Aufbau und in ihrer Mission auseinanderzusetzen haben, die heute vielleicht da und dort einzelne, viele jedoch innerlich überhaupt nicht beschäftigt, besonders auch jene nicht, die als „Welt" außerhalb aller Kirchen stehen. Sie wird es tun müssen, nicht etwa um ihrer selbst willen. Sie wird dazu gezwungen werden durch jene, denen sie den Weg zurück in die Tischgemeinschaft mit dem Vater neu wird zu sagen haben. 2717

Ebenso wenig wie der Glaube und das Gesetz darf die Taufe zwischen Gott und den Menschen treten. Nicht durch sie kann im Menschen neues Leben gewirkt werden. In welcher Form und in welchem Alter die Taufe auch immer vollzogen wird, nur wem sich Gott zuvor als zu eigen geben kann, vermag sich durch sie als eine Glaubenshandlung Gott zu eigen geben. Auch suchen wir trotz der bestehenden Taufpraxis bis zurück in die Urgemeinden vergeblich nach einer einheitlichen Tauferkenntnis. Eine solche finden wir weder in den Zeugnissen der Evangelien noch in den Briefen der Apostel. Auch die werdende und gewordene Kirche hat sie uns durch ihre Lehre und durch ihre damit verbundene Praxis nicht zu geben vermocht. Der Kampf um die Praxis der Taufe hat in der Geschichte der Kirche nicht selten zu sehr ungeistlichen Auseinandersetzungen geführt. 2736

In ihrem Ursprung und in ihrer Form ist die Taufe keine Handlung, die nur mit dem Glauben der Kirche Christi zusammenhängt. Sie wurde innerhalb der griechischen Mysterienkulte als sakraler Weiheakt längst vor den Anfängen des Christentums geübt. Die Taufe des Neuen Bundes, von der Paulus spricht und die von den Urgemeinden bereits gepflegt wurde, hatte jedoch nichts mehr mit den heidnischen Weihekulten zu tun. Der Apostel verbindet wohl mit ihr die offene für immer gültige Bekenntnispflicht, aber keine sakramentalen oder mystischen Vorgänge. Sie war ihm als Handlung auch nicht etwa eine äußere Nachbildung des Todes Jesu, auch nicht eine Nachahmung der Auferstehung Christi. Ihm war sie das offene Bekenntnis des Glaubens zu Christus. Wenn man bedenkt, aus welchen heidnischen Kreisen, Sippen, Lebensanschauungen und Kultgemeinschaften die Christusjünger kamen, bevor sie durch die Kraft des Evangeliums zu Glaubenden geworden waren, so kann man verstehen, welch ein Bekenntnisakt ihre Taufe auf den Tod Jesu war. Wie Jesus nach seiner Kreuzigung für die Zeitgenossen nicht mehr lebte, so rechneten auch Freunde, Verwandte und herrschende Kreise nicht mehr mit dem Leben der auf Jesus Christus Getauften. Wer sich z. B. auf den Namen eines griechischen Heros oder auf eine mythologische Gottheit taufen ließ, den konnte die damalige Zeit in ihrer heidnisch-mystischen Vorstellungswelt noch verstehen. Der öffentlichen Verachtung war jedoch jeder preisgegeben, wer sich auf den Tod Jesu, d. h. auf den Namen jenes gehängten Nazareners, taufen ließ, der von seinen eigenen Volksgenossen als Pseudo-Messias verworfen und durch die Römer öffentlich gekreuzigt worden war.

Paulus wollte auch nicht über das Wesen oder über die Form der Taufe sprechen. Sein inhaltsvolles Thema ist der Tod Jesu und damit verbunden die Auferweckung Christi durch die Herrlichkeit des Vaters. 2737

Die Taufe vermittelt nicht. Sie setzt vielmehr jenes Doppelte voraus: das Negative, das Mitgestorbensein, und das Positive, das Mitauferstandensein. Beides ist aber ausschließlich Gottes Werk. 2738

Umkehr

Der Herr ist nicht käuflich! Auch nicht durch die Tränen einer Notbuße, durch ein Fasten im Sacktuch und durch das Flehen einer hin- und herlaufenden Gemeinde … Je klarer das dem Volke durch ein Prophetenwort zum Bewusstsein gebracht werden kann, desto schneller kann es aus der Selbsttäuschung zur Selbsterkenntnis, aus der Notbuße zur Umkehr des Glaubens kommen. Denn nicht ein bekennendes Zeremoniell, das Herz des Volkes suchte der Herr. 2454

Unglaube

Unglaube ist immer das menschliche Nein auf das Ja Gottes und das Menschliche Ja auf das Nein Gottes. Er sieht Tod in der Bejahung Gottes und Leben in der Verneinung Gottes. Gibt Gott irgendeine Verheißung oder einen Auftrag, so setzt der Unglaube gleich sein Aber dahinter. Er misstraut dem, was von Gottes Seite versprochen worden und lenkt den Blick der Seele von den Worten Jehovas ab auf die vorhandenen Widerwärtigkeiten und Umstände. Wie klar das Wort der Verheißung auch ist, wie groß auch die Garantien sind, die Gott für die Erfüllung seiner Verheißungen gegeben hat, der Unglaube stellt doch alles in Frage und Zweifel und hält die Seele ab, weitere Schritte des Glaubens zu tun. 1519

Auch der Unglaube hat seine Quellen, aus denen er schöpft, und seine Kräfte, von denen er lebt. Auch er gründet sich auf Geschichte und Vergangenheit und ist vielfach sehr logisch in seinem Urteil und sehr konsequent in seinem Handeln und sehr orthodox in seiner Frömmigkeit. Aber der Unglaube vergisst immer eines: dass Gott nicht mit unserm, sondern mit seinem göttlichen Können rechnet. 1521

Wenn Gott handeln und unser Leben in sein göttliches Tun mit hineinziehen will, dann antwortet der Unglaube immer mit seinen Bedenken. Er widerspricht, sobald es sich in unserem Leben um neue Lebensgebiete, um tiefere Leidenswege, um göttliche Aufträge und um größere Herrlichkeiten handelt. 1605

Es gehört zu dem eigentlichen Wesen des Unglaubens, dass er die tatsächlichen Gefahren und Schwierigkeiten immer größer sieht als sie in Wirklichkeit sind. Das Kommende erscheint zu unsicher, als dass man wagen kann, das Gegenwärtige dafür aufzugeben. 1606

Wo das Eigene reden kann, da schweigt der Glaube. Denn das Eigene widerspricht Gott, der Glaube jedoch sucht eins zu werden mit dem Handeln Gottes. 1607

Der Unglaube hat eine vergessene Vergangenheit und eine verkannte Zukunft. 1988

Der Unglaube ist in seiner letzten Frucht Vermessenheit und Auflehnung gegen Gott. 1988

Unruhe

Wenn im Kompass die Spitze der Magnetnadel nicht im Pole ruht, dann zittert sie so lange, bis sie wieder ihre richtige Stellung eingenommen hat. Ebenso schweigt auch der Heilige Geist im Herzen des Gottesvolks nicht, wenn irgendetwas das Verhältnis des Kindes zum Vater getrübt hat. Sind wir über irgendeine Wahl, die wir getroffen, über irgendeinen Weg, den wir eingeschlagen, über irgendeine Tat, die wir begangen, über irgendein Wort, das wir gesprochen haben, in unserem Herzen unruhig, dann wisset, dass Gottes Geist uns mahnt zu prüfen, ob wir auf rechtem Wege sind oder nicht. 1642

Vater unser

„Dein ist das Reich!“ – so bekennen wir als Kirche Christi anbetend am Schluss des Vaterunsers. Wahrlich, nicht ein Reich, wie Völker es schufen, Schwärmer es erträumten, Fanatiker es predigen, ein Reich, wie du es, Herr Jesu, in deiner Knechtsgestalt lebtest und wie es mit dir in Herrlichkeit einst als der Triumph des Lebens über den Tod, als der Sieg der Barmherzigkeit über die Schuld, als Erlösung der Schöpfung durch die Liebe wird vollendet werden. 1556

Wie stark der gewaltige Reichsgedanke mit seiner ungeheuren Spannweite den ganzen Inhalt des Vaterunsers beherrscht, wird ersichtlich, wenn wir es einmal im Zusammenhang mit folgenden Worten umschreiben: Eine Reichsautorität: „Unser Vater!“ Eine Reichshuldigung: „Geheiligt werde dein Name.“ Ein Reichsgebiet: „Dein Reich.“ Ein Reichsgesetz: „Dein Wille.“ Eine Reichsgemeinschaft: „Unser Brot.“ Eine Reichshaltung: „Vergib, wie wir vergeben.“ Eine Reichssehnsucht: „Führe uns nicht in Versuchung.“ Ein Reichsziel: „Erlöse uns.“ Eine Reichshymne: „Dein ist das Reich und die Kraft und die Herrlichkeit!“

Da dieses Reich mit seiner Gottesherrschaft noch nirgends Raum unter den Völkern hat, so kann das Reichsgebet zunächst allein von der Gemeinde im Geiste und in der Wahrheit gebetet werden. Trotz aller geschichtlichen Unvollkommenheit hat hier die Wirklichkeit begonnen, die einmal vollendet und souverän die Zukunft beherrschen wird. Ein Lobgesang wie der Schluss des Vaterunsers kann auf Erden nur von Menschen gesungen werden, deren Erkennen und Glaubensstellung, Sehnsucht und Heilserwartung von der endgeschichtlichen Gottesherrschaft ergriffen worden sind. 2195

„Vater unser im Himmel“ – das ist die in unseren Gebeten uns gestattete Anrede an den König aller Könige und den Herrn aller Herren, der da wohnt im Himmel, dem Orte des ewigen Lichts. Sie, diese Anrede, verbindet Himmel und Erde, schlägt eine geistige Brücke über die große Kluft zwischen dem irdischen Standort des betenden Erdenkindes und dem heiligen Wohnsitz des himmlischen Vaters ... Diese Anrede ist eine Jakobsleiter, die mit dem einen Ende unsere Erde berührt und mit dem anderen hineinragt in den Himmel, auf der aber nicht heilige Engel auf- und niedersteigen, sondern eine arme Beterschar, deren Fuß mit Staub bedeckt, deren

Auge tränt und deren Brust der heiße Wunsch erfüllt, einst ewig auch daheim beim Herrn zu sein. 2321

„Vater“ – lautet das erste Wort der Anrede, die so einfach ist, dass jedes Kind sie verstehen kann, und doch so erhaben, dass selbst der Gelehrteste sich dieser Worte nicht zu schämen braucht und der gewandteste Redner nicht nach einer schöneren Form der Anrede suchen darf. 2322

„Vater“ – ist ein Glaubenswort! Denn wer möchte es wagen, sich dem hohen und erhabenen Throne des Ewigen zu nahen und den heiligen Gott als „Vater“ anzureden? 2323

„Vater“ – ist unseres Glaubens Inhalt. Denn wer mit gläubigem Herzen das Wort „Vater“ spricht, offenbart damit seines Glaubens Inhalt: dass Gott durch das Verdienst Christi auf Golgatha sein Vater geworden, dem er in kindlichem Vertrauen nahen und dem er in kindlichem Gehorsam dienen darf. 2324

Vergebung

Wir sind nicht Kinder Gottes auf Grund einer Adoption, sondern auf Grund einer Vergebung und einer göttlichen Schöpfertat. 1322

Wir können uns unser Nein nicht vergeben, um uns den Weg zu Gott wieder frei zu machen. Gott aber vermag über Golgatha hinweg seine Liebe durch den Gekreuzigten sprechen zu lassen: „Vater, vergib ihnen, denn sie wissen nicht, was sie tun!“ Das ist jene Liebe, die größer ist als der Tod. Sie macht des Menschen letzte Tat, zu der er in seiner Sünde fähig ist, zur Offenbarung der größten Vergebungsbotschaft. Sie hält die Tür zurück ins Vaterhaus offen auch jenem Sohne gegenüber, der das Vaterhaus verneinte und bei den Trebern endete. Auch angesichts des Kreuzes hat Gott uns nicht verloren, wir haben jedoch durch das Kreuz für immer Gott verloren. In seinem Herzen hatte der Vater längst vorher vergeben, ehe der Verlorene den Kuss der Vergebung von dem ihm entgegen eilenden Vater empfing. Nicht nachdem der Mensch zurückkehrte ins Vaterhaus, empfing er die Vergebung. Er empfing die Vergebung und kehrte dann als Sohn zurück ins Vaterhaus. 2152

Wir predigen heute im Lichte Golgathas den Gekreuzigten als die größte Vergebungsbotschaft Gottes an die Welt. Er vergibt nicht nur Sünden. Er ist die Vergebung des Vaters, die zur ganzen Welt sprechen will, zu einer Zeit, die auch in all ihrem Suchen nie mehr die Tür zur Tischgemeinschaft mit dem Vater im Vaterhause zu finden vermag. Eine Kreuzesbotschaft ohne Vergebung ist daher ebenso eine Verfälschung des Evangeliums wie eine Kreuzesbotschaft ohne Gericht. 2153

Alles, was der Sünder zur Bezahlung seiner Schulden mitzubringen hat, ist ein Herz voll Reue, das seine Schulden erkannt hat, ein Herz voll Glauben, das da wagt, hinzutreten vor den Gnadenthron, und ein Herz voll Liebe, das, nachdem es selber Vergebung der Sünden im Blute des Lammes erlangt hat, gern bereit ist, dem anderen alles zu vergeben. 2331

Gott enthüllte einen Weg, der weit höher war als das Recht: den Weg der Vergebung. Wenn Gott durch Vergebung schließlich das Verlorene wiederfinden kann, das ihm auf Grund des Rechtes für immer verloren bliebe, dann erweist sich seine Barmherzigkeit in ihrer Aktivität größer als irgendein Recht. Das war die einzige Hoffnung für Israels Wiederkehr. Auf dem Boden göttlicher Vergebung konnte das Volk aus einer Entweihten wieder eine Geweihte werden. 2426

Es gibt Folgen der Sünde, die keine Vergebung mehr hinwegnehmen kann. 2569

Vergebung zu empfangen vermag nur, wer vergebungshungrig geworden ist. Nicht um seinetwillen, sondern um des Menschen willen, macht Gott das Empfangen und die Gewissheit der Vergebung abhängig vom vertrauensvollen Gebet um die Vergebung. Denn nicht etwa erst durchs Bußgebet wird Gott bestimmt, die Vergangenheit mit ihrer Schuld unter seine vergebende Barmherzigkeit zu stellen. Sie steht längst unter seiner Vergebung ... Das wahre Gebet um Vergebung fließt aus der Erkenntnis der Schuld. 2612

Verheißung

Es tut Not, dass wir immer wieder untersuchen, ob unser Erkennen, Hoffen und Erwarten aus dem Geiste der Schrift hervorgegangen ist. Es gibt manche Enttäuschungen, die im Leben der Kinder Gottes kommen mussten, weil man Erwartungen pflegte, die auf keinem Verheißungsboden ruhten. 1412

Es gibt auch eine Berauschung an den Verheißungen der Schrift. Nach dem inneren Gesetz auch innerhalb der Geistesgeschichte geht dann aber in der Regel das nüchterne Urteil der Gemeinde verloren. 2286

Wer begnadigt wird, in Gottes Willen daheim zu sein (4. Mose 12,6), erlebt nicht nur alles Persönliche, er durchlebt auch jedes dunkle und lichte Geschichtsereignis ganz anders als Menschen, die unbekannt geblieben sind mit Gott.

Er kennt das Wort „Schicksal" nicht. Ihm gehen Gottes Fußspuren nicht verloren. Auf Grund des geoffenbarten Heilswillens weiß er, dass sich auch über dem augenblicklichen Wolkenmeer neu der Bundesbogen mit seiner Verheißung spannen wird. 2715

Verkündigung

Hohes der Welt verkündigen kann nur jemand, der Hohes mit Gott durchlebt hat. Eine reife Form setzt auch eine reife Erfahrung voraus. 1440

Was wir einem untergehenden Geschlecht zu künden haben, ist, ihm zu sagen: Halte ein mit deiner gegenseitigen Vernichtung, besinne dich auf einen gerechteren Aufbau der Geschichte, gewinne wieder eine heilige Achtung vor dem Leben des Nächsten, stelle dein Leben wieder auf den Geist der Ewigkeit und der Anbetung Gottes ein! Wir sind bereit, dir den Sinn des Lebens zu deuten, mit dir die Arbeit der Liebe zu teilen, die Hoffnung der Müden und Entmutigten zu beleben und in deine Zeit jene Erkenntnis des Herrn hineinzutragen, die berufen ist, die Völker zu bedecken, wie Meereswogen den Meeresgrund bedecken. 2254

Nur wenn Gott unsere Drangsale und Leiden in seinen Dienst zieht, ihnen einen für uns von ihm gewirkten Inhalt gibt, werden sie den Glaubenden zum Gegenstand und zum Anlass ihres Rühmens. Alsdann nehmen sie nicht ihnen ihre Kraft. Sie werden die Voraussetzung für Gott, dass sich seine Kraft umso herrlicher in der Schwachheit der Seinigen offenbaren kann. Wurden z. B. die Apostel um ihres Zeugnisses willen verhaftet, so standen sie zum Staunen ihrer Verkläger gegenüber den Richtern nicht in der „Verteidigung", sondern in der „Verkündigung". Und nahm man ihnen die Möglichkeit zum Reden, dann sprach Gott durch ihr Schweigen vielfach lauter und eindrucksvoller, als er es durch ihr Reden hätte tun können. Gott in seiner Souveränität lässt sich weder durch Feinde noch durch Drangsale die Grenzen seiner Selbstmitteilung ziehen. Er zieht alles in seinen Dienst. Über alle und alles hinweg kommt er in seiner Heilsoffenbarung, um Wohnung zu nehmen bei denen, die schwach und arm in sich, aber hingegeben an ihn und das Wort seiner Offenbarung sind. 2730

Verleugnung

Welch einen erschütternden Eindruck muss es auf die Kirche von heute machen, wenn sie in ihrer Mitte in Stunden schwerster Prüfung und letzter Entscheidung feststellen muss: Glieder, die bisher als Freunde Jesu gegolten haben, die als Bekenner unseres Herrn und Heilands angesehen wurden, sind für irgendeinen Preis käuflich geworden, und wenn es auch ein politischer Preis war. Sie verleugnen über alle inneren Hemmungen des Gewissens und Skrupel des Glaubens hinweg ihre Berufung, ihre Gemeinschaft, ihre Sendung, die sie von Gott her für ihre Umgebung, für die Gemeinde und für die Welt empfangen haben. Wer versteht heute denn nicht dies innere Bangewerden der Kirche, wenn sie sieht, wie viele sie in ihrer Mitte hatte und noch hat, die 30 Silberlinge oder irgendein Ansehen, irgendeine Geltung, höher bewerten als den, der der Weg, die Wahrheit und das Leben ist. Einst wurden Pilatus und Herodes Freunde miteinander, als es galt, eine letzte Entscheidung für oder wider Christus zu treffen. In der Ablehnung und in der Verurteilung Jesu finden sich zuletzt auch der Träger der Krone Israels und der Vertreter des römischen Weltreichs zusammen. 2183

Verlust

Wir durchleben Zeiten unzähliger Verluste. Unübersehbare Werte sind bereits zusammengebrochen, andere werden noch zusammenbrechen. Sie werden den Druck nicht dauernd ertragen, der auf ihnen lastet. Man steht unter dem erschütternden Eindruck des großen Mene, Mene, Tekel Upharsin, das Gott über die Weltgeschichte der Gegenwart schreibt. Er übt Gericht an so manchem, das unüberwindlich zu sein schien, lässt zusammenbrechen, was für unerschütterlich galt.

Allein, nicht diese Verluste bewegen augenblicklich meine Seele. Zwar sind auch sie schwer, für manche zu schwer. Wir leiden alle darunter und uns gehen die Augen über, wenn wir sehen, wie so vieles von dem, was uns lieb und wert war, vom Sturm der Gerichte hinweggefegt wird. In diesen vergänglichen Werten liegt jedoch nicht unser Leben. Wer aus Gott geboren und die Kräfte der unvergänglichen Welt kennen gelernt und in ihnen seinen Reichtum gefunden hat, kennt weit höhere Werte. Sie zu verlieren ist weit schmerzlicher. Das sind heilige Verluste auf dem Boden der Gemeinde Gottes ... Von so einem heiligen Verlust wird uns von der Gemeinde in Ephesus erzählt. Die Offenbarung Johannes berichtet von dieser Gemeinde, dass sie die erste Liebe verloren habe ... Die Gemeinde trug in ihrem Leben und Dienst nach außen das Bild einer Mustergemeinde. Das wird vom Herrn der Kirche uneingeschränkt anerkannt. Und doch fehlte ihr bereits etwas. Sie hatte viel, unendlich viel verloren: Die erste Liebe. 1717

Erwünschtes nicht zu besitzen ist schwer, aber es zu verlieren ist noch weit schwerer. 1984

Verstockung

Nicht nur ein Pharao, auch ein Volk kann in seinem dauernden Widerspruch gegen Gottes Offenbarung zu jenem Zustand ausreifen, wo man hört und doch nicht hört, wo man sieht und doch nicht sieht. Die Schrift nennt das Verstockung. Solch ein Zustand ist aber die Überleitung zum Gericht. 2437

Versuchung

Als einst der heilige Antonius von Padua, dieser gewaltige Bußprediger im 13. Jahrhundert, nach einer schweren Versuchung eine Vision hatte, in der Christus ihm erschien, da fragte er: „Herr, wo warst du denn bis jetzt, dass du mir nicht früher geholfen hast?" Eine Stimme antwortete ihm: „Antonius, ich war bei dir, ich war Zeuge deines Kampfes und werde dich niemals verlassen!" 1020

Eine im Glauben bestandene Versuchung erwies sich immer als Stärkung und Bereicherung derer, die sich in ihr für Gott und dessen Offenbarung zu entscheiden wagten. 1798

Das Geheimnis der Versuchung liegt nicht in den Dingen der Welt um uns, sondern an der Versuchungsmöglichkeit unseres Wesens in uns. Der Mensch vergisst beim Versuchungsproblem, dass es sich in demselben wesentlich um rein geistige Vorgänge handelt. Die Dinge, die den Menschen umgeben, tragen nicht die Versuchung in sich. Wie könnte das, was in Gottes Augen in seinem Totalzusammenhang sehr gut war, plötzlich in seinen Einzelerscheinungen ein Ärgernis für den Menschen bedeuten? 1799

Das Entscheidende in jeder Versuchungsfrage ist, ob unser Innenleben für die Sprache der Versuchung offen ist oder nicht. Jesus hatte sich allein auf die Sprache seines Vaters eingestellt. Die Versuchung nahte sich auch ihm. Wie verwandt ist im Prinzip und im Grundriss seine Versuchung in der

Wüste mit der des ersten Menschen im Paradiese! Aber jede neue Versuchung wurde ihm zur Gelegenheit, sich bewusst und einseitig immer wieder auf die Stimme der Offenbarung seines Vaters einzustellen. So wurde die Welt von ihm überwunden. 1800

Nach der Botschaft der Schlange soll vom Menschen alles empfangen werden nicht durch die Inspiration des Schöpfers, sondern durch die des Geschöpfs ... Es handelte sich in der Versuchung also nicht in erster Linie um eine Verschiebung des Programms, sondern um einen Wechsel der Inspiration. Gottes Stimme sollte ersetzt werden durch die Naturstimme, Gottes Lebensprinzip durch das Naturprinzip, Gottes Geist durch den Geist der Schöpfung. 1804

Jede Gabe in der Schöpfung Gottes kann dem Menschen zur Versuchung werden, auch die allerhöchste. Entweder dient sie ihm, oder sie verführt ihn. 1869

Vertrauen

Vertrauen und Illusionen, wie verwandt scheinen sie äußerlich und doch welch eine tiefe unüberbrückbare Kluft scheidet sie beide voneinander in ihrem innersten Wesen! Vertrauen: Die Auswirkung und Frucht des göttlichen Lichts, das sich uns zum Leben mitteilen konnte. Illusionen: die Auswirkung und Frucht des eigenen Lichts, das uns ins Verderben führt. 1998

Das kindliche Vertrauen ist die erste Frucht des Glaubens. Lebendiger Glaube ohne kindliches Vertrauen ist im wahrsten Sinne gar nicht denkbar. Bin ich ein Kind des himmlischen Vaters, dann darf ich ihm auch in allen meinen Lebenslagen vertrauen, denn mein Schicksal liegt auf ewig in seinen Händen. Sein treues Vaterherz liebt mich, sein offenes Vaterauge wacht über mir, seine starke Vaterhand leitet und schützt mich und in seinem Hause ist auch mir eine Stätte bereitet. 2327

Volk

Religiöse Volksbegeisterungen waren in der Geschichte nie bereits eine geistliche Volkserneuerung. 1039

Es geht heute wieder ein stilles Sehnen durch die deutschen Lande. Es gibt nicht nur Einzelne, sondern viele in allen Kirchen, Gemeinden und Gemeinschaften, die sich nach einer durchgreifenden Erweckung fürs deutsche Volk sehnen. Die verflossenen Jahre haben dem Lande unnennbares Leid und ungezählte Tränen gebracht, den Stolz des Volkes gebrochen und die innere Armut und Haltlosigkeit unserer von Gott gelösten Zeit offenbart. Zunächst erwartete man das Heil für die Zukunft und die Erlösung von dem Druck der Vergangenheit von irgendeinem politischen Evangelium. Weite Schichten unseres Volkes erschlossen sich der einen oder anderen partei-politischen Botschaft. Allein keine konnte die tiefe Sehnsucht der Seele nach einem neuen Zeitalter stillen. Man wurde aus einer Enttäuschung in die andere gestürzt. Immer mehr wurde offenbar, dass die Welt als solche nichts zu geben vermag, was über sie und ihre Knechtung hinausgeht. Alles Menschliche kann letzthin nur zu Menschlichem führen. 1416

Die Sehnsucht nach Höherem, nach bleibenden Gütern schweigt nicht. Sie ist lebendiger als je in weitesten Schichten. Dass diese Sehnsucht allein gestillt werden kann durch die Kräfte des kommenden Gottesreiches, fühlen alle Gotteskinder. Sie erwarten Heil fürs Volk allein durch neues Leben von oben. Daher sehnen auch sie sich, und zwar nach einem neuen Geisteswehen fürs deutsche Volk. Denn allein der Odem Gottes kann Göttliches wirken und die Einzelnen zu neuem Leben führen und in Christo zur Ruhe bringen. 1417

Jedes Volk glaubt auf Grund seines moralischen Rechts berechtigt zu sein, von Gott den Sieg zu erflehen und zu erwarten. Wem soll, wem kann Gott antworten? 1456

Wenn der Höchste in den Himmeln nur ein Gott der Gerechtigkeit und Liebe für den Einzelnen und die Familie wäre und nicht auch für den Staat und die Völker, wenn er ein heiliges Leben und göttliche Gesinnung nur auf Tempel und Kirchen, auf Priester und Beter beschränkte und nicht auch auf die Regierungen und Staaten und auf die Beziehungen von Volk zu Volk übertragen hätte, dann verlören für die Staaten und Reiche Gerechtigkeit und Liebe ihren Wert. Dann hätten alle höheren und sittlichen Mächte nur Bedeutung für die Heiligtümer und für das Privatleben. Dann dürfte sich die Gewalt, wie sie von Lamech gepriesen, von Nimrod geadelt und von Amelek auf die Nationen vererbt wurde, nur aus dem Privatleben zurückziehen und hätte dann eine moralische und völkerrechtliche Berechtigung, „ihre lorbeerbekränzten Siege in der Blutbahn der Staaten und Völker“ weiter zu führen. 1831

Erst moralische Gesundung führt zur politischen Kraft. Von welch folgenschwerer Bedeutung kann es daher für ein Volk sein, ob es Führer empfängt, die sich vom Heiligen Geist ihre Mission schenken lassen oder ob es Persönlichkeiten über sich dulden muss, die sich nur vom nationalistischen Geiste in ihren Handlungen bestimmen lassen wollen. 2336

Findet sich in einem Volke nicht mehr ein geistiges Lebensprinzip, vor dem sich alle ehrfurchtsvoll beugen und das Autorität genug besitzt, alle im Volke sich regenden Gegensätze zusammenzufassen und zu leiten, dann werden sich die einzelnen Kräfte immer gegenseitig bekämpfen. 2341

Es liegt im Wesen aller Völker, die ihre Politik auf das Ziel einer Weltmacht eingestellt haben, dass sie kein selbständiges Volk mit verwandter Machtstärke neben sich dulden können. Einer Weltmacht, deren Herrschaft nicht Diakonie, sondern Despotie ist, kann um ihrer selbst und ihrer Zukunft willen nicht anders, als jeder anderen Macht gegenüber rücksichtslos zu sein, die verwandte Ziele in ihrer Geschichte und in ihrer Politik trägt. 2412

Es gereichte zu allen Zeiten einem Volk zum Verhängnis, wenn seine religiöse und politische Führung nicht höher stand als das allgemeine Volksleben. Solch eine Führung erwies sich in Zeiten religiöser und politischer Krisen immer unfähig, das Volk über die Gefahren schwerer Krisenzeiten hinauszuführen und ihm eine geheiligtere und sicherere Zukunft zu geben. 2419

Auch Völker offenbaren ihre eingetretene Charakterlosigkeit, an der sie im Sturm zerbrechen, wenn sie erst die Verantwortung verleugnen, die sie für die von ihnen begangene Schuld tragen. Denn das war zu jeder Zeit das Erschütternde im Dasein und Wirken des Menschen und der Völker, dass in ihrem Leben entsprechend der zunehmenden Sünde und Schuld auch die Selbstverblendung und Charakterlosigkeit zunahmen. Wie charakterlos konnte das Verhältnis vom Menschen zum Menschen, von Volk zum Volke werden, wenn ihr Handeln erst ohne innerliche Hemmungen und ohne Skrupel eines an der göttlichen Offenbarung orientierten Gewissens geschah. Denn es liegt im Wesen eines jeden Unrechts und aller Ungerechtigkeit, dass sie dem Menschen das Urteil Gottes und das Licht der Gerechtigkeit verdunkeln, so dass er all sein Handeln nur noch im Lichte einer selbstgeschaffenen Moral und eines subjektiven Rechtes sieht. Man bringt unter deren Herrschaft nicht mehr den Mut und den Charakter auf, bis zur objektiven Wahrheit und zur nackten Wirklichkeit vorzustoßen, weil man das Urteil fürchtet, das über sein bisheriges Wollen und Handeln ergehen könnte. 2425

Es ist eine Erkenntnis, die Weltgeltung hat, dass ein unwahres und verwerfliches Kultusleben auch zu einer entsprechenden unwahren und verwerflichen Volksmoral führt. Die Ethik eines Volkes stand nie höher als seine Dogmatik. 2441

Jeder übertriebene Nationalismus sah sich noch immer in den Strudel der Weltereignisse hineingezogen und erlebte da sein Gericht. 2572

Es ist das eine eigenartige Erscheinung innerhalb der Geschichte, dass äußere Kultusfrömmigkeit und nationaler Fanatismus sich so leicht an sich selbst berauschen können und damit das Volk über seine Verantwortung vor Gott und über den Ernst seiner Lage hinwegtäuschen. Religiöse und nationale Leidenschaften konnten je und je in der Geschichte ein Volk unsagbar blind machen. 2577

Es ist wirklich nicht so, als ob es Gott auch im gegenwärtigen Zeitalter nur um den Bau seines Tempels, nur um eine gegenwärtige Herausrufung seiner Gemeinde zu tun sei, das Leben der Völker sich jedoch selbst überlassen bleibe. Auch im Leben der Völker rächt es sich bitter, wenn man im Schaffen von Gesetzen und in der Pflege der Politik nicht den Mund Gottes befragt. Muss Gott erst einem Volk auch in seinem staatlichen, wirtschaftlichen und politischen Leben widerstehen ... dann ergeht es demselben wie Juda in seiner Bündnispolitik mit Ägypten. 2658

So wurde auch ein Nationalismus großgezogen, der sich in der Würdigung des Eigenen überbot und sich einer objektiven Wertung der Kultur und Errungenschaften der anderen verschloss. Auf diesem Weg vermag sich aber nicht nur ein Gelehrten- und Gesellschaftskreis, sondern auch ein ganzes Volk in eine Ideologie hinein zu erziehen, wo man in dem Wahn lebt, das Höchste gefunden, das Festeste geschaffen, das allein Zukünftige entdeckt zu haben. Aber das ist das Gericht der Geschichte, dass sie den blind macht, der in ihr seine Götter gefunden hat. 2777

Vollmacht

Eine arme Gegenwart sucht immer ihre Bedürfnisse durch den Segen der Vergangenheit zu decken. Die Vollmachten verflossener Tage sollen die gegenwärtige Ohnmacht ausfüllen. Allein Gott heilt nie die Gegenwart durch die Kräfte der Vergangenheit. Elias hatte Vollmacht zum Dienst für seine Tage, aber nicht für die Tage eines Elisa. So groß, so königlich, so unvergänglich auch einerseits der Dienst der Knechte Gottes war, die der Herr je und je seiner Gemeinde geben konnte, soviel Licht und Trost, soviel Anregung und Segen man auch dauernd aus ihrem Dienen zu schöpfen vermochte: um die Gegenwart zu segnen bedurfte es immer wieder neuer Organe und neuer Vollmachten. 1486

Als Jesus einst die große Bergpredigt gesprochen hatte, da fasste das Volk den gewaltigen Eindruck, den es empfangen hatte, in das bedeutsame Urteil zusammen: „Der redet ja als einer, der Vollmacht hat und nicht wie die Schriftgelehrten.“ In diesen Worten drückte sich der ungeheure Gegensatz aus zwischen der Schriftgelehrtenpredigt und der Jesusbotschaft. Dort herrschte der Buchstabe, die Überlieferung, die Gesetzlichkeit, hier der Geist Gottes, die lebendige Wirklichkeit, die Kraft des Lebens. Was Jesus sagte, war alles so wahr, so schlicht, so rein, drückte nicht, sondern löste, weckte nicht Furcht, sondern Vertrauen, brachte nicht Verzweiflung, sondern erhob zu neuer Hoffnung, rückte Gott nicht ab, sondern brachte ihn so fühlbar nahe, ließ das Reich Gottes nicht nur ahnen, sondern stellte die Seele mitten in dasselbe hinein. 1488

Vollmacht zum Dienst ist nicht ein Gut an sich, sondern ein Gut, das dauernd aus einem innigen und vertrauten Umgang mit Gott entsteht. 1497

Wir können auf unser Kampffeld nur in einer Waffenrüstung treten, die uns aus dem Allerheiligsten wurde. Unsern Dienst innerhalb der Kirche Christi können wir nur in den Vollmachten tun, durch die wir von Gott her begnadigt werden. 2142

Wer stünde nicht bei uns in Deutschland heute unter dem erschütternden Eindruck: Die Kirche missioniert nicht mehr in Vollmacht die Welt, die Welt missioniert bewusst die Kirche. 2164

Der Weg zur Vollmacht über große Dinge und für große Aufgaben führte zu allen Zeiten über die Treue und Bewährung in den kleinen Prüfungen und Spannungen des Lebens. 2188

Wenn geistliche Autoritäten erst nur im Dienst des Kultus und des Volkes stehen, dann haben sie meistens bereits die göttliche Sendung und die Vollmacht des Wortes verloren. Ihr Ohr ruht nicht mehr am Munde Gottes, es horcht auf das Urteil des Volkes. Sie pflegen Tempeldienste, aber um des Kultus willen, nicht aber damit durch Opfer und Gebet eine Gemeinde sich anbetend zu Gott erhebe. Sie sind als Propheten in den Sitzungen des Königs mit seinen Regenten und begleiten Heerführer und Streitscharen auf das Schlachtfeld. 2435

Jesus zog sich nach Tagen reichen Dienstes immer wieder in die Stille zurück, um mit dem Vater allein zu sein. Für die Kirche Christi darf mithin das Ringen um ein Jüngerohr, um mit geübter Zunge zu den Müden ihrer Zeit reden zu können, nicht auch ein Ringen um außergewöhnliche Begleiterscheinungen bedeuten. Alles soll ihr allein ein Flehen um Vollmacht des Geistes sein, um ihren Dienst in Kraft tun zu können. 2458

Wir dürfen es uns als Kirche Jesu Christi immer wieder zum Trost sagen: Sobald von Gott her ganz bestimmte Aufgaben in unser Leben gelegt werden, wird uns mit der entsprechenden Aufgabe auch die nötige Vollmacht werden. Führt Gott uns eines Tages wirklich den Weg der Leiden, und zwar um seinetwillen, um seines Reiches willen, weil wir nicht anbeten können wie die Welt anbetet, dann wird der Herr uns auch ausrüsten mit der entsprechenden Glaubenskraft, dass auch auf unserem Leidensweg wahr bleibt: Der Glaube ist der Sieg, der die Welt überwindet. 2805

Wachstum

Wo das Wachstum geistlichen Erkennens nicht verbunden ist mit dem praktischen Ausleben der erkannten Wahrheiten, da bläht das Wissen auf und führt zur Unduldsamkeit gegen andere. Die unduldsamsten Gotteskinder kann man in der Regel in jenen Kreisen finden, die persönlich das am wenigsten ausleben, was sie an tieferer Erkenntnis anderen voraushaben ... Am mildesten auch gegen die schwächsten und im Erkennen rückständigsten Gotteskinder sind immer die bewährtesten Knechte und Mägde Gottes gewesen. 1972

Wahrheit

Die göttliche Wahrheit kann eine ehrliche und offene Kritik immer vertragen und wird sie willkommen heißen, denn sie lebt ja nicht vom Geheimnisvollen, das das Licht der Öffentlichkeit zu scheuen hätte. 1253

Gottes Wahrheit kann nur durch die Geschichte gerechtfertigt werden, nicht durch den Propheten, der sie kündet. 1352

Den intensivsten Kampf gegen die Wahrheit findet die Kirche Christi nie da, wo man weniger mit der Wahrheit in Berührung kam, sondern immer in jenen Kreisen, die Gelegenheit hatten, sich für oder wider die Wahrheit zu entscheiden. 1385

Es ist immer ein bedenkliches Zeichen, wo man zu sonstigen Waffen greift und der Wahrheit durch Autorität und Majorität und sonstige Mittel zum Siege verhelfen will. Der Sieg der Gemeinde Gottes liegt nie auf dieser Linie. 1603

Wer je wagte, den Willen dessen zu tun, von dem Jesus sich gesandt wusste, der erlebte die Wahrhaftigkeit der Worte, die Kraft der Erlösung und die Gewissheit der Zukunft jener oberen Welt mit ihrer Gottesherrschaft, der Jesus auch auf Erden angehörte. 1833

Nie konnte man ein Zeuge der Wahrheit sein, wenn man durch das Eingehen auf die Lüge der Welt die Wahrheit verleugnete. 1843

Wer die göttliche Wahrheit liebt, hat es nicht nötig, sie zu rechtfertigen, sondern wird von derselben gerechtfertigt. 2220

Wandel

Wer einen großen Retter kennt, ist auch zu einer großen Rettungsarbeit fähig. 1134

Manche Gotteskinder geben sich damit zufrieden, wenn Gott in seiner Barmherzigkeit und Gnade ihre Sünden zudecken und ihre Vergangenheit ordnen konnte. Sie geben ihm aber nicht Raum, auch über ihre Gegenwart und über ihre Zukunft zu verfügen. Das Recht, über sich zu bestimmen, halten sie für sich selbst zurück. Sie verfügen über ihre Wünsche, über ihre Pläne, über ihr Erkennen, über ihren Dienst, über ihre Zeit und ihre Mittel und stellen ihre Person überall in den Mittelpunkt ihrer Interessen. Ihr Ich ist das Zentrum, um welches sich ihr Leben bewegt. Über solche Seelen verfügt Gott nicht, und daher kann er ihnen nie Kräfte und Segnungen anvertrauen, die jene erlangen, die sich ihm als ein Ganzopfer zur Verfügung gestellt haben und als gereinigtes Gefäß vor seinem Altar stehen. 1436

Wie oft hat sich dasselbe Bild in weit größerem Ausmaß in der Geschichte der Söhne Jakobs und auch der Kirche des Neuen Bundes wiederholt. Gingen Israel und die Kirche den

Weg Abrams, blieb man in den Grenzen der göttlichen Offenbarung, verließ man nicht die Separation des Glaubens, in die man sich durch die göttliche Berufung gestellt wusste, dann lebte man zwar in der Welt, war aber doch nicht von der Welt. Man erschloss sich nicht dem Geiste des weltlichen Heldentums. Man blieb fern von den blutigen Raubzügen der nimmersatten Machthaber. Man teilte aber auch nicht den Fluch und die Gerichte, in die die Welt immer wieder in ihrer Geschichte verwickelt wurde. Ja, welch ein Segen, wenn die wahren Söhne Abrams auf ihrem vielfach sehr einsamen Wege der Separation nicht überall dabei sein müssen, wo die Welt sich zankt, ihre Laster auslebt, ihre Machtbegierde stillt und – sich ihre Gerichte schafft! 1887

Das ist ja auch heute noch das Unerklärliche, dass die aus Gott Geborenen und mit Christo Lebenden in ihrer Gesinnung und Erwartung nicht mehr aufgehen können im Gegenwärtigen. So stark sie sich in demselben auch bewegen, sie bleiben Fremdlinge trotz ihres Bürgertums, sind Pilgrime trotz ihrer Heimat, suchen eine zukünftige Gottesstadt trotz ihrer Zelte in der Gegenwart. Hineingezogen durch die Berufung und Versöhnung in die Welt Gottes können sie auch nur in dem zu Hause sein, was Gottes und seines Sohnes Jesu Christi ist. Sie bleiben Jenseitsstehende allem gegenüber, das sich dem Wesen und der Gesinnung nach fremd Gott und seiner Offenbarung gegenüber verhält. 1888

Welch eine Glaubensgewissheit und Glaubensruhe gewinnt doch auch heute immer wieder der Mensch, sobald Gott ihm wirklich Gott sein kann! Wenn Gott ihn erquicken kann mit seinem göttlichen Trost in den Nächten und Stürmen des Lebens, wenn er ihn leiten darf mitten in den Wirrnissen und Irrungen der Zeit. Wem Gott wirklich Gott sein kann, der kommt je länger, desto tiefer auch in Gott zur Ruhe. Er lernt warten, wo Gott wartet, und er wagt zu handeln, wo Gott handelt, er segnet, wo Gott segnet, und er schweigt, wo Gott schweigt. Wer aber erst in Gott zur Ruhe gekommen ist, kann auch andere zu derselben Ruhe führen. Wer Gottes Herrlichkeit in dessen einzelnen Handlungen gesehen hat, der trägt wieder eine Prophetenbotschaft von dem Können Gottes für alle Müden in seiner priesterlichen Seele. 1892

Der Weg der eigenen Kraft verdunkelt uns immer das Angesicht Gottes. 1963

Es ist entsetzlich, in welch eine Hölle uns eine verblendete und falsche Einstellung auf politischem und religiösem Gebiete zu führen vermag! Man wähnte in Juda, den Weg zum Leben zu wandeln und schuf sich den Weg zum Tode. 2009

Unsere Zeit verlangt weniger Prediger auf der Kanzel im feierlichen Talarschmuck als Prediger und Predigerinnen unter der Kanzel im Schmucke eines geheiligten Wandels. Wenn das ganze Volk des Herrn sozusagen eine wandelnde Predigt unter dem allgemeinen Volke ist, dann mögen die Kinder dieser Welt das Christentum verachten, gegen den Wandel können sie ihre Herzen nur verhärten, aber denselben nicht verachten. Die Briefe der Apostel mögen sie ungelesen lassen, in dem Wandel erneuter und geheiligter Menschenseelen finden sie dieselben, vom Geiste Gottes getrieben, unauswischbar und unverkennbar wieder. Die Forderung an alle Reichsgenossen des Himmels in unserer Zeit ist: Lebe, was du glaubst und predigst! Denn es tut Not, damit auch andere von der göttlichen Kraft, die in ihrem Herzen wirkt, überzeugt werden und umkehren und den Namen Gottes heiligen. 2320

In Zeiten der Vereinsamung immer den Weg zu finden, den Gott einen führen will, ist weit schwerer als in normalen Zeiten. Man ist vielfach wie ein Tastender, man versucht hier und dort, ob nicht der Fuß einen Weg zum Gehen und die Hand eine Gelegenheit zum Dienen fände. 2533

Eigene Wege verändern auch den Charakter von Glaubensmenschen. 2536

Weihnachten

Jede Weihnacht verkündet uns die einstige Botschaft: „Und Friede auf Erden!“ Wo ist aber dieser Friede, der mit dem Kommen Jesu verbunden sein sollte? Dass wir ihn ausschließlich auf die Innerlichkeit, auf den zu erlebenden Herzensfrieden verlegt haben, damit ist jene Botschaft ganz gewiss nicht erschöpft. Diese Begrenzung wird nie die ursprüngliche Bedeutung der Friedensbotschaft des Evangeliums einzuengen vermögen. 1455

„Das Wort ward Fleisch“ – das ist bleibende Christusbotschaft! Die Kunde vom Stall zu Bethlehem, von der Krippe mit Heu und Stroh, von dem Mangel einer Herberge, von den Hirten auf dem Felde: Alles drückt nur eine zeitliche Begleiterscheinung, nicht aber das Wesen der eigentlichen Christusoffenbarung aus. Diese lag in dem ganz Großen: Das Wort ward Fleisch! 2172

Welt

Weltflucht ist noch lange nicht Weltüberwindung. 1027

Obwohl die Welt die Schöpferin ihrer Gesetze und Verordnungen ist, wird sie doch nicht selten zur Sklavin derselben und seufzt unter deren Härte und Lasten. 1272

Um eine für den Untergang reif gewordene Welt zu richten, brauchte Gott niemals den Dienst seiner Auserwählten und Propheten! Ihre Kraft und Hingabe hielt er für weit höhere Aufgaben in der Zukunft bereit. 1275

Erst in unmittelbarer Berührung mit dem Jenseitigen und Ewigen fühlt alles Irdische und Vergängliche den gewaltigen Abstand, der zwischen unserer Welt und der Welt Gottes besteht. 1350

Eine mehr und mehr von Gott und dessen Offenbarung sich lösende Welt hört in ihrer Selbstberauschung, Selbstsicherheit und Selbsterlösung zuletzt nur noch sich selbst reden. 1371

Je vermessener die Sprache der Welt, desto näher steht sie ihrem Gericht, je selbstsicherer sie war in ihrem Handeln, desto erschütternder war der Zusammenbruch ihrer Kraft. 1375

Die Welt verblutet durch ihre eigenen Rüstungen, durch die sie ihr Leben zu schützen sucht. 1450

Die Welt dient nie umsonst, und ihre Liebe versagt, sobald sie sieht, dass sie keinen wesentlichen Gewinn aus uns ziehen kann. 1593

Die Welt hält es unter ihrer Würde, wenn der Glaube ihr nicht mit gleichen Waffen und derselben Ausrüstung entgegentritt. 1597

Ist doch die Welt noch immer an ihren eigenen Ideen zu Grunde gegangen! ... Erst in göttlichem Lichte werden die Illusionen einer falschen Geistesrichtung und einer von unten inspirierten Kulturentwicklung in ihrer vollen Nacktheit und in ihrem ganzen Umfang offenbar. 1844

Alle Weltmacht beginnt mit einem goldenen Haupte, steht auf tönernen Füßen und endet eines Tages mit einer Schlusskatastrophe. 1889

Sobald die Berufenen aufhören, ihre Mission an der Welt zu erfüllen, hat eines Tages die Welt eine Mission an den Berufenen zu erfüllen, so schmerzlich und demütigend es für sie auch immer sein mag. 1903

Wer vertraut wird mit Gott, wird auch vertraut mit sich selbst und der Welt. Die Welt in ihrem Weh und Elend ist immer noch am tiefsten von denen verstanden worden, die am innigsten mit Gott verkehrten. 2024

Die Welt ist eingestellt auf ihren eigenen Geist. Sie lebt im Geist der Selbstbehauptung – daher ihr Machtprinzip. Sie lebt im Geist der Selbsterlösung – daher ihre Kreuzesfeindschaft. Sie lebt im Geist der Selbstbeseeligung – daher ihre Kulturanbetung. 2037

Das ist das wahre Angesicht der Welt. So spricht ihre politische Seele. Ihr geht das Wohl des Staates über das Wohl des Volkes, das Recht der Gewalt über das Recht des Gewissens, die Ehre des Vaterlandes über die Heiligkeit des menschlichen Lebens. 2091

Wir sollen die Welt, wie sie ist, nicht wie sie sein sollte – zum Gegenstand unserer Liebe werden lassen. 2196

Im Reiche Gottes lebt alles von der Offenbarung, daher die wachsende Glaubensgemeinschaft mit Gott. So wahr dies nun auch ist, so macht andererseits das Gottesreich seine Reichsgenossen doch nicht weltfremd und weltfeindlich. Erst als Himmelreichsgenossen gewinnen sie die Welt lieb, wie sie sie vor dem nie zu lieben vermochten. Sie haben eine völlig neue Einstellung zu ihr gefunden. Suchten sie in ihrem Leben „außer Christus" von der Welt so viel als möglich zu gewinnen, so möchten sie als Menschen „in Christo" ihr jetzt so viel als möglich bringen. 2216

Die Welt kann ungemein tolerant und entgegenkommend werden, wenn sie die Heiligen Gottes nur in ihren Dienst und Gehorsam, in ihre Weisheit und Weltanschauung, in ihre Religion und Zukunft hineinziehen und ihrem Geiste dienstbar machen kann. 2219

Um die Welt in all ihren Problemen richtig zu verstehen, ihr trotz all ihrer Sünde dennoch zu dienen, ihr in all ihrer Ratlosigkeit mit Höherem zu raten, ist es nicht nötig, dass man zuvor all ihren Unsinn geteilt hat, durch all ihren Schmutz mit hindurchgewatet ist und sich mit ihr jeder höheren Offenbarung verschloss. Die Welt auch in ihren tiefsten Fragen richtig verstehen, ihr in den dunkelsten und verworrensten Zeiten in Wahrheit zu dienen, ihr in ihren Gerichten und Katastrophen eine neue Zukunft zu geben, werden immer die am ersten vermögen, die Gott verstanden und ihr Leben durch göttliche Grundsätze bestimmen ließen. 2221

Eine Welt, die allein durch Blut und Tränen und auf den Ruinen des Nächsten entstanden ist, und die sich nur durch Machtmittel und vorbeugende Politik zu halten und zu befestigen weiß, die sieht von überall Unheil nahen und zittert innerlich vor den Katastrophen, die auch über sie unerwartet hereinbrechen könnten. Sie schaudert innerlich zurück vor einem ähnlichen Gericht über sich selbst, wie sie es jedoch durch ihre Macht anderen bereitete. Daher ihre ewige Unruhe, trotz der Höhe, die sie ersteigt, und trotz des Glanzes, in den sie sich hüllt. Wohin sie mit dieser ihrer Unruhe auch flüchtet, sie vermag derselben nicht zu entrinnen, da es für sie keine Basis und Macht gibt, die nicht durch eine höhere und stärkere erschüttert werden könnte. 2222

Die Welt ist uns nicht ein Gegenstand unserer Bekämpfung, sondern unserer Liebe und unseres Dienstes. 2340

Die ganze Welt ist in ihrem tiefsten Sein angelegt auf freiwillige Huldigung Gottes. 2351

Nie war das Ende einer bestehenden Weltmacht so nahe, als wenn sie sich erst an ihrem Ruhm berauschte und sich selbst anbetete in ihrer Macht ... Rüstende Weltmonarchien müssen gerichtete Weltvölker werden, wenn sie nicht eines Tages eine höhere Mission zum Segen der Völker innerhalb der Geschichte finden ... Durch Gewalt geschaffene Weltmonarchien können nur durch Gewalt erhalten werden. 2413

Das ist vielfach die Tragik im Leben der Welt, dass sie sich selbst Gesetze schafft und auferlegt, von denen sie sich nicht mehr ohne schwere Enttäuschung oder sogar ohne eine Katastrophe zu befreien vermag. 2788

Die Welt in ihrer Macht glaubt, durch das Kreuz den Dienst der Wahrheit aufheben oder einschränken zu können. Daher verkauft sie den Joseph nach Ägypten, verklagt sie den Daniel beim Hof, wirft sie nach dem David mit dem Speer, speist sie einen Jeremia mit Wasser und Tränenbrot, verbrennt sie einen Hus auf dem Scheiterhaufen, bereitet sie den Hugenotten eine Bluthochzeit und verschickt sie ihre Bürger nach Sibirien und Sachalin. Allein auf diesen Leidenswegen ist den Auserwählten weder der Dienst noch der Einfluss genommen worden. Sie sind vielmehr durch diese bevollmächtigt worden für weitere und höhere Dienste. Durch Sterben werden sie unsterblich, sie siegen durch Unterliegen. 2793

Weltgericht

Am Weltgerichtstag Gottes fallen alle Masken: jede fromme Tarnung eines Werkes, jedes berechnende Scheinen vor den Zeitgenossen, jede Selbstbehauptung durch angebliche Überzeugungen. Alles verliert seinen Inhalt und Wert für die Beurteilung, die Gott selbst vornehmen und aussprechen wird. Welche Gnade wird daher auch mit dem großen Gerichtstag der Endgeschichte verbunden sein, indem jeder Mensch von Gott beurteilt und gerichtet werden wird und nicht durch einen Menschen oder eine geschöpfliche Engelmacht oder durch den Fürsten der Finsternis. 2714

Weltgeschichte

Das ist Gottes Art, Weltgeschichte zu schreiben: Er nimmt ein bestimmtes Ereignis der Geschichte und lässt uns im Lichte einer Einzelerscheinung das Wesen und den Verlauf des Ganzen sehen. Babel vor Jerusalem: Das war in jedem Zeitalter das bezeichnende Bild in dem großen Kampf zwischen Weltstaat und Gottesreich. Nicht Jerusalem vor Babel. Diese Stellung hat Jerusalem als Zion Gottes nie in der Geschichte eingenommen. 1166

Erschütternder als je legt heute der Gang der Weltgeschichte Zeugnis davon ab, dass die Menschheit samt ihrem Wissen und ihrer Kultur zusammenbrechen und untergehen muss, wenn sie sich in ihrer Weltpolitik löst von den göttlichen Lebensnormen und die versteckte Selbstsucht zum Gebot der Stunde erhebt. 1468

Die ganze Weltgeschichte bestätigt doch, dass die Kultur da am höchsten stand, wo die Menschen Gott innerlich am nächsten standen. Wessen Seele Gottes Bild in sich trägt, der gestaltet die Erde zu einem Bilde seiner eigenen Seele. Nicht die Kultur schafft den Menschen, sondern Menschen schaffen die Kultur. Das Evangelium einer materialistischen Weltanschauung, nach welchem bessere Zustände auch bessere Menschen schaffen sollen, ist bisher durch die Menschheitsgeschichte nicht gerechtfertigt worden. Erst bessere Menschen schufen auch gerechtere und menschenwürdigere Zustände. Eine Welterlösung kann immer nur da beginnen, wo die Quellen ihres gegenwärtigen Elends liegen. Das ist der Mensch. 1792

Auch unserem schwer leidenden Geschlecht sollte es zum Bewusstsein kommen, wie die ganze Schöpfung auf eine innere Neueinstellung des Menschen wartet. Man hat sich früher beim Studium der Weltgeschichte vielfach gewundert, wie die Schöpfungen der Pharaonen, die Bauten von Ninive, die Paläste und hängenden Gärten von Babel, ja, die so reiche Kultur von Jahrtausenden so völlig untergehen konnte, dass ihre Schutthaufen heute kaum noch auffindbar sind. Wer jedoch mit sehendem Auge und wahrnehmendem Herzen die gewaltigen Ereignisse des letzten Jahrzehnts mit durchlebt hat, der wundert sich nicht mehr, wenn der eigene Geist der Völker zu jenem Feuer wird, das sie verzehrt und ihre Kulturen in Kalkbrandstätten verwandelt. Jedoch Gottes Propheten schauten nie Gericht ohne Gnade, nie Untergang ohne Auferstehung, nie ein Erdenreich ohne den kommenden Gottesstaat, nie eine antichristliche Weltmonarchie ohne das darauffolgende Friedensreich Jesu Christi. 1873

Das war je und je das Geheimnisvolle in der Geschichte, dass Gott die herrschende Gewalt, sobald sie sich in den Dienst der Brutalität stellte, mit Blindheit schlug. Welche Dummheiten und Verrücktheiten sind nicht von den mächtigsten Regierungen im Laufe der Geschichte zur Beschleunigung ihres eigenen Untergangs begangen worden, wenn Gott sie erst um ihrer Ungerechtigkeit willen preisgegeben hatte. Dass dies so war, darin lag das Heil der Zukunft. Wäre es anders gewesen, dann hätte eines Tages die brutalste Gewalt über die ganze Welt geherrscht und sie in ihr Gericht hineingezogen. Eintretende Blindheit einer bestehenden Macht leitete noch immer den Anfang ihres Untergangs ein. 1901

Erschütternder als je legt heute der Gang der Weltgeschichte Zeugnis davon ab, dass die Menschheit samt ihrem Wissen und ihrer Kultur zusammenbrechen und untergehen muss, wenn sie sich in ihrer Weltpolitik löst von den göttlichen Lebensnormen und die versteckte Selbstsucht zum Gebot der Stunde erhebt. 2356

Jede Zeit in der Geschichte war immer das, was der Mensch mit Gott oder ohne Gott aus ihr machte, entweder eine Zeit des Aufbaus oder des Gerichts. Denn das Primäre auch in der Geschichte bleibt der schöpferische Geist des Menschen: Er ist entweder ein Engel oder ein Dämon für seine Zeit. Löst der Mensch sich von Gott und dessen Offenbarung, dann werden in ihm alle Teufel los. Diese sind alsdann die Grabesdämonen, die die Welt gestalten wollen und doch das Gericht in sie hineintragen. Die Welt erlebt so viel Gericht, als der

Mensch Gerichtetes in sich trägt und es zur schöpferischen Kraft im Aufbau der Zukunft machen will … Die große Wetterecke der Weltgeschichte liegt in den unergründlichen Tiefen der menschlichen Seele. Hier entsteht die Nacht oder aber auch der Morgen eines neuen Tages. 2402

Vom Menschen und von der Geschichte aus gesehen, bleibt es ein Geheimnis, dass ein- und dieselben Geschichtsereignisse dem einen Volk zum Gericht und dem anderen zum Segen werden können. Vom souveränen Walten Gottes aus ist es jedoch kein Geheimnis. Als Herr jeden Weltgeschehens gestaltet er die Dinge so, dass sie ihm als Faktor für die Verwirklichung seiner Gedanken dienen müssen: denen, die ihn suchen, zum Segen, jedoch denen, die ihm widerstehen, zum Gericht. So wurde auch der Zusammenbruch von Babels Weltmachtstellung dem im Exil weilenden Israel zum Anbruch einer neuen Auferstehung. 2654

Welch eine Fülle von göttlichem Licht würde uns verloren gehen, wenn wir nicht das prophetische Wort, die Gebete der Psalmen und die Hoffnungen der alttestamentlichen Heiligen hätten. Haben doch die Propheten Israels mit ihrem Licht weit mehr zum inneren Aufbau der Weltgeschichte beigetragen als die größten Philosophen Griechenlands, als die tiefsten Gesetzeslehrer Roms und als die gewaltigsten Staatsmänner und Imperatoren der alten Welt. 2674

Wiedergeburt

Der wirkliche Glaubenskampf und die mancherlei Glaubensproben liegen erst hinter der engen Pforte. Wir haben als Menschen „in Christo“ keine Garantien, dass wir durch ein Leben in der Abhängigkeit vom Herrn in keine Leiden und Kämpfe, in keine Prüfungen und Anfechtungen hineingenommen werden. Auch als Wiedergeborene bleiben wir in dieser Welt mit ihren Entbehrungen und Versuchungen, mit ihrer Not und ihrer Arbeit, mit ihrer Sünde und ihrer Ungerechtigkeit. 1009

Jeder weiß, wie bald sich nach unserer Wiedergeburt wieder das alte Leben regt und den Versuch macht, das neue, aus Gott geborene, unter seine Herrschaft zu bringen. Hatte der Feind unserer Seele, der große Widersacher Gottes und des Menschen, auch nicht dauernd verhindern können, dass wir wiedergeboren wurden, so wollte er doch verhindern, dass wir gelöste Gotteskinder blieben. Wir durchlebten schwere Kämpfe und standen ohnmächtig unserem Feind gegenüber. Aber gerade in diesen Stunden lernten wir erkennen, wie der alte Mensch, durchs Kreuz gerichtet, seine Herrschaft verloren hat über jenes Leben, das aus Gott geboren ist. 1013

Die Wiedergeburt eines Volkes muss von innen heraus geschehen und kann nicht durch äußere Gewalt erzwungen werden. Auf Kommando kann man weder Buße tun noch ein Leben der Hingabe vor Gott führen. 1093

Wiedergeburt ist eine Tat des ewigen Erbarmens, Wiedergeburt ist aber auch der Beginn eines neuen Lebens. Paulus kann von dieser schöpferischen Tat Gottes und dem Entstehen neuen Lebens nie anders als von einem bereits gegenwärtigen Heil sprechen. 1104

Wiedergeburt ist der Anfang eines neuen Werdens, der Beginn des göttlichen Wirkens in uns, das Eingehen in die Kindschaft, zu der wir vor Grundlegung der Welt in Christo erwählt worden sind. Sie ist die enge Pforte in das Reich Gottes, das große entscheidende Heilserlebnis unseres Glaubens, das uns von einer verlorenen Vergangenheit löst und uns den bewussten Glaubensumgang mit Gott erschließt. 1185

Wiedergeburt ist jenes große Erleben des Glaubens, durch welches der Mensch auf Grund der rettenden Kraft Gottes beginnt, in ein neues Verhältnis zu Gott zu treten. Sie ist also unendlich mehr als das bloße Fürwahrhalten göttlicher Wahrheiten oder als ein formelles Bekenntnis zu Gott und seiner Heilsoffenbarung in Christo. Nicht um eine das Wissen fördernde Erkenntnis handelt es sich bei ihr. Es geht um eine innere Erneuerung der Gesinnung und des Lebens, um ein Erlebnis von so grundlegender und umfassender Bedeutung, dass sie nur mit der natürlichen Geburt verglichen werden kann. 1186

Wiedergeburt war nie eine menschliche Handlung oder eine Selbsterlösung. Sie war zu jeder Zeit und bei jedem Menschen eine schöpferische Gottestat. 1187

Mit der Wiedergeburt beginnt das freiwillige Loslassen des Lebens ohne Christus und die glaubensvolle Hingabe an das neue Leben in Christo. 1188

Jede Wiedergeburt ist eine originelle Schöpfung Gottes. Leben schafft nicht Kopien, es zeugt Leben nach seinem ursprünglichen Bild. So sehr auch in jedem Jesusjünger mit der Zeit unter der Leitung und Zucht des Geistes das Jesusbild hervortritt, so wird doch nie ein Bruder das Bild des andern Bruders tragen. Mögen auch manche ihrer Züge dem Geiste nach viel Verwandtes haben, jeder Zug ist doch eine originale Schöpfung des neuen Lebens. 1189

Bei unserer Wiedergeburt handelt sich's um viel Tieferes und Wesentlicheres als um augenblickliche Seelenstimmungen. Es handelt sich um nichts Geringeres, als seinem alten Wesen zu sterben, auf dass auch in uns hinfort er lebt, dem der Vater das Zepter über die ganze Schöpfung in die Hand gelegt hat. Manche können dies jedoch nicht verstehen. Sie glauben wohl an eine Wiedergeburt und betonen die Notwendigkeit derselben. Aber sie erwarten sie für den einzelnen und für das Ganze auf einem anderen Wege. Für sie geht der Weg der Wiedergeburt nicht durch Tod zum Leben. Man glaubt an das Gute im Menschen, an das ewig Göttliche, das durch keine Macht der Sünde im Menschen hat verdorben werden können. Dieses müsse durch den Geist Gottes geweckt und belebt werden, damit es das herrschende Prinzip wieder in unserem Leben werde. Wer aber hineingeschaut hat in die schauerlichen Tiefen unseres eigenen Wesens, der versteht Gott in seinem neutestamentlichen Heilsweg, der durch Tod zum Leben führt. Wiedergeburt bedeutet für unser natürliches Wesen immer Gericht, nie Begnadigung. Wenn wir durch den Geist Gottes zu Christo geführt werden und wir in der Wiedergeburt einen ewigen Gnadenbund mit ihm schließen, dann treten wir damit unsere Rechte an ihn ab. Wo das nicht geschehen ist, da ist alle Jesusliebe nur eine Begeisterung, wie Saul sie an den Tag legte, die seiner Zeit ganz bestimmt umschlägt in Jesushass und Jesusfeindschaft. Was wir daher in unseren Werbe- und Evangelisationsstunden bei allen, die die Wahrheit suchen um jeden Preis erreichen möchten, sind nicht Gefühle und augenblickliche Seelenstimmungen, sondern klare, nüchterne, innerliche Glaubensentscheidungen für Jesus, was für Konsequenzen das auch für das praktische Leben mit sich bringen mag. 1602

Auch als Wiedergeborene tragen wir unsere Garantien nicht in uns selbst, sondern haben sie allein in dem, dem wir angehören. 1970

Wiedergeburt: eine Tat göttlichen Erbarmens! Wiedergeburt: die Frucht des schöpferischen Wortes! Wiedergeburt: der Anbruch eines neuen Lebens! Wiedergeburt: das Geheimnis der lebendigen Hoffnung! Möge diese vierfache Botschaft uns hinausbegleiten in das Leben und in den Dienst. 2098

Ist später von Jesus und von den Aposteln sehr oft von der inneren Neuwerdung auch mit andern, noch tieferen und klareren Worten gesprochen worden – Wiedergeburt war auch Jeremia der Anfang eines neuen Werdens, ein Absterben des Alten, ein Auferstehen zu Neuem. 2428

Wiederkunft Christi

Wer in den eschatologischen Wartezeiten Glauben behält, in der Liebe nicht erkaltet, sich am Geiste der antichristlichen Diesseitsbejahung nicht berauscht, den wird der Menschensohn nicht überraschen, wenn er auch zu einer Stunde kommt, wo man seine Ankunft nicht erwartet. 1130

Erst durch den Eintritt Christi mit seinem Anspruch auf die Königsherrschaft Gottes hat die Gemeinde ein Recht, von einer biblischen Endgeschichte zu reden. Krieg und Kriegsgeschrei hat es immer gegeben. Naturkatastrophen im größten Ausmaß haben je und je die Welt erschüttert. Eine Sehnsucht nach Frieden, Gerechtigkeit und Erlösung hat die Völker immer neu aufs allertiefste erfüllt. Begreiflich, dass in den einzelnen großen Wendepunkten der Geschichte die Kirche Christi glaubte, in der letzten Entwicklung der Endgeschichte zu stehen. Verständlich wird die Endgeschichte allein von der Sendung aus, mit der Christus in die Geschichte getreten ist. Gewiss haben wir in Christi Kommen ins Fleisch Gottes höchste Offenbarung, nicht aber die letzte. Christus kann nicht nur der geschichtliche Anbruch, er muss auch der endgeschichtliche Vollender der Königsherrschaft Gottes werden. Er ist nicht nur das Alpha innerhalb der neutestamentlichen Heilsoffenbarung, nicht nur der hohepriesterliche Mittler der gegenwärtigen Heilsgüter, er ist auch das Omega der allerletzten Heilsvollendung. 1131

Wille

Noch fand das menschliche Wollen immer eine moralische Begründung für seine eigenen Wege und für seinen Ungehorsam gegen Gott. 2508

Dauerndes Widerstreben gegen Gott schwächt mehr und mehr die sittliche Kraft, das erkannte Gute zu wollen und zu vollbringen. 2509

Wissenschaft

Führt die Wissenschaft den Menschen erst nicht mehr zu Gott, dann führt sie ihn zu den Göttern. 1793

Wunder

Für Gott gibt es keine Wunder. Für ihn gibt es nur ein Handeln, und zwar aus seinem göttlichen Sein heraus. Dieses Gottessein kennt keine Schranken. Es spricht, und das für uns Menschen Unmögliche geschieht. Gott handelt, und wir erleben dieses Handeln Gottes als ein Wunder. Aus diesem Gottessein und der damit verbundenen Reichgotteswirklichkeit floss die Vollmacht Jesu, in der er diente und handelte und so die Herrlichkeit Gottes offenbarte. 1548

Für Jesus waren seine Wunder nicht Wunder, wie sie eventuell von Menschen aus geschehen. Sie waren schöpferisches Handeln und hingen aufs engste mit den Energien des Geistes der Heiligkeit zusammen. Nur von ihnen aus waren sie verständlich. 2297

Wunder sind bewusste göttliche Geistestaten, die ihren eigenen Gesetzen folgen, gleichviel ob diese sich scheinbar innerhalb oder außerhalb von dem bewegen, was wir Naturgesetze nennen mögen. Wer Gott je in seinem unmittelbaren Wirken erlebte, wenn seine göttliche Kraft geoffenbart wurde, die sich stärker erwies als die Gesetze des Stoffes, der Zeit oder des Raumes, der glaubt an göttliche Wunder, wenn er sie sich auch nicht erklären und beweisen kann. 2673

Zeugnis

Wir können einer Wahrheit nur dann einen richtigen Ausdruck geben, wenn sie zu unserem innerlichen Erlebnis geworden ist. Je vertrauter wir mit ihr sind, desto abgeklärter und bestimmter wird unsere Ausdrucksform für sie sein. Auch die Apostel waren in der Hand des Heiligen Geistes keine willenlosen Sprachorgane, die unverstandene Dinge der Welt übermitteln mussten. Nein, was sie durch die Erleuchtung des Geistes schauten, was in den Kreis ihres tiefsten Erlebens getreten war, das verkündeten sie. Und das Zentrum aller ihrer Erlebnisse war der gegenwärtige Christus. 1177

Gesandte Gottes haben Höheres zu tun, als die Welt zu bekämpfen und sie mit ihrem Geschrei zu erfüllen; daher polemisieren sie nicht, sondern zeugen, verteidigen nicht die Wahrheit, sondern werden von der bezeugten Wahrheit verteidigt und gerechtfertigt. 1408

Unser Zeugnis wird immer dem Gottesbilde entsprechen, das unser inneres Auge geschaut und unser Herz erlebt hat. Wir werden Gott nie größer machen können, als er unserer eigenen Seele ist. Und nur insoweit er in unserm Leben eine von uns erlebte Wirklichkeit ist, werden wir auch von seinem großen Können zu andern zu reden verstehen. Eine klare Heilsverkündigung fließt nur aus einem klaren Heilserleben. Und nur das Erlebte gibt uns die Freimütigkeit und Kraft, mit jener inneren Gewissheit von dem Heil zu zeugen, das Gott zu geben vermag. Fehlt unserem Zeugnis von Gott und seinem Heile diese Kraft und Gewissheit, dann fehlt ihm auch die Wirkung. Vertrauen zu unserer Botschaft gewinnt die Welt erst dann, wenn sie merkt, dass in derselben die Gewissheit von Erlebtem zu ihr spricht. Sie ist müde aller religiösen Phrasen und sehnt sich mehr denn je auf dem Gebiete der höchsten Güter nach erlebten Wirklichkeiten. 1505

Je und je war es in der Geschichte der Fall, dass die Welt vielfach die eigentlichen Zeugen und Träger der Gotteskraft weniger in denen fand, die die Gemeinde Gottes nach außen repräsentierten, sondern vielmehr in jenen stillen Seelen, die einen vertrauten Umgang mit Gott führten. 1506

Die Aufgabe der Jüngergemeinde Jesu Christi ist nicht Zeichen- und Stundendeuterei. Wie oft standen auch innerhalb der Kirche Christi Prophet gegen Prophet, wenn man sie zum Inhalt seiner Botschaft und seines Dienstes machte. Gewiss hat die Gemeinde im Geiste und in heiliger Nüchternheit die Aufgabe, auf das Geschehen und auf die Entwicklung der Weltgeschichte und der Zeitereignisse zu achten. Sie soll nicht blind sein gegen die Weltwehen, die immer größer werden, damit sie frei werde für Gott und den Dienst ihres Hauptes allein. Aber die Festsetzung für seine großen Stunden, in denen das Kommen seiner Königsherrschaft zu einem neuen Durchbruch gelangt, hat der Vater für seine eigene Macht vorbehalten. Die Aufgabe der Kirche war und ist und bleibt, Zeugin ihres Christus zu sein. 1563

Es ist wohl leichter, äußere Denkmäler von der Gnade und Treue Gottes zu errichten, als selbst durch sein Leben und seinen Wandel ein lebendiges Zeugnis dieser Gnade und Treue zu sein. Die Welt ist auch heute voll von äußeren Denkmälern und Altären, aber ihr fehlen jene lebendigen Zeugen, in deren Leben und Handeln geschrieben steht: Dem Herrn geweiht! 1980

Nur wenn wir erleuchtete Augen für die Majestät, für die Herrlichkeit und Größe unseres Christus gewonnen haben, können wir auch einen entsprechend großen Christus der Welt zu ihrem Heil verkündigen. Ich gestehe ganz offen, wenn ich die Irrungen in der Gegenwart sehe, wenn ich wahrnehmen muss, wie letzthin auch unser deutsches Volk sich wieder so stark nur diesseits orientiert, da frage ich mich, ob wir als Botschafterin Jesu Christi den Christus Gottes so gedolmetscht haben, dass sich in ihm auch unserem Volk eine völlig neue Welt erschließen musste ... Oder war uns unser Dienst nur Beruf, lag er uns nur auf derselben Ebene, auf der auch ein weltlicher Dienst am Nächsten und am Volksganzen liegen kann? 2177

In den ersten Monaten unserer neuen Zeit, wo alles Werden noch in starker Gärung war, kamen eine Anzahl führender Männer der Kirche in einer unserer Großstädte zusammen. Wir wollten versuchen, uns durch eine offene Aussprache über die bestehenden neuzeitlichen Fragen Klarheit zu verschaffen. Da sagte ein Vertreter der alten Kirchenregierung:

„Brüder, 75 Prozent unserer bisherigen Predigten können wir verbrennen." Ich musste mir nachher sagen: Wenn auch der Form nach man heute manches anders zu sagen hat als früher, dem Inhalt nach haben wir jedoch nichts von dem Zeugnis zu verbrennen, das bisher unseren Dienst von Christus als dem gekreuzigten, auferstandenen und gegenwärtigen Herrn ausfüllte. Christus als der Inhalt unseres Evangeliums ist nicht wandelbar! Er kann weder durch politische Umwälzungen noch durch neue Weltanschauungen bestimmt werden. Wir sehen uns innerhalb der Kirche in unserem Dienst durch Christus bestimmt. Nicht er wird bestimmt durch unseren Dienst. Wir sehen uns in unserem Dienst am Wort auch nicht so geführt, uns die Vollmachten zum Dienst und die Waffen zum Kampf von jenen geben zu lassen, die sich in ihrer gegenwärtigen Weltanschauung und Zeitgestaltung wiederum erweisen als „Feinde des Kreuzes Christi" ... Wir können unseren Dienst innerhalb der Kirche Christi nur in den Vollmachten tun, durch die wir von Gott her begnadigt werden. 2271

Wer als Apostel so offen und gewaltig an den uralten Fundamenten heidnischer Religionen rüttelte, wer als römischer Bürger so unerschrocken dem zum Gesetz und zur Blüte gelangten Kaiserkult widersprach und als Kyrios, d. h. als Herrn der Gemeinde und der Zukunft, Christus bezeugte, ja, wer so überzeugend das Licht der Ewigkeit auf die damals herrschenden Weltanschauungen und Zeitströmungen fallen ließ, der musste mit jenem Widerspruch und jener Feindschaft rechnen, die bereits Christus ein Golgatha bereitet hatten. 2288

Die tiefste Christuserkenntnis kann vom Glauben der Gemeinde zwar immer neu erlebt und bezeugt, nicht aber an andere weitergegeben werden. Sie bleibt in ihrer Christusbotschaft auch in diesem allertiefsten Geheimnis ihres Glaubens abhängig von der Erleuchtung und Mitwirkung des Heiligen Geistes. 2296

Will eine Gemeinde des Herrn einen Einfluss ausüben, so muss sie zu lieben verstehen. Die Erfahrungen aller Jahrhunderte seit dem Bestehen des Christentums lehren, dass eine gläubige Gemeinschaft nur dann einen sichtbaren Erfolg in ihrer Missionsarbeit hat, wenn die Welt es bezeugen muss, dass Liebe die Herzen durchdringt und durchglüht ... Das ist Kraft in der Mission, der selbst Satan nicht zu widerstehen vermag. Da bewegt sich das Zeugen und Wirken für die Reichgottessache um die beiden Pole: Liebe zum Herrn und Liebe zum Nächsten. 2328

Wahrer Glaube geht sehr keusch mit dem um, was der Mensch in den heiligsten Stunden seines Lebens mit Gott erlebt hat. Er schmückt sich nie mit der Herrlichkeit, die sich ihm hier erschloss und kleidet sich nie mit der Kraft, die sich ihm hier mitteilte. Er kann vom wertvollsten seines Erlebens schweigen bis zu dem Augenblick, wo das Erlebte zu einem Zeugnis von dem Können Gottes wird und mit dazu beiträgt, in bedrängter Stunde das Vertrauen der Brüder zu stärken. 2343

Man sagt, guter Wein müsse den Boden verraten, auf dem er gewachsen ist. Ich weiß das nicht. Aber so manche Frucht in jenen Psalmen, die uns von David überliefert sind, so mancher Zug seines späteren königlichen Dienstes lassen uns noch jenen Boden des Hirtenlebens erkennen, auf dem David seine ersten Glaubenserfahrungen machte. Dieser Boden war ihm nicht vergeblich zu einem Offenbarungsboden geworden. Hier hatte Gott zu ihm reden, ihm Grundsätze des göttlichen Lebens geben können, die ihm später so wertvoll waren für sein Verhältnis zu seinem Volke und für seinen königlichen Dienst unter seinen Brüdern. Im Zeugnis vom Erlebten liegt immer eine wunderbare Kraft. 2388

Die Gemeinde Christi ahnt kaum, wie sie sich in ihrer Verkündigung und in ihrer Botschaft des Heils dauernd der Gleichnisse und Bilder bedienen muss, und zwar um der fleischlichen Schwachheit derer willen, denen sie die Rettung durch Christus sagen will. Je tiefer sie das erkennt, umso bewusster hält sie daher auch nicht das Gleichnis für den Inhalt, nicht den Buchstaben für das Wort, nicht das Zeugnis von der Versöhnung für die Tat der Versöhnung. Selbst die größten Zeugen innerhalb der Kirche konnten stets, gleichwie einst auch Paulus, nur in menschlichen Ausdrücken von den großen Taten Gottes reden, und zwar immer um der fleischlichen Schwachheit ihrer Zeitgenossen willen. Niemand von ihnen gefiel sich daher in seinem Zeugnis. Jeder lebte je länger desto bewusster in der Erkenntnis: unser Reden über Gott könne nie Gott selbst sein, alle unsere Versuche, Gott in seiner Offenbarung zu enthüllen, werden zu gleicher Zeit auch eine Verhüllung Gottes in seiner Offenbarung sein.

Ebenso kann nie irgendein Zeugnis vom Heil etwa der Inhalt des Heils sein. Jedes Zeugnis kann immer nur zu einem Ruf Gottes zum Heil hin werden. Am fruchtbarsten und inhaltvollsten innerhalb der Heilsgeschichte wird immer die Verkündigung jener Zeugen sein, die selbst unter der Knechtsgestalt ihres Wortes oder ihrer Verkündigung litten. Sie ringen in ihrem Zeugnis um jenen Inhalt und um jene Klarheit, in welcher der Mensch Gott in seiner Selbstoffenbarung vernehmen und Gottes Heilsmitteilung als Rettung erleben möchte. Denn das Zeugnis in Knechtsgestalt und das Reden in menschlichen Ausdrücken um der fleischlichen Schwachheit willen ist nicht etwa gleichbedeutend mit Inhaltslosigkeit; es soll nicht Geistesarmut der Verkündigung sein. Es ist aber das tiefe Bewusstsein, dass Gott in seinem Geiste durchs Zeugnis zum Menschen kommen muss, damit derselbe ihn in seiner Rettung und in seiner Kraft erkenne und erlebe. 2745

Ziel

Einst werden wir erkennen, dass Gott in seiner so vielfach verhüllten Führung auch in unserem Leben keine Fehler machte, als er uns auf dem Umweg durch die Wüste zum Ziel unserer Sehnsucht und in die Heimat unserer Seele führte. Seine Umwege ließen uns finden, was wir auf unseren direkten Wegen nie gefunden hätten. Das Ziel, nicht der Weg zum Ziel war ihm das Entscheidende, als er auch die Führung unseres Lebens übernahm, um es aus der Knechtschaft zur Freiheit, aus der Fremde in die Heimat zu führen. 1011

Als Hiob nichts mehr von sich, nichts von seiner Frömmigkeit, nichts von seinem Wissen und seiner tiefen Erkenntnis hielt, sondern allein die Größe und Majestät Gottes sah, da hatte Gott sein Ziel erreicht. Hinfort schlug für ihn die Stunde der Erlösung … Dies sollte für die kommenden Zeitalter zu jenem ewigen Zeugnis werden, dass in Gottes Hand auch die schwersten Leiden zu einem ungeahnten Segen werden können. 1021

Wie klein scheint uns das Werk Gottes in unserem eigenen Leben zu sein! Wie quält uns die Frage, ob Gott mit solchen Nieten, wie wir sind, auch zum Ziele kommen wird! Wie unendlich viele Enttäuschungen hat man in Bezug auf sich selbst erlebt! Wäre das Königreich der Himmel dein Werk, dann könntest du verzweifeln. Aber es ist Gottes Schöpfung und Gottes Gabe. Wirke du es nicht, sondern lass es in dir wirken! Es ist stark genug, dich in seinen Reichtum und in seine Fülle an Leben hineinzuziehen. Welcher Friede würde in unser Leben ziehen, wenn wir auch in Bezug auf das Werden der göttlichen Schöpfung in uns ruhen lernen in der Aktivität Gottes, im Wirken eines Heiligen Geistes! 1100

Wie oft ist es Gottesknechten so ergangen, dass sie auf Grund des prophetischen Wortes Ziele sahen, aber den Weg übersahen, der zum Ziele führen konnte. Unser Herz und unser Auge waren erfüllt von der Wahrheit, die geoffenbart, und von der Verheißung, die erfüllt werden sollte, aber wir übersahen das „Wie" ihrer Erfüllung. 1411

Zwar ist jede Glaubenserfahrung kostbar, auch die allerkleinste. Aber keine ersetzt das Ziel, auch nicht die allergrößte. Es sind nur Erfrischungs- und Stärkepunkte auf dem Weg zum Ziel, Entwicklungsknoten in unserem geistlichen Wachstum zum vollen Mannesalter in Christus ... Wir ahnen kaum, welche Lebens- und Segensgebiete noch vor uns liegen, die Erbe unseres Glaubens werden sollen. Wie einem Kinde die ganze Fülle des vor ihm liegenden Lebens verborgen ist, so verhüllt ist vielfach auch uns, was alles an Leben, an Herrlichkeit, an Dienst, an Kraft und Kraftäußerungen noch vor uns liegt: Segnungen, die darauf warten, ihre Erben und Träger zu finden. 1520

Wir zittern im Blick auf uns selbst, uns bangt um den Bestand der Kirche, wir sind besorgt um die Endvollendung der Gottesherrschaft auf Erden. Wie berechtigt wären unsere Sorgen, wäre Jesu Reichgottesbotschaft nicht welterlösend in ihren Zielen. Sie weist prophetisch über das unvollendete Heute hinaus auf das vollendete Morgen. Sie spricht zu dem in Gefahr stehenden Petrus: „Ich habe für dich gebeten, dass dein

Glaube nicht aufhöre.“ Sie ruft den erschrockenen Jüngern zu: „Bis dass ich es neu trinken werde mit euch in meines Vaters Reich.“ Sie tröstet die bangende Gemeinde mit dem großen Wort: „Sei ohne Furcht, du kleine Herde! Es hat eurem Vater gefallen, euch das Königtum zu geben!“ So weist jeder Glaubensanfang innerhalb des in die Geschichte getretenen Reiches Gottes auf eine Glaubensvollendung. 1558

Um den Menschen ein Tiefstes und ein Letztes zu sagen, sind für Gott nicht entscheidend die Mittel, die er erwählt, entscheidend ist für ihn allein das Ziel, zu dem sein Ruf und seine Berufung durch Christus führen sollen: die neue Kindesstellung des Menschen zu Gott. 2198

Zukunft

Die Weltwehen der Zukunft werden groß und die Katastrophen über alles vom Menschen im eigenen Geiste Geschaffene schwer genug werden, dass die Völker Ausschau halten werden, ob es nicht irgendwo im Chaos der Geschichte eine Offenbarungsstätte gibt, von der aus die untergehende Welt eine neue Zukunft zu gewinnen vermag. 1200

Menschen, die überall im Leben und in der Geschichte nur das Böse sehen und es zum Stoff ihrer Überlieferung machen, werden nie eine positive Mission für den Aufbau der Zukunft haben. 1309

Nicht dem Tode, dem Leben gehört die Zukunft; nicht dem Gericht, der Gerechtigkeit gehört die Erde; nicht dem Geschöpf, seinem Schöpfer gehört der Mensch. 1323

Die Zeit des Antichristus wird die Zeit vernichtender Kritik, nicht aber die Zeit schöpferischen Aufbaus der Zukunft sein;

denn was aus dem Abgrund emporsteigt, führt seine Geistesschöpfungen wieder in den Abgrund. 1327

Wem erst die Zukunft Gottes gehört, der trägt wieder eine Hoffnungsbotschaft für seine mut- und hoffnungslosen Brüder in sich und richtet den Blick der Wartenden auf das Kommende, das mit seinem Leben auch die Gerichte der Gegenwart überwinden wird. 1339

Gottes Zukunft ist nicht gebunden an das, was er gab, sondern was er geben wird, nicht an das, was er schuf, sondern was er schaffen wird. 1372

Das Leben der Zukunft ist immer reicher als das der Vergangenheit. 1496

Wie der Schatten das Kommen seines Wesens verkündigt, so zeugen alle Bilder und Vorbilder im alttestamentlichen Haushalte von den Absichten Gottes in der neutestamentlichen Heilszeit und dem Kommen der zukünftigen Vollendung. 1583

Gottes Zukunft lag niemals in der Rückkehr zu einer gerichteten Vergangenheit. Sie ruhte stets in dem Neuen, das er zu schaffen vermag. Daher waren auch seine Propheten immer Männer des ewig Neuen … Nur Zeitalter, die arm blieben an göttlichen Energien und schöpferischer Kraft, lebten von den Erinnerungen einer gerichteten Vergangenheit. Denn in sich allein fand nie ein Zeitalter die Kraft, Neues zu gebären. Nur insoweit Gott durch sein Licht Höheres den Propheten eines Zeitalters anvertrauen konnte, verfügte man auch über die Kräfte, eine neue Zukunft zu schaffen. 1761

Auch Heiligen wird es oft sehr schwer, ihr Sehnen und Schauen in vollen Einklang mit dem Wirken Gottes in der Geschichte zu bringen. Sie eilen Gott in der Regel um Jahrhunderte und Jahrtausende voraus. Daher hat auch das geistliche Leben zu allen Zeiten auf keinem Gebiete so große Enttäuschungen erlebt wie auf dem Gebiete der Zukunftserwartungen. 2000

Dass starke, bewaffnete Staaten, große organisierte Gemeinden, hochstehende blühende Kulturen, gepflegte und gepriesene Wissenschaften uns nicht zu schützen vermögen, das haben wir gesehen und erlebt. Sollen wir da nicht zittern und zagen im Blick auf das, was eventuell auch für uns kommen kann? Im Gegenteil! Das erhöhte Haupt der Gemeinde ruft auch uns zu: „Ich weiß, wo du wohnst“. 2051

Bis heute waren alle Götter unerhört hart in ihren Forderungen an Opfern, sobald Völker von ihnen, anstatt von dem Schöpfer der Welt und von dem Herrn der Geschichte, ihre Sicherheit und Zukunft erwarteten. 2460

Es bleibt das Große im Gesamtbilde der prophetischen Verkündigung, dass nach jedem Abend der Geschichte dennoch ein neuer Morgen anbricht. Ein Morgen, der einen Tag einleitet, der in seinem Leben reicher, mit seinem Licht heller und in seinen Zielen der ersehnten Heilszukunft verwandter sein wird als der vorher untergegangene. 2637

Zitatnachweise

Zitat-Nr.	Bibelstelle	Quelle
1002		2
1003	2.Mose 17.18	2
1004	2.Mose 13,17.18	2
1006	Röm 8	2
1007	Röm 8	2
1008	2.Mose 13,17.18	2
1009	2.Mose 13,17.18	2
1010	2.Mose 13,17.18	2
1011	2.Mose 13,17.18	2
1012	Hiob 7,17.18	
	Ps 73	2
1013	2.Mose 13,17.18	2
1014	2.Mose 13,17.18	2
1015	2.Mose 13,17.18	2
1016	Hiob 7,17.18	2
1017	Hiob 7,17.18	2
1018	Hiob 7,17.18	2
1019	Hiob 7,17.18	2
1020	Hiob 7,17.18	2
1021	Hiob 7,17.18	2
1022	Hiob 7,17.18	2
1023	Joh 11,21.32	2
1024	Joh 11,21.32	2
1025	Joh 11,21.32	2
1026	Joh 11,21.32	2
1027	2.Mose 4,1	2
1028	2.Mose 4,1	2
1030	2.Mose 4,13	2
1031	2.Mose 4,1	2
1032	2.Mose 4,1	2

Zitat-Nr.	Bibelstelle	Quelle
1033	2.Mose 4,1	2
1034	2.Mose 4,1	2
1035	2.Mose 4,1	2
1036	2.Mose 4,1	2
1037	2.Mose 4.1	2
1038	2.Mose 4,1	3
1039	2.Mose 4,1	2
1040	Mt 16,21.22	2
1042	Mt 16,21.22	2
1043	Mt 16,21.22	2
1044	Mt 16,21.22	2
1045	Mt 16,21.22	2
1046	Mt 16,21.22	2
1047	Mt 16,21.22	2
1048	Mt 16,21.22	2
1049	Mt 16,21.22	2
1051	Lk 12,32	2
1052	Lk 12,32	2
1053	Lk 12,32	2
1054	Lk 12,32	2
1056	Lk 12,32	2
1057	Lk 12,32	2
1058	Lk 12,32	2
1059	Joh 11,21.32	1
1060	1.Mose 12,1-7	3
1061	1.Mose 12,1-7	3
1062	1.Mose 12,1	3
1063	1.Mose 12,1	3
1064	1.Mose 12,1	3
1065	1.Mose 12,1	3

Zitat-Nr.	Bibelstelle	Quelle	Zitat-Nr.	Bibelstelle	Quelle
1067	1.Mose 12,1	3	1104	1.Petr 1.3.23	3
1068	1.Mose 12,1	3	1105	1.Petr 1.3.23	3
1069	1.Mose 12,1	3	1106	Offb 3,12	3
1071	1.Mose 12,1	3	1107	Offb 3,12	3
1072	1.Mose 12,1	3	1108	Est 3,8	3
1073	1.Mose 15,1-6	3	1109	Est 3,8	3
1074	1.Mose 15,1-6	3	1110	Est 3,8	3
1075	1.Mose 15,1-63	3	1111	Offb 2,17	4 u. 13
1076	1.Mose 23,24,25	3	1112	Offb 2,17	4
1077	1.Mose 23,24,25	3	1113	Offb 2,17	4
1079		3	1115		4
1080		3	1116		4
1081		3	1117		4
1082		3	1118		4
1083		3	1119		4
1084		3	1120		4
1085		3	1121		4
1086		3	1123		4
1087		3	1124		4
1088	1.Kön 19,9-18	3	1127		5
1089		3	1128		5
1090		3	1129		5
1091	1.Kön 19,9-18	3	1130		5
1093		3	1131		5
1094		3	1132		6
1095		3	1133		6
1097		3	1134		7
1098		3	1135		7
1099	Lk 12,32	3	1136		7
1100	Lk 12,32	3	1137		7
1102	1.Petr 1,3.23	3	1138		7
1103	1.Petr 1,3.23	3	1140		7

Zitat-Nr.	Bibelstelle	Quelle	Zitat-Nr.	Bibelstelle	Quelle
1141		7	1179	Ps 46,2	13
1143		7	1180	Mk 9,8	13
1145		7	1181		12
1146		7	1182		12
1147		7	1184		12
1148		7	1185		8
1149		8	1186		8
1150		9	1187		8
1151		9	1188		8
1153		10	1189		8
1154		10	1190		8
1155		10	1191		8
1156		10	1192		8
1157		10	1193	Mk 6,48-52	8
1158		10	1194	Lk 10,41,42	8
1159		10	1195	Jos 7,6.7	8
1160		10	1196	Jos 14,10	8
1161		10	1197		14
1162		10	1200	Jes 2,2	13
1163		10	1201	2.Chr 16,9	13
1164		10	1202	1.Mose 9,8-9	13
1165		10	1203	Ps 94,19	13
1166	Dan 1,1	11	1204	Jes 6,3	13
1168		11	1205	2.Kor 4,7	13
1169		11	1206	1.Kor 3,10f	13
1170	Dan 1,1	11	1208	Eph 6,16f	13
1171		11	1209	Dan 3,16-18	13
1173		11	1210	Ri 16,19f	13
1174		11	1211	1.Sam 4,5	13
1176		11	1212		6
1177	2.Mose 13,22	13	1213		6
1178	Offb 2,7	13	1214		6

Zitat-Nr.	Bibelstelle	Quelle	Zitat-Nr.	Bibelstelle	Quelle
1215		6	1253		18
1216		6	1254		18
1217		6	1255		18
1218	Ps 42/43	15	1256		18
1220	Ps 42/43	15	1257		18
1221	Ps 42/43	15	1258		18
1224	Ps 42/43	15	1259		18
1225	Ps 42/43	15	1261		18
1226	Ps 42/43	15	1262		18
1227	Ps 42/43	15	1263		18
1228	Ps 42/43	15	1264		18
1229	Ps 42/43	15	1265		18
1230		16	1266		18
1231		16	1267		18
1232		16	1269		18
1233		16	1270		18
1234		16	1271		18
1235		16	1272		18
1236		16	1273		18
1237		16	1274		18
1238		16	1275		18
1239		16	1276		18
1240		17	1278		18
1241		17	1279		18
1242		17	1280		18
1243		17	1281		18
1245		18	1282		18
1247		18	1283		18
1248		18	1284		18
1249		18	1285		18
1251		18	1286		18
1252		18	1287		18

Zitat-Nr.	Bibelstelle	Quelle	Zitat-Nr.	Bibelstelle	Quelle
1288		18	1327		18
1289		18	1329		18
1290		18	1330		18
1291		18	1331		18
1292		18	1332		18
1293		18	1333		18
1294		18	1334		18
1296		18	1335		18
1297		18	1336		18
1298		18	1337		18
1299		18	1338		18
1300		18	1339		18
1301		18	1340		18
1302		18	1341		18
1303		18	1343		18
1306		18	1344		18
1307		18	1345		18
1308		18	1347		18
1309		18	1349		18
1311		18	1350		18
1314		18	1351		18
1315		18	1352		18
1316		18	1353		18
1317		18	1355		18
1319		18	1356		18
1320		18	1358		18
1321		18	1361		18
1322		18	1363		18
1323		18	1364		18
1324		18	1365		18
1325		18	1366		18
1326		18	1368		18

Zitat-Nr.	Bibelstelle	Quelle	Zitat-Nr.	Bibelstelle	Quelle
1369		18	1410	Mt 11,3	19
1370		18	1411	Mt 11,3	19
1371		18	1412	Mt 11,3	19
1372		18	1413	Mt 11,3	19
1373		18	1414		19
1375		18	1416	2.Chr 29,3-10	20
1376		18	1417	2.Chr 29,3-10	20
1378		18	1418	2.Chr 29,3-10	20
1380		18	1419		20
1381		18	1420	2.Chr 29,3-10	20
1382		18	1421	2.Chr 29,3-10	20
1383		18	1422	2.Chr 29,3-10	20
1385		18	1423	2.Chr 29,3-10	20
1386		18	1424	2.Chr 29,3-10	20
1387		18	1425	2.Chr 29,3-10	20
1388		18	1426	2.Chr 29,3-10	20
1390		18	1428	2.Chr 29,3-10	20
1391		18	1429	2.Chr 29,3-10	20
1393		18	1430	2.Chr 29,3-10	20
1394		18	1431		20
1397		18	1432	2.Chr 29,3-10	20
1398		18	1433	Lk 15,11f	20
1399		18	1434	2.Chr 29,3-10	20
1400		18	1435	2.Chr 29,3-10	20
1401		18	1436	2.Chr 29,3-10	20
1402		18	1437	2.Chr 29,3-10	20
1403		18	1438	2.Chr 29,3-10	20
1404		18	1440	Ps 46	21
1405		18	1441	Ps 46	21
1406		18	1442	Ps 46	21
1407		18	1443	Ps 46	21
1408		18	1444	Ps 46	21

Zitat-Nr.	Bibelstelle	Quelle	Zitat-Nr.	Bibelstelle	Quelle
1445	Ps 46	21	1484	1.Kön 19,20	25
1446	Ps 46	21	1485	1.Kön 19,20	25
1447	Ps 46	21	1486	1.Kön 19	25
1448	Ps 46	21	1487	1.Kön 10	25
1449	Ps 46	21	1488	Mt 5	25
1450	Ps 46	21	1489		25
1452	Ps 84	22	1490	2.Kön 2,19.20	25
1453	Ps 84	22	1491		25
1454	Ps 84	22	1492		25
1455	Ps 73	23	1494		25
1456	Ps 73	23	1495		25
1457	Ps 73	23	1496		25
1458	Ps 73	23	1497		25
1459	Ps 73	23	1498		25
1460	Ps 73	23	1500		25
1461	Ps 73	23	1501		25
1462	Ps 73	23	1502	2.Kön 4,1-7	25
1464	Ri 5	24	1503	2.Kön 4,1-7	25
1465	Ri 5	24	1504	2.Kön 4,1-7	25
1466	Ri 5	24	1505	2.Kön 5,1-3	25
1467	Ri 5	24	1506	2.Kön 5,4-7	25
1468	Ri 5	24	1507	2.Kön 5,4-7	25
1469	Ri 5	24	1508	2.Kön 5,4-7	25
1470	Ri 5	24	1510	2.Kön 5,4-7	25
1471	Ri 5	24	1511	2.Kön 5.5-7	25
1472	Ri 5	24	1512	2.Kön 5,5-7	25
1474	Ri 5	24	1513	2.Petr 1.2	26
1475	Ri 5	24	1515	2.Mose 13,22	26
1476	Ri 5	24	1516	Phil 2,7-9	19
1479	Ri 5	24	1517	Phil 2,7-9	19
1481	1.Kön 19,19.20	25	1518	Phil 2,7-9	19
1483	1.Kön 19,20	25	1519	4.Mose 13,30-33	19

Zitat-Nr.	Bibelstelle	Quelle	Zitat-Nr.	Bibelstelle	Quelle
1520	4.Mose 13,30-33	19	1561	Hag 2,4	13
1521	2.Mose 4,1	19	1563	Apg 1,7f	13
1524	2.Mose 4,1	19	1564	1.Mose 3,31	13
1528	1.Mose 22,1-3	13	1565	1.Mose 4,3	13
1530	1.Sam 17,37	13	1569	2.Kön 2,21	13
1533	1.Kön 8,22-27	13	1570	Mk 6,31	13
1534	Am 5,21ff	13	1571	Sach 4,6	13
1535	Hos 2,21f	13	1572	2.Kor 3,18	13
1536	Jes 6,1	13	1573	Ps 69,7	13
1537	Ps 42,2	13	1577	Mt 8,28	13
1538	Dan 2,20f	13	1578	Mt 8,29	13
1539	Dan 3,33f	13	1580	Mt 8,33	13
1540	Dan 3,33f	13	1581	Lk 8,38f	13
1541	Dan 3,33f	13	1582	1.Mose 24	27
1542	Ps 46,10f	13	1583	1.Mose 24	27
1543	4.Mose 11,14	13	1584		27
1544	Jer 1.7	13	1585		27
1545	2.Kön 5,8f	13	1586		27
1546	2.Kön 5,10	13	1587		27
1548	Joh 1,17	13	1588		27
1549	Joh 1,17	13	1589		27
1550	Lk 12,32	13	1590		27
1551	Lk 12,32	13	1591		27
1552	Lk 12,32	13	1592	2.Mose 24,5-18	28
1553	Mk 4,31f	13	1593		29
1554	Mk 4,31f	13	1594		29
1555	Mt 21,42f	13	1595	1.Sam 18,1-5	29
1556	Lk 4,29f	13	1597	1.Sam 18,1-5	29
1557	Mt 12,42	13	1598		29
1558	Joh 3,6	13	1600		29
1559	Eph 4,11f	13	1601		29
1560	Jes 12,4	13	1602		29

Zitat-Nr.	Bibelstelle	Quelle
1603		29
1605	4.Mose 13,31-32	30
1606	4.Mose 13,31-32	30
1607	4.Mose 13,31-32	30
1608	4.Mose 13,31-32	30
1609	4.Mose 13,31-32	30
1610	Mt 16,22	30
1611	Mt 16,22	30
1612	Mt 16,22	30
1614	2.Mose 4,13	30
1618	2.Mose 4,13	30
1620	2.Mose 4,13	30
1622		31
1624	Joh 20,21	31
1625		31
1630		32
1635		Zitiert nach 35
1637		35
1638	Joh 2,2	Zitiert nach 35
1639	Joh 2,2	Zitiert nach 35
1640		Zitiert nach 35
1642	Ps 23	
	Joh 10,12	33
1643	Ps 23	
	Joh 10,12	33
1644		34
1646		Zitiert nach 36
1647		Zitiert nach 36
1648	Kol 1,24-27	38
1649		38
1650		38
1651		38

Zitat-Nr.	Bibelstelle	Quelle
1652		38
1653		38
1654		38
1655		38
1656	Kol 1,24-27	38
1657		38
1658		37
1659		37
1660		37
1661	Ps 1,1	37
1662	Ps 1,1	37
1663	Ps 1,2	37
1664	Ps 1,6	37
1665	Ps 8	37
1666	Ps 8,2	37
1667	Ps 8,2	37
1668	Ps 8,2	37
1669	Ps 8,2	37
1670	Ps 8,3	
	Röm 1,22-25	37
1671	Ps 8,5	37
1673	Ps 8,7-9	37
1675	Ps 8,7-9	37
1676	Ps 8,10	37
1677	Ps 16,1-2	37
1678	Ps 16,11	37
1679	Ps 22	37
1680	Ps 22	37
1681	Ps 22,3	37
1682	Ps 22,4	37
1683	Ps 22,20-22	37
1684	Ps 22,23-27	37

Zitat-Nr.	Bibelstelle	Quelle
1685	Ps 22,23	37
1686	Ps 22,26-27	37
1687	Ps 22,28	37
1688	Ps 22,29	37
1689	Ps 23,1	37
1690	Ps 23,2-3	37
1691	Ps 23,4	37
1692	Ps 23,6	37
1693	Ps 32,1-2	37
1694	Ps 32,1-2	37
1695	Ps 32,3	37
1696	Ps 90	37
1697	Ps 90,1	37
1698	Ps 90,1	37
1699	Ps 90,1	37
1700	Ps 90,2	37
1701	Ps 90,3-6	37
1702	Ps 90,7-8	37
1703	Ps 90,16	
	Ps 92,3	37
1706	Ps 92,10	37
1707	Ps 92,14	37
1708	Ps 92,15-16	37
1709	Ps 103,1-2	37
1710	Ps 103,5	37
1711	Ps 103,13	37
1712	Ps 103,15-16	37
1713	Ps 103,17	37
1716		39
1717	Offb 2,4	40
1718	Offb 2,4	40
1719	Ri 16,20	40
1720	Ri 16,20	40
1721	4.Mose 12,9.10	40
1722	4.Mose 12,9.10	40
1723	4.Mose 12	40
1724	4.Mose 12	40
1725	4.Mose 12	40
1726	4.Mose 12	40
1727	4.Mose 12	40
1728	Jes 6,1f	41
1729	Jes 6	41
1730	Lk 12,32	42
1731	Lk 12,32	42
1735		43
1736		43
1737		43
1738		43
1739		43
1740		43
1741		43
1742		43
1743		43
1744		43
1745		43
1746		43
1747		43
1748		43
1749		43
1750		43
1751		43
1752		43
1753		43
1754		43

Zitat-Nr.	Bibelstelle	Quelle	Zitat-Nr.	Bibelstelle	Quelle
1755		43	1792		43
1756		43	1793		43
1757		43	1794		43
1758		43	1797		43
1759		43	1798		43
1761		43	1799		43
1762		43	1800		43
1763		43	1801		43
1764		43	1802		43
1765		43	1803		43
1767		43	1804	1.Mose 3,6	43
1768		43	1807		43
1769		43	1808		43
1770		43	1809		43
1772		43	1810		43
1773	1.Mose 1,1	43	1811		43
1774		43	1813		43
1775		43	1814		43
1776		43	1816		43
1777	1.Mose 1,1	43	1817		43
1780		43	1819	1.Mose 4,1-2	44
1781	1.Mose 1,3-13	43	1820	1.Mose 4,3-5	44
1782		43	1821	1.Mose 4,3-5	44
1783		43	1822	1.Mose 4,3-5	44
1784	1.Mose 1,14-31	43	1823	1.Mose 4,3-5	44
1785		43	1824	1.Mose 4,3-5	44
1786		43	1825		44
1787		43	1826	1.Mose 4,8-15	44
1788	1.Mose 2,1-3	43	1827	1.Mose 4,16-22	44
1789		43	1828	1.Mose 4,16-22	44
1790	Ps 8,7-9	43	1829	1.Mose 4,16-22	44
1791	1.Mose 1,27-30	43	1830		44

Zitat-Nr.	Bibelstelle	Quelle	Zitat-Nr.	Bibelstelle	Quelle
1831	1.Mose 4,16-22	44	1864		44
1832		44	1865	1.Mose 1,28	44
1833		44	1866		44
1834		44	1868		44
1835		44	1869		44
1836		44	1870		44
1837		44	1871		44
1838		44	1872		44
1839		44	1873		44
1840		44	1874		45
1841		44	1875		45
1842		44	1876		45
1843		44	1877		45
1844		44	1878		45
1845		44	1879		45
1846		44	1881		45
1847		44	1882		45
1848		44	1884		45
1849		44	1885		45
1850		44	1886	1.Mose 13,1-18	45
1851		44	1887	1.Mose 14,11-12	45
1852		44	1888		45
1853		44	1889		45
1854		44	1890		45
1855	1.Mose 8	44	1891		45
1856		44	1892		45
1857		44	1893		45
1858		44	1894		45
1860		44	1895		45
1861		44	1897		45
1862	1.Mose 8+9	44	1898	1.Mose 18,1-33	45
1863		44	1899		45

Zitat-Nr.	Bibelstelle	Quelle	Zitat-Nr.	Bibelstelle	Quelle
1900		45	1939		46
1901	1.Mose 19,1-11	45	1940		46
1902	1.Mose 20,9	45	1941		46
1903	1.Mose 20,1-18	45	1942		46
1904	1.Mose 26,12-32	45	1943		46
1906		45	1944		47
1907		46	1945		47
1908		46	1946		47
1909		46	1947	Offb 2,4ff	47
1911		46	1948		47
1913		46	1949		47
1914		46	1951		47
1915		46	1953		47
1916		46	1954		47
1917		46	1955	Offb 3,15ff	47
1918		46	1956	2.Thess 1,3	48
1919		46	1957		48
1920		46	1958		48
1921		46	1959		48
1922		46	1960		48
1923		46	1961		48
1924		46	1962		48
1925	2.Mose 33,1		1963		48
	2.Mose 34,10	46	1964		48
1926		46	1965		48
1927		46	1966		48
1928		46	1967		48
1929		46	1968		48
1933		46	1969		48
1935		46	1970		48
1936		46	1971		48
1937		46	1972		48

Zitat-Nr.	Bibelstelle	Quelle	Zitat-Nr.	Bibelstelle	Quelle
1973		48	2011	Hes 33	103
1974		48	2012		103
1975		48	2013		103
1976		48	2015		103
1980		48	2016		103
1981		48	2017		103
1982		48	2018		103
1983		48	2019		103
1984	2.Kön 4,28	49	2020		103
1986	Jos 7,6-7	49	2021		103
1987	1.Kön 19,8ff	49	2022	1.Kön 17,1	103
1988	5.Mose 1,25-26	49	2023		103
1988	5.Mose 1,25-26	49	2024		103
1989	Offb 1,17ff	13	2026	Mk 5,36	104
1992	Joh 11,40	101	2028	2.Kön 5,8ff	104
1993		101	2029	2.Kön 5,8ff	104
1994		101	2031		104
1995		101	2032	1.Sam 18,1-4	104
1996		101	2033		104
1997		101	2034	Jos 7,7	104
1998		101	2035	Jos 7,7	104
2000		102	2036	Jos 7,7	104
2001	Offb 4,1	102	2037	Eph 4,1-6	104
2002		102	2038	Eph 4,1-6	104
2003		102	2039	Eph 4,1-6	1ß4
2004	Hebr 1,1	102	2040	Eph 4,1-6	104
2005	Hebr 1,1	102	2042	Sach 7,1-19	105
2006	Hebr 1,1	102	2043	Sach 7,1-19	105
2007	Hebr 1,1	102	2044	Kol 1,17-20	105
2008		102	2046		105
2009	Jer 34	102	2048		106
2010	Hebr 1,1	103	2050	Offb 2,12-19	107

Zitat-Nr.	Bibelstelle	Quelle	Zitat-Nr.	Bibelstelle	Quelle
2051	Offb 2,12-19	107	2099	Mk 4,37f	111
2053		107	2101	1.Sam 17,17ff	112
2055		107	2102	1.Sam 17,17ff	112
2056	Jes 12,2	108	2103	1.Kor 12,1-3	112
2057	Jes 12,5	108	2104	1.Kor 12,1-3	112
2059	2.Mose 33,21-23	108	2108		112
2061	2.Chr 1,3	108	2109		112
2062	2.Chr 1,3	108	2110		112
2063	2.Chr 1,3	108	2111		112
2064	2.Chr 1,3	108	2112		112
2065		108	2115		112
2069	1.Mose 12,1	108	2116		112
2071		108	2118		112
2072		108	2123		113
2073		109	2124		113
2075		109	2126		113
2076		109	2127		114
2077		109	2128		114
2078		109	2129		114
2080	1.Kor 3,10-15	109	2130		114
2081	1.Kor 3,10-15	109	2131	Apg 1,4-8	114
2082	1.Kor 3,10-15	109	2132	Apg 1,4-8	114
2084	1.Kor 3,10-15	109	2134	Apg 1,4-8	114
2085	1.Kor 3,10-15	109	2135	Apg 1,4-8	114
2086	1.Kor 3, 10-15	109	2136		114
2088	1.Kor 3,10-15	109	2138	Dan 2,20f	115
2089	1.Kor 3,10-15	109	2139		116
2091	2.Mose 4,22.23	110	2140	Ps 102,14f	116
2093		111	2141	Ps 102,14f	116
2094		111	2142	2.Kor 4,5	116
2097		111	2144	2.Kor 4,5	116
2098		111	2145	2.Kor 4,5	116

Zitat-Nr.	Bibelstelle	Quelle	Zitat-Nr.	Bibelstelle	Quelle
2146	2.Kor 4,5	116	2182	Ps 118,27	118
2147	2.Kor 4,5	116	2183	Joh 14,1-7	118
2148	2.Kor 4,5	116	2185	Joh 14,1-7	118
2150	2.Kor 4,5	116	2186	Joh 14,1-7	118
2151	2.Kor 4,5	116	2187		118
2152	2.Kor 4,5	116	2188		119
2153	2.Kor 4,5	116	2189	Röm 6,9-11	120
2154	Dan 3,1-26	116	2190	Mt 28,16-20	120
2155	Dan 3,1-26	116	2191	Mt 28,16-20	120
2157	Dan 3,1-26	116	2192	Mt 29,16-20	120
2158	Dan 3,1-16	116	2193	Joh 2,11	120
2159	Dan 3,1-16	116	2194		120
2160	Dan 3,1-26	116	2195		121
2161	Dan 3,1-26	116	2196		121
2162	Dan 3,1-26	116	2197		122
2164	Jes 40,6-11	116	2198	Apg 10,36	122
2165	Jes 40,6-11	116	2199	Röm 1,16-17	122
2166	Jes 40,6-11	116	2200	Röm 8,26-27	122
2167	Jes 40,6-11	116	2201	Röm 8,26-27	122
2168	Jes 40,6-11	116	2202		122
2169	Jes 40,6-11	116	2203		50
2171	Jes 40,6-11	116	2204		50
2172	Joh 1,14-16	117	2205		50
2173	Joh 1,14-16	117	2206		50
2174		117	2207		50
2175	Hebr 12,1-3	117	2208		50
2176		117	2209		50
2177		117	2210	Dan 1,1	50
2178		117	2211		50
2179		117	2212		50
2180	Ps 118,27	118	2213		50
2181	Ps 118,27	118	2214		50

Zitat-Nr.	Bibelstelle	Quelle
2215		50
2216		50
2218		50
2219	Dan 1,8	50
2220		50
2221		50
2222		50
2223		50
2224		50
2225		50
2228	Ps 118,17	
	Apg 4,20	52
2229	Ps 139,23-24	52
2231	Phil 4,13	51
2232	Ps 18,29	51
2234	Ps 2	52
2235	Ps 14	52
2237	Ps 19	52
2238	Ps 19,14	52
2239	Ps 27,9	52
2240	Ps 27,9	52
2242	Ps 51,17	52
2243	Ps 87,2	52
2244	Ps 87,2	52
2245	Ps 118,2-4	52
2246	Ps 118,21	52
2247	Ps 118,26	52
2248	Ps 130,3	52
2249	Ps 138,4-6	52
2250	Ps 138,7	52
2252		50
2253		50

Zitat-Nr.	Bibelstelle	Quelle
2254		50
2256		50
2257		50
2258		50
2259		50
2261		50
2263		50
2264		53
2265		53
2266		54
2267		54
2269		54
2270		54
2271	2.Kor 4,5	54
2272		54
2273		54
2274		54
2276		54
2278		54
2279		54
2280		54
2282		54
2283		54
2284		54
2285		54
2286		54
2287	Röm 1,1	57
2288		57
2289		57
2290	Röm 1,1	57
2291		57
2293		57

Zitat-Nr.	Bibelstelle	Quelle	Zitat-Nr.	Bibelstelle	Quelle
2294		57	2330	Mt 6,9	58
2295		57	2331	Mt 6,12	58
2296		57	2332	Mt 6,12	58
2297		57	2333	Mt 6,13	58
2298	Röm 1,3-7	57	2334	Mt 6,13	58
2299	Röm 1,3-7	57	2335	Mt 6,13	58
2300	Röm 1,8-10	57	2336	Ri 3,10-20	59
2301	Röm 1,8-10	57	2337	Ri 3	59
2302	Röm 1,11-12	57	2338		59
2303	Röm 1,11-12	57	2340		59
2304	Röm 1,11-12	57	2341		59
2305	Röm 1,11-12	57	2343	1.Sam 17,34-37	59
2306	Röm 1,16	57	2344	1.Petr 4,10	8
2307	Röm 1,16	57	2347	2.Kor 6,16	43
2308	Röm 1,16	57	2349	Jes 60,1	37
2309	Hebr 1,1-4	56	2350	Jer 32,17	37
2310	Hebr 3,1-6	56	2351	Ps 8,10	37
2311	Hebr 8,1f	56	2352	Ps 118,17	37
2312	Hebr 8,1f	56	2353	Ps 23,4	37
2313	Hebr 8,1f	56	2354	Ps 43,1	37
2314	Hebr 8,1f	56	2356		59
2315	Hebr 8,1f	56	2357	Ri 5	59
2316	Offb 5	56	2358	Ri 5	59
2318	Jes 11,9	55	2359	Ri 5	59
2320	Mt 6,9	58	2361	Ri 5	59
2321	Mt 6,9	58	2363	Ri 6	59
2322	Mt 6,9	58	2364	Ri 6	59
2323	Mt 6,9	58	2365	1.Sam 3	59
2324	Mt 6,9	58	2366	1.Sam 3	59
2327	Mt 6,9	58	2367	1.Sam 3	59
2328	Mt 6,9	58	2368	1.Sam 3	59
2329	Mt 6,9	58	2369	1.Sam 3	59

Zitat-Nr.	Bibelstelle	Quelle	Zitat-Nr.	Bibelstelle	Quelle
2370	1.Sam 3	59	2403		59
2371	1.Sam 3	59	2404	1.Kon 18	59
2372	1.Sam 9	59	2405	1.Kön 18,24	59
2373	1.Sam 9	59	2406	1.Kön 18	59
2374	1.Sam 15,24f	59	2407		59
2375	1.Sam 15	59	2408	Jes 28-32	59
2376	1.Sam 15	59	2409		59
2377	1.Sam 15	59	2410		59
2378	1.Sam 16,1-13	59	2411		59
2379	1.Sam 16,1-13	59	2412	Jer 1,1-3	60
2380	1.Sam 16,1-13	59	2413		60
2381	1.Sam 16,1-13	59	2414	Jer 1,4f	60
2382	1.Sam 16,1-13	59	2415	Jer 1,9	60
2383	1.Sam 16,1-13	59	2416	Jer 1,9	60
2384	1.Sam 16,1-13	59	2417	Jer 1,9f	60
2385	1.Sam 16,1-3	59	2418	Jer 2,1f	60
2386	1.Sam 16,1-13	59	2419	Jer 2,1-9	60
2387	1.Sam 16,1-13	59	2420	Jer 2,10-13	60
2388	1.Sam 16,1-13	59	2421	Jer 2,10-13	60
2389	1.Sam 16	59	2422	Jer 2,14-19	60
2390		59	2423	Jer 2,20-32	60
2391	1.Sam 18,13	59	2424	Jer 2,33-37	60
2392	1.Sam 20,30	59	2425	Jer. 2,33-37	60
2394	2.Sam 6,20	59	2426	Jer 3,1-5	60
2395	2.Sam 7	59	2427	Jer 3,6-15	60
2396	2.Sam 8	59	2428	Jer 3,16-18	60
2397		59	2430	Jer 5,1-31	60
2398		59	2433	Jer 5,15-25	60
2399		59	2434	Jer 5,23-31	60
2400	1.Kön 12,16f	59	2435	Jer 5,23-31	60
2401		59	2436	Jer 5,23-31	60
2402		59	2437	Jer 6,9-15	60

Zitat-Nr.	Bibelstelle	Quelle	Zitat-Nr.	Bibelstelle	Quelle
2438	Jer 6,9-15	60	2471	Jer 27,1-11	60
2439	Jer 6,16-30	60	2473	Jer 27,12-22	60
2440	Jer 6,16-30	60	2474	Jer 27,12-22	60
2441	Jer 6,16-30	60	2475	Jer 28,1-11	60
2442	Jer 7,1-16	60	2476	Jer 28,1-11	60
2443	Jer 7,1-16	60	2478	Jer 29,1-15	60
2444	Jer 7,1-16	60	2479	Jer 29,1-15	60
2445	Jer 26,1-11	60	2480	Jer 29,1-15	60
2446	Jer 7,16-20	60	2481	Jer 29,1-15	60
2448	Jer 7,21.28	60	2482	Jer 29,1-15	60
2449	Jer 7,21-28	60	2483	Jer 29,1-15	60
2450	Jer 8,18-9,25	60	2484	Jer 29.1-15	60
2451	Jer 9,1-8	60	2486	Jer 29,1-15	60
2452	Jer 9,1-8	60	2487	Jer 29,21-32	60
2453	Jer 11,1-17	60	2488	Jer 29,21-32	60
2454	Jer 14,1-15,9	60	2489	Jer 31,10-14	60
2455	Jer 16,1-25	60	2490	Jer 31,21-30	
2456	Jer 15,5	60		Lk 15,20	60
2457	Jer 18,1-19,13	60	2491	Jer 32,16-25	60
2458	Jer 18,1-17	60	2492	Jer 32,26-44	60
2459	Jer 18,18-23	60	2493	Jer 36,1-32	60
2460	Jer 19,14f	60	2494	Jer 36,1-32	60
2461	Jer 10,1-6	60	2495	Jer 36,11-26	60
2462	Jer 20,7-18	60	2496	Jer 36,11-26	60
2463	Jer 20,7-18	60	2497	Jer 36,27-32	60
2464	Jer 21,1-25,15	60	2498	Jer 36,27-32	60
2465	Jer 21,3-7	60	2499	Jer 37,1-10	60
2466	Jer 21,3-7	60	2500	Jer 38,1-28	60
2467	Jer 23,1-4	60	2502	Jer 38,1-6	60
2468	Jer 23,9-32	60	2503	Jer 38,1-6	60
2469	Jer 23,9-32	60	2504	Jer 38,14-28	60
2470	Jer 24,1-10	60	2505	Jer 38,14-28	60

Zitat-Nr.	Bibelstelle	Quelle
2507	Jer 39,15-18	60
2508	Jer 43,1-7	60
2509	Jer 43,1-7	60
2510	Jer 44,26-30	60
2511	Jer 45,1-5	60
2513	1.Tim 6,12	61
2514	1.Tim 6,12	61
2515	1.Sam 17,35	
	2.Petr 1,2	61
2516	1.Sam 17,35	61
2517	1.Sam 17,34	61
2519	1.Sam 17,37	61
2520	1.Sam 17,28	61
2521	1.Sam 17,28	61
2522	1.Sam 17,31-32	61
2523	1.Sam 17,43-44	61
2524	1.Sam 18,9	61
2525	1.Sam 18,9	61
2526	1.Sam 18,9	61
2527	1.Sam 18,13	61
2528	1.Sam 18,13	61
2529	1.Sam 18,13	61
2530	1.Sam 18,13	61
2531	1.Sam 18,17	61
2532	1.Sam 19,4	61
2533	1.Sam 21,13-14	61
2534	1.Sam 21,13-14	61
2535	1.Sam 26,8-11	61
2536	1.Sam 31,1	61
2537	1.Sam 31,6	61
2538	1.Sam 31,6	61
2539		62
2540	Hes 2,1.7	62
2541	Hes 2,1.7	62
2542	Hes 2,1.7	62
2543		62
2544		62
2545		62
2546		62
2547		62
2549	Jer 1,7	62
2550		62
2552		62
2553		62
2554		62
2555		62
2556		62
2557		62
2558		62
2559		62
2560		62
2561		62
2562		62
2563		62
2565		62
2566		62
2567		62
2568		62
2569		62
2570		62
2571		62
2572		62
2573		62
2574		62

Zitat-Nr.	Bibelstelle	Quelle	Zitat-Nr.	Bibelstelle	Quelle
2575		62	2611		62
2576		62	2612		62
2577		62	2613	1.Kön 19,19-20	63
2579		62	2615	2.Kön 2,6	63
2580		62	2616	2.Kön 2,6	63
2581	Am 7,14ff	62	2617	2.Kön 2,6	63
2582	Am 7,14ff	62	2619	2.Kön 3,16-18	63
2583		62	2620	2.Kön 3,16-18	63
2586		62	2621	2.Kön 4,1-7	63
2587		62	2622	2.Kön 6,15-17	63
2588		62	2623		64
2589		62	2624	Jer 1,7	64
2590		62	2625	1.Kön 18,21	64
2591		62	2627	1.Kön 19,2	64
2592		62	2628	2.Kön 2,1-18	64
2593	Am 5,4-6	62	2630		65
2594	Am 5,21ff	62	2631		65
2595		62	2632		65
2596	Am 7,4-6	62	2633		65
2597	Hos 1,1	62	2634		65
2599	Hos 1,1	62	2635		65
2600		62	2636		65
2601		62	2637		65
2602		62	2638	Jes 5,1-7	65
2603	Hos 8,4	62	2639		65
2604		62	2640		65
2605		62	2641		65
2606		62	2642		65
2607		62	2644		65
2608		62	2645		65
2609		62	2646		65
2610		62	2647		65

Zitat-Nr.	Bibelstelle	Quelle	Zitat-Nr.	Bibelstelle	Quelle
2649	Jes 10,20-34	65	2684	Mk 9,8	66
2650	Jes 10,20-34	65	2685		67
2651		65	2686		67
2652	Jes 11,1-4	65	2687		67
2653		65	2688	Röm 1,16	57
2654	Jes 13,17-22	65	2689	Röm 1,16	57
2656	Jes 28,7	65	2690	Röm 1,16	57
2657		65	2691	Röm 1,17	57
2658	Jes 30,1-33	65	2692	Röm 1,17	57
2659		65	2693	Röm 1,17	57
2660	Mk 6,30-31	66	2694	Röm 1,18-32	57
2661	Mk 6,30-31	66	2695	Röm 1,18	57
2662	Mk 6,30-31	66	2696	Röm 1,18	57
2663	Mk 6,30-31	66	2697	Röm 1,18	57
2664	Mk 6,30-31	66	2698	Röm 1,19-20	57
2666	Mk 9,2	66	2699	Röm 1,21	57
2667	Mk 9,2	66	2700	Röm 1,21	57
2668	Mk 9,2	66	2701	Röm 1,21	57
2669	Mk 9,2	66	2702	Röm 1,22-24	57
2670	Mk 9,2	66	2703	Röm 1,22-24	57
2671	Mk 9,2	66	2704	Röm 1,22-24	57
2672	Mk 9,2-3	66	2705	Röm 1,22-24	57
2673	Mk 9,2-3	66	2706	Röm 1,22-24	57
2674	2.Petr 1,17-19	66	2707	Röm 1,28-32	57
2675	2.Petr 1,17-19	66	2708	Röm 1,28-32	57
2676	2.Petr 1,17-19	66	2709	Röm 1,28-32	57
2677	2.Petr 1,17-19	66	2710	Röm 2,2-4	57
2678	2.Petr 1,17-19	66	2711	Röm 2,2-4	57
2679	2.Petr 1,17-19	66	2712	Röm 2,2-4	57
2680	Mk 9,7	66	2713	Röm 2,12-16	57
2681	Röm 8	66	2714	Röm 2,12-16	57
2683	Mark 9,8	66	2715	Röm 2,17-29	57

Zitat-Nr.	Bibelstelle	Quelle
2716	Röm 2,17-29	57
2717	Röm 2,25-29	57
2718	Röm 2,25-29	57
2719	Röm 3,1-8	57
2720		57
2721	Röm 3,21-4,25	57
2722	Röm 3,21-4,25	57
2723	Röm 3,21-23	57
2724	Röm 4,1-25	57
2725	Röm 4,1-5	57
2726	Röm 4,23-25	57
2727	Röm 4,23-25	57
2728	Röm 4,23-25	57
2729	Röm 5,1-5	57
2730	Röm 5,1-5	57
2731	Röm 5,1-5	57
2732	Röm 5,1-5	57
2733	Röm 5,6-11	57
2734	Röm 5,15-21	57
2735	Röm 6,1-7	57
2736	Röm 6,1-7	57
2737	Röm 6,1-7	57
2738	Röm 6,1-7	57
2739	Röm 6,1-7	57
2740	Röm 6,8-14	57
2741	Röm 6,8-14	57
2742	Röm 6,15-16	57
2743	Röm 6,17-18	57
2744	Röm 6,19-23	57
2745	Röm 6,19-23	57
2746	Röm 7,1-25	57
2747	Röm 7,1-6	57
2749	Röm 7,7-13	57
2750	Röm 7,14-25	57
2752	Röm 7,14-25	57
2753	Röm 8,1-39	57
2754	Röm 8,1-39	57
2755	Röm 8,12-17	57
2756	Röm 8,21-25	57
2757	Röm 8,26-27	57
2759	Röm 8,26-27	57
2760	Röm 8,26-27	57
2761	Röm 8,28	57
2762	Röm 8,28	57
2763	Röm 8,30	57
2764	Röm 8,30	57
2765	Röm 8,31-33	57
2766	Röm 8,31-33	57
2767	Röm 8,31-33	57
2768	Röm 8,31-33	57
2769	Röm 8,10-17	57
2770	Röm 8,31-39	57
2771	Röm 8,31-39	57
2772		53
2773		7
2774		58
2775		58
2777		50
2778		50
2779		50
2780		8
2781		34
2782		34
2783		66

Zitat-Nr.	Bibelstelle	Quelle	Zitat-Nr.	Bibelstelle	Quelle
2785		66	2796		205
2787		50	2797		205
2788		53	2799		205
2789		202	2800	Eph 6,10	205
2790		201	2802	Joh 6,66	206
2791		201	2803		207
2792	Est 3,8	201	2804		205
2793		203	2805		205
2794		204	2806		208
2795	Ps 23,6		2808		209
	Eph 2,10-20	205			

Quellenverzeichnis

Bücher

Quelle Literaturnachweis

1 Verhüllte Segenswege. Missionsverlag „Licht dem Osten“, Wernigerode 1924.

2 Verhüllte Segenswege. 7. Auflage. Brunnen Verlag, Basel (Gestern gesagt – heute gefragt Nr. 6) 1985.

3 Es gibt ein Volk, zerstreut und gesondert. 12 Ansprachen Jakob Kroekers, ausgewählt und herausgegeben von Hans Brandenburg. Hänssler Verlag, Neuhausen 1977.

4 Die Neujahrsbotschaft des Heiligen Geistes. Parana, Ponta Grossa Verlag der Deutschen Vereinigung für Evangelisation und Volksmission in Brasilien (Neujahrsgrüße für die russland-deutschen Flüchtlinge in Brasilien) 1933.

5 Christus und die Endgeschichte. Wüstenrot/Württ., Kurt Reith Verlag 1949.

6 Ist Beten Unsinn? Ostwerk-Verlag und Buchhandlung (Klares Ziel Heft 6) 1938.

7 Kraftquellen des Lebens. Gedanken aus den Schriften Jakob Kroekers. 3. Auflage. Brunnen Verlag, Basel 1942.

8 Der verborgene Umgang mit Gott. 11.-13. Tsd. Brunnen Verlag, Gießen und Basel 1939.

10 „Das Jahrhundert der Kirche“ oder „Die Kirche der Jahrhunderte“ (Sonderdruck aus „Der Kampf um die Kirche“, hrsg. von Lic. Thimme). Ev. Buchhandlung und Verlag Ott, Gotha 1932.

11 Der Geisteskampf zwischen Weltmacht und Gottesreich (Biblisch-theologische Freizeitvorträge 3). Brunnen Verlag, Giessen 1930.
Dan 1,1

12 Die Gottesforderung an die jeweilige Weltmacht (Biblisch-theologische Freizeitvorträge 4). Brunnen Verlag, Giessen 1930.
2. Mose 4,22-23

13 Er sprach zu mir. Biblische Betrachtungen für die stillen Stunden des täglichen Umgangs mit Gott. Brunnen Verlag, Giessen 1934.

14 Die Geistesbotschaft an die Kirche Christi der Gegenwart (Biblisch-theologische Freizeitvorträge 1). Brunnen Verlag, Giessen 1930.
Offb 2,17

15 Das Heimweh des Glaubens (Psalm-Worte des Glaubens Heft 5). Verlag Gottlob Koezle, Chemnitz 1919.
Ps 42/43

16 Signalrufe der Gottespriester (Biblisch-theologische Freizeitvorträge 2). Brunnen Verlag, Giessen 1930.
4. Mose 1-10

18 Licht von seinem Lichte. Worte aus Ewigkeit und Vergänglichkeit. Brunnen Verlag, Giessen und Basel 1935.

19 Neue Lebensgebiete. Missionsverlag „Licht dem Osten", Wernigerode 1924.

20 Das verschlossene Heiligtum. Missionsverlag „Licht dem Osten", Wernigerode 1924.
2. Chr 29,3-19

21 Das hohe Lied des Glaubens (Psalm-Worte des Glaubens Heft 1). Verlag Gottlob Koezle, Chemnitz 1917.
Ps 46

22 Das Pilgerlied des Glaubens (Psalm-Worte des Glaubens Heft 2). Verlag Gottlob Koezle, Chemnitz 1917.
Ps 84

23 Das Dennoch des Glaubens (Psalm-Worte des Glaubens Heft 3). Verlag Gottlob Koezle, Chemnitz 1917.
Ps 73

24 Das Siegeslied des Glaubens. In: Vom Heimweh der Seele. Glaubenszeugnisse aus der alttestamentlichen Psalmenliteratur. Verlag Gottlob Koezle, Chemnitz 2. Auflage 1920.
Ri 5

25 Gottgeweihte Segensträger. Evangelische Buchhandlung P. Ott, Gotha 1917.

26 Gegenwärtiges Heilsleben. Sechs Büchlein mit farbigem Umschlag (1. Aus Gott geboren; 2. Das volle Heilsleben; 3. Vermehrte Gnade; 4. Unterbrochenes Siegesleben; 5. Die Feuerprobe; 6. Unter der Wolkensäule). St. Johannis-Druckerei, Dinglingen 1921.

27 Die Brautwerbung. Eine Betrachtung über 1. Mose 24. Verlag der Missionsbuchhandlung P. Ott, Gotha 1905.

28 Das Schweigen Gottes und das Warten seiner Heiligen (Einer nach dem anderen, Heft 10). Missionshaus Steglitz 1909.

29 Ein ungeteiltes Leben. Betrachtungen zur Geschichte Davids und Jonathans. Emil Müllers Verlag, Barmen 1911.
1. Sam 18ff

30 Der Geist des Widerspruchs. Betrachtungen zu Gemeinsamkeiten von 4. Mose 13,31-32, Mt 16,23, 2. Mose 4,13 und Joh 11,39. Vereinsbuchhandlung G. Ihloff & Co., Neumünster 1920.

31 Bild und Zeugnis der russischen Märtyrerkirche (Furche-Schriften Nr. 8 – Das Bekenntnis der russischen Märtyrerkirche). Furche-Verlag, Berlin 1936.

32 Im Morgentau. Gedichte. 2. Auflage. Buchdienst-Verlag Wilhelm Schmidt, Kreuztal 1947.

33 Sein Hirtenamt. Buchdienst-Verlag Wilhelm Schmidt, Kreuztal 1947.
Joh 10,12

34 Die Sehnsucht des Ostens. (Zur Geschichte der Stundistenbewegung in Russland.) Verlag „Licht dem Osten“, Wernigerode 1920.

37 Ausgewählte Psalmen. Übersetzt und ausgelegt. Erste Auswahl. Gustav Schloeßmanns Verlagsbuchhandlung, Leipzig und Hamburg 1936.

38 Das christozentrierte Paulusbild. Verlag „Licht dem Osten“, Wernigerode 1923.

39 Was will aus unsern Kindern werden? Verlag Fr. Zillessen, Berlin 1903.
Lk 1,66

40 Heilige Verluste. Verlag „Licht dem Osten“, Wernigerode 1923.

41 Jesaja der Ältere, der Prophet des Glaubens (Band 5 der Sammlung „Menschen der Bibel“). 4.-5. Tsd. Acker-Verlag 1936.

42 „Sei ohne Furcht, du kleine Herde.“ Beitrag Jakob Kroekers in der Jubiläumsschrift „Kreuz und Buch. 30 Jahre Verlagsarbeit der Evangelischen Buchhandlung P. Ott, Gotha 1898-1928“.

43 Die erste Schöpfung, ihr Fall und ihre Wiederherstellung (Das lebendige Wort, Band 1). 2., durchgearbeitete Auflage. Brunnen Verlag Gießen 1930.
1. Mose 1 – 3

44 Noah und das damalige Weltgericht (Das lebendige Wort, Band 2). 2., durchgearbeitete und stark erweiterte Auflage. Missionsverlag „Licht im Osten“, Wernigerode 1925.
1. Mose 4-11

45 Die Patriarchen oder die Grundlagen des Glaubens (Das lebendige Wort, Band 3). 2., durchgearbeitete und vermehrte Auflage. Brunnen Verlag, Gießen und Basel 1939.
1. Mose 12-50

46 Israel – ein Wunder der Geschichte (Das lebendige Wort, Band 4). Verlag „Licht im Osten“, Wernigerode 1929.
2.-5. Mose

47 Die zerfallene Kirche (Sendschreiben an die Gemeinden in Ephesus, Sardes und Laodicäa). Missionsverlag „Licht dem Osten“, Wernigerode 1920.
Offb 2+3

48 Das Wachstum des Glaubens. 3. Auflage (8.-9. Tsd.). Brunnen Verlag, Gießen und Basel 1937.

49 Entmutigte Seelen. Emil Müllers Verlag, Barmen 1909.

50 Weltstaat und Gottesreich. Im Lichte des Propheten Daniel. Kapitel 1-6. Verlag „Licht im Osten“, Wernigerode 1928.

51 Dein Reich komme. Kalender für das Jahr 1941. Verlag Versandbuchhandlung „Licht im Osten“, Wernigerode.

52 Ausgewählte Psalmen. Übersetzt und ausgelegt. Zweite Auswahl. Gustav Schloeßmanns Verlagsbuchhandlung, Leipzig und Hamburg 1937.

53 Die Propheten oder das Reden Gottes. Die währendexilischen Propheten: Daniel. Teil 1: Der Prophet als

Staatsmann – Teil 2: Der Staatsmann als Prophet. (Das lebendige Wort, Band 11) 2. Auflage. Brunnen Verlag, Gießen und Basel 1935.

54 Christus, wer bist du? Zweites Bändchen: Das Christus-Zeugnis des Paulus. Brunnen Verlag, Gießen und Basel 1938.

55 Christus, wer bist du? Erstes Bändchen. 1. Die Christuserwartungen der Propheten. 2. Das Christuszeugnis der Evangelien. Brunnen Verlag, Gießen und Basel 1938.

56 Christus, wer bist du? Drittes Bändchen. 1. Das Christusbekenntnis des Hebräerbriefes. 2. Die Christusherrlichkeit der Offenbarung. Brunnen Verlag, Gießen und Basel 1938.

57 Römerbrief. Kapitel 1-8: Von der Kindesstellung. Ein Handkommentar. J. G. Oncken-Verlag, Stuttgart 1949.

58 Im Heiligtum des Vaterunsers. Erbauliche Gedanken und Reden über das Gebet des Herrn. Vorwort Spat, August 1898. Brunnquell-Verlag, Metzingen 1951. Mt 6,9-13

59 Das Königtum und die Theokratie in Israel (Das lebendige Wort, Band 5). Brunnen Verlag, Gießen 1931.

60 Die Propheten oder das Reden Gottes. Die vorexilischen Propheten. Jeremia, der Prophet tiefster Innerlichkeit und schwerster Seelenkonflikte (Das lebendige Wort, Band 8). Brunnen Verlag, Gießen und Basel 1937.

61 Glaubenskämpfe. Verlag Gottlob Koezle, Wernigerode 1921.

62 Die Propheten oder das Reden Gottes. Die vorexilischen Propheten. Erste Abteilung: Amos und Hosea

(Das lebendige Wort, Band 6). Brunnen Verlag Gießen und Basel 1932.

63 Segensträger. Erzählungen aus den Tagen des Propheten Elisa. 2., durchgearbeitete Auflage. Verlag der Evangelischen Buchhandlung P. Ott, Gotha 1919.
1. Kön 18 – 2. Kön 13

64 Gottes Segensträger. Erzählungen aus dem Leben der Propheten Elia und Elisa. 4., völlig umgearbeitete und erweiterte Auflage. Verlag „Licht dem Osten", Wernigerode 1922.
1. Kön 16 – 2. Kön 13

65 Die Propheten oder das Reden Gottes. Die vorexilischen Propheten. Zweite Abteilung: Jesaja der Ältere (Das lebendige Wort, Band 7). Brunnen Verlag, Gießen und Basel 1934.

66 Allein mit dem Meister. Eine Auslegung der Verklärungsgeschichte Jesu. Völlig neu bearbeitete Auflage, 13.-18.Tsd. Verlag der Evangelischen Buchhandlung P. Ott, Gotha 1925.
Mk 9,1-18

67 Moskau und sein dämonisches Geheimnis. Vortrag, gehalten auf der Altfreunde- und Akademikertagung der Deutschen Christlichen Studenten-Vereinigung in Essen am 27. September 1931. Missionsbund „Licht im Osten", Wernigerode 1931.
Mt 8,28-34

Biographien

Quelle Literaturnachweis

9 Iwan G. Kargel, Zwischen den Enden der Erde. Unter Brüdern in Ketten. Mit einem Vorwort von Jakob Kroeker. Brunnen Verlag, Giessen 1928.

17 R. S. Latimer, Ein Bote des Königs. Leben und Wirken des Dr. F. W. Baedekers. 3. Auflage. Mit einem Vorwort von Jakob Kroeker. Emil Müllers Verlag, Barmen 1927.

35 Maria Kroeker, Ein reiches Leben. Erinnerungen aus dem Leben des Missionsdirektors Jakob Kroeker. Kurt Reith Verlag, Wüstenrot 1949.

36 Hans Brandenburg, Jakob Kroeker, ein bevollmächtigter Bibelausleger. Evangelischer Missionsverlag, Stuttgart 1957.

Zeitschriften

Quelle Literaturnachweis

101 Dein Reich komme. Vierteljahrshefte, herausgegeben von „Licht dem Osten“, Missionsbund zur Ausbreitung der Evangelischen Wahrheit unter den Völkern des Ostens. Schriftleitung: Jakob Kroeker. Jahrgang 1920, Nr. 1 (Juli) – 2 (Oktober)

102 dto. Jahrgang 1921, Nr. 3 (Januar) – 6 (Oktober)

103 Dein Reich komme. Zweimonatshefte, herausgegeben von „Licht dem Osten“, Missionsbund zur Ausbreitung des Evangeliums unter den Völkern des Ostens. Jahrgang 1922, Nr. 1-6

104 dto. Jahrgang 1923, Nr. 1 – 6
105 Dein Reich komme. Vierteljahrshefte, herausgegeben von „Licht dem Osten“, Missionsbund zur Ausbreitung des Evangeliums unter den Völkern des Ostens. Jahrgang 1924, Nr. 1 – 4
106 Dein Reich komme. Monatshefte, herausgegeben von „Licht dem Osten“ (ab Nr. 5: „Licht im Osten“), Missionsbund zur Ausbreitung des Evangeliums unter den Völkern des Ostens. Jahrgang 1925, Nr. 1 – 12
107 dto. Jahrgang 1926, Nr. 1 – 12
108 dto. Jahrgang 1927, Nr. 1 – 12
109 dto. Jahrgang 1928, Nr. 1 – 12
110 dto. Jahrgang 1929, Nr. 1 – 12
111 dto. Jahrgang 1930, Nr. 1 – 12
112 dto. Jahrgang 1931, Nr. 1 – 12
113 dto. Jahrgang 1932, Nr. 1 – 12
114 dto. Jahrgang 1933, Nr. 1 – 12
115 dto. Jahrgang 1934, Nr. 1 – 12
116 dto. Jahrgang 1935, Nr. 1 – 12
117 dto. Jahrgang 1936, Nr. 1 – 12
118 dto. Jahrgang 1937, Nr. 1 – 12
119 dto. Jahrgang 1938, Nr. 1 – 12, Schriftleitung W.L. Jack bis 1939,1
120 dto. Jahrgang 1939, Nr. 1 – 12, ab 1939/2 wieder Schriftleitung Jakob Kroeker
121 dto. Jahrgang 1940, Nr. 1 – 12, ab 1940/6 Schriftleitung P. Achenbach
122 dto. Jahrgang 1941, Nr. 1 – 5, Heft 1941/5: Einstellungsverfügung

Sonstige Quellen

Quelle Literaturnachweis

201 Begrüßungsansprache bei der Glaubens- und Missionskonferenz des Missionsbundes LICHT IM OSTEN Wernigerode 30.6.1926. Manuskript des Vortrags.

202 Konferenz mit I. St. Prochanow, Präsident des Allruss. Bundes der Evangeliumschristen, im Rauhen Haus Hamburg auf Einladung des Missionsbundes LICHT IM OSTEN und der Wichern-Vereinigung, 18.-19.1.1930. Unveröffentlichtes Manuskript der Vorträge und Diskussionen.

203 Zitiert nach Arno Pagel, Sie wiesen auf Jesus. Francke-Buchhandlung, Marburg 1975, Seite 66.

204 Zitiert nach Pastor Paul Schwidurski, Stadtmission Hamburg, 25.9.2006.

205 Hessische Gemeinschaftskonferenz, 6.-9.2.1936 in Kassel. Unveröffentlichtes Manuskript der Vorträge.

206 16. Glaubens- und Missionskonferenz des Missionsbundes LICHT IM OSTEN Wernigerode, 29.6. – 3.7.1938. Unveröffentlichtes Manuskript der Vorträge.

207 Antwortbrief Jakob Krockers, Wernigerode, an Dr. Joachim Müller, Stuttgart, vom 24.4.1946.

208 Erste Missionskonferenz des Missionsbundes LICHT IM OSTEN in Stuttgart-Mühlhausen am 13.10.1946. Grußwort über Lk 12,32.

209 Die Gestalt des Propheten. Sonderdruck o.J. Seite 17.

Jakob Kroeker: Aus meinem Leben

Eine biographische Skizze

Geboren 1872, am 31. Oktober, in der Kolonie Gnadenthal innerhalb der großen Mutterkolonie Molotschna, Taurien, Südrussland, als Sohn von Johann Jacob Kroeker, geboren in Blumstein, und Frau Susanne, geborene Konrad aus Rosenort. In meinem neunten Lebensjahr zogen meine Eltern auf die Insel Krim und gründeten mit einer Anzahl Siedler zusammen die später so blühende Kolonie Spat in der Nähe der Gouvernementsstadt Simferopol. In Spat und später in Simferopol empfing ich meine Schulbildung bis zum Staatsexamen für Lehrer. Nach dem Examen bediente ich in Menlertschik, einer Zweigkolonie von Spat, zwei Jahre eine mennonitische Schule. Der Dienst in der Schule trug mir sehr viel Liebe sowohl von Schülern als auch von Eltern ein, so dass die Zeit mir unvergesslich geblieben ist.

So stark mich der Lehrdienst auch befriedigte, so glaubte ich, dass der Herr mich noch für eine andere Aufgabe berufen habe. In jener Zeit stand unter der Leitung von Missionar Abraham Friesen und seiner Gattin unsere auswärtige Mission in Indien in großer Blüte. Es herrschte in allen Gemeinden ein sehr starkes Missionsinteresse, und ich glaubte, den Ruf zu haben, ebenfalls in die äußere Mission treten zu sollen. Das veranlasste mich, mich zwecks missionarischer Ausbildung an das Missionsseminar der Baptisten in Hamburg zu wenden. Unsere Mission in Indien stand trotz ihrer vollständigen Selbständigkeit doch unter der Oberleitung der baptistischen Mission in Boston, ähnlich wie die mennonitischen Missionsgebiete in Java unter der Oberleitung des mennonitischen Missionskomitees in Amsterdam standen. Den Mennonitengemeinden war es nämlich nicht gestattet, selbst eine völlig selbständige Oberleitung auswärtiger Missionen zu unterhalten.

Als ich nach vier Jahren das Seminar beendet hatte, hatte ich jedoch den Eindruck, dass meine Gesundheit es kaum gestattete, nach Indien zu gehen. Ich kehrte daher nach Russland zurück und wurde von der Krimer Mennoniten-Brüdergemeinde als Prediger berufen und vom Ältesten David Schellenberg, Molotschna, als Prediger und Mitältester ordiniert. In Verbindung mit dem Ältesten David Dürksen hatte ich zunächst eine ausgedehnte und gesegnete Reisepredigertätigkeit. Diese führte mich öfter in die entlegensten mennonitischen Kolonien in Samara, Ufa, Orenburg, Terek, Kaukasus bis zu den Ansiedlungen der Mennoniten in Mittelasien im Gebiet von Auli-Ata in Turkestan. Ausserdem durfte ich die erste mennonitische Zeitung gründen, die *Friedensstimme*. Daneben erschien der mennonitische Abreißkalender.

In jener Zeit pflegten manche unserer mennonitischen Kreise sehr enge Beziehungen zu führenden Persönlichkeiten des geistlichen Lebens im Ausland, vornehmlich mit Dr. F. W. Baedeker, Prof. Ströter, Mr. Grob und anderen. Dr. Baedeker ist bekannt durch seine große Gefangenenmission sowohl innerhalb der Gefängnisse des europäischen Russland als auch anlässlich seiner großen Reisen durch die Verbannungsorte Sibiriens. Die Begegnung mit diesem Gottesknecht ist entscheidend geworden für meinen späteren geistlichen Dienst. Durch ihn wurde ich auch in die St. Petersburger Kreise eingeführt und lernte dort in den Palästen der Fürstinnen Gagarin und Lieven sowie der Madame Tscherkoff und anderer ein blühendes Geistesleben innerhalb des St. Petersburger Adels kennen. Da ich diesen Kreisen nachher bis zum Jahre 1914 ständig dienen durfte, muss ich sagen, dass ich hier die tiefsten Eindrücke in meinem geistlichen Dienst empfangen habe. Außerdem kam ich durch Dr. Baedeker in engere Fühlung mit den Allianzkreisen in Deutschland (Bad Blankenburg) und auch in den Baltischen Provinzen. In den letzteren empfing ich die Anregung zur Gründung des ersten mennonitischen Diakonissenhauses in Halbstadt (Südrussland).

Diese Beziehungen wurden dann der Anlass, dass mein Dienst schon bald über unsere eigenen Mennonitengemeinden weit hinausging. Etwa im Jahre 1900 gab Gott auch eine sehr starke Erweckungsbewegung innerhalb unserer mennonitischen Kolonien, von der besonders auch unsere Großgrundbesitzer und Industriellen erfasst wurden. Das führte zu einer reichen Tätigkeit auf deren Gütern und Besitzungen und zu Veranstaltungen von besonderen Glaubenskonferenzen und Bibelkursen innerhalb unserer Kolonie. Diese Konferenzen und Bibelkurse wurden damals in der Hauptsache von meinen beiden engsten Freunden, den Ältesten Peter Unruh aus Orloff und Jakob Reimer aus Rückenau, und von mir getragen.

Im Jahre 1910 stand ich unter dem starken Eindruck, dass ich mit meiner Familie ins Ausland gehen sollte. So unverständlich dies meinem engsten Freundeskreis und den Gemeinden war, zogen wir im Juli 1910 nach Wernigerode am Harz. Ohne alle Beweggründe nennen zu können, reifte dieser Entschluss, einmal um die Möglichkeit zu haben, unseren Kindern eine ausgesprochen deutsche Erziehung zu geben, und andererseits, um meinen gesegneten Dienst in St. Petersburg noch freier tun zu können. Im Frühjahr 1914 wurde in St. Petersburg der Beschluss gefasst, dass ich im Winterhalbjahr in St. Petersburg wohnen sollte und im Sommerhalbjahr meinen Sitz in Wernigerode hätte.

Da kam der Krieg. Dieser unterband nicht nur meine Beziehungen zu Russland, sondern verhinderte auch meine Vortragstätigkeit innerhalb der Allianz- und Gemeinschaftskreise hier in Deutschland. Ich durfte nämlich als russischer Untertan während dieser vier Jahre ohne besondere Erlaubnis nicht das Weichbild der Stadt Wernigerode verlassen. Nur dank der Umstände, dass ich ordinierter Geistlicher unserer Gemeinden war, hatte ich es zu verdanken, dass ich nicht auch für die ganze Zeit interniert wurde.

Als ich sah, dass sich das Ringen in der Welt in die Länge ziehen würde, gab ich mich ganz meinen theologischen Studien hin. Als Freund des Alten Testaments widmete ich mich besonders der hebräischen Sprache und der alttestamentlichen Forschung. Zunächst hatte ich nur die Absicht, innerlich aus allem einen Gewinn zu haben für meine späteren Vortragsdienste sowohl in Russland als auch hier in Deutschland. Diese intensive Arbeit führte jedoch dazu, dass ich anfing, einiges von dem zu veröffentlichen, was ich glaubte, als Frucht meiner Arbeit gewonnen zu haben. Durch besondere Fügung war es mir dann im Jahre 1917-18 noch möglich, zwei Semester in Berlin zu hören, die das ergänzten und vertieften, was ich bisher auf alt- und neutestamentlichem Gebiete erworben hatte. Während dieser Arbeit reifte in mir allmählich der Gedanke aus, eine populäre Arbeit über die Zeitalter des Alten Testaments zu veröffentlichen. Ich begann zunächst mit einem kleinen Versuch, indem ich ein stärkeres Heft unter dem Titel veröffentlichte: „Noah und das damalige Weltgericht“. Da dieses Büchlein eine starke Beachtung innerhalb der christlichen Kreise fand, wurde in mir der Plan reif für das umfangreichere Lebenswerk über das Alte Testament. Es erscheint unter dem Sammeltitel: „Das lebendige Wort“, und ist auf etwa 14 Bände von je 400 Seiten angelegt. Von diesem sind bereits sieben respektive acht Bände erschienen.

Bald stellte es sich heraus, dass die Arbeiten, die auf wissenschaftlicher Grundlage aufgebaut sind, weiten Eingang innerhalb der Pfarrerkreise fanden. Die Arbeit an diesem großen Werk wird getragen von dem einen Gedanken, dass die Gottesoffenbarung von einst auch uns wiederum als Offenbarung diene und zu uns in ihrer ursprünglichen Kraft sprechen möchte.

Außerdem sind manch kleinere Schriften von mir erschienen, wie „Allein mit dem Meister", „Der verborgene Umgang mit Gott", „Gottes Segensträger", „Verhüllte Segenswege des Glaubens", „Weltstaat und Gottesreich", „Er sprach zu mir" und andere. Von diesen sind einzelne in mehr als 20 000 Exemplaren erschienen.

Während des Krieges bereitete sich jedoch noch ein wichtiger Dienst für mich in Deutschland vor. In der letzten Zeit des Weltkrieges hatte innerhalb der großen Kriegsgefangenenlager für Russen eine sehr starke Erweckung begonnen. Diese erweckten Kreise bedurften sehr der geistlichen Hilfe. Da fügte es sich, dass im Jahre 1918 mein Kollege, Pastor Jack, mit seiner Familie aus Russland, wo er vier Jahre lang interniert gewesen war, zurückkehren durfte. Er war vor dem Krieg in Verbindung mit der Orientmission unter der Leitung von Dr. Lepsius in den Süden Russlands gekommen, um dort der russischen Erweckungsbewegung zu dienen. So war er vor dem Krieg in sehr enge Fühlung mit der russischen Evangeliumsbewegung gekommen. Als die erweckten Russen in den Kriegsgefangenenlagern erfuhren, dass wir beide in Wernigerode seien, baten sie, dass wir ihnen in den Lagern durch Vorträge und Bibelkurse dienen möchten. Aus diesen kleinsten Anfängen entstand alsdann unter starker Beteiligung schwedischer Freundeskreise unser jetziger Missionsbund LICHT IM OSTEN. Es wurde zunächst ein Seminar zur Ausbildung von russischen Brüdern für die Gemeinden in Russland gegründet. Aus diesem sind etwa 80 Brüder nach Russland zurückgekehrt, von denen manche eine sehr gesegnete

Tätigkeit entfaltet haben. Viele sind mit Millionen anderer den schweren Leidensweg in Russland gegangen und fanden entweder im Kerker oder in der Verbannung ihren Tod. Eng damit verbunden entwickelte sich ein sehr starker Bibelversand nach Russland. In der Zeit der Hungerjahre nahmen wir von unserem Missionswerk aus auch eine rein karitative Arbeit auf und haben bis jetzt große Mittel zur Verfügung der Leidenden, Hungernden und Verbannten sowohl innerhalb der deutschen als auch der russischen Kreise zur Verfügung stellen können.

In Verbindung mit dem Missionswerk hat sich jedoch noch ein dritter Hauptdienst im Laufe der Jahre entwickelt, nämlich die biblischen Vorträge auf Glaubenskonferenzen, Bibelkursen, Pfarrerfreizeiten und sonstigen Tagungen. Gerade dieser geistliche Dienst hat sehr viel beigetragen zur richtigen Fundierung unseres Missionswerkes. Auf Grund dieser Vortragsdienste hat sich ein Freundeskreis im In- und Ausland gefunden, der sich im Geiste Jesu Christi mit uns eng verbunden weiß. Man weiß, wohin man uns auch immer ruft, und besonders sind das die großen Landeskirchen, dass wir unseren Dienst nur mit der einen Absicht tun wollen, dass neues Leben geweckt und vorhandenes im Glauben gestärkt und weitergeführt werden möchte. Wie groß der Freundeskreis ist, ist ersichtlich aus unserem Missionsblatt „Dein Reich komme“, das an 16 000 Freunde versandt werden darf.

Dieses autobiographische Lebensbild fand ich in den Papieren des Familienarchivs. Auf drei eng mit der Schreibmaschine beschriebenen Blättern hielt Jakob Kroeker fest, was ihm zu diesem Zeitpunkt wichtig war. Aus seinen Angaben zum Hauptwerk „Das lebendige Wort“ kann geschlossen werden, dass Band 7 dieses Werkes bereits vorlag (1934) und das Manuskript von Band 8 abgeschlossen war. Dieser Band erschien als letzter Band zu Weihnachten 1936. Der spätere Abschluss des Werkes musste aus politischen Gründen zunächst unterbleiben. Erst nach dem Krieg konnte Hans Brandenburg das große Werk vervollständigen, abschließen und in Neuauflagen herausbringen.

Der von ihm selbst getippte Aufsatz mit der Überschrift „Statistisches aus meinem Leben" kann nach diesen Angaben auf 1936 datiert werden. Er diente mit Sicherheit seiner Tochter Maria Kroeker als Vorlage bei der Vorbereitung der Biographie des Vaters „Ein reiches Leben". Er erscheint hier aber – nur unwesentlich redigiert – erstmals vollständig im Druck.

Armin Jetter

Chronik des Lebens von Jakob Kroeker

mit ergänzenden Anmerkungen des Herausgebers

1872 Jakob Johann Kroeker wird geboren am 12. November (nach dem altrussischen Julianischen Kalender 31.Oktober) in Gnadenthal (Mennonitische Kolonie Molotschna/Taurien, heute Ukraine) als ältester Sohn von Johann Jacob Kroeker (1847-1915), geboren in Blumstein, und Susanne Kroeker (1851-1887), geborene Konrad aus Rosenort.

Jakob hat zwei Schwestern, Helene und Susanna, und einen Bruder, Johann.

1881 Im März Umzug der beiden Eltern Johann Kroeker und Johann Langemann, den Eltern von Anna, die Jakob 1893 heiraten wird, mit weiteren Siedlern und ihren Familien auf die Insel Krim, um dort ein neues Dorf zu gründen. Es entsteht die Siedlung Spat (heute ukrainisch Gvardijs'ke) direkt an der neuen, die Krim durchquerenden Bahnlinie nach Simferopol.

Jakob Kroeker wird bei Mäharbeiten am Knie verletzt und hat zeitlebens ein geschwächtes Bein. Der Beruf des Landwirts, der einmal den Hof übernehmen soll, kommt für ihn nicht mehr in Betracht. Lesen und Lernen werden zu seiner Welt statt Spiel, Sport und körperlicher Arbeit.

1885 Erweckungsbewegung auf der Krim. Jakob Kroekers Bekehrung. Auf die Frage eines Predigers antwortet er: *Mit den Händen bei der Arbeit, mit dem Herzen bei Gott.*

1887 Die Mutter Kroeker stirbt. Die Mutter von Anna Langemann stirbt im selben Jahr. Vater Kroeker heiratet nach einiger Zeit Gertrude Wiens.

1891 Nach Schulbildung in Spat und später in der nahegelegenen Kreisstadt Simferopol legt Jakob Kroeker das Staatsexamen als Lehrer an einer privaten Lehrerbildungsanstalt in Simferopol ab. Einer seiner Lehrer in Spat ist Peter P. Siemens.

1891-1893 Zwei Jahre mit großer Begeisterung Lehrer an der mennonitischen Elementarschule in Menlertschik, einer Zweigkolonie von Spat, mit 20 Schülern. Hier zeigen sich erstmals seine pädagogische Begabung und seine Liebe zu Kindern.

1893 18. Juli: Jakob Kroeker heiratet seine Jugendliebe Anna Langemann (1873-1963), die ihn für zwei Jahre nach Hamburg begleitet, dort Deutsch- und Englisch-Kurse besucht und eine Ausbildung in der Krankenpflege im Diakonissenhaus Bethel in Berlin-Dahlem erhält. In ihrer Ehe werden ihnen in den folgenden Jahren elf Kinder geschenkt.

1893-1897 Jakob Kroeker bereitet sich auf einen Dienst in der Auswärtigen Mission der Mennoniten in Indien vor. Er studiert vier Jahre am baptistischen Predigerseminar in Hamburg.

1897 Jakob Kroeker ist für einen Dienst in der Auswärtigen Mission aus gesundheitlichen Gründen nicht geeignet. Im Sommer wird er von der Krimer Brüdergemeinde der Mennoniten als Prediger berufen und am 25. Mai 1898 als Prediger und Mitältester durch den Ältesten David Schellenberg „für eine Reisetätigkeit für die deutschen Mennoniten in ganz Russland" ordiniert.

In Verbindung mit dem Ältesten David Dürksen beginnt er über mehrere Jahre eine sehr ausgedehnte und gesegnete Reisepredigertätigkeit. Auf den weiten Reisen macht er Bekanntschaft mit der russischen Evangeliumsbewegung, dem Stundismus. Er ist Mitglied einer Kommission, die den Religions- und den Deutschunterricht in den mennonitischen Schulen auf der Krim überwacht.

1897-1917 Erste schriftstellerische Tätigkeit. Sein Vetter Abraham Jakob Kroeker zieht nach Spat. Zusammen mit ihm gibt er ab 1899 (bis 1917) den „Christlichen Abreiß-Kalender" heraus (Auflage 25 000).

1900 Um diese Zeit Begegnungen und Reisen mit Dr. Friedrich Wilhelm Baedeker (1823-1906), dem Evangelisten der Gefängnisse Russlands, der einen prägenden Einfluss auf den jungen Jakob Kroeker ausübt und der ihn in die erweckten Kreise des russischen Adels in St. Petersburg einführt.

Jakob Kroeker schreibt darüber: „*Auch unser Missionswerk LICHT IM OSTEN, das ganz auf die Unterstützung der evangelischen Bewegung innerhalb des russischen Volkes eingestellt ist, hat indirekt seinen Charakter aus diesem Dienst gewonnen ... Durch ihn persönlich und durch das, was ich in St. Petersburg in diesen Kreisen miterleben durfte, habe ich Anregungen empfangen, die auch für meine innere Entwicklung und meinen späteren Dienst von entscheidender Bedeutung geworden sind.*"

Durch Dr. Baedeker ergeben sich auch erste Kontakte zu Allianzkreisen in Deutschland, vor allem nach Bad Blankenburg und in die Baltischen Länder. Überall dient er mit seinem Zeugnis. Die Allianzkonferenz in Bad Blankenburg besucht er ab 1907 fast jährlich. „*Jedem, der ihn zum ersten Male hörte, verriet seine ‚harte' Aussprache, dass er aus dem Osten, aus Russland, stammte.*"

Große Erweckungsbewegung in den mennonitischen Kolonien. Erfasst werden vor allem auch die Großgrundbesitzer und Industriellen. Es werden viele Glaubenskonferenzen und Bibelkurse eingerichtet. Jakob Kroeker ist überall ein viel gefragter Prediger.

1903 Gründung der mennonitischen Kirchenzeitung „Die Friedensstimme" durch Jakob Kroeker in Verbindung mit seinem Vetter Abraham Jakob Kroeker (erscheint bis September 1920). Wegen der fehlenden Lizenz wurde die Zeitung zunächst in Berlin gedruckt, ab 1906 unter Zensur in Halbstadt.

1905 Übersiedlung nach Halbstadt/Taurien, dem kulturellen Zentrum der Mennoniten Russlands (heute Molochansk). Zusammen mit Abraham Jakob Kroeker und zwei weiteren Teilhabern Gründung des Verlags Raduga (Regenbogen) mit Druckerei und Buchbinderei. 1908 tritt I. S. Prochanov in den Verlag ein.

1909 20.-23. August: Große Bibel-Konferenz in Halbstadt, die aber wegen des Wegzugs Jakob Kroekers in den Folgejahren nicht fortgesetzt werden kann.

1910 23. Mai: Feierliche Eröffnung des „Diakonissenhauses Morija" in Halbstadt. Jakob Kroeker ist Initiator und Mitbegründer und für kurze Zeit Hausvater. Schwester Anna Sudermann, die Oberin des neuen Diakonissenverbandes werden sollte, verlobt sich mit dem reformierten Pfarrer Walter L. Jack. Beginn einer langjährigen Freundschaft zwischen ihm und Jakob Kroeker.

Seit 1908 beschäftigt sich Jakob Kroeker mit Auswanderungsgedanken. Sein Wunschziel ist die Schweiz. Er findet aber ein geeignetes Haus in Wernigerode und zieht mit seiner Familie zur Verwunderung vieler Mitte Juni nach Deutschland. Neue Heimat in Wernigerode am Harz.
Ein länger schwelender und sehr schmerzlicher

Ablösungsprozess kommt damit zu einer Lösung. Die Weitsicht, die Jakob Kroeker durch seine interkonfessionellen Kontakte, vor allem auf dem Boden der Evangelischen Allianz, gewann, bringt ihn in Konflikt mit den Predigern und der Konferenz der Russischen Mennoniten Brüdergemeinden. Von ihnen war er berufen und ausgesandt, aber nun zeigt es sich, dass er – nach ihrem Verständnis – in seiner Arbeit den von der Konferenz gesteckten Rahmen sprengt. Es kommt zu unüberbrückbaren Spannungen in Fragen von Dienst und Glauben, die letztlich zur Trennung von Kollegen und vielen alten Freunden führen. Jakob Kroeker schreibt dazu: *„Die Brüder konnten nicht verstehen, dass ich als ihr berufener und ordinierter Prediger mit anderen, die nicht zu unserer Bruderschaft gehörten, Abendmahlsgemeinschaft pflegte. Es gehört zu den schwersten Erfahrungen meines geistlichen Dienstes, als auf einer Konferenz drei verehrte Älteste, reife, im Dienst erfahrene Brüder mit tiefer Liebe zu mir, mich mit Tränen überzeugen wollten, dass meine Überzeugungen falsch wären.*“ (John B. Toews, „Russian Mennonites and Allianz“ in Journal of Mennonite Studies, 1996, S. 54)

1910-1914 Von Wernigerode aus zahlreiche Reisen nach St. Petersburg und nach Südrussland. Vor allem zu den Adelskreisen in St. Petersburg ergeben sich intensive seelsorgerliche Kontakte, die leider bei Kriegsausbruch für die Dauer des Krieges unterbrochen werden, aber nicht völlig abbrechen. Finanzielle Rückschläge für die Familie durch unvorhergesehene Verluste in der russischen Heimat.

1914-1918 Während des Ersten Weltkriegs als russischer Staatsangehöriger in Wernigerode unter Polizeiaufsicht. Er darf ohne behördliche Genehmigung die Stadt Wernigerode nicht verlassen: „*Wernigerode wurde mir zur Arche*" (Dein Reich komme, 1931, S.384). Mit einem Freund arbeitet er alle theologischen Wissensgebiete mit dem Schwerpunkt Altes Testament durch. Studium der hebräischen Sprache.

1917-1918 Zwei Semester Besuch der Theologischen Fakultät der Universität Berlin. Jakob Kroeker hospitiert in den Seminaren bei Adolf Deissmann, Professor für Neues Testament, der seine künftige schriftstellerische und Vortragsarbeit stark beeinflusst. Vor allem der Apostel Paulus rückt in sein Blickfeld. Dazu bietet Deissmanns Monographie „Paulus" (1911) eine treffliche Vorlage für eigene Studien und Veröffentlichungen.

Adolf Deissmanns grundlegende Untersuchung zum NT (1908) und auch dessen Studien zur „Urgeschichte des Christentums" (1910) und weitere Arbeiten dürften die wesentlichen Gründe gewesen sein, dass Kroeker Deissmanns Seminare in Berlin besucht. Fachgebiet, Themen, Form und Zielsetzung der Darstellung und die dahinter zu spürende persönliche Glaubensüberzeugung Adolf Deissmanns sprechen ihn so sehr an, dass wir ihn als den wichtigsten geistlichen Vater Jakob Kroekers bezeichnen können. Dies kommt vor allem in seinem späteren schriftstellerischen Werk zum Tragen. Da gibt es bei der

Auslegung biblischer Texte eine Fülle von gedanklichen Parallelen. Kroeker zitiert Deissmann häufig oder nennt Beispiele aus seinen Seminaren (D.R.k,1939, S. 67).
Rudolf Bultmann hebt 1908 in einer Rezension das revolutionäre Forschungsergebnis Deissmanns hervor: „*Das Neue Testament ist kein in der Studierstube geschriebenes Lehrbuch, sondern das Dokument einer von Inspiration getragenen Zeit, dass es uns einen Blick tun lässt in lebendige Seelen, dass es uns das Kämpfen und Wirken der religiösen Kräfte in herrlicher Frische sehen lässt … Das Neue Testament ist ein Volksbuch, das Urchristentum ist eine volkstümliche Bewegung … Buch der Völker wurde das Neue Testament, weil es ein Buch des Volkes war.*“

Diese Auszüge aus einer Stellungnahme des Theologen Bultmann über die neuen Erkenntnisse, die Deissmann in seinen Seminaren und in seinen Büchern vorträgt, geben einen Eindruck davon, wie sich Kroeker von diesem Wissenschaftler angesprochen und in seinen eigenen Anliegen verstanden weiß.

Auch Deissmanns Einsatz als Mann der Kirche für internationale ökumenische Aktivitäten dürfte Kroeker voll entsprechen. Es ist anzunehmen, dass er ihn als einen großen engagierten Theologen seiner Zeit und als eine Persönlichkeit des Glaubens uneingeschränkt bewundert.

Erwähnt werden kann an dieser Stelle, dass der Titel der Untersuchung Deissmanns zur Sprache des Neuen Testaments den Titel trägt: *Licht vom Osten*. Spätestens 1919, ein Jahr nach Rückkehr Kroekers aus Berlin, taucht bei den Beratungen über den Namen des neuen Missionsbundes dieser Begriff, programmatisch entscheidend abgeändert als *Licht dem Osten* auf, 1925 von Kroeker ungern und gegen seine wirkliche Intention abgeändert in *Licht im Osten* (D.R.k. 1935, S. 2).

Jakob Kroeker und Adolf Deissmann halten auch später Kontakt, so dass wir annehmen dürfen, dass Deissmanns unerschrockener Einsatz während des Dritten Reichs einerseits für Menschen, die wegen ihrer jüdischen Herkunft in Bedrängnis geraten, und andererseits nachdrücklich für das Neue Testament im Leben der Kirche und aller Gläubigen Kroeker nicht verborgen bleibt, sondern ihn in seiner eigenen Haltung bestärkt. Das mutige Flugblatt mehrerer Hochschullehrer für Neues Testament vom 23.9.1933 *Neues Testament und Rassenfrage*, das Adolf Deissmann unterzeichnet, ja möglicherweise initiiert und verfasst hat, dürfte unverzüglich auch auf Kroekers Schreibtisch geflattert sein. Es entspricht voll seiner Haltung und seiner Arbeit.

Während der autodidaktischen Studien in den Kriegsjahren reift in Jakob Kroeker der Plan, ein Werk über das Alte Testament herauszugeben. Es erscheint in den Folgejahren unter dem Titel

„Das lebendige Wort“, bis es 1938 aus politischen Gründen eingestellt werden muss und erst viel später von Hans Brandenburg vollendet werden kann. „*Kroekers umfangreiches Werk ist zu Unrecht in der akademischen Theologie vergessen und harrt bis heute der breiten Rezeption, die es durchaus verdient hätte*“, urteilt sein Biograph Wolfgang Heller im Bautz-Kirchenlexikon.

1918-1920 Zusammen mit seinem langjährigen Freund, Pfarrer Walter L. Jack, der aus der Internierung in Russland während der Kriegsjahre zurückkehrt, richtet Kroeker Bibelkurse für russische Soldaten in den Kriegsgefangenenlagern ein.

1919 2./3. Dezember: Die Gründung des Missionsbundes *LICHT DEM OSTEN – Gesellschaft zur Verbreitung der Evangelischen Wahrheit unter den Völkern des Ostens* wird in Wernigerode beschlossen. Mit dabei: Prediger Jakob Kroeker, Pfarrer Walter L. Jack, Missionar Johannes Svensson, Vertreter des Komitees für Evangelische Mission in Russland, Stockholm, und Missionar L. Erik Högberg, Vertreter des Schwedischen Missionsbundes, Stockholm.

Das biblische Motto des Missionsbundes: *Wir predigen nicht uns selbst, sondern Jesus Christus, dass er der Herr ist, wir aber eure Knechte um Jesu willen (2. Kor 4, 5).*

Hans Brandenburg beurteilt die Aufgabenverteilung des leitenden Teams später so: „*Walter Jacks praktischer Missionssinn fand in Kroekers biblischer Schau seine Vertiefung.*“

1920 Gründung einer russischen Bibelschule im Haus „Gottesgabe“ in Wernigerode. Etwa 80 Brüder werden ausgebildet, von denen manche eine gesegnete Tätigkeit in ihrer Heimat entfalten.

Ab Juni erscheint die Zeitschrift „Dein Reich komme“, zunächst vierteljährlich.

1921 1.-4. Juli: Erste Missions- und Glaubenskonferenz in Wernigerode unter der Losung: *Seid fleißig zu halten die Einigkeit im Geist.*

Jakob Kroeker bereist zum ersten Mal Estland, Finnland und Schweden.

1921-1925 LICHT IM OSTEN gibt die erste russische Bibelkonkordanz (Simfonija) mit 120 000 Zitaten auf über 1000 Seiten heraus (Auflage 10 000).

1925 Jakob Kroeker tritt als Redner auf der ersten Mennonitischen Weltkonferenz in der Schweiz auf.

Der Missionsbund wird im Mai umbenannt in LICHT IM OSTEN.

1928 Februar: Schwerer gesundheitlicher Zusammenbruch Jakob Kroekers und mehrmonatige Kur im Tropengenesungsheim Tübingen.

1930 1. Januar: Der Brunnen Verlag übernimmt die deutsche Verlagsarbeit von LICHT IM OSTEN.

Jakob Kroeker erklärt sein Arbeitskonzept: „*Andererseits sehen wir unsere Arbeit auch als einen wesentlichen Dienst an unserem deutschen Volke an. Für uns ist es eine freundliche Fügung Gottes, dass wir unsere Unterstützungsarbeit für die russischen Brüder so verbinden können mit den Vortragsdiensten hier in Deutschland und in den Nachbarländern. Halte ich doch in der Regel, wohin ich für acht Tage zum Dienst gerufen werde, zunächst sieben biblische Vorträge zur Stärkung, Förderung und Vertiefung des Glaubenslebens und zum Schluss noch einen Vortrag über Russland. Wenn auch nicht immer in dem Umfang, aber ähnlich suchen auch die anderen Brüder und Vorstandsmitglieder dem Werk zu dienen.*“ *(D.R.k.1930, S.2)*

1931 Im Herbst: Jakob und Anna Kroeker erhalten ein „Freijahr“ und reisen nach Ägypten und ins Heilige Land bis 15. Juni 1932. Bei dieser Reise bereitet er die Bände 6, 7 und 8 der Reihe „Das lebendige Wort“ zum Druck vor.

1932 60. Geburtstag. Jakob Kroeker schreibt in einem Brief an die Kinder: „*Dass Gott mit seinem Segen mit uns im Laufe der hinter uns liegenden Jahre sein konnte, war unsere einzige Garantie und Durchhilfe. Unendlich viel liegt hinter uns, es war Gott, der aber unsere Sorgen und Schwierigkeiten zu seinen Gelegenheiten machte, um*

seine Güte immer wieder neu an uns vorüberziehen zu lassen …
Mein letzter Band über das Alte Testament, der sechste, scheint allgemein viel Zustimmung zu finden. Man freut sich, wenn Gott Gnade gab, etwas so zu schreiben, dass es auch zu anderen reden kann.“

1933 Anfang des Jahres erneut schwer erkrankt. Operation in Hamburg. Viele Dienste müssen abgesagt werden.

23. März: Walter L. Jack erleidet einen schweren Autounfall und am 21. Juli einen Nervenzusammenbruch durch Überlastung.

28.Juni – 2. Juli 11. Glaubens- und Missionskonferenz in Wernigerode mit dem Thema: *Die gegenwärtige Weltkrise im Lichte der göttlichen Offenbarung.*

Aus dem Einladungstext: „*Das Thema der Konferenz steht ganz im Zeichen der großen Gegenwartsfragen. Es wird jedoch der Konferenzleitung wie den einzelnen Rednern fern liegen, von den einzelnen Gegenwartsfragen aus an die göttliche Offenbarung heranzutreten, um dort Belege für ihre eventuellen Ansichten zu suchen, vielmehr sollen die verschiedenen Fragen vom Lichte der Offenbarung aus beleuchtet werden. Denn nötiger als je bedarf gegenwärtig die Kirche Jesu Christi der innerlichen Orientierung an der göttlichen Offenbarung!*“

1934 Im Oktober erscheint Kroekers einziges großes Andachtsbuch mit dem Titel „Er sprach zu mir – Biblische Betrachtungen für die stillen Stunden des täglichen Umgangs mit Gott“, bis heute eine sehr gute Zusammenfassung seiner Auslegungen und Gedanken in der Form von Andachten für jeden Tag. Die während des Krieges überarbeitete Neuauflage dieses Andachtsbuchs, die Jakob Kroeker 1946 „nach Giessen“ abgeschickt hat, ist nie erschienen.

Fritz Rienecker urteilt über Jakob Kroeker: *„Diese heilige Entschlossenheit, mit der er in ungemein harter Unerbittlichkeit und außerordentlich rücksichtsloser Konsequenz allem althergebrachten Normen- und Formenwesen den Abschied gibt und auf die Seite des unbedingt absoluten Göttlichen sich stellt, erinnert an das Auftreten der großen Seher. – Wie jenen sind auch Kroeker durch Gottes Gnade vermöge einer inneren Anschauung neue Erkenntnisse aufgegangen, so dass er die Zeichen der Zeit zu deuten und Gottes Wirklichkeit in ihnen wahrzunehmen und zu zeigen imstande ist. Ein sprühendes Temperament von unvergleichlicher Kombinationskraft, eine scharf profilierte Persönlichkeit von souveräner Gottgebundenheit, eine Unmittelbarkeit des Erlebens göttlicher Inspirationen steht hinter dem großen Werk.“*

Oktober: Dr. Joachim Müller (1891-1966) wird Mitarbeiter bei LICHT IM OSTEN und übernimmt Führungsaufgaben. Dr. Müller wird im

Juni 1940 zum Kriegsdienst als Hauptmann d.R. eingezogen. 1942 „wegen einiger Freundlichkeiten, die ich einem judenchristlichen alten Herrn, Mitglied unserer Bekenntnisgemeinde zu Wernigerode erwiesen hatte“, denunziert und im September 1942 unehrenhaft aus der Wehrmacht entlassen. Die Gestapo leitet ein Verfahren ein. Er wird mit Rede-, Schriftsteller- und Reiseverbot (für Zwecke des Missionsbundes) belegt, da er sich als Christ weigert, die nationalsozialistische Weltanschauung als bindend anzuerkennen. Dr. Müller muss Wernigerode verlassen. Prälat Karl Hartenstein, der ihn aus der ökumenischen Bewegung kennt, ruft ihn nach Württemberg und vermittelt ihm zunächst eine Anstellung als „Luftschutzwart Müller“ in der Firma Paul Lechler bis zum Ende des Krieges. Der Evangelische Oberkirchenrat übernimmt Dr. Müller in den Dienst der württembergischen Landeskirche und ernennt ihn mit Wirkung vom 1. April 1945 zum Pfarrverweser von Stuttgart-Mühlhausen.

Ende August 1934: Jakob Kroeker äußert sich ungeschminkt zur politischen Lage in Deutschland in einem Vortrag während der Konferenz in Bad Blankenburg, den er kurzfristig anstelle von Prof. K. Heim und Prof. A. Köberle übernommen hat: *Wie predigen wir heute Christus, den Gekreuzigten?*

Das Dritte Reich und der Zweite Weltkrieg engen den Spielraum des Missionsbundes erheblich ein. Jakob Kroeker ist aber weiterhin gern gehörter Redner auf vielen Konferenzen. „*Er hatte eine gewaltige Stimme*“, erzählte mir kürzlich eine Hamburgerin, die ihn auf Konferenzen gehört hat. Leider gibt es keine Tondokumente.

1935 20. März: Der jüngste Sohn Walter kommt bei einem Skiunfall ums Leben. Die Tochter Maria verunglückt beim Transport des toten Bruders nach Wernigerode schwer.

Mai: „Dein Reich komme“ veröffentlicht Kroekers bekennenden Grundsatzartikel: *Staatsreligion oder Gottesanbetung?*

1936 Weihnachten: Der 8. Band der Reihe „Das lebendige Wort“ erscheint.
Die noch ausstehenden 3 Bände dürfen nicht mehr erscheinen und werden erst nach dem Krieg von Lic. Hans Brandenburg bearbeitet und im Geiste Jakob Kroekers herausgegeben.

1937 Jakob Kroeker im Brief an seine Kinder (15.2.1937): „*Die Besprechungen meines Jeremia-Bandes (Das lebendige Wort Band 8) in der christlichen Presse haben noch nicht begonnen. Aber einige Freunde wie Pastor von Bodelschwingh, Prof. Köberle u. a. haben bereits sehr lieb und anerkennend geschrieben. Hoffentlich gibt Gott mir die Zeit und Kraft, das Werk zu Ende zu führen. Es fehlen noch drei Bände (die Bände 9, 10, 12), dann sind alle 12 fertig. Nun sollen die ersten 5 bereits für ihre zweite Auflage vorbereitet werden, ich weiß aber nicht, woher ich die Zeit und Kraft nehmen soll. Denn manches muss neu bearbeitet und entsprechend dem Bedürfnis der Kirche in der Gegenwart gesagt werden.“*

30. Juni – 4. Juli: 15. Glaubens- und Missionskonferenz in Wernigerode mit dem Thema: *Sei ohne Furcht, du kleine Herde* (Lk 12,32).

1939 7. Januar: Pastor Walter L. Jack stirbt überraschend im 60. Lebensjahr.

Dr. Joachim Müller übernimmt als Nachfolger Walter L. Jacks die russische Abteilung.

28. März: Tochter Gertrud stirbt mit 34 Jahren.

Während des Zweiten Weltkriegs arbeitet Jakob Kroeker konzentriert an seinem Kommentar zum „Römerbrief“, dessen ersten Teil (Kapitel 1-8) er 1946 noch in Wernigerode abschließt. Die Zitate in diesem Kommentar zeigen seine intensive Beschäftigung mit den Theologen der Zeit und sein umfassendes Studium der wissenschaftlichen Literatur: Th. Schlatter, Karl Barth, F. Gogarten, R. Bultmann, Karl Heim, Adolf Deissmann, P. Althaus, E. Brunner, A. v. Harnack u.a., aber auch Max Weber und Friedrich Nietzsche werden herangezogen.

1941 Die Zeitschrift „Dein Reich komme“ muss mit dem Mai-Heft eingestellt werden, *„um Menschen und Material für andere kriegswichtige*

Zwecke freizumachen. Die Kriegswirtschaft erfordert stärkste Konzentration aller Kräfte.“

1946 Im Sommer Umzug von Jakob und Anna Kroeker von Wernigerode zur Tochter Anna und ihrer Familie auf den Viesenhäuser Hof in Stuttgart-Mühlhausen. Hier ist Dr. Johannes Müller inzwischen als Pfarrverweser eingesetzt. Der Missionsbund wird unter dem Namen „Missionsbund zur Ausbreitung des Evangeliums“ neu gegründet und beginnt seine Arbeit im Pfarrhaus zu Stuttgart-Mühlhausen. Pfarrer Lic. Hans Brandenburg übernimmt den Vorsitz, Dr. Joachim Müller ehrenamtlich die Geschäftsführung.

13. Oktober: Erster Missionstag in der Veitskapelle in Stuttgart-Mühlhausen. Jakob Kroekers letzte öffentliche Ansprache und Grußwort des Landesbischofs Dr. Wurm.

1948 Am 12. Dezember, dem 3. Adventssonntag, stirbt Jakob Kroeker, schwer krank von den Entbehrungen der Kriegszeit, in Stuttgart-Mühlhausen.
16. Dezember: Beisetzung auf dem Friedhof in Stuttgart-Mühlhausen.

1949 Zum 1. Januar wird Pastor Lic. Hans Brandenburg zum Leiter und Missionsinspektor von LICHT IM OSTEN berufen. Er verfasst auch die noch ausstehenden Bände des Kroeker’schen Werkes „Das lebendige Wort“ und bearbeitet die Neuauflagen, so dass endlich das Gesamtwerk vorgelegt werden kann.

Im Frühjahr 1946 bereits zum Druck vorbereitet und übergeben, erscheint der Handkommentar zum Römerbrief erst 1949 posthum im J. G. Oncken-Verlag, Stuttgart (Band 1: Kapitel 1-8: Von der Kindesstellung) in einer Auflage von 5 000 Exemplaren. Das Werk bleibt unvollständig.

1951 Aus dem Nachlass von Jakob Kroeker wird das Manuskript „Im Heiligtum des Vaterunsers", schon 1898 in Spat geschrieben, erstmals verlegt. Kroeker nennt es im Vorwort von 1898: *„Meine Erstlingsfrucht"*.

1957 In der Reihe „Unsere geistlichen Ahnen" des Evangelischen Missionsverlags Stuttgart erscheint als Heft 34 das Lebensbild: „Jakob Kroeker, ein bevollmächtigter Bibelausleger" von Hans Brandenburg.

1963 Am 8. April stirbt Frau Anna Kroeker, geb. Langemann, im fast vollendeten neunzigsten Lebensjahr und wird in Stuttgart-Mühlhausen beigesetzt. 9 Kinder, 24 Enkel und 4 Urenkel trauern um sie.

1966 6. Juni: Pfarrer Dr. Joachim Müller stirbt und wird in Stuttgart-Mühlhausen beigesetzt.

2007 Bei ebay (www.ebay.de) und im Zentralen Verzeichnis antiquarischer Bücher (www.zvab.de) sowie in guten wissenschaftlichen Antiquariaten werden häufig Bücher von Jakob Kroeker zu guten Preisen angeboten.